公共管理硕士（MPA）系列教材

公共部门绩效评估（修订版）

卓　越　主编

中国人民大学出版社

·北京·

《公共管理硕士（MPA）系列教材》
编审委员会

《公共管理硕士（MPA）系列教材》

总　　序

纪宝成

公共管理是以政府为核心的公共部门运用管理学、政治学、经济学、法学、社会学、系统科学等多学科理论与方法对国家和公共组织进行有效治理的管理活动。公共管理学是运用管理学、政治学、经济学等多学科理论与方法研究公共组织，尤其是政府组织的管理活动及其规律的学科体系。它是一个科际整合的交叉学科群，是以解决公共问题为导向的应用科学。

中国作为一个统一的国家有几千年的历史，在政府管理领域有着丰富的经验，这些经验对世界很多国家都产生过重要影响。从这个意义上说，中国是公共管理理论与实践的发源地之一。

现代公共行政与公共管理的研究和教育于20世纪初在西方兴起，迄今有上百年的历史。我国从20世纪80年代开始公共行政与公共管理研究和教育的恢复和重建，自此以后公共行政与公共管理的研究和教育得到长足发展。

根据新形势下社会公共管理现代化、科学化、专业化的要求，为建立适应社会主义市场经济需要的办事高效、运转协调、行为规范的公共管理体系，完善国家公共事务和行政管理干部培训制度，建设高素质的专业化国家公共事务和行政管理干部队伍，1999年5月国务院学位委员会第17次会议审议通过了《公共管理硕士（MPA）专业学位设置方案》，并决定于2001年10月在我国首次进行MPA招生考试，2002年3月MPA学员正式入学。

为了提高我国公共管理硕士（MPA）专业学位教育水平，保证公共管理硕士专业学位教育工作的健康、顺利发展，国务院学位委员会、教育部和人事部于2001年2月成立了全国公共管理硕士（MPA）专业学位教育指导委员会。MPA专业学位教育指导委员会的教材工作小组就教材建设问题专门进行了讨论。

80年代以后我国出版了一些公共行政与公共管理的教材，这些教材在公共行政与公共管理专业人才培养方面发挥了重要作用，但仍存在一些缺陷，即教材相对比较分散，不系统，没有一个完整的知识体系，联系实际不够。

公共管理是一个不断成长和发展的学科，公共管理实践尚在不断发展中，因而公共管理教育也处在探索和发展阶段。为适应公共管理硕士（MPA）教育对教材和教学参考资料的需要，不断探索回应公共管理实践中的问题，反映国内外公共行政与公共管理研究的最新成果，中国人民大学出版社组织有关专家编写了这套公共管理硕士（MPA）系列教材。本套教材包括按照国务院学位办确定的《公共管理硕士专业学位培养方案》的要求而编写的9门核心课程教材，也包括公共管理各领域、各新兴学科的方向性必修课程教材及部分选修课程教材。

本套教材力求体现如下特色：第一，系统完整，基本涵盖公共行政与公共管理专业教育的主要知识领域；第二，反映国内外公共行政与公共管理研究领域的最新成果，为公共行政与公共管理领域的教育者、学生、实际工作者提供了本领域的最新信息、资料及多视角思考空间；第三，反映公共行政与公共管理硕士（MPA）专业教育的特点，重视应用性，注重能力的培养，为此在教材中除讲授一般理论知识外，还加有大量案例分析；第四，将中国传统的行政管理思想、国外先进的公共行政与公共管理理论与中国现实管理实践紧密结合，理论联系实际。

本套教材除适合MPA学生使用外，也适合公共管理学科的研究生及各级行政管理人员作为培训参考资料使用。

参与本套教材编写的有中国人民大学、北京大学、清华大学、复旦大学、中山大学、厦门大学、上海交通大学、国防科技大学等十几所大学的老师，他们都是公共行政与公共管理教育领域的专家，他们在公共行政与公共管理教育领域积累了丰富的经验，同时又比较注重社会实践，使理论与实践相结合。本套教材的作者来自全国各地，突破了一个学校、一个区域的界限，我们的指导思想是尽量把公共行政与公共管理领域有影响的学校和有影响的老师都吸收进来，博采众家之长。为此，中国人民大学出版社邀请有关专家成立了公共管理硕士（MPA）系列教材编委会。

随着公共行政与公共管理教育和实践的不断发展，公共行政与公共管理学科的研究和教育也在不断发展和完善，这就要求教材也要不断更新内容。我们编写的这套教材只是一个初步的探索和尝试，还望广大读者对这套教材提出批评建议，以便于我们不断修订、完善。

2001年9月

修订版前言

2004年，《公共部门绩效评估》（第一版）出版的时候，绩效评估在政府领域还是个新的探索。几年来，这方面的理论研究和实践探索如火如荼。以中国期刊全文数据库为例，1979年到2003年以“公共部门绩效评估”或“政府绩效评估”为题名的文章仅22篇，作为关键词的也不过38篇。而2004年至今，以“政府绩效评估”作为题名的文章达到了796篇，以“公共部门绩效评估”为题名的文章也有61篇之多。与此同时，自本书第一版出版以来，各高校纷纷推出相关教材。目前，以“政府绩效评估”、“公共部门绩效评估”为题名的教材有十多本。从不同角度研究公共部门绩效评估的书目不下几十种。2006年，全国政府绩效管理研究会成立，为推动我国公共部门绩效评估和管理研究搭建了一个重要平台。研究会成立以来，推出了一系列的学术研讨活动，交流科学管理经验、共同探讨有效推进政府绩效管理的新方法、新途径。北京大学、兰州大学、厦门大学、西安交通大学、国家行政学院、中山大学、浙江大学、华南理工大学、湘潭大学、上海社会科学院等高校院所纷纷成立了政府绩效评估研究机构。在实践方面，以效能建设为特征的思明模式、以第三方评估为特征的甘肃模式、以绩效标准为特征的江财模式、以分类评估为特征的青岛模式等地方政府绩效评估特色模式的纷纷涌现，给政府绩效评估工作的开展注入了新的动力。迄今为止，全国大约有1/3的省（市、区）不同程度地开展了政府绩效评估工作。随着国内首部政府绩效管理地方性法规《哈尔滨市政府绩效管理条例》的出台，我国政府绩效评估的理论和实践不断走向深化。

就我个人的研究而言，近年来，已正式出版《政府绩效管理概论》、《政府绩效管理导论》、《公共部门绩效评估》等以绩效为题的著作八部，担任“建设绩效型政府”丛书主编，主持“基于数据挖掘的地方政府绩效评估指标设计研究”、“县级领导干部绩效评估研究”等以绩效为题的国家和省部级科研课题多项。我带领的研究团队，与地方政府共同开发了“公共部门绩效评估管理系统”、“公安派出所绩效评估管理系统”、“社区绩效评估管理系统”、“专项资金绩效评估指标体系建设”、“工商分局绩效评估管理系统”等数十项横向课题，在理论研究和课题合作的过程中积累了许多研发心得。

无论是宏观的发展背景促进还是微观的个人感悟萌动，《公共部门绩效评估》（第一版）重新修订势在必行。作为修订版，按照惯例，书稿整体框架不宜做太大变动。因此，我们在总体框架不动的情况下，对书中的一些章节做了认真的修改。此外，根据近年来的发展形势，我们还对书中的一些章节进行了完全重写。

本书共 11 章，主要内容有绪论；公共部门绩效评估的模式构建；公共部门绩效评估的信息化实现；公共部门绩效评估的组织实施；公共部门绩效评估的方法运用；公共部门绩效评估的心理调控；公共部门绩效评估的系统功能；美国公共部门绩效评估；英国公共部门绩效评估；若干发达国家公共部门绩效评估；“思明模式”：公共部门绩效评估的实践探索。本书可作为 MPA 必修课程、选修课程的使用教材，也可作为公共管理学科各专业本科生使用教材以及各级行政院校专业课程的参考用书。

本书由厦门大学公共事务学院公共管理系卓越教授担任主编，负责编排全书大纲，策划研究思路，组织写作力量，对全书进行统稿、定稿。本书各章的编者为：卓越（第 1 章、第 2 章）；官绍明（第 3 章）；桑朝峰、朱颖（第 4 章）；桑朝峰、张红春（第 5 章）；卢琼莹、陈国渊（第 6 章）；吴盛光、段哲哲（第 7 章）；刘智勇、陈赟（第 8 章）；王雁红、兰丽娟（第 9 章）；朱海光、尹昌美（第 10 章）；尚虎平（第 11 章）。

本书的出版，自始至终得到中国人民大学出版社刘晶编审的积极鼓励和大力支持，在此表示由衷的谢意。

作为一种新的探索，错误和不足在所难免，恳请读者指教。

卓　越

2010 年 11 月 18 日

第一版前言

近年来，福建省在推进经济纵深发展的过程中，提出一个十分响亮的口号，叫做项目带动战略。从某种意义上说，作者对公共部门绩效评估的研究，也是一种项目带动战略的结果。尽管从事行政管理学的教学和研究已有十几个春秋，对公共部门绩效评估这样一个全新的主题进行研究，当然可以看成是一种新的战略选择。而这种战略的具体实施，则是项目直接带动起来的。2001 年，厦门市思明区政府和由作者领衔的课题组精诚合作，共同开发公共部门绩效评估项目。项目的最终目标是建构一套公共部门绩效评估的指标体系，开发一套公共部门绩效评估的应用软件。项目研究经过三年的努力，评估对象由最初的 5 个试点部门扩大到政府所属 20 个职能部门，应用软件经过三次版本升级。目前，项目成果已在思明区运作使用，并在其他一些相关部门应用推广。在这个过程中，边实践、边探索、边学习，逐渐形成对公共部门绩效评估有一个比较系统的认识。本书的前半部分可以看成是这三年实践性学习的心得体会，本书的后半部分则是对这三年拓展性学习的一次梳理。

如果追根溯源，三年前启动这个项目研究的动力机制从何而来？作者认为，这是一种理论学习和实践回应的需要，或者说，这就叫做“与时俱进”。从理论层面讲，一般认为，进入 20 世纪 90 年代，绩效评估已成为各国行政发展的最新主题。美国在 1973 年出台的“联邦政府生产力测定方案”可以看成是公共部门绩效评估的早期试验，20 世纪 90 年代初，重塑政府成为美国公共绩效管理发展的最新里程，与改革纵深阶段相适应，1993 年，政府专门成立了由副总统戈尔领导的国家绩效审查委员会（NPR），同年通过的 GPRA 要求所有的联邦机构使用和发展绩效评估技术并向公民报告绩效状况。1997 年 2 月，NPR 召开首次政府间基准比较研讨会，成立了跨国绩效评估研究小组，成员包括美国 14 个联邦机构和两个地方政府、加拿大 6 个政府机构以及英国相关的政府机构，会议颁布了《顾客需求战略规划最佳实践的基准比较研究报告》，希望借此引发一场绩效评估新的高潮。进入 21 世纪，当代中国应该把绩效评估纳入重点研究的视野。从实践的角度讲，福建省的机关效能建设可以说是加强政府自身管理的一次创新。机关效能建设实际上就是公共绩效管理，或者说，就是中国特色的新公共管理运动。而公共部门绩效评估则是机关效能建设发展深度的标识。1997 年，福建省漳州市率先启动机关效能建设试点工程，在社会上引起强烈反响。2000 年，福建省全面开始机关效能建设。机关效能建设从建构行政投诉中心发端，历经政务公开、政府审批制度改革、全面清理法规文件、“政务超市”等发展阶段。机关效能建设从理顺政府与社会、与公民的关系中寻求行政发展，以提高服务质量为核心，以公民满意为标准，以建构服务性政府作为基本导向。近年来，作者花费很大的精力投身于这场改革运动，同时也在认真思考这场改革的发展走向。机关效能建设是一个系统工程，改革本身要向纵深发展。经过几年的改革实践，成效究竟如何，需要有一个客观的反映机制，需要有一个承上启下的推动机制。为此，我们认为，选择这个时机开展公共部门绩效评估研究是非常必要的。

近年来，公共部门绩效评估这个主题在国内引起了学者和政府官员的广泛关注。2004 年 6 月，中国行政管理学会、《中国行政管理》杂志社和厦门市思明区政府联合举办公共部门绩效管理学术研讨会。会议共收到论文 83 篇。出席此次会议的有 120 多位正式代表。包括特邀嘉宾、列席代表和新闻媒体等有关单位，有 200 多人参加了开幕式。有来自全国人大内务与司法委员会以及国务院 8 个部委相关部门的负责同志，有中国行政管理学会以及各省行政学会的代表；有北京大学、复旦大学、北京师范大学、西安交通大学、厦门大学等数十所高等院校的专家学者；有国家行政学院、福建行政学院、重庆行政学院等 11 家行政学院（党校系统）单位的代表；有北京市、福建省、广东省、四川省、山西省等地方政府及其部门的实践工作者。可以说，这是近年来在公共管理领域规模较大、反响较强的一次学术会议，从一个侧面反映出公共部门绩效评估的发展潮流所向。

公共部门绩效评估是当今公共管理领域的一个重要的主题，同时，也是一个世界性难题。实施一个项目研究，推出一本书，仅仅是研究的开始。任重道远，需要我们加强合作，促进交流，在实践中不断探索，不断学习。

本书共十一章，主要内容有绪论、公共部门绩效评估的模式建构、公共部门绩效评估的信息化建设、公共部门绩效评估的组织实施、公共部门绩效评估的方法运用、公共部门绩效评估的心理调控、公共部门绩效评估的系统功能、美国公共部门的绩效评估、英国公共部门的绩效评估、若干发达国家公共部门的绩效评估、国内若干地区公共部门绩效评估的实践等。本书可作为MPA必修课程、选修课程的教材，也可作为公共管理学科各专业研究生、本科生的教材以及各级行政院校专业课程的参考用书。

本书由厦门大学公共事务学院公共管理系卓越教授担任主编，负责编排全书大纲，策划研究思路，组织写作力量，对全书进行统稿、定稿。本书各章的作者为：卓越（第1章）；卓越、杨浙闽（第2章）；杨浙闽（第3章）；桑朝峰（第4章）；卓越、黄东毅、桑朝峰（第5章）；卢琼莹（第6章）；吴盛光（第7章）；刘智勇（第8章）；王雁红（第9章）；朱海光、张燕君（第10章）；卓越、杨浙闽、黄锦城、王治榜（第11章）。

本书的出版，自始至终得到中国人民大学出版社刘晶女士的积极鼓励和大力支持，在此表示由衷的谢意。

作为一种新的探索，错误和不足在所难免，恳请读者指教。

卓越

2004年10月

目　录

第 1 章

绪　论

公共部门绩效评估是公共部门绩效管理过程中的重要工具和手段，是近年来公共管理领域备受关注的重要主题。在本章，我们着重讨论公共部门绩效评估的内涵、功能效用、运作难度、主体构建以及与其他相关类型绩效评估的关系等几个基础理论问题。

重点问题

- 公共部门绩效评估的内涵
- 公共部门绩效评估的特征
- 公共部门绩效评估的意义作用
- 公共部门绩效评估的运作难度
- 公共部门绩效评估的主体构建

1.1 公共部门绩效评估的内涵分析

在整个公共管理学科领域，公共部门绩效评估是个近乎全新的探索。开篇明义，本节首先对公共部门、绩效、评估这三个主题词分别进行内涵界定。

1.1.1 “公共部门”的语义学分析

在相关的中文词典中，“公共”表示“属于社会的；公有公用的”①，它与“属于个人的或以个人身份从事的”的“私人”② 是两个相对的概念。在英文中，“公共”（public）具有“公众的；由公众所有的”③ 等含义，与中文的概念在内涵上基本一致。从公共管理的角度看，公共部门（public sector）是指与私人部门相对应的，以提供公共服务为主要职能，由广义的政府组织、非营利组织（第三部门）以及公共企业（第四部门）等构成的特定的社会组织。

“公共部门管理”在英文中可以有两种解释：其一为 public administration，其中 administration 指“政府中管理公共事务的部门”，此外，它本身还有“公共事务，国家政策”④ 等含义；其二为 public management，其中，management 表示经营管理的才能及手段⑤。目前，我国学术界对于这两个词究竟如何使用尚未完全定论。“在美国，把公共管理看做是公共行政下面的一个较低层次的技术性领域。”⑥ “博兹曼和斯特劳斯曼在其著作中指出：‘公共管理’一词涉及的范围似乎比内部行政的范围更广泛……‘公共行政’一词几乎完全和政府官僚制结为一体；‘公共管理’这一较新的术语则可能更为灵活。”⑦

1.1.2 公共部门绩效的比较分析

从单纯语义学的角度看，“绩效”表示“成绩；成效”⑧。“成绩”指“工作

---

① 《现代汉语词典》（第 5 版），472 页，北京，商务印书馆，1992。
② 同上书，1085 页。
③ 《牛津现代高级英汉双解词典》，903 页，北京，商务印书馆，1988。
④ 同上书，16 页。
⑤ 参见上书，691 页。
⑥ ［澳］欧文・E・休斯：《公共管理导论》（第二版），8 页，北京，中国人民大学出版社，2001。
⑦ 同上书，9 页。
⑧ 《现代汉语词典》（第 5 版），649 页。

或学习的收获”[①]，强调对工作或学习结果的主观评价。“成效”指“功效；效果”[②]，强调工作或学习所造成的客观后果及影响。“绩效”则是对二者的综合。

英文 performance 和 achievement 均有“成绩和功效”[③] 的含义，前者是外延广泛的基本概念，后者侧重依靠努力和技巧取得成就。所以，相对而言，performance 用于指代“绩效”的概念较合理。performance 在英文中的原意是“履行”、“执行”、“表现”、“行为”、“完成”，引申为“作为”、“成就”、“成果”、“业绩”。从普遍意义上来说，绩效是对组织的成就与效果的全面、系统的表征，它通常与生产力（productivity）、质量（quality）、效果（outcome）、权责（accountability ）等概念密切相关。

绩效这个概念的复杂性主要在于对绩效与效率关系的理解。尽管在学术界有人从狭义和广义的角度来解释效率，但这样容易造成概念混淆。严格意义上的效率就是指投入与产出之间的比例，力求以最少的投入获得最大的产出。绩效是一个与效率有联系又有区别的概念，是一个包括效率但又比效率更为广泛的概念。尼古拉斯·亨利认为，“效率（efficiency）指以最少的可得资源来完成一项工作任务，追求投入与产出之比的最大化。而有效性（effectiveness）则是指注重实现所预想的结果”[④]。公共绩效与行政效率一样，讲求行政组织和人员在行政活动中所获得的各种直接的和间接的、有形的和无形的、定性的和定量的行政效果同所消耗的人力、物力、财力、时间等因素之间的比率关系，力求以最少的行政消耗获得最大的行政效果。但公共绩效又不能简单地等同于通常所说的行政效率。行政效率讲求的比率关系多是针对具体的行政行为，尤其较侧重于行政内部关系，主要依靠办事制度、岗位责任制度等刚性规范作为促进机制，衡量行政效率的高低主要通过行政后果来进行；而公共绩效涉及的主体行为既有具体的行政行为，亦有抽象的行政行为。公共绩效更注重外部的行政与社会、行政与公民的关系。公共绩效的有效运作不仅要依靠办事制度、岗位责任制度等刚性机制，而且还十分重视工作作风、工作态度等柔性机制。

首先，效率是传统的行政管理的核心命题，是政府如何管好自身的内部机制，主要通过组织、领导、人事、体制等基本主题体现出来，绩效当然注重公共管理的内部机制，但它更要关注公共部门与社会、公民的关系，要以社会、公民

---

① 《现代汉语词典》（第 5 版），172 页。

② 同上书，173 页。

③ 《牛津现代高级英汉双解词典》，832 页。

④ ［美］尼古拉斯·亨利：《公共行政与公共事务》（第八版），284 页，北京，中国人民大学出版社，2002。

的满意评价作为最终标准。我国一些地方政府热衷形象工程，不惜人力物力财力，屡造“政绩”，甚至还得到领导的赏识。但这样的“政绩”并不一定就是社会所需要的，并不一定就是公民所满意的。可以说，西方国家新公共管理运动的本质就是公共绩效管理，而新公共管理区别于传统行政管理的一个重要标志就是顾客取向，顾客满意成为衡量公共绩效的重要指标。1993 年，美国政府发表了全国绩效评估报告，报告第二章以“顾客至上”为题，开篇建议“倾听顾客的声音——让顾客做出选择”。1993 年 9 月，美国总统克林顿签署了《设立顾客标准》的第 12862 号行政令。与之相对应，1994 年美国国家绩效评估委员会出版了《顾客至上：为美国人民服务的标准》一书，分别介绍政府各部门的服务标准。

其次，效率讲求投入与产出的比率关系，具有明显的速度、经济等数量特征，绩效不仅要求数量指标，而且更重视质量品位，要求公共部门提升服务水平，保证服务质量，在“好”字上做足文章。质量与公民满意是密切联系的，公民满意度就是质量高低的重要指标，此外，质量还要有差错率、合格率、优秀率、服务便利程度、反应速度等具体指标。新公共管理在很大程度上就表现为追求服务质量的运动，在这场运动中，全面质量管理、持续性质量改进、质量周期、质量控制等企业管理的核心内容被引入公共部门。英国是新公共管理运动的重要旗手，其“公民宪章运动”(即服务承诺)、“竞争求质量运动”等改革项目直奔质量主题。英国政府内阁办公室有一份文件专门对公共绩效的质量概念做出了界定：“通过调动所有人员的潜力，以最低的成本满足确认的顾客要求。”① 当时的在野党工党专门为此发表了《质量街》宣言。当然，作为一个政党，特别是在野党以此为题，肯定有它的政治考虑，但是，宣言中提出的质量审计、质量委员会等思想，对于促进绩效管理无疑具有积极的作用。质量问题可以作为政治竞争的一个砝码，这也从一个侧面说明了质量的重要。1986 年，法国经济财政部在部长领导下设立若干质量小组，开展了一场颇有声势的质量运动。1987 年，法国的一份政府报告指出，使质量一说成为“让用户满意的思想成了公共服务部门的逻辑中心”。

再次，效率本源是一个经济上的概念，传统行政管理研究的效率也是从以企业为主要研究对象的普通管理学嫁接而来的。经济学意义上的效率注重节约成本，追求低投入、高产出。绩效不单单是一个经济范畴，它还具有伦理、政治的意义。斯蒂格勒曾经指出：“最大化的国民收入……并不像用我们政府所采纳的政策来评价的那样，是我们国家唯一的目标——而且，正如实践所揭示的那样，

---

① Cabinet Office (1996), *Measuring Quality Improvements—Main Report*, p. 7.

政府的目标比法学和经济学的教授们提出的那些目标更具有权威性。”① 德国行政学家汉斯·班贝格认为：“节约开支是首要任务而非所谓提高效能，成本核算和绩效指标体系将会导致忽略外部经济、社会环境的影响。成本核算是一项内部合理化而不是项目或社会合理化的技术。”② 以效率至上为取向，公平就很难有空间，至多做到兼顾公平。而在绩效的框架里，公平具有非常重要的位置，公平是公共部门，特别是政府的基本功能设计，是弥补市场机制不足的优势特征，社会保障、社会秩序等都是公平功能的具体载体。“虽然效率准则规定稀缺资源应被用到其能生产最大纯收益的地方，但公平的目标则可能缓减这一目的，致使有利于特别是非常贫穷的人群的设施得到发展。”③ 无论是作为主权者，还是作为被管理者，或是作为弱者，公民评价政府行为的重要指标就是公平。单纯追求效率，可能还会和民主发生冲突。民主注重程序，要求广度，效率和民主在时限、节奏上的矛盾，也只有通过绩效加以协调。

最后，效率提高主要依靠制度规范等刚性机制，而绩效还要涉及管理作风、管理态度等柔性机制。提高绩效不仅要解决“门难进、事难办”问题，还要解决“脸难看”问题，单纯的效率无法对这个问题提供答案。“大多数人在同政府打交道的经验中，最大的刺激是官僚政治的傲慢。今天，人民期望着被当作顾客受到尊重——甚至受到政府的尊重。”④

可以说，效率是一个单向度的概念，而绩效却是一个综合性的范畴。公共绩效是一个影响因素、测量机制等诸多方面都比行政效率更为复杂的范畴。在整个行政管理过程中，是一个比行政效率更为核心的焦点。公共绩效可以定义为公共部门在积极履行公共责任的过程中，在讲求内部管理与外部效应、数量与质量、经济因素与伦理政治因素、刚性规范与柔性机制相统一的基础上，使获得的公共产出最大化。正如美国行政学家英格拉姆所指出的那样：“有许多理由说明为什么政府不同于私营部门。最重要的一条是，对许多公共组织来说，效率不是所追求的唯一目的。比如在世界上许多国家中，公共组织是‘最后的依靠’。它们正是通过不把效率置于至高无上的地位来立足于社会。”⑤

---

① 转引自［美］奥利弗·E·威廉森：《治理机制》，241页，北京，中国社会科学出版社，2001。

② ［德］汉斯·班贝格：《德国的行政现代化：新瓶装旧酒》，见国家行政学院国际合作交流部编译：《西方国家行政改革述评》，136页，北京，国家行政学院出版社，1998。

③ ［美］埃莉诺·奥斯特罗姆等：《制度激励与可持续发展》，131页，上海，上海三联书店，2000。

④ ［美］戴维·奥斯本、特德·盖布勒：《改革政府：企业精神如何改革着公共部门》，340～341页，上海，上海译文出版社，1996。

⑤ ［美］帕特里夏·英格拉姆：《公共管理体制改革的模式》，见国家行政学院国际合作交流部编译：《西方国家行政改革述评》，62～63页。

本书对绩效范畴的界定，与国际上流行的绩效观点在基本要义上是相通的。一般认为，绩效包含经济、效率和效益三个方面。英国财政部对“3E”的界定如下：“经济——指输入成本的降低程度。在实践中，它通常以低成本投入而获得的金钱节省为量度，如通过市场检验或使用较低等投入（如用二等邮票代替一等邮票）而获得的成本降低。效率——一种活动或一个组织的产出及其投入之间的关系。最常用的效率测定的概念是劳动生产率及单位成本。效益——指产出对最终目标所作贡献的大小。”①

英国审计委员会认为资金的价值表现在三个方面：经济、效率和效益，因而对政府绩效的审计应该从经济、效率、效益三个方面来展开。其中，审计委员会对“3E”的界定如下：“经济是指用尽可能少的成本去购买规定的质和量的输入物品。效率是运用尽可能少的资源来提供规定的质和量的服务。效益是指能使地方政府实行它的政策和目标而提供正确的服务。”② 1989年英国审计委员会又重新对它的经济、效率和效益进行了定义。产出被重新定义为：“利用已有的资源或实际提供给公众的服务。”结果被定义为：“对于使用者来说，这种服务的最终价值或者利益和迎合使用者需要或实现它的根本目的。”③ 效率涉及的是输入与产出的比率关系，效益涉及的是产出/结果与工作目标的关系。产出与结果的重新定义带来了效率与效益定义的变化，而这些变化在一定程度上反映了人们对效益、质量和顾客满意的越来越多的关注。

此外，从不同时期对绩效概念的不同理解也可看出，绩效是一个综合性的范畴这样一种观点代表着时代发展趋势。学者塔尔博特在过去的二三十年里对绩效概念的发展进行了追踪。他发现，“最初，政府部门只记录它们的成本，并未试图将成本与结果联系起来。但是到20世纪80年代末期，效率（即成本与产出的比率）概念出现。在90年代，公共服务生产率每年递增三个百分点——比私营部门的速度还快。但是这时候更广泛的效益概念取代了效率，政府日益关注产出。在90年代中期，公民宪章等其他宪章的引入导致绩效内容的界定侧重于顾客服务和质量”④。

---

① Lewis, Sue and Jess Jones (1990), “The Use of Output and Performance Measures in Government Department”, p. 42.

② Ghobadian, Abby and Ashworth, John (1994), Performance Measurement in Local Government-Concept and Practice, Braford, *International Journal of Operations & Production Management*, Vol. 14.

③ 于军编译：《英国地方政府行政改革研究》，184页，北京，国家行政学院出版社，1999。

④ Lester, Tom (2001), Number crunchers search for the right yardstick, PUBLIC SECTOR MANAGEMENT: Measuring performance is increasingly seen as a way to improve services, But the assessment criteria used can be contentious, London, *Financial Times*, Nov. 30.

1.1.3 绩效评估的内涵与特征

“评估”表示“评议估计；评价”[①]，与之相近的“评定”[②]（经过评判或审核来决定）和“评议”[③]（经过商讨而评定）皆为“评估”所采用的方式和途径。在英文中，evaluate 表示对事物价值进行准确的估计和计算[④]；estimate 侧重于估计[⑤]，指凭借主观判断做出粗略的估价，失误在所难免；appraise 表示判断或鉴定事物的质量、价值等状况[⑥]；assess 多用于对财产等进行估价（以作为征税根据）[⑦]；rate 侧重于以某一标准为参照而进行的评定，含有等级评定的意味[⑧]。由此可知，evaluate 较符合“绩效评估”的语义要求。

综上所述，我们可以这样定义：公共部门绩效评估就是对广义的政府组织、非营利组织（第三部门）以及公共企业（第四部门）等特定的社会组织在积极履行公共责任的过程中，在讲求内部管理与外部效应、数量与质量、经济因素与伦理政治因素、刚性规范与柔性机制相统一的基础上，获得的公共产出进行的评审界定。

根据这个定义，可以把握公共部门绩效评估的若干特征：

第一，从内容方面上看，公共部门绩效评估是一个综合性的范畴。如前所述，一般认为，绩效评估内容包括经济测定、效率测定、效益测定三个方面。此外，一些学者还提出，绩效评估还应该包括责任、公正、企业家精神、卓越等内容。由于公共部门的特性以及技术上的困境等因素，目前实践中的绩效评估主要是围绕经济测定、效率测定和效益测定三个方面来开展的。其中，经济测定涉及的是输入资源的成本，如学校里每个学生的成本，或每个住户用于垃圾收集的成本。效率测定关注的是输入与产出间的比率关系，它是对组织过程的评价。效益测定涉及组织目标的实现。其中，效益标准又可以划分为产出标准（measures of output）和效果标准（measures of outcome）。产出标准是针对组织提供的服务而言，如学校的考试成绩；效果标准是针对长期目标而言，如死亡率、失业率等。一些学者认为，质量评估是对产出质量的评价，因而质量评估从属于产出评估；顾客满意度评估是从效果的角度而言，因而顾客满意度评估从属于效果评

---

①② 《现代汉语词典》（第 5 版），1054 页。

③ 同上书，1055 页。

④ 参见《牛津现代高级英汉双解词典》，394 页。

⑤ 参见上书，393 页。

⑥ 参见《朗文现代英汉双解词典》，50 页，北京，外语教学与研究出版社，1992。

⑦ 参见《牛津现代高级英汉双解词典》，63 页。

⑧ 参见上书，931 页。

估。然而，随着顾客导向、结果为本改革的持续推进，更多的学者和行政工作者倾向于将质量评估和顾客满意度评估单列出来，或者认为绩效评估的内容包括经济测定、效率测定、效益测定（包括产出、社会效果、顾客满意度）、质量测定；或者认为绩效评估的内容包括经济测定、效率测定、效益测定（包括产出、社会效果、质量、顾客满意度）。

第二，从要素方面上看，公共部门绩效评估是一个完整的系统。“绩效评估是一个适用于评价政府活动，增强为进展和结果负责的一切有系统的努力的术语。”① 作为一项系统工程，绩效评估系统包括确定目标、拟订评估指标、选择评估方法、安排适当的评估时间和评估步骤、调配资源、识别管理哲学或管理文化等内容。有的学者就提出，一个有效的绩效评估系统应该是：“（1）由一系列的绩效标准组成，这些绩效标准能满足组织不同层次的需要；（2）抓住绩效的效率、效益维度的实质；（3）提供用以保持绩效的不同维度之间的协调的方法；（4）将定量与定性方法相结合；（5）拥有把评估看作是前进的、发展的过程的管理哲学；（6）明确评估标准，以免被管理者人为操纵。”②

第三，从程序方面上看，公共部门绩效评估是一个动态的过程。“绩效评估（performance measurement，或译为绩效测定、绩效测评、业绩测评）是指发展指标、收集资料以便描述、报告和分析绩效。”③ “绩效评估是达到预定目标的过程。”④ 从一般意义上来说，作为一个过程，绩效评估包括确定绩效目标、架构绩效指标体系、收集资料和评价绩效等一整套操作程序。在实践中，由于绩效评估侧重点的变化，人们对绩效评估过程的界定有时也会发生相应的变化。英国审计委员会在1988年的《行动指南》中指出，绩效评估过程由四个环节组成：“（1）确定绩效；（2）设置目标和监督取得的成就；（3）挑选那些未达到预期目标的区域来开展评审；（4）依据评审过程采取行动。”随着质量、效益和使用者意见反馈日益成为公共部门绩效评估中的核心问题，英国审计委员会在1989年又将绩效评估过程重新修改为以下四个环节：“（1）评估绩效；（2）评价效益和

---

① Sheldon Silver and Marty Luster, Reinventing Government Series: Performance Measurement and Budgeting, July 1995.

② Ghobadian, Abby and Ashworth, John (1994), Performance measurement in Local Government-Concept and Practice, Braford, *International Journal of Operations & Production Management*, Vol. 14.

③ Paul Epstein, Lyle Wray, Martha Marshall and Stuart Grifel, Engaging Citizens in Achieving Results that Matter: A Model for Effective 21st Century Government.

④ Serving the American Public: Best Practices in Performance Management, *Benchmarking Study Report*, June 1997.

质量；（3）监督和报告；（4）改进绩效。”[①]

1.1.4 公共部门绩效评估与公共部门绩效管理

经过几年来的辛勤努力，公共管理学科的体系轮廓基本可见。当然，学科建设的任务任重道远，需要在已有的基础上作进一步拓展和创新。在公共管理学科研究领域中，构架公共部门绩效管理体系可以说是一个全新的探索。

公共部门绩效管理源于公共部门职能重新定位、解决财政危机等实践的呼唤，以公共选择、新制度经济学等作为理论支撑。公共部门绩效管理是对 20 几年来盛行不衰的新公共管理运动的理论梳理，可以看成是重塑政府的另一种版本。公共部门绩效管理不仅是管理主体、管理范围的扩大，与传统的行政管理原理相比，它彰显提高公共生产力的管理理念，突出把发展变革作为主线脉络；与以往的行政体制改革相比，它着意表现机制创新和方法创新，注重方法手段的功能作用，强调理论与实践的积极互动。公共部门绩效管理以服务取向、社会取向、市场取向作为基本的价值取向，与责任政府、公平政府、廉洁政府、公益政府、廉价政府和法治政府学理相连。

公共部门绩效管理是一个完整的学科体系。美国国家绩效评估中的绩效衡量小组为此曾下过一个定义：所谓绩效管理，是“利用绩效信息协助设定统一的绩效目标，进行资源配置与优先顺序的安排，以告知管理者维持或改变既定目标计划，并报告成功符合目标的过程”[②]。国内亦有学者认为，绩效管理是围绕绩效提高目标，界定组织目标，确定绩效目标，监测和反馈组织绩效状况，并对实现结果进行系统评估的过程。一般而言，绩效管理的程序包括制定绩效协议、制定绩效计划、持续性的绩效管理、组织改进绩效成就的阶段性评估。[③] 学术界对绩效管理涉及范围的认识不尽相同，但都有一个共同点：绩效管理是一个包括绩效评估在内的综合性体系。本书认为，公共部门绩效管理的具体内容包括公共部门绩效目标、绩效信息、绩效激励、绩效合同、绩效成本、绩效申诉和绩效评估等诸多管理环节。

公共部门绩效评估是公共部门绩效管理重要和关键的内容，但也只是其中的一个部分。用系统论的语言来说，公共部门绩效评估是公共部门绩效管理整个大系统中的一个子系统。公共部门绩效评估的功能效用不仅有赖于自身体系的完整

---

① Ghobadian, Abby and Ashworth, John (1994), Performance measurement in Local Government-Concept and Practice, Braford, *International Journal of Operations & Production Management*, Vol. 14.

② Gore, *Creating a Government: Work Better and Cost Less*, U. S. Government Printing Office, 1994.

③ 参见胡宁生主编：《中国政府形象战略》，924～925 页，北京，中共中央党校出版社，1998。

建构、方式方法的有效运用、组织实施的科学安排等因素，而且还有赖于整个大系统的整体功能，有赖于其他各个子系统功能的有效发挥。在英国，20 世纪 80 年代初，绩效评估常常单独使用。随着 80 年代后期绩效管理的诞生和推行，绩效评估逐渐被纳入绩效管理的框架中，并“被视为绩效管理概念中的中心因素”①。很显然，绩效评估是绩效管理中内在的、不可缺少的一部分。它反映了绩效目标与实现结果的有关信息，为以提高公共组织整体绩效水平的其他绩效管理技术的运用提供了依据。正因为如此，本书专设一章，对公共部门绩效评估的系统功能进行分析。

1.2 公共部门绩效评估的关系比较

在整个公共管理领域，公共部门绩效评估与公共部门人力资源绩效评估、公共项目绩效评估既有联系又有区别。此外，同样作为一种工具与手段，公共部门绩效评估与企业绩效评估亦有可比的地方。

1.2.1 组织绩效和个人绩效

虽然学者们对于绩效的定义还没有形成一致的看法，但是，参照效率三个层面的区分，或许我们可以将绩效也进行类似的分类，即个人绩效、组织绩效和社会绩效。由于社会绩效在很大程度上是同政府、社会、文化等方面的因素联系在一起的，因此，我们首先就个人绩效和组织绩效的关系进行一些探讨。

个人作为社会系统中最为基本的组成个体，其行为的效率和有效性是各种组织绩效的基础。然而，个人的目标并不能等同于组织的目标。② 在实际的工作中，存在着二者相互脱离的可能。虽然组织是相应的个人遵照一系列的规则或制度组成的，但是作为一个整体的组织中的个人在许多方面仍然表现出众多的差别。所以，个人绩效并不能简单地等同于组织绩效。组织绩效是通过组织中所有个人的工作绩效反映出来的，但是，组织绩效并不是个人绩效的简单相加，高绩效的个人组合成的组织不一定就可以带来高的组织绩效。不过，个人绩效同组织绩效存在着紧密的联系。一般来说，良好的个人绩效水平对于组织绩效的提高可

---

① Loree J. Griffith，Anna C. Orgera，“Performance Management：Mapping Out the Process”，p. 27.

② 参见［美］雅米尔·吉瑞赛特：《公共组织管理：理论和实践的演进》，185 页，上海，上海译文出版社，2003。

以起到积极的促进作用。同时，组织在制度设置等方面会影响到个人绩效的有效形成，个人和组织所追求目标的差异，都可能使组织的整体绩效产生反作用。因而，合理的组织设计，应该可以有效调节个人和组织之间的矛盾冲突，达到个人绩效和组织绩效的良性互促。

正是由于组织绩效和个人绩效的差异，我们才有必要分别引入公共部门人力资源管理和公共部门绩效管理来对二者进行评估，以推动绩效的改善。不过，不论二者在本质上存在着多么巨大的差异，原则上，个人被评估的目标都包含于组织整体的绩效之中。[①] 对于个人绩效的评估，有助于我们更加客观与科学地认识组织绩效。

1.2.2 公共部门绩效评估与公共部门人力资源绩效评估

人力资源管理和绩效管理是现代组织管理发展中形成的两个重要的管理分支，评估都是两种管理中不可或缺的环节。我们先来看看二者之间存在的不同。由于个人存在天赋和能力等方面的差别，每个人在同一组织中表现出来的行为是不一样的。一个能力强的个人可能无须经过太多的努力就可以轻松地达到组织安排的工作目标，而一个能力较差的个人或许通过积极的努力仍然不能达到令人满意的结果。能力的差异，随着所出现的工作努力状况的不同，需要部门给予一个正确的认识。出于公正考核的需要，组织需要引入个人绩效评估以形成对组织中个人的合理激励。需要注意的是，对个人绩效的关注是组织中人力资源管理的一项重要职能，它的出发点大多还是以管理层面为基础的。它通常关注员工和管理上的绩效，且承担着以下三个方面的功能：(1) 提升改善的绩效——评估过程是建立关于现在员工的绩效信息、绩效不足及其原因的一项机制。于是它就可以成为评判员工和来年员工培训与发展的基础，并作为激励员工的一种依据，给予他们一种受到组织重视的感觉。(2) 职业发展——评估过程可以作为形成员工在组织中未来角色和职业发展的机制，也可以成为组织作为一个整体连续规划的依据。(3) 报酬——当一个人力资源经理运用某种形式的绩效工资和奖励时，便需要一个确定报酬大小的制度性根据。评估过程可以形成同报酬相联系的员工个人绩效的根据。[②] 而公共部门绩效评估，则努力推动对组织绩效进行评价，从中发现公共部门在提供服务或公共产品上存在的主要问题，并找到改进的方法和技术。当然，组织绩效问题的出现也可能是由于个人绩效在总体构成上产生问题所

---

① 参见［英］诺曼·弗林：《公共部门管理》，187页，北京，中国青年出版社，2004。

② Malcolm Prowle, *The Changing Public Sector: A Practical Management Guide*, published by Gower Publishing Limited 2000, p. 124.

引致的。这就需要公共部门人力资源评估在具体的操作中及时发现组织设计上存在的漏洞，并加以有效的弥补。在绩效指标的设计上，两种评估的差异也是比较巨大的。通常，绩效指标在管理上有两个用途：可以成为控制系统的一部分，并在某些方面被用来惩罚坏业绩而嘉奖好业绩；还可以成为寻求管理方式的过程的一部分。因为个人绩效受到个人能力、工作表现和组织支持等方面原因的影响，所以，在公共部门人力资源绩效评估中，评估主要围绕个人的工作能力、工作表现和工作实绩三个方面的指标来进行。各国的公共部门人力资源管理系统，在吸取本国实情的基础上，都相应地形成了各自的评估内容。在我国，对于公务员的评估，主要从德能勤绩廉五个方面来加以考评。而作为公共部门的具体服务产出，对于它们的绩效评估，人们往往是从经济、效率和有效性三个指标来衡量的。诸如城市中的警察局投入了多少警力进行街区巡逻，为此需要增加多少财政开支，在多大程度上对街道的治安稳定带来了积极的作用，最后通过投入和产出之间所形成的一种比例关系，来判定这样的投资是不是一个划得来的行为。

尽管二者在功能和具体的绩效指标中存在着差别，但它们在目的和评估原则与控制手段上却有许多共同之处。首先，在目的方面，评估同控制相联系，但它们又是明显不同的。[①] 人力资源绩效评估和公共部门绩效评估尽管在评估的侧重点上存在着差别，但二者都充当着控制工具的角色。无论是人力资源管理中的绩效评估还是公共部门绩效评估，都力求督促个人和组织的行动能够和组织目标与宗旨保持一致。它们都具有一个相同的目的，即推进个人目标和组织目标的一致性，从而提高组织整体绩效。其次，在评估原则中，它们都需要遵守以下几个主要原则：公正客观是首要的原则之一，由于二者都充当着控制工具的角色，如果缺乏一个公正的评估过程，就很难对个人绩效和组织绩效形成一个正确的评价，尤其是当这种评估结果还可能成为部门进一步行为的依据时，公正的原则更需要得到严格的遵守。全面原则是公正的一个重要保证，在人力资源绩效评估中，评估主体通过对员工上级、下属和同伴的调查，来确保对个人评价的科学性；在公共部门绩效评估中，公共部门早已改变了原来对上级负责的评估方式，充分吸纳公众的参与，借助公众满意度进一步反映组织绩效的有效性。360 度评估在公私部门中的盛行，正反映出全面原则在评估系统中受重视的现实。二者都通过科学的原则，即设计出一套合理的、可操作性强的评估指标，形成对个人和组织绩效的科学反映。最后，无论是公共部门人力资源管理还是公共部门绩效管理，都把

① Angela Everittand &Pauline Hardiker, *Evaluating for Good Practice*, published by Palgrave 1996, p. 20.

绩效同一定的激励或控制方式相结合，形成一种有效的控制手段。通过引入绩效工资，公共部门人力资源管理系统试图实现促进个人绩效的目的。而在众多国家的公共部门，纷纷实行绩效预算的制度，以期对公共部门的活动进行更加严格的控制。当然，公共部门绩效的有效提高，在当今倡导“人本管理”的社会中，更需要借助人力资源管理系统提供一个合理科学的评价机制，以此作为推动部门绩效持续改善的动力。

1.2.3　公共部门绩效评估与企业绩效评估

由于所提供的产品和服务在性质上存在着比较大的区别，企业中的绩效评估相对来说比较容易实现，企业所提供的服务和物品，并不像公共服务或产品那样难以确定或衡量。因此，在这方面，二者之间似乎并没有比较相关的联系。

但是，追溯绩效评估的发展历程，我们便可以找到二者之间的一些渊源，二者之间的关系或许更多地表现在技术和方法方面。也就是说，企业绩效评估中所采用的先进技术和方法，往往会经过一系列改进之后，运用于公共部门的绩效评估中。以罗伯特·卡普兰所提出的平衡计分卡为例，学者们普遍地将使命上的追求加以变换，把对财务的注重调整到对顾客的重视。因为，和企业部门相比，政府所受到的资金上的控制，还没有达到和企业部门一样严格的水平。比较来说，公共部门对于顾客满意度的重视是优先于其他因素的。当然，这样一种联系并不仅仅出现在绩效评估的领域。新公共管理运动的兴起，使企业管理理念大规模渗透到公共管理领域，这样的联系似乎已经是司空见惯了。

1.2.4　公共部门绩效评估与公共项目绩效评估

公共组织原则上有三件事应对公众负责：资金是按协议与合法程序支出的；资源得到了有效的利用；资源利用达到了预期目的。与此同时，政治家也认为应该对其决策负责，而且还要促使管理机构为其行为负责。[①] 天生被赋予的管理责任，要求公共组织不仅要对组织绩效进行评估，同样还要对自己的决策执行所产生的社会绩效进行认真的审视。公共部门绩效评估和公共项目绩效评估之间的区别并非泾渭分明，同样作为公共部门的产出，在一定程度上，二者还可能出现重合。不过，还是有学者试图对它们之间的差异作出比较清晰的划定。

公共部门提高效率与有效性的努力必须以绩效测量为基础。所谓绩效测量，就是不断地对项目完成情况进行监督与报告，特别是达成事先设定目标的进展情

① 参见［英］诺曼·弗林：《公共部门管理》，185页。

况。应该说，绩效评估和绩效测量基本上是一致的，只是“评估”的使用让人感到更加贴近于绩效的实际操作层面。公共部门绩效所表现出来的特性，让人们无法对它进行精确的测量。而公共项目评估（public program evaluation），是定期或特别进行的独立而系统的研究，以此来评价一个项目的进展情况。更加直接地说，项目评估是一种途径，提供给公共决策制定者关于过去用于处理或减轻某个问题的种种策略的相对效果以及特定项目可以观察到的效果等有用知识。尼古拉斯·亨利从两个维度对绩效测量和公共项目评估进行了区分：关心的焦点和各自的作用。绩效测量集中研究一个项目是否达到了可测量的目标，而项目评估的范围要广泛得多，要在更大的环境情景中搜集更大范围的信息。类似地，虽然二者都用来改善服务提供和项目的有效性，但是绩效测量多半作为管理者的预警系统来了解项目进展是否顺利，它也是一种用来提高政府公共责任的方法；相应地，项目评估则要对项目绩效及其相关环境背景进行更加深入的研究，并且寻求开发关于项目是否有进展及其如何改善的综合评价。[①] 伊万·M·伯尔曼从另外一个角度对绩效评估和项目评估作出了区分。他在对生产力测量进行分类时指出：生产力测量可以是一个一次性的事情（one-time event）或者是一个持续的过程。作为一种一次性的行为，它通常表现为运用项目评估的战略。[②] 这种战略兴起于20 世纪六七十年代，它提供了有关结果的详细而全面的分析。项目评估的例子包括危机回应计划或技术发展行动。虽然有些项目评估也是多次重复进行的，但它们基本上是一种不连续的过程。而从 20 世纪 90 年代早期开始，生产力测评逐渐转化为一个持续进行的过程，也就是绩效评估。这种方式如今受到了美国国会、州立法机关、地方团体等的普遍欢迎。因此，伯尔曼从时间持续性上进行了比较。也就是说，绩效评估是一种连续的行为，而项目评估则表现为非连续性的过程。两者的不同还体现在另一个方面。通常，绩效评估并不像项目评估那样追求面面俱到，一般只需要一些关键的指标。其实，作为组织绩效管理的一个重要环节，绩效评估在于提供相关信息以证明组织在若干时期中的行为是否达到了设定的目标；而项目评估作为公共部门决策的产物，它所产生的结果更多地带有政治上的效果，所以它必然追求全面性，需要解决的不仅是管理方面的问题，更多时候必须考虑政治价值中关于公平、民主和自由的要求。而且，公共项目在很多时候是公共部门政策产出的结果，它对公众或环境所可能产生的影响就相对广泛

① 参见［美］尼古拉斯·亨利：《公共行政与公共事务》（第八版），284 页。

② Evan M. Berman, *Productivity in Public and Nonprofit Organization——Strategies and Techniques Thousand Oaks*, CA, Sage Publications, c1998, p. 52.

和深远。比如，一个国家就人口政策制定一个规划时，它所影响到的不仅是现实中存在的个体，更会对社会中未来的生存群体产生巨大的影响。而作为公共部门的具体产出，它的受众范围明显狭小了很多，只有那些同它发生直接联系的个人，才可能对公共部门的实际效果提出看法，作为对公共服务质量的一种反馈。正是因为公共项目在影响方面所具有的广泛性和重要性，当人们对公共项目进行评估时，往往会在考虑经济、效率、有效性的基础上，增加公平、全面发展等指标。管理责任一直都是公共部门所必须承担的义务。保障社会向正常健康的方向发展，需要依赖公共部门在政策的实施过程中，充分平衡各个方面的利益关系，并就当前和长远的发展状况作出一个适当的权衡。

由此看来，绩效评估的一个作用在于形成一种强化责任的机制，促进公共部门目标得以满意地实现；而公共项目绩效评估则更侧重于形成对若干项目的整体状况的认识，从而为公共部门的决策行为提供有益的信息。

随着战略管理意识在公共部门的日渐深入，公共部门人力资源评估、公共部门绩效评估和公共项目评估都纷纷将自身的评估结果同战略管理的实践相结合，为公共部门服务质量的持续改进提供积极有效的信息反馈，从而帮助公共部门发现在人员组成和搭配、组织制度设计和组织目标设置上所存在的不足，更好地履行公共部门应该承担的管理责任。

1.3 公共部门绩效评估的效用功能与运作难度分析

1.3.1 绩效评估的效用功能

绩效评估对于提高公共部门的管理绩效有直接的促进功能，在整个绩效管理体系中起着承上启下的作用。

1. 绩效评估是绩效管理的基础工程

在一个系统连续的管理过程中，要提高绩效，首先必须确立一个信息贯通机制，确立一个了解机制。公共部门绩效管理不仅要了解内部的机构比例、人员匹配、领导职数等静态结构，更要了解管理的动态过程，了解管理制度执行状况，了解管理目标的实现程度，了解公民对政府行为的真实感受等。如果没有这样一个了解机制，我们既不知道相关的管理部门和管理人员有没有工作，也不知道工作的好坏，自然也就不可能有什么绩效。评估就是这样一个了解机制，通过真实有效的评估，可以帮助我们比较全面客观地把握一段时间以来管理过程的相关信息，为落实其他绩效环节、总体提高绩效水平提供依据。戴维·奥斯本和特德·

盖布勒在《改革政府：企业精神如何改革着公共部门》一书中概括了评估的基础作用：测量能推动工作；若不测定效果，就不能辨别是成功还是失败；看不到成功就不能给予奖励；不能奖励，就有可能是在奖励失败；看不到成功，就不能从中学习；看不到失败，就不能纠正失败；展示成果，能赢得管理公众的支持。美国著名公共管理学家马克·霍哲指出："为了对政策制定者和服务对象强调他们从税款中得到了什么收益，机构需要能够评估，并衡量和报告它们完成了什么。"① "评估是绩效管理的一个关键环节，如果无法衡量，就无法改善，除非能在绩效目标实现程度的衡量方法方面取得共识，一切确定绩效目标或标准的努力都是徒劳无益的。"②

为此，各国、各地区的公共绩效管理都非常重视这项基础工程。美国在1973年出台的"联邦政府生产力测定方案"可以看成是公共部门绩效评估的早期试验，20世纪90年代初，重塑政府成为美国公共绩效管理发展的里程碑。与改革纵深阶段相适应，1993年，政府专门成立了由副总统戈尔领导的国家绩效评估委员会（NPR），同年通过的《政府绩效与结果法》（GPRA）要求所有的联邦机构都使用和发展绩效评估技术并向公民报告绩效状况。美国"无论是在联邦政府、州政府和地方政府，还是大学、私营咨询公司都有很多研究者在从事评估活动。人们已经把评估活动当作一个'小型工业'来看待。现在，评估的研究文献已经迅速地发展和传播，以评估为题目的国内、国际会议也经常举办，评估研究会已经成立，总起来说，评估现在已经成为一种专门的职业"③。1997年2月，NPR召开首次政府间基准比较研讨会，成立了跨国绩效评估研究小组，成员包括美国14个联邦机构和两个地方政府、加拿大六个政府机构以及英国相关的政府机构，会议发表了《顾客需求战略规划最佳实践的基准比较研究报告》，希望借此推动绩效评估新的高潮到来。在60年代，英国就开始对公共部门进行测定的实践，80年代撒切尔政府大规模改革的第一波就是在公共部门实施"雷纳评审"。1989年，英国绩效评估的主管机构中央财政部提交了一份报告，认为在34个中央部门中已有26个建立了较为满意的绩效评估机制。中国香港从1989年开始进行大规模的公共部门改革，不断推出公开信息、服务承诺等主题。近年来，随着改革的深入发展，绩效评估成为香港公共部门所关注的热点问题，许多部门经常向香港政府效率小组寻求这方面的帮助，在有关公共部门改革的网站，绩效

---

① ［美］马克·霍哲：《公共部门业绩评估与改善》，载《中国行政管理》，2000（3）。

② 胡宁生主编：《中国政府形象战略》，1022页。

③ ［美］菲利克斯·A·尼格罗等：《公共行政学简明教程》，202页，北京，中共中央党校出版社，1997。

评估部分也成为受访率最高的网页。

2. 绩效评估是推动管理的约束机制

绩效管理的精髓在于落实责任。责任与个人利益、组织利益直接相关，它需要一定的推动机制。绩效评估本身只是一种工作状况的综合反映，但是，评估与原先设定的管理目标是直接联系的，通过这样一种纵向对比，可以看出其间的差距。而且，某个部门的绩效信息是可以经常拿来与其他部门的绩效信息进行比较分析的，通过这样一种横向对比，同样可以发现许多问题。有比较就会有压力，公开更加剧了工作压力。“对于怀疑自己竞争能力的服务项目经营者来说，关于效率和实效的确凿可靠的信息可能是极大的威胁……在政府职责之内，不论什么时候把干得最好和最差的挑出来都是有威胁的。”[①] 最重要的是，绩效评估与绩效奖惩是直接联系的，评估为奖优罚劣、奖勤罚懒提供了直接依据。“有测评的事情人们才会去做”，通过规范化、制度化的评估工作，可以在很大程度上推动公共部门对社会、公民的需求及时做出反应，对管理结果负责。“组织绩效评估提供组织绩效方面的信息，鼓励和促进单位之间竞争，有助于公众的监督，还可以诊断组织中的问题并提出针对性的改进措施，从而推动效率和服务质量的提高。”[②]

正是在这个意义上，有人把绩效评估看成是市场信号的替代物。在竞争充分、监管规范的市场里，价格变化反映了市场对物品、服务需求和质量的信号，价格也是市场良性运作的重要机制。但在公共部门提供服务的过程中，由于缺少竞争环境和利润刺激，缺少市场交易和价格信号，相当程度上存在绩效低下的现象。评估为绩效管理提供了一个纵向横向的比较参数，反映了服务需求、服务质量的真实信号，在某种程度上起到了价格信号的功能作用。

3. 绩效评估可以调适新的目标导向

评估的功能不仅在于可以对过去的工作加以反映，通过评估发现问题、找出差距，还可以重新整合资源、调适目标，起承上启下的作用。评估的过程就是组织行为诊断的过程，如上所述，评估可以为绩效奖惩提供依据。通过评估，发现管理制度存在缺漏、时滞时，就可以及时采取措施，补充完善；发现人力资源存在素质和技能问题时，就可以当即着手进行教育和培训；针对社会、公民反映的带有典型意义的热点问题，可以形成下一步工作重点的基本思路。可以说，绩效评估既是一个管理过程的结束，又是一个新的发展阶段的开始。中国香港特别行

---

① ［美］戴维·奥斯本、特德·盖布勒：《改革政府：企业精神如何改革着公共部门》，155 页。

② 周志忍：《公共性与行政效率研究》，载《中国行政管理》，2000（4）。

政区政府在2000年出版的《绩效评估的渐进指南》中这样指出：评估反过来又支持了行政长官绩效管理的动议，评估能够关注具体的输出，合理地调控资源；改善控制和责任机制；为预算和资源分配提供整理过的绩效信息；确保工作人员了解他们各自的角色以及他们的工作将如何被评估；提供关于对政府整体满意度的反馈。

4. 绩效评估凸显绩效管理的价值取向

公共绩效管理可以分解为市场取向、社会取向、分权取向等不同的价值取向，其最根本的价值取向还是服务取向。传统行政管理以过程为中心，以权力行政、命令行政为特征，追求内部管理效率，重点在于管制取向。1999年，在英国召开的国际行政学会第一次专门国际会议上，对公共绩效管理作了一个概括，认为它是一个包括新公共管理、目标管理、绩效评估、绩效审计等在内的结构体系，从广义上代表了现代公共行政管理的新方式，其实质是以结果为本、以目标为准、以低成本取得高效益，设立一系列办法（评估指标）来评估行政过程。绩效评估是对绩效目标实现程度的测量，是对部门工作状况、工作业绩的结果评定，追求过程与目标、过程与结果的统一。评估遵从顾客至上的基本原则，奉行以公民满意为基本主题，在评估的要素、模式、组织结构中，都可以看到明确服务对象、了解服务需要和促进满意程度的理念设计。例如，评估主体一定要有公民特别是相对人介入，评估指标非常重视服务质量、服务效果的定位。也就是说，评估集中地体现了服务的价值取向，“被视为是绩效管理概念中的中心因素”①。

1.3.2 绩效评估的运作难度分析

阐述公共部门绩效评估特点的用意在于解释评估的难点，绩效评估既是绩效管理十分重要的环节，也是难度较大的项目。对于评估难点的认识，可以从操作性层面进行把握，但是，通过对公共绩效评估与企业绩效评估的特点进行比较，似乎更具有说服力。法国行政学家夏尔·德巴什认为，公共部门的总体利益性质、公共部门的垄断权、免费服务和公共部门费用混淆不清是公共部门绩效评估困难的基本原因。本书以为，这样一种观点，实际上也是将公共部门与企业进行比较后得出的结论。

不同层级的管理人员对绩效评估的态度也有不同，高层级的管理人员更多地

① Loree J. Griffith，Anna C. Orgera，“*Performance Management：Mapping out the Process*”，p. 27.

从事宏观性工作，职责弹性较大，评估所要求的定量分析、操作指标对其不会构成太大的威胁，比较容易响应改革的号召。而低层级的管理人员工作在第一线，主要从事操作性、执行性的职责，他们能直接感受到评估带来的巨大压力。“当管理技术介入日常工作环境并将无数暗合的可调整因素化为乌有时，他们的反应通常是敌对的。”[①] 所以，评估往往在基层更容易遇到阻碍。在评估的操作层面上，价值判断的因素对评估的有效性影响也很大，评估以信息反馈为基础，有一套较为完整的指标体系，但评估无法完全消除主观成分的空间，评估过程是一个主客观相互作用的过程。一些学者对评估过程可能产生的认识误差进行了归纳，主要有：（1）晕轮效应；（2）中性化倾向；（3）宽严两极；（4）近因效应；（5）对比效应；（6）归因误差；（7）先入为主；（8）单一标准；（9）偏见影响等。为防止评估褊狭，保证评估有效，需要有多元的评估主体，但多元评估主体来自不同领域，即使面对同一个评估项目，也会有不同的认知视角。评估主体多元本身就是一个矛盾，所以，认真确定不同评估主体的评估内容，合理匹配各个评估主体的权重比例，是评估过程中一项高超的组织艺术。公共绩效评估与企业绩效评估比较，有很多不同。

1. 公共部门的管理目标复杂

企业的管理目标当然也要考虑经济目标与社会目标、有形目标与无形目标、近期目标与长远目标的权衡。但相比之下，企业管理突出的是经济目标，利润率、市场占有率、单位成本是管理的核心内容。显然，公共部门的管理目标要复杂得多，有时候，社会目标、无形目标和长远目标更具有根本意义。“政府的产出总是复杂的，又经常是有争议的。如果所要达到的目标是多重性的或不明确的，那么，很难说是否会有效完成或完全完成这些目标。而且，政府的项目往往会产生不同的影响，可能一些人所受的补益或损害会比另一些人多。”[②] “把业绩评估的指标建立在效率、效益和经济之上也于事无补，因为每一项都受到价值观的影响，且三者之间存在潜在的矛盾。”[③]

在这个问题上，公共部门的管理目标与政治制度的管理目标具有相似之处，政治制度的管理目标也具有多元性，一些内在目标之间甚至相互矛盾。公共选择

---

① ［法］吕克·鲁邦、雅克·齐耶：《从行政现代化到国家改革》，见国家行政学院国际合作交流部编译：《西方国家行政改革述评》，90页。

② ［美］詹姆斯·Q·威尔逊：《美国官僚政治》，414～415页，北京，中国社会科学出版社，1995。

③ ［英］温森特·怀特：《欧洲公共行政现代化：英国的个案分析》，见国家行政学院国际合作交流部编译：《西方国家行政改革述评》，247页。

学派的代表人物缪勒认为，政治统治评估绩效至少有两个目标：政治稳定和政治参与。在西方国家现行政党制度条件下，两党制有利于政治稳定。内阁制政府中的执政党也就是议会中的多数党，政策容易达成一致。总统制政府中的执政党虽然不一定就是议会中的多数党，但凭借执政党的实力，也可以保证政权趋于稳定。比例代表制往往导致政府不稳定 。但是，在两党制的制度下，支持在野党的选民会感到自身的期望值与执政党的纲领反差太大，容易形成政治冷漠心理，政治疏远化程度要高于比例代表制、多党制，后者可以为小党提供相应的议席，可以为选民提供更多的政治参与选择。这样一种矛盾状况使得政治绩效评估比较困难。

与公共部门管理目标相对的是，企业目标容易定量确定，也就容易进行绩效评估，净资产收益率、总资产报酬率、资产负债率、销售增长率、资本积累率等基本指标能够反映出企业的绩效内容。而公共部门的一些目标，涉及公平、责任、素质等的就难以简单进行定量分析。即使按照部门分类，一些部门可以形成定量指标，如交警部门的重大交通事故逃逸率、公安部门的破案率等，但相当多部门，特别是决策部门、协调部门、咨询部门等非执行性部门，很难用得上定量指标，缺乏具有可操作性、可分辨性的评估指标。“公共部门提供的诸多物品和服务中生来就有的这个‘计量问题’，给筹款机构带来了一个监控问题。假若一个部门的产出具有不可计量的性质，那么，购买者如何能够监控其生产的效率呢?”① “只要对评估个人绩效的方法缺乏共识，绩效评估的效度就会很低，对那些需要定性分析的工作来说尤其是这样。如果用定量标准去评估绩效，这会导致目标错位。”②

2. 公共部门的产品形态特殊

企业生产的产品在形态上有两个特征：其一是可见性，大部分的企业产品都是看得见摸得着的实体；其二是终端性，企业产品哪怕是一个配件，也具有独立价值。企业产品在形态上的可见性和终端性，为企业绩效评估提供了直接和直观的基础，提供了进行比较的平台。公共部门提供的产品主要是服务性质的，相当部分的产品是无形的，而且，单个部门提供的产品在整个公共服务过程中，往往只是一种中间状态，不太具有可比性。很难说精心策划召开一次行政会议，深入基层进行一次调查研究，能在绩效上有什么直接体现。经常用来评估的指标，诸

---

① ［美］丹尼斯·C·缪勒：《公共选择理论》，307～308页，北京，中国社会科学出版社，1999。

② ［德］汉斯·班贝格：《德国的行政现代化：新瓶装旧酒》，见国家行政学院国际合作交流部编译：《西方国家行政改革述评》，137页。

如公路建设的挖土方量、治安管理的破案率等，实际上只是公路质量、社会秩序管理目标的中间产品，后者的评估往往困难得多。

3. 公共部门的产品标准多维

与管理目标一样，企业生产的产品通常采用单维的技术标准。尽管说市场评估主体形形色色，但对客观的技术标准容易达成共识。公共部门的产品就不简单是一个技术问题，不同的产品有不同的标准，即使同一个产品，还涉及政治、文化和社会等诸多因素。来自不同领域的评估主体，有不同的评估视角，有特定的主观感受，这些，都是评估困难的原因所在。“地方政府内的个人和组织均利用绩效测评监控和评价绩效，地方政府外部也是如此。他们对于绩效的定义，所关注的绩效的特征和标准是完全不同的有时甚至相反。一旦没有融合不同观点的机制，就会产生延长争论却无实效的形势，这是常有的事情。”①

4. 公共部门的价格机制缺乏

市场价格反映了市场的供求关系，企业会根据市场信号，调整生产结构，改进生产程序，提高生产质量。实际上，市场价格就是企业绩效的评估机制，凡是产品在市场上能卖出好价钱的企业就是有绩效的；企业产品的成本低于社会劳动平均成本，企业就能够盈利。公共部门所需的服务成本，已通过税的形式预先向社会作强制性扣除，公共部门的服务产品，相当部分没有价格显示机制，即使是一些收费性的项目，通常也是在没有精确计算成本的情况下运作的，一些收费项目，因其乱收费的动机，反而扭曲了价格。总体来看，公共服务缺乏市场交易机制，公共产品缺乏价格检验机制，公共部门提供产品的数量、品质，消费者对于公共服务的偏好、估价等都缺乏信息反馈机制。“在生产者和消费者之间不存在日常交易，因而也无法给生产者在生产力或者对该产品的需求方面提供确定的反馈信息，公共官员和公民—消费者之间的任何交易都是不存在记录的，或者不存在连续的方式来解释这些交易的意义。”② 公共服务特殊的交易机制，使得公共部门的工作状况、工作质量难以评估。

5. 公共部门的生产要素独特

任何一个生产过程，都需要人、财、物等要素的结合，企业生产也不例外。在机器时代，物的要素、机器要素的作用已经很明显，在高科技时代，人的智慧的物化更加凸显功能，在生产线、流水线状态下，评估比较容易量化。公共服务

---

① 于军编译：《英国地方政府行政改革研究》，172～173页。

② ［美］迈克尔·麦金尼斯：《多中心体制与地方公共经济》，214～215页，上海，上海三联书店，2000。

当然需要物的要素，电子政府对物的要求也带有时代特征，但相比之下，人的要素在公共服务中更具主流，尽管说公职人员大都经过统一考试，具有比较相近的素质水平，但是，对人的评估显然要比对物的评估困难得多，人的主观性、动态性不太容易标准化。

1.4 公共部门绩效评估的主体构建

评估主体多元结构是保证公共部门绩效评估有效性的一个基本原则，这是因为，任何一个业已确定的评估主体都有其自身特定的评估角度、有不可替代的比较优势，同时，具有特定身份的评估主体亦有自身难以克服的评估局限性。当然，选择评估主体必须考虑评估成本，人人参与是不现实的，企业管理领域经常提及的360度全方位评估技术指的是从不同视角进行的评估，并非全员评估。如何组合评估主体，做到既经济又科学，是构架绩效评估模式、建立评估指标体系的基础。通过近年来的实践摸索和理论分析，本书认为，公共部门绩效评估主体结构至少应包括综合评估组织、直管领导、公民或者行政相对人以及其他评估主体等。

1.4.1 综合评估组织

综合评估组织评估的主要是传统项目的内容，如制度建设、思想建设、组织建设以及作风建设等。综合评估组织通过实地调查、听取汇报、召开座谈会的形式，以定性评估方法为主。为了防止可能出现的主观随意性，综合评估要求对评估要素尽可能地明确规范，便于操作。比如，制度建设方面规定要有工作管理制度、岗位责任制度和承诺公开制度等指标要素；政风建设方面要求体现遵纪守法、廉洁奉公、勤政为民、作风民主和诚实守信的要素内容。

此外，评估主体科学配比是综合评估有效性的一个关键点。政府内部专门监察组织的相关人员是综合评估主体的重要构成部分，监督机构依靠某种程度的权威性和广泛性来保证评估的客观公正。甚至，政府内部专门的监察组织还可以作为绩效评估的管理机构。通常，绩效评估过程需要一个专门的评估管理机构，评估管理机构不仅直接负责特定内容的评估工作，而且还是总体评估方案的设计者、各个评估主体间关系的协调者，还要负责评估信息的统计整理和加权换算工作。“通常，在整个政府机构中遵循这样一条原则：评估活动应该由一个符合评估内容的组织来进行；应该由那些不受项目发展结果影响的人们来进行。”① 我国政府内部专门的监察组织承担效能监察的任务，效能监察就是通过一些制约性的方式手段，提高政府管理绩效。一些地方政府，如福建省各级地方政府，已经从效能监察发展到效能建设，把制约性的手段和能动性的机制结合起来，以更好地提高政府绩效。目前，各级监察部门已经在做一些考评工作，如行风评议等也可以作为可资利用的评估资源。

其实，在国外，政府内部专门的监察组织也可以同时担负对公共部门进行绩效评估的任务。根据 1978 年的《总监察长法案》，美国已形成较为完整的联邦总监察长制度，联邦政府约有 60 个总监察长办公室，其中，14 个内阁部门的总监察长雇用了 84 000 多名员工。“总监察长负责揭露政府机构中的浪费欺诈以及滥用现象，而且也负责帮助行政人员消除这些问题……而且他们审计的性质也改变了，即从传统财务审计发展到绩效审计，如今至少 60％总监察长的审计活动是绩效审计。”②

综合评估组织还必须由一些其他主体成员参与，例如在我国最好能利用现有的党委组织部门的考核，人大、政协组织的考评等评估资源。综合评估组织的评估指标可以与直管领导的评估指标有所交叉，适度把握，通过相互比较和相互联系，产生共生效应。

1.4.2 直管领导

直管领导从总体的队伍建设、基本建设评估主体中分离出来，作为独立的评估主体，具有不可替代的优势。一般而言，评估对象的直管领导熟悉业务、熟悉部属，了解下属部门的运作情况，切身体察班子素质的优劣、工作质量的高低、政令贯通的程度。同时，直管领导的评估还可以作为一种平衡艺术，把一些在其他评估指标中难以精确反映的工作绩效相对地体现出来，以某种定性方式弥补现行定量评估的缺陷。比如，在政令畅通指标中，可以设置执行计划、完成临时任务、汇报反馈和部门协调等参考要素；在工作质量指标中，可以列入维护稳定、化解难题、应对突发事件、获得上级表彰等指标要素。

从直观的角度看，直管领导的评估较多地采用定性评估的方法，这样一种设计，潜在地隐藏着领导主观随意性和走过场的可能性，前者指一些领导根据个人的情感好恶、关系亲疏进行评估，后者指一些领导在评估时统一口径，简单打

---

① ［美］菲利克斯·A·尼格罗等：《公共行政学简明教程》，203 页。

② ［美］尼古拉斯·亨利：《公共行政与公共事务》（第八版），333～334 页。

分。当评估在较大范围进行时，为了部门利益，直管领导还可能出现护短行为。而且，随着管理体制改革、管理幅度的扩大，客观上直管领导也有力所不及的地方。

为此，理想的评估系统要求设定两种制约性的措施：其一是直管领导评估指标的所含要素要尽可能清晰可比，要有一定量的可量化因素，比如各级部门、各种类型的表彰奖励等。其二是通过软件开发系统为领导评估设定一个正向分布结构，要求直管领导给下属部门的总体评估分值必须符合设定的正向分布结构，否则，软件评估系统拒绝作答。当然，具体的正向分布应该是何种比例，设计开发单位和评估部门事先要商量决定。

1.4.3 公民或者行政相对人

公民、特别是评估对象的相对人作为评估主体，可以最直观地体现评估的满意特征，明确评估的价值取向，通过这样一种“使用者介入”机制，将事实与价值取向结合起来，可以增加评估模式的社会相关性。美国国家公共生产力中心主任马克·霍哲教授非常重视公民作为评估主体的作用，他认为：“只有政策制定者和市民积极主动地参与业绩评估，即参与让政府机构对他们的开支负责，对他们的行动负责，对他们的承诺负责这样的评估过程，上述多重目标才能实现。”[①]他强调，只有公民参与鉴别要评估的项目、陈述目的并界定所期望的结果、选择衡量标准或指标、设置业绩和结果（完成目标）的标准、监督结果、业绩报告、使用结果和业绩信息等评估的全过程，公共部门才能真正提高管理绩效。

当然，选择哪些公民、选择多少公民参加评估才能更加科学合理是需要认真设计的。毕竟，公民缺乏专门的评估技术，不太了解政府的运作机制，信息获得渠道有限。公民参加评估有多种层次，诸如公民在接受公共服务后填写反馈卡、参加调查研究小组、参与架构内的评估鉴定等。我国在廉政建设、勤政建设过程中开创的行风评议已进行多年，这项活动实际上就是公民作为主体评估公共部门绩效的具体实践。借鉴以往的工作经验，使行风评议更加贴近绩效评估的设计要求，把行风评议纳入绩效评估的轨道，可以规范评估程序、节约评估成本、提高评估成效。近年来，南京市一项万人评议机关活动搞得风风火火，厦门市出台千家企业评议政府部门的措施也是好评如潮，这些都是以公民作为评估主体的积极探索，在社会上引起了强烈反响，值得我们认真总结经验，不断丰富完善。

公民作为评估主体，体现了公共部门绩效管理的核心准则，体现了顾客满意

---

① ［美］马克·霍哲：《公共部门业绩评估与改善》，载《中国行政管理》，2000（3）。

的服务取向，这也是新公共管理运动的一个基本特征。“再造范式表明，循着命令链责任体制不如指向顾客的责任体制有效。”① 但是，与企业管理领域的顾客满意原则相区别，公共管理领域的顾客满意是有特定内涵的。公共管理的对象可以区分为服务对象、执法对象和管制对象，只有那些服务对象才可以直接运用顾客满意原则。面对那些执法对象，属于服务的成分，要求做到服务满意，属于执法的要素，就只能要求公共部门的行为必须在根本上符合人民利益，在总体上做到公民满意，不能简单地以某个执法对象的反映作为标准。对于税务稽查部门来说，就不能简单地以偷漏税嫌疑人是否满意作为标准；对于交警部门来说，就不能简单地以违规受罚对象是否满意作为标准。至于管制对象，就更不可能盲目地套用满意原则了。正如美国学者奥斯本所说：“将顾客和执行者混淆起来，通常是十分危险的。显然对于警察和监狱来说，公众的安全比罪犯的满意要重要得多。对于环保机构来说，公众的安全比企业总经理的满意要重要得多。最后，试想一下，如果国内税务局将让纳税者满意作为最高目标，会有什么样的后果？税收将陡然下落！”②

公民或者行政相对人作为公共部门绩效评估的主体是一个复合体，要讲求科学构成。首先，相对人要有一定的参加数量。一般来说，至少要有50个以上的相对人，一个公共部门的绩效评估才有一定的覆盖面。相对人参加评估可以采用座谈会的形式，从实际的运行实践和运行效果分析，但更多的还是采用问卷调查的形式。考虑到问卷调查表不一定能够全部回收，发放的问卷调查表肯定要大于需要的问卷调查表。其次，相对人成分要有适当的结构。如上所述，公共管理的对象可以区分为服务对象、执法对象和管制对象，满意原则在三者身上的实施程度是不同的。因此，相对人参加评估要考虑到以下组合：直接相对人与间接相对人的组合，狭义相对人与广义相对人的组合，受益相对人与受损相对人的组合，现实相对人与潜在相对人的组合等。再次，相对人成分要有一定的比例。相对人成分不仅要有适当的结构，还要有一定的比例，以保证评估的有效性。一般来说，直接相对人要占总体数量的一半以上。最后，为了防止一些公共部门可能出现的违规变通行为，在已经确定比例成分的基础上，问卷调查表的发放要随机进行，因为调查的客观性是评估有效性的基础。回收的有效问卷也要按照事先确定的结构比例，保证直接相对人在有效问卷中占有一半以上的比例。

---

① ［美］戴维·奥斯本、彼德·普拉斯特里克：《摒弃官僚制：政府再造的五项战略》，180页，北京，中国人民大学出版社，2002。

② 同上书，183页。

1.4.4 其他评估主体

评估对象自身作为评估主体，这是一个有争议的问题。不少人认为，自我评估会导致走过场、流于形式，自我评估一般倾向会高估自己。其实，只要设计得当，框定那些易于比较、易于计量的内容，“有效把雇员与整个评估过程结合起来，进行自我管理、自我调控”①，自我评估还是有特定优势的，自我评估了解运作机制，真正把握业绩，至少可以起到简化评估程序、节约评估成本的作用。当然，为了防止自我评估邀功评好，业绩评估指标一定要由自我评估单位、专门评估组织和专家反复切磋，共商而成。业绩指标一定要能够具体量化，用业绩指标的客观性来抵制自我评估可能产生的主观任意性。

公共部门绩效评估的主体结构还需要一些特殊的评估主体，这些评估主体的特殊意义在于它们一般是作为防范机制隐性存在的，在整个指标体系中，使用负数指标显示。通常，评估对象在这些评估项目上分值为零，评估对象一旦触及评估内容，评估主体要从整体分数中扣除规定的分数。计生局对违反计划生育政策的一票否决、综治委对社会综合治理的一票否决、安全监督局对重大安全事故的一票否决，都是特定的评估主体在特定场合发挥作用，也就是俗称的触犯“高压线”。此外，政府设立的公共投诉中心也是一个特定的评估主体，也是以负数分值发挥作用。一旦特定的公共部门被投诉成立，或者是经查实后整改不力，公共投诉中心都要在整体的分数中按规定倒扣。

此外，在发达国家，依靠独立于政府之外的专门机构进行评估的做法渐成气候。一些国家把政府审计部门作为评估主体，英国的审计委员会、美国的审计总署都是公共绩效评估的生力军，这个经验值得我们重视。美国学者尼古拉斯·亨利在《公共行政与公共事务》一书中有一段介绍：政府会计标准委员会是一个非政府组织，同时，也是拥有制定州与地方政府的一般可接受会计准则权力的唯一实体。20 世纪 80 年代后期，该委员会开始发布州与地方政府绩效报告的分析结果。1994 年，该委员会又公布了由审计师与会计师共同撰写的关于政府“服务努力与完成”情况报告的“概念陈述”。在这位学者看来，政府会计标准委员会就是一个对公共部门进行绩效评估，用以提高政府管理绩效的相对独立的评估主体。“由于这种创制，政府会计标准委员会‘跨出了财务会计的范畴，走进了绩

---

① Laird W. Mealier，Gary P. Latham，*Skills for Management Success*：*theory*、*experience and practice*，Richard D. Irwin，A Times Mirror Education Group Inc. Company，1996，p. 559.

效测量的领域’”①。

本章小结

公共部门绩效评估就是对广义的政府组织、非营利组织（第三部门）以及公共企业（第四部门）等特定的社会组织在积极履行公共责任的过程中，在讲求内部管理与外部效应、数量与质量、经济因素与伦理政治因素、刚性规范与柔性机制相统一的基础上，获得的公共产出进行的评审界定。从内容方面看，公共部门绩效评估是一个综合性的范畴。从要素方面看，公共部门绩效评估是一个完整的系统。从程序方面看，公共部门绩效评估是一个动态的过程。

公共部门绩效评估是公共部门绩效管理重要和关键的内容，但也只是其中一个部分。用系统论的语言来说，公共部门绩效评估是公共部门绩效管理整个大系统中的一个子系统，有赖于整个大系统的整体功能，有赖于其他各个子系统功能的有效发挥。在整个公共管理领域，公共部门绩效评估与公共部门人力资源绩效评估、公共项目绩效评估既有联系又有区别。此外，同样作为一种工具与手段，公共部门绩效评估与企业绩效评估亦有可比之处。

绩效评估对于提高公共部门的管理绩效有直接的促进功能。绩效评估凸显了绩效管理的价值取向，是绩效管理的基础工程，是推动管理的约束机制，绩效评估可以调适新的目标导向。由于公共部门的管理目标复杂、产品形态特殊、产品标准多维、价格机制缺乏和生产要素独特，绩效评估既是绩效管理十分重要的环节，也是难度较大的项目。

评估主体多元结构是保证公共部门绩效评估有效性的一个基本原则，公共部门绩效评估主体结构至少应包括综合评估组织、直管领导、公民或者行政相对人以及其他评估主体等。

关键术语

公共部门　　绩效　　评估　　效率　　绩效管理　　项目评估　　企业绩效评估　　人力资源绩效评估　　管理目标　　产品形态　　产品标准　　价格

① ［美］尼古拉斯·亨利：《公共行政与公共事务》（第八版），311 页。

机制　生产要素　评估主体　综合评估组织　直管领导　行政相对人

复习思考题

1. 什么是公共部门绩效评估?
2. 分析公共部门绩效评估的特征。
3. 公共部门绩效评估与公共项目绩效评估有什么区别与联系?
4. 公共部门绩效评估与公共部门人力资源绩效评估有什么区别与联系?
5. 公共部门绩效评估有什么意义和作用?
6. 如何理解公共部门绩效评估的运作难度?
7. 公共部门绩效评估应由哪些主体构成?

第2章

公共部门绩效评估的模式构建

公共部门绩效评估体系的构建是绩效评估的首要环节，其是否具有科学性与有效性直接关系到后者的成败，所以这是公共部门绩效评估的核心任务之一。公共部门绩效评估构建本身又是一项系统工程，涉及的评估模式主要包括类指标、维度、基本指标、指标要素、具体指标以及技术指标等方面的内容。同时，政府绩效评估指标设计在整个政府绩效评估过程中居于核心地位，其开发思路是绩效评估模式构建的关键。本书根据公共部门绩效评估的基本理论要求和我国公共部门绩效管理的实际情况，尝试设计了一个公共部门绩效评估体系，并且提出绩效指标的设计方法，希望能够起到抛砖引玉的效果。

重点问题

- 公共部门绩效评估模式构建的基本内容
- 公共部门绩效评估指标设计的开发思路
- 绩效评估指标设计的类型和方法
- 绩效评估的指标要素
- 公共部门绩效评估通用指标的设计思路
- 关键指标法的基本内容

2.1　公共部门绩效评估维度与指标

构建评估的模式是评估项目的核心问题，评估工作的顺畅程度、有效程度取决于评估模式。评估模式主要包括类指标、维度、基本指标、指标要素、具体指标以及技术指标等方面的内容。

2.1.1　公共部门绩效评估的类指标

所谓类指标是指确定指标的总体要求，类指标也可称为主题。从评估模式的结构来看，评估类指标是评估模式的理论前提和指导思想，评估类指标要渗透在每一个评估维度、每一项评估指标里面，每一个评估维度、每一项评估指标都要体现相应的类指标精神。

一般来说，每一个特定的评估模式都有若干个类指标，也有若干个评估维度。类指标可以在各个维度中交叉或并列，每一种类指标可以在不同的评估维度中有所侧重。类指标和指标是一种总体原则和具体内容的关系，每一个具体指标的确立都体现一项或几项类指标的原则精神，但类指标本身又不是一个具体的指标。正因为类指标只是一种总体要求，它可以有相当宽泛的适用范围，一些公共部门的类指标，不仅适用于政府部门、公共部门，甚至也适用于私营部门。

国内外许多学者和专家对评估的类指标要素作了种种归纳，结论不尽一致，但有一点是达成共识的，类指标要素是一个结构。

(1)“3E”要素结构。“3E”即经济、效率和效果，曾被西方学者认为是绩效评估的“新正统学说”。学术界已有许多这方面的论述，在此省略。

(2)“3E”+质量要素结构。随着新政府管理运动的深入，质量也日渐成为评估的主流范畴，围绕质量形成的指标数量不断增加。尽管说，经济、效率特别是效果的提法都蕴涵质量的内容，但明确把质量的概念单列出来、凸显出来，这是改革的成果，是新时期绩效的重要标志。英国学者奥克兰指出：“不管公共部门还是私营部门，全面质量管理都是整个组织改进竞争、高效、韧性的一种好的途径。”[①] 香港政府在2000年出版的《绩效评估的渐进指南》中这样写道：“单位成本固然重要，但它只是一个要素，只是一个比较容易评估的要素，在绩效结

① John Oakland, *Total Quality Management*, Oxford, Butterworth Heinemann, 1993.

构中，还有质量、成效等其他关键因素。”① 清华大学公共管理学院的邓国胜博士在其所著的《非营利组织评估》一书中认为项目评估应该包括投入指标、结果指标、效率指标、效能指标和质量指标等几种基本的类指标。

（3）“3E”＋质量＋公平、责任、回应等要素结构。有些学者认为，反应性、责任也应成为评估的主流要素。美国学者埃莉诺·奥斯特罗姆、拉里·施罗德和苏珊·温在其合著的《制度激励与可持续发展》一书中就把经济效率、通过财政平衡实现公平、再分配公平、责任和适应性五个要素作为绩效评估的总体标准。美国学者詹姆斯·Q·威尔逊也认为公共部门的绩效评估应包括责任、公平、回应、效率和成本五个类指标。1997年，美国政府生产力研究中心出版《地方政府绩效评估简要指南》，概括性地提出了评估的生产力、效果、质量和及时四大类指标标准。美国政府责任委员会架构的评估模式包括投入、能量、产出、结果、效率和成本效益以及生产力类型指标。2000年7月，国际行政院校联合会在我国国家行政学院举行年会，会议的中心是加强质量管理、提升服务水平，中外专家围绕着增进政府的责任性、回应性和效率等基本类指标展开了讨论。亦有一些学者以发问的形式提出绩效的类指标：这个服务的代价值得吗？这项被提供的服务或被完成的工作是否准时完成？这项被提供的服务或被完成的工作是否做得“合适”？顾客是否满意？他们认为这样一种表述与绩效评估的价值取向更加吻合，更富有亲和力。

总之，从发展的趋向看，类指标越来越成为一个包括“3E”、质量、公平、责任、回应等在内的综合性的要素结构。英国学者大卫·米斯顿在1985年提出了确立指标的几项原则：有助于阐明组织目标；对政府活动的最终结果做出评估；作为管理激励方案的一种投入；使消费者做出合理选择；为承包或私人服务提供绩效标准；有助于显示不同服务活动在致力于方针及进一步调查研究方面的创新性；协助决定服务水准的最大消耗率，以获取预定目标；显示可能节省的领域。实际上这几项原则是类指标的一个综合性表述。而且，类指标的综合性特征与对绩效内涵的理解是一致的，既然绩效是一个比效率更宽广、更复杂的概念，是一个讲求内部管理与外部效应、数量与质量、经济因素与伦理政治因素、刚性规范与柔性机制相统一的范畴，评估也就不可能只有效率这样一个单纯的类指标要素。

2.1.2 公共部门绩效评估的维度

维度也可称为模块。维度位于评估模式的中间层次，是对评估范围的类

① Efficiency Unit, *Step-by-Step Guide to Performance Measurement*, January, 2000.

型划分。通过维度区分，可以使评估层面更加条理清晰，使评估标准更具有可比性。

不同的公共部门，因其职责内容不同，会形成不同的评估模式。即使是同一个公共部门，评估的侧重点不同，视角不同，也可以形成不同的评估模式。也就是说，评估维度的划分，反映了评估设计者的理念或思路。近年来，香港特别行政区政府通过绩效评估的积极实践，并在政府若干部门进行系统试验，已经形成了一套包括四个维度和若干指标的评估模式。(1) 目标维度。主要测评部门在政策目标、关键成效区域、政府整体目标以及财政绩效方面的实现程度。(2) 顾客维度。这是服务顾客管理目标的具体化，主要测评各种顾客群体需求的满足程度。(3) 过程维度。参照企业管理运用目标管理和顾客取向的举措，创设政府服务顾客满意的体系。(4) 组织和员工的维度。这个维度以不断的改进为标准。概括地说，这是一个以组织为轴心，以组织目标、组织对象、组织过程和组织本体来划分维度的评估模式。欧盟开发设计的公共行政管理“通用评价模型”将公共部门绩效评估分成领导、政策和策略、人力资源管理、外部伙伴关系与资源管理、过程与变革管理、以顾客/公民为导向的结果、以职员（雇员）为导向的结果、社会影响和关键绩效结果九个维度。比较起来，这个模式评估范围更广泛，除了增加领导维度以外，社会影响和关键绩效结果也是一种较为特殊的设计。此外，一些其他公共部门的评估模式在维度划分方面也各有特色。例如，广州市在创建“绿色学校”过程中，构建了一个中学绿色学校评价标准，这个评估体系分成组织管理、教育过程、社会实践、环境建设、教育效果五个维度。①

青年学者邓国胜博士在其所著的《非营利组织评估》一书中将非营利组织的评估分成非营利性评估、使命与战略规划评估、项目评估和组织能力评估四个维度，非营利性评估主要强调提高责任与社会公信度，使命与战略规划评估以明确发展方向、促进持续发展为导向，项目评估重在促进效率的提高，组织能力评估要求提高达成使命的能力。可以看出，在这样一种类型里，评估维度和类指标有着较为直接、甚至是一一对应的关系，评估维度直接体现了类指标的原则要求。当然，并不是所有的评估维度都具有这种特征。

维度划分与评估主体的多元结构是密切联系的，满意度是二者统一的基础。从某种意义上说，划分维度是服务于评估主体的结构需要的，便于各个评估主体从不同的评估视角对同一个组织行为进行评估。维度划分还可以适应不同评估主体的特点，使特定的评估主体有针对性地采用某个维度，尽可能减少因交叉而带

① 参见《广州市中学绿色学校评审标准（修订本）》，载《环境教育》，2000 (3)。

来的主观因素影响。划分维度主要从大的结构方面考虑，使之具有普遍和典型意义。当然，评估维度与评估主体并非简单的一一对应关系，一个维度可以只有一个评估主体，也可以有多个评估主体，它们之间的相应关系根据具体情况而定。在福建省一些县市政府策划进行的绩效评估试点工作中，构建了一个评估模式，划分了基本建设、运作机制和业务实绩三个维度：基本建设维度由综合评估组织和一票否决的管理部门担任评估主体；运作机制的评估主要由公民（主要是行政相对人）、直管领导和投诉中心三个主体进行；业务实绩主要由评估对象自测，但要受到上级业务主管部门的监督。

2.1.3 公共部门绩效评估的基本指标

绩效评估的指标是一种以简洁、凝练和集中的方式反映评估对象业绩状况的手段。指标有广义和狭义之分，狭义的指标是一种反映事物性质的量化确定手段；而广义的指标，既可能是一种量化的手段，表现为一种可数值化的东西，也可能是通过一定的定性方法来确定的手段，反映事物的一种价值。实际上，运用指标作为管理手段，在不同的领域，特别是对公共部门的绩效进行评估时，并不总是能够量化的。而且，有相当一部分的管理内容，在运用指标的管理手段进行反映时是不应简单地使用量化的方法的。总体而言，有效选择评估指标，必须把握好以下关系：内部指标与外部指标相结合；数量指标与质量指标相结合；肯定性指标与否定性指标相结合；技术性指标与民主性指标相结合；支出指标与回报指标相结合；客观指标与主观指标相结合；工作指标与业绩指标相结合；行政成本指标与业务成本指标相结合；个体指标与团体指标相结合。

基本指标在本书的模式构架中还只是一个中间段的东西，主要还是设在评估维度之下的一种较为具体化的形式，总体上还不直接触及量化手段，真正需要量化考量的要在指标要素，特别是具体指标部分才会有实质性的体现。

维度是对评估对象、评估行为的类型区分，规定了评估的基本向度，指标则是评估的具体手段，可以看成是维度的直接载体和外在表现。通常，同一个评估维度之下总有若干个评估指标，这些指标是依据相关度、隶属度的程度而编排划定的。例如，围绕社区建设可以构建起一定的评估模式。通常，小区生活环境是其中一个较为重要的评估维度，在这个维度之下，可以设置小区垃圾清扫、小区绿化、小区安全保卫、居委会对小区居民的关心程度、小区“四乱”治理、小区居民楼公共部位卫生、小区照顾特殊群体的状况、邻里间的人际关系、小区文化活动、健身场所提供状况、小区基础设施配备和小区志愿者为居民提供各类服务的状况等相关性指标。不同的公共部门可以参照同样一个评估维度，但不同的部门，评估指标却可以有很大的不同。在欧盟开发设计的公共行政管理通用评价模型中，人力资源管理维度把组织如何有规划地利用、发展与发挥个人、团队以及整个组织的知识和潜能，从而支持组织的政策和策略以及组织成员的有效运转作为规范指标。英国的一个地方政府构建了一个评估模式，该模式将职员参加与发展作为一个重要维度，提出了培训与发展、团队建设与树立士气、个人评估和行为学习、人员互动和交流最大化等具体指标。

相对而言，基本指标可以分为以下两种。

第一，侧重定性描述的指标结构。在某种程度上，通用性与定量化成反比关系，各个公共部门之间可比程度越高，量化的精确性程度越低。在公共部门通用性指标开发过程中，通常采用侧重定性描述的指标结构。欧盟开发设计的公共行政管理通用评价模型在每一个维度中都设置了若干具体的评估指标。例如，在第一项领导维度方面设置了确定明确的远景目标、使命和价值取向、致力于组织的不断改进并率先垂范、鼓励并支持组织中的成员、与顾客/公民和合作伙伴建立密切关系等具体指标；在第二项政策和战略维度，设置了依据明确的标准制定、检查和更新政策与策略、政策和策略的制定必须考虑到利益相关者目前和未来的需求、培养组织不断学习和改进的能力等具体指标；在第八项社会影响维度，设置了改善社会对组织社会绩效的印象、在防止伤害和干扰方面取得的结果、在帮助资源保护和可持续利用方面取得的结果、由于其他对社会负责任的举措而取得的结果等具体指标。显然，这些指标基本上属于以定性为主的指标结构。

也正因为如此，通用评价模型才可能在各个欧盟国家之间具有较大的可比性。

本书在试点县市进行的评估实践中，尝试性地建立了一个通用指标体系，也是按照这种思路设计的（见表 2—1）。

表 2—1

<table>
<tr><th>评估维度</th><th>评估主体</th><th>评估指标</th></tr>
<tr><td rowspan="7">基本建设</td><td rowspan="4">综合评估组织</td><td>思想建设</td></tr>
<tr><td>组织建设</td></tr>
<tr><td>政风建设</td></tr>
<tr><td>制度建设</td></tr>
<tr><td rowspan="3">一票否决</td><td>计划生育一票否决</td></tr>
<tr><td>社会治安综合治理一票否决</td></tr>
<tr><td>重大责任事故一票否决</td></tr>
</table>

续前表

评估维度	评估主体	评估指标
运作机制	行政相对人	依法行政
		举止文明
		环境优化
		务实高效
		程序简明
	直管领导	班子素质
		工作质量
		政令畅通
		整体形象
	投诉中心	投诉成立情况
		投诉整改情况

基本建设维度包括综合评估组织和一票否决两个评估主体。综合评估组织进行评估的基本指标有思想建设、组织建设、政风建设和制度建设；一票否决评估主体进行评估的基本指标有计划生育一票否决、社会治安综合治理一票否决和重大责任事故一票否决。运作机制维度包括行政相对人、直管领导、投诉中心三个评估主体。行政相对人评估主体进行评估的基本指标有依法行政、举止文明、环境优化、务实高效、程序简明。直管领导评估主体进行评估的基本指标有班子素质、工作质量、政令畅通、整体形象。投诉中心评估主体进行评估的基本指标有投诉成立情况和投诉整改情况。

第二，已有量化特征的指标结构。香港特别行政区政府构筑了一个绩效评估体系，该体系在目标维度方面的具体指标有在达到政策目标和关键成效区域中的进步、预算表现、各项产出内容的单位消耗、满足财政收入的要求、不断提高市民的满意度等；在顾客维度方面主要设置有顾客的满意水平、完成顾客型服务的目标、公众对关键问题和服务的了解程度等指标；在过程维度方面的指标主要有核心过程的效率（比如单位产量/提供的服务）、实现主要功能的准确性和质量、形成新的过程或改良等；在组织和员工维度方面的主要指标包括引入新的过程或创见、同上一年相比较的绩效、受训员工数量、全体员工的满意度和士气、信息管理的质量等。分析起来，香港的模式采用具有一定量化特征的指标结构有两个原因：其一是在评估模式的层级结构上，将评估指标与指标要素在某种程度融在一起，将一些原本在指标要素结构中的东西通过指标结构本身先行体现出来。其二是在评估维度的设计思路上，不采取通用指标与业绩指标相对应的划分方式。

2.1.4 公共部门绩效评估的指标要素

指标要素和具体指标同属一个层次，都是基本指标的进一步具体化，也有人把指标要素作为三级指标。每一个评估指标都有若干个指标要素。制定指标要素，实际上就是寻求确立的方法。不同评估指标中指标要素的确定方法可能是不同的，同一个评估指标中指标要素的确定方法也可能是不同的。寻求指标要素确立的方法是整个评估模式构建过程中最复杂、最困难，也最具有操作意义的阶段。

在实践中确立指标要素有多种模型，参考对照型适用于通用指标评估，是一种定性的指标要素确立方式。在评估过程中，指标是评估的直接对象，指标要素只是为评估者在把握评估尺度和程度方面提供一种范围与内容的参照。

前面提到的试点地区开发的绩效评估管理系统，在通用指标部分，基本建设维度综合评估组织主体思想建设指标的指标要素有学习教育、精神文明、职业道德、进取意识，组织建设指标的指标要素有班子团结、结构合理、素质标准、管理规范，政风建设指标的指标要素有遵纪守法、廉洁奉公、勤政为民、作风民主、诚实守信，制度建设指标的指标要素有岗位责任制和承诺公开制。运作机制维度包括行政相对人、直管领导、投诉中心三个评估主体。行政相对人评估主体依法行政指标的指标要素有公平合理、公正无私、公开透明、执法水平高，举止文明指标的指标要素有仪表端庄、态度和蔼、语言规范、作风民主，环境优化指标的指标要素有便民设施、服务到位，务实高效指标的指标要素有时限、结果，程序简明指标的指标要素有简单便捷、明了知晓。直管领导评估主体的班子素质指标的指标要素有团结协调、廉洁自律、民主决策，工作质量指标的指标要素有维护稳定、化解难题、应对突发、上级表彰，政令畅通指标的指标要素有执行计划、完成临时任务、汇报反馈、部门协调，整体形象指标的指标要素有改革创新、调查研究等。

2.1.5 公共部门绩效评估的具体指标

如前所述，具体指标和指标要素同属一个层次，具体指标主要是定量指标，通常所说的量化指标，也就是针对这种指标类型而言的。或者说，这是一种狭义的、严格意义上的指标。国外有关文献对指标进行解释时通常把它看成一种量化的统计的确定方法。例如，雷蒙·鲍尔在《指标》一书中提出：“指标是一种量化的数据，它是一套统计数据系统，用它来描述社会状况的指数，制定社会规划和进行社会分析，对现状和未来作出估价。”联合国教科文组织指出，指标是

"通过定量分析评价社会进行生活状况的变化"[①]。

可以说，指标要素确立方法的多样性程度和指标体系的应用性程度是成正比的。不过通用指标维度与业绩指标维度指标要素的确立方法可以有所不同。在业绩指标维度，具体指标由评估设计者、评估管理机构和各个业务部门共同商定，总体要求是：要有一个总的业绩评估指标，要有几项最能够反映该部门业绩的量化指标要素，尽可能以百分率表示。要尽可能运用比较的方法来确定业绩，可以采取：(1) 时间比较。以一定的周期为单位，进行纵向回溯，可以比较清楚地确定业绩。(2) 目标比较。可以设立成本和节省目标、效率和生产目标、产量目标以及活动周期等多个选项。(3) 部门内部比较。这种方法在掌握信息方面具有优势。(4) 政府内部比较。较为有效的方法是在更高一级的业务范围内，确立横向比较的业绩排名，同时还可以参照各级、各个部门对该部门的总体评价（是否先进、有无表彰等）。(5) 政府外部比较。在可比的情况下，公共部门可以和第三部门、甚至是私人机构进行业绩比较，通常成本费用是用来比较的技术指标。

国外不少学者对此有同样的看法，美国学者约瑟夫·霍利指出要运用对项目活动与预期结果间关系的调查（这允许通过代理人测评）、运用中间目的和措施（产出与结果）来显示对于其结果取得的进步或贡献，在过去的业绩上运用基线与趋势数据明确多年目标下的目标业绩水平，运用行政资料、调查问卷或训练有素的观察员来测评业绩，适当时在运用定量目标的同时运用定型的目的与措施，或通过项目评价来测评项目实施情况、因果性影响及其他难以衡量的结果。[②] 荷兰学者布拉姆·索比尔提出："就这些功能而言，可以使用不同的业绩测评：与过去比较、跨截面比较、实际业绩与业绩标准比较。使用什么样的途径依赖于决策制定者在特定情形中需要什么信息。"[③] 美国学者菲利克斯·A·尼格罗认为："评估有多种形式：如评估投入（教师的工资数量）、评估产出（批准的学位数量）、或者是评估质量，如通过评估来推测出一个不合标准的教师比率。在衡量公共部门的劳动生产率时，人们则是把每人在单位小时产出作为常用的指数，这些评估形式各有各的用途，有时使用其中的一两个就完成一个评估。"[④]

在实践中，确立指标要素有多重筛选型、比率数据型、上下限值型、复合加

---

① 转引自邓国胜：《非营利组织评估》，13页，北京，社会科学文献出版社，2001。

② 参见［美］凯瑟琳·纽科默等：《迎接业绩导向型政府的挑战》，29页，广州，中山大学出版社，2003。

③ 转引自［美］阿里·哈拉契米：《政府业绩与质量测评：问题与经验》，8页，广州，中山大学出版社，2003。

④ ［美］菲利克斯·A·尼格罗等：《公共行政学简明教程》，201页。

权型等种种方法。其中比率数据型是一种最基本的模型，它运用一定的百分比率和约定数据作为确定指标要素的方式。比率数据不是一种简单的算术符号，它反映了特定的部门在约定职责和履行状况之间一定的数量关系，具有特定的客观性。例如，社区文化包括社区居民的思维方式、价值观念、精神状态、风俗习惯和公共道德等思想形态，以及学习、交往、娱乐、健身、休闲、审美等日常活动。社区文化发展综合评估指标体系共分成社区民俗文化、社区文艺文化、社区体育文化、社区教育文化、社区环境文化和社区精神文明六个维度，社区文化中各项指标之下的指标要素，基本上都是采用比率数据型方法确定的。社区文艺文化维度的社区文艺资源指标有人均文艺文化建设投入、千人社区聘任文艺辅导员数量、千人社区文艺组织会员数量、人均文艺活动场馆面积和户均家庭藏书册数等指标要素；社区文艺成绩指标有个人文艺作品获奖数量、集体文艺活动数量和人均文艺活动获奖数量等指标要素；社区环境文化维度的社区环境建设指标有社区建筑艺术性和整洁度、社区绿地与公园养护状况和社区文物开发率等指标要素。① 基层政府计划生育部门的业绩指标通常可以包括符合政策生育率、再生育审批正确率、流动人口婚育证明办证率、计生政策知晓率和社会抚养费征收到位率等指标要素。

2.1.6 公共部门绩效评估的技术指标

技术指标是一种反映指标重要程度或者是达到指标要求程度的处理机制。同时，运用技术指标对指标进行定量化处理，以获得评估信息的相关要素又是指标体系顺利运作的程序保障机制。

公共部门绩效评估的技术指标包括等级划分、加权计算和分值匹配等内容。

1. 等级划分

指标的等级就是指按照指标在指标体系中的重要程度进行的一种由高到低或者由低到高的排列。常见的等级运用方法有百分等级和等级鉴定法。百分等级是指个体在常模团体中的相对位置，百分等级越低，个体所处的地位越差。它的实际意义是无论测验分数的分布处于何种形态，都可以用百分等级表示某个行政人员在部门中的相对位置；可以用百分等级来比较一个行政人员的两次测评结果；可以比较两个部门的测评结果。在实施等级鉴定法时，评估者首先确定绩效评估的标准，然后对于每个评估职能列出几个行为程度供评估者选择，最后给出总的评估。这种方法使用方便、成本低廉，但是，评估者在应用此方法时要注意：各

① 参见白志刚：《社区文化与教育》，136～140页，北京，中国劳动社会保障出版社，2001。

项评估等级选择的含义和评估项目的含义必须明确清晰。

在通用型指标设计中，每一个评估维度或评估主体设若干个指标，每一个指标分成优秀、良好、中等、合格、不合格五个等级。或者，指标的等级划分也可以通过具体的文字描述表现出来。例如，欧盟通用评价模型评估等级中对作用方面的评价可参照如下五个方面：(1) 尚未开始或采取相关行动（或不清楚）；(2) 刚开始采取有关行动；(3) 已部分地采取行动；(4) 相关行动计划已得到全面实施；(5) 从已施行的举措看，组织的运行质量正在持续不断地改进。对结果方面进行评价参照下列五个方面：(1) 没有取得成绩或成绩退步（或不清楚）；(2) 成绩有一些改进；(3) 近几年来，成绩有改进趋势；(4) 已达到了既定的绩效水准；(5) 在该领域，所达到的结果始终在最高的绩效水平上（可依据标杆测定、奖励、肯定性评论、审计或其他外部评价）。

等级划分是一种定性的测评手段，同时也可以有一些定量的设计思路。对同一项指标，同一个评估主体中可以有多个评估人员参与评估，通过综合分值加权来对这种带有主观性色彩的评估进行修正。比如，群众满意度的评估有依法行政、举止文明、环境优化、务实高效和程序简明几项指标，对其每一项指标都可以选择一定量的群众参与评估。

2. 加权计算

每一个评估维度或评估主体中各项评估指标之间的分值可以通过加权计算。指标的权重是衡量指标在整个指标体系中所处位置重要性程度的数值表示。确定权重常用的方法有定量统计法、专家评定法、比较平均法、对偶比较法和层次分析法（AHP）等，每一种方法都有特定的产生背景和运作步骤。例如，层次分析法是美国运筹学家萨泰教授在20世纪70年代提出的一种定性与定量分析相结合的多目标决策方法。层次分析法是将系统内各因素按同一性分成相互联系的若干层次，对相关因素进行定量分析，确定出每一个层次所有因素的相对权重，最后通过计算综合评估值获得资信的高低程度。具体步骤有：建立综合评估的层次结构；构造判断矩阵；计算各指标的权重；进行一致性检验；提取评估要素，推导要素权重；通过分析评估要素，确定评估项目和评分标准；设定定性评估的指标状态等。

3. 分值匹配

所谓指标的分值，就是反映达到指标程度的大小或者多少的数值表示。这是技术指标中最重要的一种类型。其常用的方法有三种：(1) 累积分数法。这种方法根据评估标准对评估对象进行逐项评分，然后将各项所得的分数相加，就可以得到评估对象应得的总分。(2) 标准分数法。由一般统计学和心理测量的知识可知，测评指标的难度与测评结果的平均差和标准差有密切的联系，将测评出来的原始分值转换成标准分数，即统一各种不同测评指标难度与测评结果的平均数和标准差，就可以把各种测评结果的分值看成来源于具有同一指标难度的测评而进行比较。标准分数有多种不同的表示方式。(3) 模糊综合评估法。评估者从多种环境影响因素出发，参照有关的数据和情况，对特定的评估对象、评估内容分别作出诸如“大、中、小”、“优、良、中、差”、“高、中、低”等程度的模糊评估判断，然后通过模糊数学提供的方法进行运算，就能得出定量的综合评估结果，从而为正确决策提供依据。

以评估维度或评估主体为对象的分值匹配可以运用专家判断法进行。通常，评估内容各项正数指标合计 100 分。在前面试点单位的实践中，可以做这样的尝试：综合评估组织主体的基本指标 24 分，行政相对人评估主体的基本指标 20 分，直管领导评估主体的基本指标 16 分，业绩评估主体的基本指标 40 分。评优否决和投诉中心两项评估主体的基本指标作为负数分值，以倒扣方式体现，不占百分制指标权数，如否决指标成立，则直接在其单位考评总分中扣除。一票否决的每项基本指标一20 分，投诉中心的每项基本指标一5 分。

每一个评估维度或评估主体中具体指标的最终分值，通常是在等级确定和加权计算的基础上，运用一定的数学方法计算出来的。如果绩效评估能够运用计算机管理系统，对于具体的评估主体来说，只要在特定的评估维度内，针对相应的评估指标对不同的评估等级做出选择就可以了，由计算机自动转换生成相应分值，不必计算，不必转承，简明直观，具有判断上的唯一性、便于操作。不同评估维度的评估表格最后统一汇总到评估管理机构，进行两级加权计算。第一级计算分别在每一个维度中进行，首先将每一项指标的不同等级换算成标准分，然后根据每一项指标的权重加权计算，得出这个维度的标准分值。第二级计算是对各个维度的分值进行权重加总。总体评估表也以 100 分为准，明确框定各个维度的权重系数后，就可以对整个评估表进行加总计算了。

2.2　公共部门绩效评估指标设计的开发思路

公共部门绩效评估指标设计在整个公共部门绩效评估过程中居于核心地位，本书认为，指标设计应遵循下列开发思路。

2.2.1 业绩指标与通用指标相结合

各个工作部门都有其自身特定的工作性质和工作内容，依此，评估模式要形成相应的工作业绩指标，这部分业绩指标在整个评估模式中要占有相当的分值比例，唯有这样，评估过程才能真正体现绩效评估的内在含义。各个部门的工作性质和工作内容虽然不尽相同，按照标准的格式，都可以纳入统一的评估系统。各自确定权重后，转化成为统一的分值，就具备了横向之间的可比性。正如阿里·哈拉契米在《政府业绩与质量测评：问题与经验》一书中所说的那样："一个设计良好的业绩测评系统将清楚地表达服务的目的和目标，定义服务产出和后果，并指定这些产出和后果所期望的质量等级。经理能够整合一系列业绩指标而发展业绩测评系统。"①

同为公共部门，除却工作性质和工作内容有别之外，各个部门还有相当多地方是共同的，在整个评估系统中，通常各个维度通用指标的分值总和，要高于主要业绩指标的分值。尽管这一部分的工作在具体形式和具体方式上依然存在差异，不过总体来说这一部分工作是直接可比的。在评估系统设计中，属于基本建设维度的思想建设、组织建设、政风建设、制度建设指标，属于运作机制维度的依法行政、举止文明、环境优化、务实高效、程序简明指标，班子素质、工作质量、政令通畅、整体形象指标，投诉成立情况、投诉整改情况指标等都具有直接可比性。评估模式中设置通用指标，直接显现各个部门之间横向的可比性，有助于绩效评估在更大的范围内迅速推广，增强评估本身的绩效。

2.2.2 定性指标和定量指标相结合

"数字和量化标准通常被作为评估的基础。然而，并不是所有的公共服务和公共项目都是能简单量化的。"② 即使是企业绩效评估，指标确定也不可能完全采用定量分析。平衡计分卡风靡全球，被认为是近十年来企业绩效管理最重要的管理工具，近年来，一些公共部门也在认真地讨论平衡计分卡的工具功能，希望能够借鉴引进到公共部门。其实，平衡计分卡只是一种战略工具，意在强调定性指标和定量指标的平衡性。企业管理当然要注重定量指标，要把绩效的重点放在诸如投资报酬率、权益报酬率、利润等财务指标方面，同时，企业管理不仅要关

---

① ［美］阿里·哈拉契米：《政府业绩与质量测评：问题与经验》，35页。

② ［美］罗伯特·P·沃森：《公共行政：管理中的角色模拟与案例分析》，188页，上海，上海财经大学出版社，2003。

注过去，也要关注现在以及未来，不仅要关注内部运作，也要关注外部回应、外部评价。也就是说，企业管理也要关注顾客满意度、学习和成长等定性指标。“顾名思义，它反映如下多种平衡关系：短期和长期目标、财务和非财务指标、滞后和领先指标、外部和内部业绩视角。”① 企业绩效评估如此，公共部门的性质特殊，公共服务绩效评估更为复杂，公共部门相当部分的评估只能采取定性的方式确定。可以说，公共部门绩效评估体系中的基本建设维度，多数的指标是定性的。阿里·哈拉契米就这样说过：“业绩测评能够是定量（平均响应时间）和定性的（人们感到的在邻里中的安全度）。”② 在公共部门，有些不能量化或者量化没有意义的工作岗位，就只能通过定性确定指标，采取工作流程分析，进行步骤设计，尽可能客观化、典型化。不必片面追求量化指标，不必绝对要求质量指标。就如体育比赛的跳高、跑步可以有客观可比的数据，有客观的量化标准，但跳水、艺术体操、花样游泳等项目就只能事先确定一些评判标准，采用主观评价客观的相对比较模式。对于定性指标，可以采用典型事例、标准行为等行为锚定法进行解说。

当然，这并非说公共部门的绩效评估就是不可量化的，相反，在公共部门绩效评估的过程中，尽可能多地运用定量分析的方法，不断扩大定量指标的比例结构，是增强评估有效性的重要表征，一个指标体系的科学性程度与量化程度有密切关系。实践中，有一些部门把评估的指标日趋切割细化，甚至带上小数点的分值，认为这就是定量指标了，实际上，这是一种把定量分析方法简单化的做法。它烦琐费力，充其量也就是一种算术加减型的量化，有可能陷入走过场、形式化的怪圈。对于定性指标控制，可以从多个角度、多个主体的交叉评估中进行互补，可以把对一些硬件的考核作为参考。

定量分析是一种科学的数理统计方法，它以数量分值为基础，需要寻求各种数量之间的相关性，形成各个变量之间的相关关系或函数关系。量化分析至少包括三层意思：其一是对定性指标进行量化分析的过程，通过指标权重确定、标杆树立和分值计算，使定性指标具有一定的量化特征。此外，同一个评估主体中多位评估成员之间分值系数的加权计算，也有量化的含义在内。其二是业绩指标尽可能用一些表示相对值的计量形式表现出来，例如比率关系。其三是选择一些有代表性的指标构建模型，反映指标的量化关系。例如，发案率是公安部门主要业绩的基本指标，可以用一定的数值控制，但是，并非简单地用时间序列的对比就

---

① ［美］罗伯特·卡普兰、大卫·诺顿：《平衡记分卡——化战略为行动》，13页，广州，广东经济出版社，2004。

② ［美］阿里·哈拉契米：《政府业绩与质量测评：问题与经验》，35页。

能够确定业务绩效的高低。实际上，除了公安部门自身的努力外，发案率还受多种环境因素的影响，这些因素可以形成一定的函数关系。如果把多种环境因素描述为一定的难度系数，这个难度系数至少包括交通流量、流动人口的密集度、集镇市场的密集度三个相关的函数点。把难度系数作为发案率的修正指标，运用数学回归分析方法，确定难度系数的三个函数值，这才是真正意义上的、有说服力的定量分析过程。

2.2.3 传统指标与现代指标相结合

评估是公共部门的一个长期项目，各级政府、各个部门为此做了大量的工作。尽管说，传统的公共部门评估主要还是停留在定性阶段上，指标确定也较为简单化，但是通过长期的评估，相关部门的确积累了丰富的经验，一些对公共部门的特殊性质进行界定的定性指标，不仅是必要的，经过实践检验也是成功的。有效地利用这部分资源，不单单是减少程序、降低成本的问题，也体现了在评估项目问题上继承和发展的关系。在评估系统中，属于基本建设维度的组织建设、思想建设、政风建设和制度建设指标就是在综合各种传统评估资源的基础上进行的整合归纳。

所谓现代指标，有三种含义：首先，指标体系的结构反映现代化。多层级、多要素的指标结构体现了一种现代的理念，利用各种资源、整合各种优势的全方位评估更能够反映事物发展的状态。其次，指标的确定方法反映现代化。现代指标是一个相对的概念，包括定量指标、外部指标等内容。工效系数法、正态分布法、隶属度筛选法等一系列定量统计方法当然是现代指标。相对于传统的、各个公共部门自身作为评估主题的内部指标来说，以顾客满意作为设计理念的外部指标，包括依法行政、举止文明、环境优化、程序简明、务实高效等一系列指标也是现代指标。正是这些现代指标，集中体现了公共部门绩效评估的时代精神，集中体现了评估模式构建的创意部分。最后，指标分值的确定反映现代化。录入分值和转成分值并不是简单的一一对应关系。例如，在相对人这个评估主体中，相对人可以按照传统的评估方式，对应优、良、中、合格、不合格等不同档次，给每一个指标打分。在分值转成过程中，评估系统运用特定的数学分析方法，逐一确定每一个指标的不同权重分值。

2.2.4 正数指标与负数指标相结合

通常，评估系统以 100 分作为标准，在各个评估维度、各个评估主体中具体匹配分值。分值匹配有三个要注意的问题：

第一，在构建评估系统的实践中，经历多次反馈，不少基层人员反映，直管领导这个评估主体的确立是必要的，同时，他们也担心评估主体有主观随意性的可能。为了平衡这种情绪，这个评估主体的分值不宜过高。

第二，确立外部相对人评估主体，反映了公共部门绩效评估的时代要求，凸显回应性特征。但是，公共部门的工作对象有服务对象、执法对象和管制对象之别，一些执法部门的人员担心，如果简单地以执法对象作为评估主体，执法人员的工作绩效和顾客满意程度会变成一种矛盾关系。为了解决这个问题，要求系统设计合理选择执法对象和服务对象，匹配评估主体结构；要求系统在指标设计上体现总体性质和具体性质的区别，避免出现清一色的具体性质的指标。例如，公安部门顾客满意的指标结构中，安全感就是一种总体性质的指标，文明执法则是一种具体性质的指标。对此，国外学者凯利（Kelly）和斯威德尔（Swindel）的研究也有类似表述："直接的服务接受者和间接的服务接受者在满意度水平方面会表现出差异：间接使用者会更加基于服务的后果和其他的因素来决定他们的满意度；而直接的服务接受者对服务的满意度更多地受到与服务提供者接触之间的过程和其他的因素的影响。"① 同时，为了防止可能出现的因评估主体结构的偏差而引起的矛盾，顾客满意评估主体的分值也要在适当的范围，当然，这个评估主体比直管领导的分值肯定要高。

第三，业绩评估这个维度在整个系统中分值最高，只有这样，才能体现绩效评估的真实意义。主要业绩的分值究竟多少为宜，不同类型的部门有所不同。通常来讲，执法部门确定的业绩指标较为明晰，各项业绩指标较为独立，应该给予更高的分值。一般行政部门一般性的行政行为和业绩指标之间的界限较为模糊，有些工作在基本建设维度、直管领导评估主体中已得到相当程度的反映，主要业绩的分值可以相对低一些。

评估系统在 100 分标准之外，可以另设几项负数指标，主要针对偶发性、非常规的重大或较为重大的工作失当。正常情况下，各个被评估部门负数指标为零，出现违规行为，就要折算一定分值，在 100 分标准内倒扣。在基本建设维度，设有评优否决作为评估主体，凡是在计划生育、社会治安综合治理和重大责任事故中触犯"高压线"的，无论其他工作成绩如何，当年评估肯定不能评优。在运作机制维度，设有投诉中心作为评估主体，凡是被投诉中心确定投诉成立或者投放整改不达标的，均要倒扣一定的分数。国外的实践亦有这样的做法：例如，客户投诉的记录是经常用作特定工作的客户满意度的一个指标。事实上客户投诉是不满意的指标，而客户满意度是一个更广泛的概念。尽管如此，在缺乏来

① 转引自朱国玮：《公共服务供给绩效评价研究》，121 页，北京，中国教育文化出版社，2006。

自调查、反馈卡或目标群体的好的反馈时，有关投诉的数据就经常被作为客户满意度的近似指标。①

2.2.5 基本指标与修正指标相结合

绩效评估模式从整体设计出发，要求在主要业绩维度，被评估部门全面核实岗位职责，逐项分析，提炼4～6项主要的业务内容作为基本指标。这里，有一个问题值得注意，实际上，被评估部门的业务职能通常要超出基本指标的范围，如何处理好基本指标与业务职能的关系，有两种做法可以参考借鉴：其一是处理好常规性工作与突发性、临时性工作的关系。业绩评估主要针对常规性工作，这样便于在特定范围内横向和纵向对比中获得一个稳定的参数，同时，这种指向也满足了业绩评估指标持续稳定的需要。公共部门不时会遇到突发性、临时性的工作，有时为完成这些工作，还要投入相当的精力，如建设局临时承接上级交给的某项重点工程的管理任务，一段时间内会成为工作的重中之重。但是，突发性、临时性工作比较缺乏可比性，衡量这些工作的绩效可以通过维度互补来体现，可以通过直管领导评估主体中的政令畅通、工作质量指标来体现。其二是处理好机制性工作与程序性工作的关系。业绩评估的重点主要在于机制性的工作，机制性工作指的是易受各种因素影响波动、可以进行比较分析、可以得出不同质量结果的复合性、延展性工作。程序性工作单纯是操作性、即时性的，只有数量方面的增长变化，如民政局的婚姻登记等。同样，后者的绩效也可以通过其他的评估维度如公民的满意度得到体现。

通常，基本指标是可量化的，有一定的比率关系，传统评估过程所能做到的定量分析也就到此为止。评估系统还可以为一些基本指标设定修正指标，使得主要业绩指标更具有说服力，实现真正意义的定量分析。例如，破案率是公安部门的一项重要业绩指标，通常，衡量这项指标使用时间序列作为比照因素。评估系统可以为公安部门的破案率加进破案数、打击度等修正指标，基本指标和几项修正指标的耦合结果，有助于更加全面、客观、公正地反映公安部门的工作业绩。这样一种指标开发思路，也可以从国外学者的有关言论中得到验证，凯瑟琳·纽科默等在《迎接业绩导向型政府的挑战》一书中就指出："要评估业绩导向型管理的结果（results），有必要建立测评渴望后果（outcomes）的标准。既然对于打算的后果有着不同的期望，有必要对不同观众的繁多后果设计不同的测评。"②

---

① 参见［美］波伊斯特：《公共与非营利组织绩效考评：方法与应用》，92、264、62页，北京，中国人民大学出版社，2005。

② ［美］凯瑟琳·纽科默等：《迎接业绩导向型政府的挑战》，178页。

波伊斯特也说过："不平衡的一套指标可能会不适当地关注一些绩效标准而导致对其他指标的损害，从而产生不良后果。当管理者和雇员努力在某些并非最优的指标上表现，却忽视了其他更重要的目标——因为考评指标不反映这些目标——的时候，目标转换就发生了，整体绩效就会受到影响。对目标转换和博弈的矫正方法是，定义可以平衡任何被引发的潜在副作用的附加指标。"①

设定修正指标要坚持两项基本原则：第一，综合考虑各种变量关系。一般认为，一个常规性、机制性的绩效指标主要通过一个变量构成，实际上，这正是以往的评估工作容易陷入误区的原因，单一变量容易导致定型化或者单纯的数量化。在实践中，一项常规性和机制性的工作通常包括若干相互联系、相互耦合的变量，当然，这些变量有些是较为显性的，有些是较为隐形的，有些变量关系较为直接，有些变量关系则较为间接，要把这些变量有机地整合成一个函数式，通过这些变量的相互关系，从整体上把握工作绩效。例如，普法宣传是司法部门一项常规性和机制性的工作，普法宣传不仅仅只有宣传次数这一个变量，尽管这个变量是最为显性的，它还有合格率、当年指定法律的部数等几个变量，要把这些变量整合成一个函数，从中反映普法宣传的工作绩效。又如，调解也是司法部门的一项常规性和机制性的工作，通常，人们容易把调解次数作为工作绩效的基本指标，最多把调解成功率作为一个变量加入其中，实际上，调解和预防宣传这个变量是有关系的，尽管这两个变量之间的关系较为间接，预防宣传和调解次数这两个变量存在一定意义上的反比关系，预防宣传工作做得越好，越有效，调解次数就越少。当然，二者的反比关系在哪一个数值上最佳，这要通过一个函数关系反映出来。

第二，综合考虑环境制约因素。公共部门的服务很多具有中间产品的性质，提供一项公共服务，经常需要横向各个部门之间、纵向各个层级之间的共同合作。衡量一个部门一项指标的工作绩效，经常要考虑到环境的制约因素。即使一项工作具有最终产品的意义，在整个流程中，其他中间产品的性质、程度以及方式，也会对这项工作产生相当的影响，有时，甚至有截然相反的取向。例如，民政部门有一项最低生活补助的职责，这也是一项常规性、机制性的工作，低补工作需要经过一个摸底调查、评估审核的过程，一般认为，低补工作的绩效应该通过评估审核的通过率体现出来。但是，通过率究竟是高还是低才有工作绩效，不同的逻辑考虑，结果恰恰相反。低补工作首先要由个人申请，居委会初审，如果这些程序有虚假成分，那么低补的通过率越低，工作绩效越高；如果先期程序准

① [美]波伊斯特：《公共与非营利组织绩效考评：方法与应用》，264页。

确无误，低补的通过率越高，工作绩效越高。

2.2.6 过程指标与结果指标相结合

公共部门绩效评估指标设计应该坚持过程指标与结果指标相结合的原则。在评估研究的文献中，最基本的分类是总结式评估和过程评估。指标是评估的具体手段，相应地，总结式评估通常是通过结果指标予以评估，而过程指标则是评估工作过程绩效的重要手段。以美国国家公路交通安全管理局为例，该局的根本目的是挽救生命和防止受伤，其绩效指标分别是每亿 VMT 的死亡数量、每 10 万人的死亡数量、每亿 VMT 的受伤数量以及每 10 万人的受伤数量。为实现根本目的而制定的中间目标包括减少撞车事故、降低撞车事故的损失以及提高关键路段的安全性等。同样，第一个中间目标也建立了多个绩效指标。①

结果指标在评估政府某个阶段、某项任务的绩效时作用较为明显。在政府部门中并非所有的工作都具有稳定的工作模式或程序。如专项整治工作是在特定时期针对特定范围的人和事而开展的具有临时性特点的工作，不可能有固定的工作模式或程序，因此，评估专项整治工作的成效主要还是看其结果，“整治率”、“清查率”等便成为评估绩效的重要指标。当然，评估并不是不要过程指标，如整治过程中的方法、手段、程序等必须合法。

全面质量管理理论特别强调对工作过程与程序的质量管理，通过对过程与程序的判断、测量来评价产品的质量。② 过程指标在这样的领域特点明显，如对办公室工作的评估。办公室主要处理日常性事务，协调整个政府部门的工作，对办公室工作难以简单地用结果指标予以评估，需要将相关过程或程序的关键要求转化成绩效指标，检查每一过程是否采取最佳方法或途径，是否最大限度地避免每一过程或程序出现失误，因此，更多地只能通过“文书差错率”、“工作流转差错率”等过程指标来评估。

由于政府工作的外部性特征，使得政府工作的产出难以衡量，因此，对公共部门绩效评估而言，过程指标和结果指标都是不可或缺的。对于那些具有较稳定的或便于确认其过程或程序的工作，过程指标的权重可大一些；对于那些较为灵活的或结果较易衡量的工作，结果指标的权重则可大一些。总之，二者不可偏废，过于倚重过程指标，则有可能会使过程控制变得毫无意义；太过重视结果指标，则有可能导致不良结果的产生。

---

① 参见［美］波伊斯特：《公共与非营利组织绩效考评：方法与应用》，62 页。

② 参见周章琪：《如何设置警务绩效指标体系》，载《湖北警官学院学报》，2006（4）。

2.3 公共部门绩效评估指标设计的类型和方法

一般来说，公共部门绩效评估的指标体系可以分成三个层级架构，或者称为三级指标体系。一级指标即评估维度，评估维度关注评估的战略思路和战略理念。二级指标也叫做基本指标，侧重评估的策略目标，关注组织内的职能结构。我们通常把三级指标称为具体指标，三级指标结构复杂，角度多变，本书所说的指标设计的类型和方法主要指的是三级指标的设定。

2.3.1 公共部门绩效评估指标设计的基本类型

根据近年来的实践探索，具体指标可以分成三种类型。

1. 要素指标

这种类型的指标以定性指标为主。用要素这个词来表述意在说明这种指标是基本指标的一个构成部分，同时，要素这个词也含蓄地说明这种指标只是为基本指标提供评估视角和评估背景，提供一种参考对照。也就是说，要素指标只是为评估者在把握评估尺度和程度方面提供一种范围与内容的参照。不同的评估者，面对同样的评估对象、评估材料，参照同样的要素指标，会有不同的主观感受，在成绩评定方面，会有不同的定格方式。要素指标在评估的刚性程度和客观性方面，显然不如量化指标。

要素指标在评估方式上有局限性，但是，要素指标在评估过程中又是不可缺少的。一个完整的绩效评估指标体系，应该是定性指标和定量指标相结合。我们强调定量指标的重要性，以此提高绩效评估的客观性和科学性。但是，即使是企业绩效评估的指标设定，也不可能完全定量化。政府部门为社会提供公共服务，公共产品具有产品形态特殊、产品价格缺失、产品要素独特等特点，相当一部分公共服务难以简单计量，相当一部分政府的管理绩效，只能用定性的方式加以确定。“定性方法在项目设计中起决定作用，是一种重要的检测项目的手段。”①

要素指标适用于通用型的评估模块，当然，要素指标也要根据政府的不同层级、不同部门和不同行业，有针对性地设计，体现特色。例如，设计公安部门通用型的绩效评估，在综合评估主体方面，组织建设基本指标可以采用班子团结、素质标准、管理规范、战斗力、凝聚力等作为要素指标；制度建设基本指标可以

① ［美］彼得·罗希等：《项目评估：方法与技术》，313页，北京，华夏出版社，2002。

选择内务管理制度、警务公开制度等作为要素指标；思想建设基本指标可以考虑将学习教育、争先创优、精神文明、职业道德等作为要素指标；作风建设基本指标可以将遵纪守法、廉洁奉公、勤政为民、诚实守信等作为要素指标；法治建设基本指标可以选用严格执法、公正办案、程序规范、认真负责、及时无误等作为要素指标。

2. 证据指标

梳理管理过程中的要素，把握管理过程中的规律，将管理要素形成统一操作规范，减少试错概率，降低管理成本，这是管理的一个重要功能。但是，在管理过程中，有一些要素是无法简单预测的，即使是制定计划，也无法罗列具体名目。如何评估这一部分的工作绩效，是管理学面对的一个挑战。企业管理会遇到这个问题，公共部门特别是政府部门，需要应对的不确定性事情更多，设计相应的评估指标类型，以反映这一部分工作的绩效也就更有意义。所谓证据指标，就是反映具有导向性、发展性特征，同时又具有不确定性特征的工作业绩内容。证据指标以自我评估为主，由评估对象按照评估基本指标的设计要求自行提供，评估主体可以根据掌握的情况进行多种形式的审核。例如，在弘扬节约型社会的背景下，倡导节约型政府意义重大，节约行政成本应该成为一项基本指标，可以由评估对象自行提供具体的节约举措。如何塑造政府形象也是一个焦点问题，可以将社会美誉评价作为一项基本指标，评估对象如果有群众赠送锦旗、媒体正面报道之类的事实，就可以作为具体的证据指标填写进去。

近年来，欧洲行政学院正在大力推广公共部门的通用评估框架（Common Assessment Framework，CAF）。CAF 模型主要来自欧洲质量管理基金会的“卓越模型”，内容模块之间有着很强的内在逻辑性。运用 CAF 模型的目的和宗旨在于“通过组织的自我评估和诊断，促进组织的学习和改进”，即“学习了解自身组织状况、运行方式和管理行为，致力于过程变革和改进的目标”，不断提高公共部门自身的管理水平和管理质量。CAF 模型包括了促进（enablers）和结果（results）两大要素，共九大标准（criterion），其中领导力、人力资源管理、战略与规划、伙伴关系和资源、流程与变革管理属于促进要素；员工结果、顾客/公民结果、社会结果和关键绩效结果属于结果要素。九大指标下又包括 27 个次级指标（sub-criterion），这些标准指出了组织评估时所必须考虑的主要问题。欧洲行政学院和我国国家行政学院有一个合作项目，意在中国推广 CAF 模型，目前，已确定了几个试点单位。CAF 模型以自我评估为主，也许，这种评估方式在中国试行会遇到挑战。2005 年 10 月，在厦门市举办的中欧公共部门绩效评估国际研讨会上，就有学者和实践工作者敏锐地提出了这个问题。

CAF 模型并没有直接设置三级指标，三级指标是在评估的具体实施过程中由评估对象自行完成的。厦门市思明区政府作为 CAF 模型试点单位，示范性地运用证据指标完成了过程操作。例如，在对“标准八：社会结果评估维度中的环境绩效结果基本指标”进行评估时，区政府提供了机关大楼内实行垃圾分类、推行 ISO4001、清除有毒气体、提出绿色行政理念、执行公务做到文明执勤不扰民、在产业导向上重视发展高效低耗产业（总部经济、旅游经济、光电产业）等正向肯定性证据。同时，也提出了需要加强居民对环保意识的培养倡导、加强环保措施、机关用车需提高环保意识、进一步加强能源节约等需改进的地方。根据提供的指标证据，评估小组给这一项基本指标打了 3.5 分。这是 CAF 模型最大的特点，也是研究 CAF 模型最具启发性的地方，可以作为设计证据指标类型一个十分有力的国际佐证。

3. 量化指标

用量化方式反映事物性质的量化指标是指标体系中最具有代表意义的一种指标类型，国外的有关文献对于指标的解释通常指的就是量化指标。雷蒙·鲍尔在《指标》一书中提出：“指标是一种量的数据，它是一套统计数据系统，用它来描述社会状况的指数，制定社会规划和进行社会分析，对现状和未来作出估价。”联合国教科文组织指出，指标是“通过定量分析评价社会经济生活状况的变化”①。量化指标也是绩效评估指标体系中最具灵魂性的部分，缺少量化指标的体系不可能是一个有真正效用的指标体系。量化指标有两种表述方式，一种是算术式的量化，另一种可以称之为数学式的量化。

算术式的量化主要从数量统计的角度反映工作业绩，比如办公室每年撰写多少份工作报告，人事部门每年组织多少次培训活动，市场监管部门每年完成多少次市场检查活动等。这种量化主要表现政府的工作负荷、工作过程。与企业相比，政府部门的很多工作处于整个工作链的中间状态，不具有终端产品的意义。政府的工作业绩要以结果为导向，同时也需要用过程来反映。政府的工作业绩需要有一种量的刻度，同时，反映这种类型的指标也是有限量意义的，属于比较低端的指标。这种类型的指标与目前通常用来评估考核政府部门的目标管理方式基本同属一个层次。目标管理并非全是数量型的东西，但它主要还是通过数量统计来反映工作业绩的，各级政府、各个部门通常是以完成上级每年预先规定的目标任务作为导向的，目标任务较多地是以数量关系确定的。

有学者曾经分析过：“比率数据型是运用一定的百分比率和约定数据作为指

① 转引自邓国胜：《非营利组织评估》，13 页。

标要素的方式。比率数据不是一种简单的算术符号，它反映了特定的部门在约定职责和履行状况之间一定的数量关系，具有特定的客观性。”① 此外，上下限值型、复合加权型等都是数学式量化的具体表现方式。

2.3.2 公共部门绩效评估指标设计的基本方法

公共部门绩效评估要做到公平公正、系统全面、可靠客观和连续稳定，为此，绩效评估的指标设计方法必须是多元化、多视角的。“在评价组织绩效的过程中必须采用各种不同的方法。绩效是多层面的，所以应该采用多种评价方法，以综合反映组织绩效的全貌。只有这样，组织的成员才有可能衡量哪些工作的质量比较高，哪些工作完成得不够好。”②

1. 按照绩效要素结构进行指标设计的方法

效率是一个单向度的概念，而绩效却是一个综合性的要素结构。政府绩效可以定义为政府在积极履行公共责任的过程中，在讲求内部管理与外部效应、数量与质量、经济因素与伦理政治因素、刚性规范与柔性机制相统一的基础上，获得的公共产出最大化。政府绩效不仅仅体现为“3E”，还包括质量、公平、责任以及能力等要素。与以往的考核相比，公共部门绩效评估的关键在于对绩效的理解，为此，指标设计最重要的方法也就是围绕绩效的要素结构展开。国外的学者从不同的角度对绩效要素的设计思路作了诸多阐述，我们可以借鉴他们的思想来明确路径。美国著名公共部门绩效评估专家西奥多·H·波伊斯特在《公共与非营利性组织绩效考评：方法与应用》一书中提出：“尽管这些指标由不同的类型组成，但从最主要的部分来说，绩效指标的类型包括产出、效率、生产力、服务质量、效果、成本效益和客户满意度等。”③《公共行政与公共事务》是美国著名公共行政学家尼古拉斯·亨利的代表作，他在书中写到，全面的绩效指标，有利于形成测量的多样性，包括“项目测量和综合测量。项目测量的类型有工作量或产出量、单位成本或效率测量、结果测量或有效性测量、服务质量测量和公民满意度测量。综合测量有副作用测量、分配测量和无形测量等”④。具体来说，按照绩效要素进行指标设计有两种思路⑤：

第一，效率指标和效益指标相区分。效率指标是一种服务水准（产出）与成

---

① 卓越：《政府绩效评估的模式建构》，载《政治学研究》，2005（2）。

② ［美］理查德·威廉姆斯：《组织绩效管理》，80页，北京，清华大学出版社，2002。

③ ［美］波伊斯特：《公共与非营利性组织绩效考评：方法与应用》，49页。

④ ［美］尼古拉斯·亨利：《公共行政与公共事务》（第八版），314页。

⑤ 参见［美］阿里·哈拉契米：《政府业绩与方质量测评：问题与经验》，35页。

本的比值，效率指标的例子包括供给每餐的成本、收集每吨垃圾的成本。效益是效果与目标的比值，需要从定量与定性方面进行分析。效益指标的例子包括参与一项职业培训项目后六个月之内的就业人数、感到邻里安全的百分比。

第二，过程指标和结果指标相结合。公共部门绩效评估不仅需要以结果为导向，也需要以过程为内容。“业绩测评基于这样的总体理念，即每个生产或政策过程能够被细分为四个基本元素：投入、通过量、产出和后果。如果可能的话，这些元素应当用客观的措施和指标来测评。对投入、过程、产出和效果的测评应当区分开来。”①

2. 运用关键绩效指标进行指标设计的方法

关键绩效指标（KPI）是企业绩效管理中比较流行的一种指标设计方法，可以直接引入公共部门绩效评估。关键绩效指标是通过对政府组织内部运作过程中关键成功要素的提炼和归纳，“限制在最重要的极少数：在给定的组织层次上每一个目的业绩测评数目应当限制在最重要的少数几个。业绩测评系统应涵盖那些能让一个组织评估成果、作出决策、重组过程并分配责任的关键业绩维度”②，通过对组织内部某一流程的输入端、输出端的关键参数进行设置、取样、计算、分析，衡量流程绩效的一种目标式的量化管理指标。

关键绩效指标的设计方法可以运用于政府组织、政府部门以及个人岗位三个层次。当然，不同的层次，贯穿的管理理念有所不同。一级政府组织更多地关注组织战略目标的实现，政府部门要体现的是一种策略性目标，通过部门的参与，侧重于部门管理责任。岗位的 KPI 由部门 KPI 分解而来，岗位 KPI 的确定与部门 KPI 相对应。岗位职责在设计岗位 KPI 时起着重要作用，工作分析是绩效管理的基础性工作。在具体岗位的 KPI 中，结果性指标相对较少，行为性指标可能较多。

设计关键绩效指标体系，必须依据政府组织的管理目标，体现政府组织的发展战略与成本的关键要点，对组织战略目标有增值作用，强调各部门的成果责任和连带责任，促进各部门的协调，强调关键绩效指标是可以证明和观察、可以操作和发展的，而且各项指标的总和可以解释评估对象 80%以上的工作目标。

设计关键绩效指标可以：（1）通过把握组织、部门和岗位的工作职责来实现。根据组织的战略目标与部门设置情况，根据部门间工作业务流程的关系，提取工作要项。（2）通过管理者与被管理者共同参与来实现。或者是管理者先拟初

---

① ［美］阿里·哈拉契米：《政府业绩与质量测评：问题与经验》，7～8 页。

② ［美］凯瑟琳·纽科默等：《迎接业绩导向型政府的挑战》，17 页。

稿，或者是管理对象先提出意见，双方共同讨论，认真研究，反复修改，最终提出一个双方都认可的方案。(3) 运用指标权重的调查和提炼来实现。权重调查以战略目标、拾遗补缺、系统优化为原则，可以采取主观经验法、等级序列法、对偶加权法、倍数加权法、层次分析法和权值因子判断表法等各种方法具体实施。(4) 运用标杆基准法（外部导向法）来实现。把同一职能范围最有成效的政府部门关键业绩行为作为对照分析基准，进行评价与比较，建立可持续发展的关键绩效指标体系以及最优的持续改进方法。标杆或基准可以分为四类：一是内部标杆，二是竞争标杆，三是职能标杆，四是流程标杆。(5) 通过成功关键分析法来实现。通过鱼骨图分析，寻找组织成功的关键要素，确定组织 KPI 维度，明晰优秀业绩的条件和目标；在分解成功要素的基础上，对成功模块进行解析和细化，确定 KPI 具体要素，并对 KPI 要素进行筛选，分解为恰当的可量化的 KPI。

3. 运用标杆管理进行指标设计的方法

标杆本身是一个测绘学术语，用以说明在确定高度时作为参照点的一种标识符号。标杆运用在管理学上有一种隐喻的功能，表示对其他事物进行度量的一种尺度。在公共部门绩效评估过程中，标杆不仅仅是技术指标的一种标准值，运用标杆管理还可以直接进行指标设计，当然，这种方法实际上也就是比较的方法。我们可以确定某个标准值作为指标设计的思路，定位不同的标准值，可以产生不同的指标设计方法。“就这些功能而言，可以使用不同的业绩测评：与过去比较，跨截面比较，实际业绩比较与业绩标准比较。使用什么样的路径依赖于决策制定者在特定情形中需要什么样的信息。”我们可以将目前的工作绩效与之前建立起来的目标进行比较，可以将目前的工作绩效同其他类似组织的工作绩效进行比较，可以将目前的工作绩效与已有的国家标准进行比较，可以将目前的工作绩效与过去的工作绩效进行比较等。

4. 围绕专题进行指标设计的方法

公共部门绩效评估可以分成组织绩效评估、个人绩效评估、项目绩效评估和专题绩效评估等多种类型，各种类型的绩效评估还可以具体细分，比如，组织绩效评估可以分成一级政府的绩效评估和政府部门的绩效评估。不同的公共部门绩效评估类型之间既相互联系又相互区别，各有特点。政府围绕社会、公众共同关心的导向性、焦点性问题，构建系统的评估体系就是专题绩效评估。专题绩效评估指向性强，集中度高，是考验政府执政能力、回应能力的重要标识。近年来，我们可以发现各种各样的专题绩效评估越来越多，我们所熟悉的发展指数、文明指数、生活质量指数等都是专题绩效评估的具体表现。

专题绩效评估对指标设计的方法要求较高，把握一个典型，可以帮助我们提高技巧。以下，我们就以西班牙一些地方政府开展的质量专题绩效评估[①]为例，分析其中的方法运用。总体上说，质量指标应当满足有效性、可行性、可比性、敏感性、功能性、合法性等要求。西班牙马德里市政府认为，应该从质量的特征出发来进行指标定位，区分易于接受—易于接近和透明度、技术质量—准确度和无误差、能动性—速度、灵活性和供给的边界范围。一些学者侧重按照过程和结果相结合的思路将质量指标区别为过程质量指标、服务质量指标和满意指标三种类型，他们认为，过程质量指标是指导和控制过程再造活动的一个关键要素，有助于提升服务的整套程序的质量；服务质量指标评估的是服务供给是否达到预先规定的质量标准；满意指标分析的是服务是否满足顾客的需要。此外，还有一些学者提出了客观质量指标和主观质量指标的设计方法。客观指标内含过程质量指标和服务质量指标，具体内容取决于服务设计，而主观指标则是要评估顾客—公民对服务质量的感受。

5. 按照管理的因果关系进行指标设计的方法

管理涉及众多的因素，管理职能和管理过程是两种基本的管理因素。按照管理的因果关系进行指标设计的方法其实就是按照项目管理的思路将管理职能和管理过程进行分解，分解出来的因子也就构成指标设计的模板。管理职能可以分解成计划、组织、协调、指挥和控制等几个因子，管理过程可以分解成计划、执行、检查反馈、分析改进等几个因子。相应地，绩效指标也就可以按照这几种思路进行设计。

6. QQTC 指标设计方法

这是管理学上比较成熟的一种指标设计方法。Q（quantity）即数量，通常可以用个数、时数、次数、人数、项数以及额度来表示。Q（quality）即质量，比率、评估结果、及时性、满意率、达成率、完成情况、合格率以及周转次数是这种指标的常用说明方法。T（time）即时间，最通用的是完成时间、批准时间、开始时间、结束时间、最早开始时间、最迟开始时间、最早结束时间、最迟开始时间、最早结束时间和最迟结束时间等一次性概念。C（cost）即成本，可以包括费用额、预算控制等内容。

本章小结

本章通过阐述公共部门绩效评估模式的基本内容，介绍了公共部门绩效评估

---

① 参见［美］阿里·哈拉契米：《政府业绩与质量测评：问题与经验》，196～198 页。

指标设计思路，分析了公共部门绩效评估三级指标的类型与设计方法，将一个完整的公共部门绩效评估的设计模式展示出来，并且构建出我国县市政府的通用指标体系。

关键术语

评估模式　类指标　维度　指标要素　具体指标　技术指标　业绩指标　通用指标　定量指标　定性指标　正数指标　负数指标　过程指标　结果指标　要素指标　证据指标　关键指标

复习思考题

1. 公共部门绩效评估模式构建的基本内容是什么？
2. 公共部门绩效评估指标设计的开发思路有哪些？
3. 公共部门绩效评估具体指标的类型有哪些？
4. 公共部门绩效评估具体指标设计方法有哪些？
5. 关键绩效指标法的设计过程是什么？
6. 如何理解指标设计中过程指标与结果指标的关系？

第 3 章

公共部门绩效评估的信息化实现

信息化是当今世界发展的大趋势，是推动经济社会发展和变革的重要力量，加快信息化的发展受到政府的高度重视。党的十六大报告就明确提出，推行电子政务，以深化行政管理体制改革，优先发展信息产业，在经济和社会领域广泛应用信息技术。公共部门绩效评估需要进一步完善，信息化与绩效评估的融合势在必行。公共部门绩效评估信息化实现是我国公共部门信息化建设和电子政务建设的重要组成部分，而信息化建设和电子政务建设的进一步加快，为绩效评估的信息化实现提供了良好的基础。绩效评估的信息化作为开展绩效评估的重要环节，它的实现将极大地促进公共部门绩效评估的全面开展，对我国公共部门绩效评估的推进，扩大公民政治参与，促进善治、实现善政具有重要的理论和实践意义。

重点问题

- 公共部门绩效评估信息化实现的概念
- 公共部门绩效评估信息化实现的动因
- 公共部门绩效评估信息化实现的作用和效益
- 电子政务与公共部门绩效评估的关系

- 公共部门绩效评估信息化实现的前提
- 公共部门绩效评估信息化实现的步骤
- 公共部门绩效评估信息化存在的问题
- 公共部门绩效评估信息化未来模式设计

3.1　公共部门绩效评估信息化概述

公共部门绩效评估信息化，与我国公共部门绩效评估的开展以及我国的信息化发展进程紧密相关。一方面，公共部门绩效评估信息化依赖于绩效评估的全面开展，否则，绩效评估信息化的实现就成为无源之水、无本之木。另一方面，只有具备了相应的条件，充分认识绩效评估信息化的意义和作用，才能使绩效评估信息化顺利开展。

当代计算机技术与网络技术的飞速发展为公共部门绩效评估的信息化提供了低成本的实现条件，为建立科学、便捷、实用的绩效评估体系奠定了技术基础。公共部门绩效评估要大规模深入开展、提高评估工作的效率、保证评估结论的信度与效度、挖掘评估结果的辅助决策潜力，都离不开公共部门绩效评估的信息化实现。

3.1.1　公共部门绩效评估信息化的定义、内涵及特点

现在，我们越来越多地听到信息、信息化这几个词，公共部门绩效评估信息化是公共部门信息化和电子政务建设的组成部分。公共部门绩效评估信息化与我国信息化进程紧密相关。

1. 公共部门绩效评估信息化的定义

要给公共部门绩效评估信息化下一个定义，首先要从信息说起。关于信息这一问题，自 20 世纪 40 年代以来，人们进行了各种各样的探讨，存在各种不同意见。随着信息理论与信息技术的发展，人们的认识由浅入深，由片面到全面，对信息的本质逐步达成了这样的共识：信息作为一种运动过程，要包括信息的发出和接收；信息从信源（信息的发出者）到信宿（信息的接收者）的过程可以看作一种反映过程，即“信息是事物运动的状态与方式，是物质的一种属性”①。

信息化一词最早由日本学者提出，后传播到西方国家。学术界一般将信息化

① 钟义信：《信息科学原理》（第三版），2 页，北京，北京邮电大学出版社，2002。

定义为：在经济、科技和社会各个领域，广泛应用现代信息技术，有效开发利用信息资源，建设先进的信息基础设施，发展信息技术和产业，不断提高综合实力和竞争力，加速现代化进程，使信息产业在国民经济中的比重逐步上升的过程。“简单地说，它是人类社会从工业社会向信息社会过渡的一个历史转变过程。”①

信息化也可理解为对比于工业化而言的一种新的经济与社会格局。在这个新格局中，信息作为管理的基础、决策的依据、竞争的第一要素，成为比物质、能源更重要的资源。人类社会成为更加紧密相连的、不可分割的整体。在这个基础上，相应的体制、思想、观念、习惯也将产生许多新的、与以往不同的内容和特点。②

信息化，首先是一个“化”字，是指一个转变过程，就是人们在一个系统中推动信息技术应用和依此信息技术推动信息资源的传播整合和再创造的过程。绩效评估信息化就是根据绩效评估的需要，应用计算机和网络技术，将公共部门绩效评估加以数字化和改进，其目的是为了提高政府绩效评估的有效性和政府绩效信息共享。

公共部门绩效评估信息化，简单地说就是对公共部门绩效评估领域的信息化。公共部门绩效评估的信息化实现，可以有狭义和广义的两种理解。从狭义上说，公共部门绩效评估的信息化就是评估方式的软件化实现，即通过电子计算机语言将既定的评估指标、标准和评估规则编写成软件，使之成为一个能实现从输入（录入或导入）评估信息到生成评估结果的软件系统；广义的绩效评估信息化实现除了拥有评估软件系统的功能之外，还应当能够与其他业务系统及政府门户网站相连，对公共部门绩效信息进行自动、实时的获取和分析，对评估结果进行更深入的总结描述，并能使不同层级政府、不同部门的绩效信息系统相互联结，实现绩效信息共享，成为公共决策支持系统的一个重要组成部分。③

2. 公共部门绩效评估信息化的内涵

信息化作为当代最先进的社会生产力，必然要求有先进的生产关系和上层建筑与之相适应，完整的信息化内涵包括④：

（1）信息网络体系。它是大量信息资源、各种专用信息系统及其公用通信网络和信息平台的总称。

（2）信息产业基础。即信息科学技术的研究、开发，信息装备的制造，软件开发与利用，各类信息系统的集成及信息服务。

（3）社会支持环境。即现代工农业生产，以及管理体制、政策法律、规章制

---

① 陈禹：《信息系统分析与设计》，23 页，北京，高等教育出版社，2004。

② 参见王众托：《信息化与管理变革》，8 页，大连，大连理工大学出版社，2000。

③ 参见卓越：《政府绩效管理导论》，54 页，北京，清华大学出版社，2006。

④ 参见吴舜龄：《中国的信息化》，4 页，北京，中国水利水电出版社，1997。

度、文化教育、道德观念等生产关系和上层建筑。

（4）效用积累过程。即劳动者素质、国家的现代化水平和人们生活质量不断得到提高，精神文明和物质文明不断获得进步。

从以上对信息化内涵的描述，我们可以引申出绩效评估信息化的内涵：

（1）绩效评估的信息网络体系。

构建完善的政府信息网络体系，是绩效评估信息化实现的载体。我国现有的政府信息网络还不能称其为体系，基本上是各自为政，上层政府和下层政府及其部门之间网络联系不够紧密，许多政府网站不完善，更新频率低，内容少，没有发挥其应有的门户网站的功能。

（2）信息产业基础。

公共部门绩效评估信息化实现需要相关的硬件和软件支持，需要互联网络的连接，需要更多的技术支持和信息服务支持。因此公共部门绩效评估信息化实现将成为电子政务建设中的重要部分，刺激计算机硬件及相关设备的制造和销售，刺激我国软件产业的发展以及信息服务和网络服务的发展。

（3）社会支持环境。

公共部门绩效评估信息化能够顺利推行，离不开公共部门管理体制的改善，相关政策法律、规章制度的完善和绩效观念的深入人心。目前我国的公共部门绩效评估多数处于自发状态，没有相应的法律和制度作保障，绩效评估信息化实现的社会支持环境还相对较弱。

（4）效用积累过程。

第一是公共部门工作人员素质的提高，这里的素质包括政治素质、专业知识和智力素质，以及“信息素质”，即利用计算机及网络快速获取和处理信息的素质。第二是公民素质的提高，尤其是公民科学文化素质与政治参与积极性的提高，公民是公共部门绩效评估信息化实现中不可或缺的评估主体。

3. 公共部门绩效评估信息化的特点

与传统的手工考评相比，信息化实现之后的公共部门绩效评估，在评估主体多元化、信息传递、信息公开、评估结果获得等方面都有无可比拟的优势性，可以技术优势弥补手工考评中存在的不足，极大地提高了绩效评估的科学性和实用性。

（1）评估主体多元化。

评估主体多元结构是保证公共部门绩效评估有效性的一个基本原则。① 评估主体由过去的内部评估人员逐步转化为包括综合评估组织、评估对象的直管领

① 参见卓越：《公共部门绩效评估》，22页，北京，中国人民大学出版社，2004。

导、公民或者行政相对人、自我及专家在内的多元化评估主体。评估主体的多元化，意味着评估复杂度增大，获取评估信息的难度和成本也增大。通过绩效评估信息系统，将能够方便地获得各评估主体的评估信息，有效地支持评估主体多元化的发展要求。

（2）信息传递网络化。

信息传递所经过的层级越多，损耗与失真的可能性就越大。中间管理层是通信技术落后的产物，它的存在既降低了信息传递的速度，又易造成信息失真。这种失真的原因有多种，其中一个原因就是中间层次由于个人偏好对信息进行的筛选，这也是信息传递不畅的结果。绩效评估信息系统通过网络传输，打破了地域、层级、部门的限制，可以实现不同地域、层级、部门之间绩效信息的直接沟通，减少了信息失真，提高了绩效信息传递效率。

（3）评估信息公开化。

目前对政府绩效的评估几乎都是在政府主导下进行的，评估主体具有很大的不确定性。而且，与发达国家相比，我国政府绩效评估公开性和透明性不足，这也严重影响了绩效评估的效果，甚至可能使绩效评估成为一句空话。绩效评估信息系统有助于提高政府绩效评估的规范性。根据西方发达国家推行的政府绩效评估的经验，对政府绩效进行评估首先需要遵循公开原则。绩效评估信息系统通过网络公开评估主体、评估程序、评估指标、计算方法、奖惩规定等内容，能使公众对绩效评估的认识更为清晰。

（4）评估过程自动化，评估结果公平化。

一旦进入评分程序，各评估主体只需按要求对各评估对象打分，打分完毕之后，由系统自动进行分类统计，计算结果，繁杂的计算过程可由计算机轻松实现。同时，评估系统减少了人为的干扰，降低了作弊的可能性。这样，在评估的过程中实现了评分项目公开、评分细则公开、评估主体多元化、计算过程自动化，使得评估过程中不公平、不公正的影响因素很大程度上得到控制，保证了相对公正的评估结果的产生，并能保持评估的稳定性和延续性。

3.1.2 公共部门绩效评估信息化的动因分析

现实需求是公共部门绩效评估信息化的根本动因，从绩效评估开展以来，人们就在不断寻求科学合理、经济快捷、操作简便的绩效评估途径，以应对日益复杂的评估活动，达到降低评估成本、减少人为干扰的目的，获得公平公正合理的评估结果。

1. 经济动因

降低行政成本是公共部门绩效评估信息化的经济动因。我国行政管理经费增长过快，自改革开放至2003年，增长了87倍，年均增长3.5倍，而同期GDP只增长了31倍，年均增长1.2倍。[①] 我国行政管理经费增长之快、行政成本之高，已经达到世界少有的地步，提高行政效率、降低行政成本的呼声日益高涨。公共部门绩效评估运行本身也需要成本，信息化是降低系统运行成本的有效途径。在以往手工考核的方式下，工作量大而烦琐，数据收集时往返于各部门之间，路途上耽搁时间长，往返成本高，并且产生大量纸质文件、数据报表，耗费大量用纸，通信费用和交通费用也居高不下。公共部门绩效评估信息化，可以大大降低评估成本，缩短评估周期，进而达到降低行政成本的目的。

2. 政治动因

实现善治、扩大公民政治参与，是公共部门绩效评估信息化实现的政治动因。治理和善治理论是20世纪90年代以来，西方出现一种新的政治分析框架，并且日益引人注目，并被认为是替代传统政府统治理论的新思想。随着我国不断加速融入全球治理进程，善治也终将成为我国公共管理模式的必然选择。善治的基本要素包括合法性、透明性、责任性、法治、回应性、参与、有效等。[②] 绩效评估信息化实现的价值与善治的基本要素关系甚密，绩效评估信息化在提高公共部门透明性、增强公共部门责任性与回应性、扩大公民参与、提高公共部门管理效率（有效）等方面与善治都不谋而合。美国学者马克·霍哲认为绩效评估“只有政策制定者与市民积极主动地参与评估——即参与让政府机构对他们的开支负责，对他们的行动负责，对他们的承诺负责，这样的评估过程才能保障上述的多重目标得以实现”[③]。“从前，大多数公共管理者都习惯于在幕后远离公众监督或不被公众关注的环境下工作。但是，在今天，这一工作的环境大大改变了。公共管理者不得不与公民或者公民组织保持密切的接触，与公民一起从事日常公共事务的管理。”[④] 无独有偶，国内学者俞可平教授认为“善治有赖于公民自愿的合作和对权威的自觉认同，没有公民的积极参与和合作，至多只有善政，而不会有善治”[⑤]。

---

① 参见余天心、王石生：《降低行政成本 提高行政效率》，见 http://www.china.com.cn/chinese/OP-c/852402.htm，2005-04-30。

② 参见俞可平：《治理与善治》，9～11页，北京，社会科学文献出版社，2000。

③ [美]马克·霍哲：《公共部门业绩评估与改善》，载《中国行政管理》，2000（3）。

④ [美]约翰·克莱顿·托马斯：《公共决策中的公民参与：公共管理者的新技能与新策略》，10页，北京，中国人民大学出版社，2005。

⑤ 俞可平：《治理与善治》，11页。

3. 自身完善动因

实现绩效评估自身不断完善是绩效评估信息化的直接动因。为了提高公共部门绩效评估结果的客观性与真实性，降低单一主体对评估结果的影响程度，绩效评估主体在呈多元化趋势发展；为了提高绩效评估的科学性和有效性，克服以定性指标为主的手工考评的缺陷，公共部门绩效评估体系有向以绩效指标为重心的多维度、多指标相互修正的综合评估指标体系转变的趋势。基于上述的两种趋势，公共部门绩效评估的绩效信息获取、计分规则、计算方法、结果的对比综合分析都有复杂化的趋势，如果没有绩效评估信息系统，评估工作的高效快捷完成将是难以想象的。

3.1.3 公共部门绩效评估信息化的作用分析

随着信息化的不断深入，公共部门的管理方式发生了根本变化，电子政府和跨网络政府的概念日益流行。这一概念与传统工业时代的政府相比有了明显的差异，在美国学者唐·泰普思科的著作《泰普思科预言——21世纪人类生活新模式》中，将二者的区别归纳于表3—1。[①]

表3—1　　工业时代的政府与跨网络式的政府的区别

工业时代的政府	跨网络式的政府
官僚化的控制	客户式的服务及权力释放
零散孤立式的管理机能	整合资源服务
文书工作与档案处理	电子式服务递送
耗时的流程	快速、精简的回应
明确的监督和批示	含蓄的管理与裁示
人工作业的金融交易	电子式的资金转移
麻烦棘手的呈报程序	融通的信息查询
支离破碎的信息科技	整合式的网络解答
每几年行使一次选举权	即时性、直接参与的民主

信息化给政府的功能和角色带来了颠覆性的转变，公共部门绩效评估也同样要利用信息化这一转变，更好地实现绩效评估。公共部门绩效评估信息化对绩效评估系统本身的完善具有巨大的推动作用，还为公共部门的改革创新、改变管理方式、实现善治提供了工具。

---

① 参见［美］唐·泰普思科：《泰普思科预言——21世纪人类生活新模式》，205页，北京，时事出版社，1998。

1. 依托信息化进行绩效评估是实现善治的需要

实现公共部门绩效评估信息化的实质，并不是单纯地把信息技术应用于公共部门绩效评估过程中，也不是如何应用信息技术来提供信息和电子服务、增进行政的效率问题，而是公共部门如何面对信息技术所带来的新的社会典范的挑战，如何进行公共部门的再造，促进公共部门的体制改革，建立适应信息社会需要的新的政府治理典范，促进善治，实现善政。

2. 依托信息化进行绩效评估是科学管理的需要

公共部门绩效评估信息系统以先进的多维度、多主体评估体系为设计理念，以系统科学、信息科学、管理科学、运筹学、数理统计等多学科为基础，集合了多种决策支持工具和模型算法，整合了各类政务信息资源、评估信息。通过网上网下相结合的评估方式，为公共部门绩效评估提供了最便捷的信息化实现方式，提高了公共部门绩效管理的科学化水平。

3. 依托信息化进行绩效评估是效率管理的需要

评估效率是衡量绩效评估是否成功的重要标志之一。依托信息化进行绩效评估，可以借助计算机数据处理和分析功能，将原有的手工操作转化为计算机自动实现，加快了评估进程，缩短了评估周期，提高了准确性，既节省了人力物力，又提高了工作效率。

4. 依托信息化进行绩效评估是公开、公平、公正、客观评估的需要

客观公正地进行评估，得出可靠的、令人信服的评估结果是公共部门绩效评估赖以存在的前提。依托信息化进行绩效评估，能通过计算机网络系统，建立起“机控”机制，增加评估主体的多样性，减少人为的主观随意性，减少评估过程中的人为误差，增强考核的客观公正性，提高绩效评估的质量和效果。

公共部门绩效评估的信息化实现除了可以提高绩效评估工作的科学化程度、提高效率、避免误差、增强公正性等宏观作用以外，还可以对公共部门绩效评估系统本身发挥以下作用①：

1. 有利于公共部门绩效评估系统的推广

绩效评估信息化系统试运行成功后，就可以成为一个成功的模型加以推广。一般而言，试运行阶段的绩效评估信息系统涉及的范围较小，成本较低，风险小，可以不断地改进完善，一旦达到预期效果，就可以进行较大范围的推广。这一套模型具备简便易行、评估周期短、评估工作操作简单、成本较低的特点。这样，信息化可以使绩效评估在公共部门中以较低的投入广泛地开展，利用评估体

---

① 参见卓越：《公共部门绩效评估》，57 页。

系推广和普及。在成功推广之后，还可以根据需要，对指标体系、评估主体变更等问题在绩效评估信息系统上统一完成，不需要重新开发和下发软件，保证评估体系的唯一性。各有关部门还可以对评估指标或标准提出意见建议，不断进行完善，以适应绩效评估系统深化推广的要求。

2. 有利于公共部门绩效目标的实现

“绩效考评致力于提供有关项目和组织绩效的各种客观的相关信息，这些信息可以用来强化管理和为决策提供依据，达成工作目标和改进整体绩效，以及增加责任感。”① 绩效评估信息化的实现，各个部门的绩效目标以及相关绩效信息，均在绩效评估信息系统存档，为改进绩效提供了丰富的信息资料。每个部门均能清晰看到本部门（或岗位、个人）目标的完成情况，可以查看其他部门的完成进度，对于一些业务性指标（要求业务系统与绩效评估系统相关联），如办理时限超期，系统将自动提前予以提醒，在超期之后即自动锁定，并追究相关责任人的责任。公共部门绩效评估的信息化实现，还改变了过去评估周期过长、单次评估过程耗时过多的状况，对相当部分指标甚至可以做到实时评估，如群众满意度评价、督办工作进程评价等。引入目标管理的理念，变事后评价为日常的绩效管理，便于公共部门在平时工作中发现和解决当前突出的矛盾和问题，更好地实现绩效目标。

3. 有利于在实践中完善绩效评估体系

公共部门绩效评估体系特别是指标体系的确立，是一个根据发展需要不断改进的过程。绩效评估指标体系应该根据实践得出的问题和客观情况的变化进行不断的改进和完善。绩效评估信息化的实现，使指标的修改、评估标准的变更、权重的变化等问题变得轻而易举，并且可以根据需要，进行反复测试，大大提高了绩效评估体系改进的进程。在信息化评估条件下，采用模块化的程序设计思路，评估指标的完善甚至不需要改动程序代码，只要调整相应参数即可，大大提高了评估体系的可维护性。

3.1.4 公共部门绩效评估信息化的效益分析

公共部门绩效评估信息化建设的成本是直接的，显而易见。而绩效评估信息化产生的效益是间接的，包括经济效益、政治效益、短期效益和长期效益等，这些效益难以直接测量，并且受到多种因素的综合影响。但是充分认识到公共部门绩效评估的效益，有利于减少实施的阻力，加快公共部门绩效评估的信息化进程。

1. 经济效益分析

第一，它能节省人力，降低成本。网络化的绩效评估系统，为绩效评估数据

① ［美］波伊斯特：《公共与非营利组织绩效考评：方法与应用》，4 页。

的获取、录入、传输、反馈提供了方便高效的途径；规范的工作流程和规范的数据文件格式简化了程序，避免了非规范引发的问题；减去了许多不必要的中间环节，加快了信息传递，减小了工作人员工作量，降低了办公费用。

第二，它能节省时间，提高办事效率。自动化的绩效评估系统，为绩效结果的计算、分析比较以及发现不足和提供决策意见提供了方便，使工作人员从繁重、重复性的计算、分析中解放出来，节省了工作人员的精力和时间，提高了工作质量和工作效率。

第三，它能降低公众获得信息的成本。绩效评估系统对公众开放，公众可以通过网络便捷地获得政府绩效结果信息，便捷地提出建议和意见，在线咨询并获得帮助等。与非网络条件下公众获得公共部门信息相比，具有无可比拟的优越性。

2. 政治效益分析

第一，它能提高公共部门的服务效率和服务质量。绩效评估系统从评分标准到评估结果的整个过程，均向社会公众公布，使公共部门像“玻璃缸里的金鱼”一样，清澈透明，哪个部门做得好且群众满意、哪个部门相对落后均一目了然。这种评估信息公开带来的压力以及绩效奖惩的压力，使得政府部门无论是出于主动还是被动，都必须提高自身的服务效率和服务质量，并在改进过程中逐步认识到，与其被动改进、次次落后，不如主动改进、争取获得好评。绩效评估信息化为公共部门提高服务效率和服务质量提供了现实的压力和动力。

第二，它能扩大公民政治参与。公众参与经常被认为负担过重、成本昂贵和消耗时间。另一方面，公民参与的一个重要障碍是公众不太了解政府的运作机制，信息获得的渠道有限等导致公民参与有难以克服的局限性。绩效评估信息化平台，为公民参与提供了无时间限制、无地域限制的对话窗口。另外，在绩效评估体系中，公民评估的主体地位被确立，保障了公民评估权利的实现，为公民积极参与提供了必要的前提和条件。

第三，它能密切政府与公众的关系。绩效评估的信息化，为政府与公众提供了最直接的对话平台。群众满意不满意，是政府部门工作的出发点和落脚点，公众对政府工作直接做出评价，增强了政府与公众的相互理解和支持。公众可以将意见、建议、评价直接反映给有关部门，增加了政府与公众的交流渠道和交流机会，使公众对政府的亲近感加深，提高其对政府的信任度。

3. 对公共部门绩效评估的促进效益分析①

第一，它有利于科学地设计评估指标体系。为了提高绩效评估的科学性和有

① 参见卓越：《公共部门绩效评估》，54页。

效性，公共部门绩效评估应当建立以绩效指标为重心的多维度、多指标相互修正的综合评估指标体系。在指标使用中，一般又要对同一指标、多个数据进行回归运算做出相关性模型，以测算其对主要绩效指标完成的影响方向和程度，并对不同的指标采用不同的权重，使用特定的模型进行分析计算，最终得评估结果。在指标的使用中还涉及指标修改、增加、删除等，以不断适应新情况，完善指标体系，而指标的变化又会引起指标权重、计算方法等的改变。以上的种种情况，如果用手工计算不仅耗时费力，而且容易出错，甚至不可完成，因此必须借助绩效评估信息化系统，利用计算机进行辅助计算。

第二，它有利于快速、准确获得评估结果。在传统的考评中，一般通过对各项指标的评估得分简单计算得出总分，几个工作人员手工计算即可完成考评工作。而在多维度指标体系下，评估指标需要进行大量的数据运算。底层评估指标数量相对较多、评估计分规则复杂、评估结果运用广泛，如果没有计算机辅助，评估工作的高效快捷完成将是难以想象的。使用了某种模型（如层次分析法、功效系数法、数据包络分析等）进行计算，更是大大增加了诸如线性回归、求解线性方程等手工难以获得结果的计算，这些都主要依靠计算机辅助完成。

第三，它有利于得出直观的比较结果，提出改进意见。绩效评估的目的在于改进，而改进需要找到差距。利用绩效评估信息化系统获得的绩效数据，可以根据要求进行得分排名，进行横向（不同部门）、纵向（不同时期）比较，并且根据数据的特性绘制出直观的包括条形图、柱状图、折线图、饼图、趋势图、雷达图等图表。还可以根据需要，选取不同的评估对象进行比较，根据比较很容易获得某部门在哪些方面存在不足，以便有针对性地提出改进意见。绩效评估的信息化是实现这些目标的有效手段。

3.1.5 电子政务与绩效评估信息化的关系分析

在各种科学技术中，以计算机为中心的现代信息技术当前发展最快、影响最大，信息化成为推动社会进步的主要因素。随着信息技术渗入社会各个层面，信息化彻底改变了人类存储、传递、获取信息和服务的方式，政府在这场变化中面临着巨大的冲击。为了应对这种改变，各国政府唯一的选择就是顺应技术进步，运用网络及相关信息技术，改进工作流程和服务手段，提升内部管理水平，提高为社会组织和公民服务质量，电子政务应运而生。所谓电子政务，是指高效、开放的政府凭借计算机技术、现代通信技术在安全可靠的网络平台上全方位行使管理职能，开展政务活动。[①]

作为公共管理发展过程中的两个重要方面，绩效评估和电子政务在未来的发展中关系会更加紧密，绩效评估信息化是大势所趋，也是电子政务完善的内容之一。绩效评估信息化系统，可以与电子办公自动化系统、公众服务（业务）系统一样，成为电子政务的应用系统之一。电子政务建设所构造的网络技术框架，为公共部门绩效评估的开展提供了强有力的技术支持。另一方面，公共部门绩效评估信息化的实现，也增添了电子政务开发的目标，对电子政务系统提出了更高的要求：绩效评估信息系统，需要及时、准确地获得绩效信息，就要求已有的信息系统充分整合，统一平台，统一标准以方便地实现信息共享。另外，绩效评估的持续开展、电子政务的进一步完善，将不再仅仅作为政府再造流程的一种手段，更需要从多角度满足公共部门绩效评估的要求，以达到推进公共部门绩效改善的共同目标。

1. 电子政务建设为绩效评估信息化提供技术支持

电子政务已有的网络体系和技术支持，为绩效评估信息化提供了现有的载体和技术保障。公共部门绩效评估系统可以相对独立又与其他系统相互联系的形式实现“即插即用”。和传统的考评方式不同的是，公共部门绩效评估的评估主体多元化，直线主管、工作伙伴、下属以及行政相对人甚至普通群众、专家学者都被纳入了评估主体的范围。电子政务系统为这些评估主体客观公正、及时评估提供了条件。

信息真实是准确进行绩效评估的前提。缺乏真实、准确的绩效信息，对公共部门的工作绩效进行有效评估便无从做起。依托电子政务建设，将各系统整合，可以为绩效评估系统直接提供业务数据，这些业务数据在很大程度上反映了公共部门的工作量，这些业务数据直接由业务系统提供，避免了人工抄送可能出现的误差或谎报。

评估周期过长，会严重影响评估的积极性和有效性。公共部门绩效评估对工作人员工作绩效的实时评价，可以有效地发现工作中的不足，提出改进意见和建议。电子政务的建设顺利地实现了公共部门对绩效信息的实时获取，并通过网络传递，及时生成对相应工作内容的评价结果。电子政务系统成为完成绩效评估任务的必要支持。

2. 绩效评估信息化对电子政务建设提出了更高的要求

电子政务建设和公共部门绩效评估信息化二者的作用是相互的。在电子政务建设为公共部门绩效评估提供技术支持的同时，公共部门绩效评估也对电子政务建设提出了更高的要求。

第一，提高认识，促进“信息孤岛”的整合。所谓信息孤岛，是指各种信息

① 参见赵国俊：《电子政务教程》，6 页，北京，中国人民大学出版社，2004。

产生之初，分属不同的所有者，由于种种原因造成不同的信息所有者之间完全孤立，各种信息无法顺畅地流动、实现共享，进而导致重复建设和数据不一致。不论是企业信息化，还是政务信息化，都有一个从初级阶段到中级阶段再到高级阶段的发展过程。信息化和电子政务的初级阶段，人们容易从文字处理、报表打印开始使用计算机，进而围绕一项项业务工作，开发或引进一个应用系统。这些分散开发或引进的应用系统，一般不会统一考虑数据标准或信息共享问题，追求"实用快上"的目标而导致"信息孤岛"的不断产生。长期以来，由于信息化教育的深度和广度不够，在政府部门中普遍存在着"重硬轻软、重网络轻数据"的认识误区。政府部门在设备选型和网络构筑上肯下工夫，肯花大钱，使网络设备不断更新换代，造成很大的浪费；对信息资源的开发与利用却热情不够，因而导致对"信息孤岛"问题熟视无睹，使其得以长期存在而得不到解决。绩效评估信息化的实现，对各部门各种各样的绩效信息获取必不可少，对不同部门之间加强信息流动、信息共享提出了更高的要求。而"信息孤岛"问题已越来越引起人们的重视，通过绩效评估信息系统的规划和建设，可以作为解决"信息孤岛"问题的突破点，整合现有信息资源，防止新的"信息孤岛"继续出现，防止"信息孤岛"演变为"信息群岛"。

第二，提高电子政务建设的效率和满意度。公共部门进行电子政务建设的目的在于通过对行政工作流程的优化，达到总体行政效率的提高。在这方面，电子政务建设同绩效评估存在着一致的追求。公共部门绩效评估的引入，进一步提高了对电子政务建设中的效率和效益方面的要求。作为对外流程的一个重要方面，政府门户网站的设计、链接等成为人们评判公共部门电子政务建设的一个标准。满意度作为公共部门绩效评估中的一个重要组成内容，理所当然地成为衡量电子政务建设成绩的重要依据。通常，满意度的评估可以通过公众对信息的获取程度、便民服务等方面的内容来测量。公共部门进行绩效评估的目的除了推动效率、效益和有效性的保障之外，更重要的在于发现造成低绩效的具体原因，为绩效的改进或者公共决策的进行提供积极的支持。电子政务系统在这方面同样发挥了重要的作用。它可以帮助人们检测和判断工作流程中的不足和缺陷，作为公共部门改进绩效的有益参考。

3.2 公共部门绩效评估信息化的实现

公共部门绩效评估信息化的实现必须具备相应的软硬件基础，要根据已有的条件，选择适合的解决方案。在条件允许的前提下，先在局部实现信息化，取得成功经验后逐步推广，以期以较小的代价，取得良好的效果，降低系统风险，减小公共部门绩效评估信息系统推进的阻力。

3.2.1 绩效评估信息化的实现前提

绩效评估信息化的实现，是一项系统工程，它的实现有赖于法律政策的支持，物质、网络基础建设的完善，具备标准化的数据接口和统一化的服务平台以及公共部门工作人员及公民素质的提高。

1. 法律政策基础及领导的支持

实施依法治国，完善法律制度是其基础。党的十七大报告提出了“全面落实依法治国基本方略，加快建设社会主义法治国家”的要求，并从发展社会主义民主政治的高度提出坚持国家一切权力属于人民，从各个层次、各个领域扩大公民有序政治参与，最广泛地动员和组织人民依法管理国家事务和社会事务、管理经济和文化事业；坚持依法治国基本方略，树立社会主义法治理念，实现国家各项工作法治化，保障公民合法权益。公共部门绩效评估信息化，是提高政府绩效、扩大公民政治参与、促进政务信息公开、行使公民监督促进政府工作权利的重要手段，因此，公共部门绩效评估信息化的实现最重要的基础首先就是法律政策基础。

在目前法律政策建设相对滞后的前提下，领导的支持就成为绩效评估信息化工作能否开展的首要因素。目前公共部门绩效评估尚未全方位展开，不少人对绩效评估仍持怀疑态度，绩效评估信息化就更无从谈起，而绩效评估的信息化对绩效评估的有效性具有无可替代的作用。另一方面，绩效评估信息化增加了绩效评估最终成功的成本和风险。从国外的经验来看，无论是撒切尔政府的“雷纳评审”还是克林顿的“政府再造”，它们的推行都以得到领导的支持为必备条件。政府的绩效评估及其信息化是对政府进行评估，它要顺利进行就必须获得其今后的适用对象——政府的支持。否则，绩效评估及其信息化的实施将举步维艰。领导高度重视、具有超前意识和开创精神，能够从多个方面为绩效评估的研究和推行提供支持，减少绩效评估实施的阻力，并且为绩效评估研究提供试点的环境。

目前我国还没有对绩效评估的开展提供法律保障，各地开展的绩效评估活动处于自发状态，形式也不尽相同。但我国在信息化方面的法律制度相对完善，为绩效评估信息化提供了便利。

2. 物质、网络基础设施

绩效评估信息化的实现，需要计算机硬件、软件和互联网络的支持。计算机硬件及软件等投入较少，较易满足，对绩效评估信息化来说，网络因素是最大的瓶颈。我国虽然具有了一定的政府信息化的物理网络和其他设施，但是总体上来看，实现信息化的网络基础仍比较薄弱，物质、网络基础与经济发展密切相关，发展也不平衡。截至 2007 年 6 月，我国“农村互联网发展程度与城镇差异巨大，城镇居民互联网普及率达到 21.6%，农村互联网普及率却只有 5.1%”[①]。整体来说，“目前中国 16%的互联网普及率仍比全球平均水平 19.1%低 3.1 个百分点，与互联网发达国家冰岛、美国等差距很大”[②]。

我国政府门户网站的建设步伐在逐步加快，据《2006—2007 年中国政府门户网站市场研究年度报告》统计，我国已经有超过 97%的部委单位拥有网站，超过 92%的地方政府拥有网站，其中省级政府门户网站的拥有率超过 91%，地市级政府门户网站的拥有率超过 95%，相当一部分县级政府也拥有门户网站。各政府部门门户网站的开通，为绩效评估信息化进程的推进提供了良好的载体。

3. 标准化的数据接口和统一化的服务平台

在绩效评估信息化系统的建设过程中，要发挥政府的引导和推进作用。各级政府要突破“以我为主、自成体系”的旧机制，打破部门限制、地方分割，充分整合、利用、发挥网络基础设施的作用，实现与业务系统的信息资源共享。要建立起统一的交换平台和标准接口，实现平行各部门的互连互通和垂直各部门的上联下通，促进各级政府机构的协调运转。针对政府安全的特殊考虑，将政府内部办公局域网、政府部门专网和对外提供网络服务的政府网站进行物理隔离，以实现“内外网一体、内外网隔离”，从而保障政府内部网络的安全，保障服务平台正常工作。构建和完善物质与信息保障系统，制定科学、合理、统一的技术标准和规范是国家统一平台建设的主要任务。

4. 公共部门工作人员及公民素质基础

从一定程度上讲，公务员的信息素质以及应用能力的高低，是政府信息化能否落实的关键。适应政府信息化发展的需要，每一位公务员除了必须具备基本的电脑操作能力以及应用能力之外，也要适应信息时代的到来，依其专业性质和业务需要，具备较高的信息网络应用的相关能力，这样才能成为一个符合信息时代要求的公务人员。

公民的政治素质也是影响绩效评估信息化的因素。中国社会主义市场经济的发展和政治民主化进程的推进，唤起了公民的参与意识，激发了公民的参与愿

① 中国互联网络信息发展中心：《中国互联网络发展状况统计报告（2007 年 1 月第 20 次调查）》。

② 中国互联网络信息发展中心：《中国互联网络发展状况统计报告（2008 年 1 月第 21 次调查）》。

望。但是历史上所形成的对权威服从的心理沉积，使人们在短时间内很难形成独立自主的公民意识，也很难认识到自己在社会生活中的地位和作用。尤其在对政府绩效评估这一活动不甚了解的情况下，公民更加难以意识到自己的主体地位和应有的权利和责任。所以，即使公民在其他主体对政府绩效进行评估的过程中萌生了参与的愿望和要求，也不知道自己是否具有参与的资格以及如何参与。此外，由于公民自身素质的局限和对咨询的掌握程度以及对政府各项行为的理解能力不足等诸多因素的影响，使现实中公民参与的能力与参与要求不符，致使参与效率低下。①

快速增长的网民数量为将来公众参与评估打下了良好的基础。现在摆在面前的问题，一是如何让百姓们知道和熟悉政府门户网站和绩效评估信息系统，二是让他们将使用政府网站变成一种习惯，积极参与到公共部门的绩效评估中来。“酒香也怕巷子深”，内容再好也是旨在“为人民服务”。在提升自身水平的同时，公共部门绩效评估也应当借鉴一些较受欢迎的大众网站的方式，进行适量的宣传，让更多的公民参与其中。

3.2.2 公共部门绩效评估信息化实现的技术选择

公共部门绩效评估信息化实现的技术选择，是指根据现有的硬件条件，设计现实可行的方案，既要考虑到现实的制约问题，又要有长远的眼光，为绩效评估信息系统日后的发展打下基础。

1. 系统架构的选择

选择之一是 C/S（Client/Server）结构，即客户机和服务器结构。它是软件系统体系结构，通过它可以充分利用两端硬件环境的优势，将任务合理分配到客户机端和服务器端来实现，降低了系统的通信开销。目前大多数应用软件系统都是 C/S 形式的两层结构，由于现在的软件应用系统正在向分布式的 Web 应用发展，Web 和 C/S 应用都可以进行同样的业务处理，应用不同的模块共享逻辑组件；因此，内部的和外部的用户都可以访问新的和现有的应用系统，通过现有应用系统中的逻辑可以扩展出新的应用系统。这也就是目前应用系统的发展方向。

传统的 C/S 结构虽然采用的是开放模式，但这只是系统开发一级的开放性，在特定的应用中无论是客户机端还是服务器端都还需要特定软件的支持。由于没能提供用户真正期望的开放环境，C/S 结构的软件需要针对不同的操作系统开发

① 参见邓琼：《政府绩效评估中的公民参与》，载《行政与法》，2004（11）。

不同版本的软件，加之产品的更新换代十分快，已经很难适应百台电脑以上局域网用户同时使用的要求，而且代价高，效率低。

选择之二是B/S（Browser/Server）结构，即浏览器和服务器结构。它是随着互联网技术的兴起，对C/S结构的一种变化或者改进。在这种结构下，用户工作界面是通过WWW浏览器来实现的，极少部分事务逻辑在前端（Browser）实现，但是主要事务逻辑在服务器端（Server）实现，形成所谓三层3-tier结构。这样就大大简化了客户端电脑载荷，减轻了系统维护与升级的成本和工作量，降低了用户的总体成本（TCO）。

以目前的技术看，局域网建立B/S结构的网络应用，并通过Internet/Intranet模式下的数据库应用，是相对易于把握、成本也较低的。它是一次性到位的开发，能实现不同的人员从不同的地点以不同的接入方式（比如LAN、WAN、Internet/Intranet等）访问和操作共同的数据库；它能有效地保护数据平台和管理访问权限，服务器数据库也很安全。特别是在JAVA这样的跨平台语言出现之后，B/S结构管理软件更是方便、快捷、高效。由于上述优势，B/S模式在开发应用中逐渐占据了主流，是分布式计算的应用开发趋势。

2. 数据库管理系统的选择

目前市场上数据库的主流产品有Microsoft SQL Server 2000、IBM DB2、Oracle 9i、Sybase等。由于目前Windows操作系统在全球占据着主导地位，选择SQL Server 2000在兼容性方面取得了一些优势。另外，SQL Server 2000具有可以迅速开发新的互联网系统的功能。尤其是它具有可以直接储存XML数据，可以将搜索结果以XML格式输出等特点，有利于构建异构系统的互操作性，奠定了面向互联网的应用和服务的基石。从另一个角度来讲，SQL Server是掌握其他平台及大型数据库，如Oracle、Sybase、DB2的基础。在目前的条件下，局部现实绩效评估信息化采用SQL Server 2000是比较合适的选择。

但是由于SQL Server只能在Windows上运行，操作系统的稳定对数据库是十分重要的，而Windows平台的可靠性、安全性和伸缩性非常有限，它不像UNIX那样久经考验。SQL Server存在开放性较差、多用户时性能不佳、安全性能较差等缺点，若从绩效评估信息化长远角度来看应采用Oracle、DB2等市场占有率高、得到市场肯定的数据库管理系统，可以适应未来的海量数据，并在安全性、可靠性上获得保障。

3. 开发版本的选择

在绩效评估信息化初期，使用单机版绩效评估软件是一种有益的尝试，它是狭义上的信息化，单机版不能实现网络互联，基本只利用了计算机的计算功能得出评估结果。利用单机版进行绩效管理，使人们摆脱了繁杂的数学计算，提高了工作效率，减少了出错的概率。但是由于不能互联，绩效数据的获取仍需使用原始方式，并逐一录入，评估工作人员的工作量仍然十分繁重，评估周期较长。单机版绩效评估软件适用于绩效评估信息化探索阶段：评估投入成本降低，条件要求不高，评估范围较小，评估主体不太复杂，指标数目较少，采用的计算模型相对简单。在条件允许、绩效评估活动开展成熟之后，可以考虑使用网络版评估系统。

随着绩效评估信息化的推进，基于互联网技术的网络版绩效管理信息系统软件是绩效评估信息化的必然要求，网络版本具有单机版本所不具备的优点，可以及时获得其他业务系统的绩效信息，真实可靠。许多绩效信息自动获取，无须人工录入，处于不同地理位置的评估主体可以不受时间和空间限制，进行评估并实现绩效信息共享。网络版使用成本高，软硬件条件要求高，实现复杂，本书所论述的绩效评估信息化的实现，指的就是采用网络版绩效评估系统，只有这样才能实现互联互通、绩效信息共享。

3.2.3 公共部门绩效评估信息化的实现步骤

目前，全国各地已经有许多地方政府或部门开展了绩效评估，并实现了局部的绩效评估信息化。各地各部门相对独立的绩效评估信息系统日益增多，在独立的绩效评估信息系统的实现方面相对容易，但必须要有全局观和前瞻性：按照规范，统一标准，做好互联接口准备，“绩效数据管理系统要能够整合现存的和新建的数据库”①。在确定了评估对象、评估主体、评估指标体系，制定出具体的评估方案之后，就可以进入信息化实现过程。局部绩效评估信息化的实现过程是一个软件项目问题，一个软件项目要经历软件工程的软件计划（可行性分析/项目计划）、需求分析、软件设计（总体设计/详细设计）、程序编写、软件测试、运行维护六个阶段。②

绩效评估信息化系统是基于电子政务系统提供的信息对公共服务进行全面的评价和监管，要求既要全面反映评估对象的相关信息，又要按照多维度评估规则对多元评估主体提交的评估信息进行统一处理，还要对各种设定绩效信息的活动和状态进行全面监管，从而保证绩效评估的权威性、实时性和公开性。绩效评估

---

① ［美］波伊斯特：《公共与非营利组织绩效考评：方法与应用》，141 页。

② 参见卢潇：《软件工程》，14 页，北京，清华大学出版社、北京交通大学出版社，2005。

信息系统的实现，也始于软件计划。

1. 软件计划

软件计划是软件生命周期的第一阶段，也是软件开发过程的准备阶段，该阶段的主要任务是对问题求解进行定义，对问题的可行性进行分析，对待开发项目进行论证，最终确定该软件项目的开发价值，制定软件项目计划。

（1）可行性研究。

可行性研究的目的是用最小的代价、在尽可能短的时间内确定问题是否能够解决以及是否值得解决。这个阶段是回答“做还是不做”的问题。在绩效评估信息化项目开发之前进行可行性论证是非常必要的，它是绩效评估系统成功运行的保证，如果没有经过可行性论证就盲目上马，有可能造成在时间、人力、物力上的浪费，使系统开发失败。

可行性研究的主要任务是在问题定义之后，首先由系统分析师给出系统的逻辑模型，然后从该模型出发，寻找可供选择的解决问题的方法，并在多种解决方法中选取可行性最好的方案。通常情况下，可行性分析包括以下内容：

一是政治可行性。这里所指的政治可行性，是指绩效评估信息系统是否能得到领导的支持以及有关人员的积极配合，政治可行性是绩效评估信息系统开发的首要因素，一般情况下，只有在获得领导支持（或法律法规支持）后才开始解决其他的可行性问题。

二是经济可行性。经济可行性主要包括“成本—效益”分析和“短期—长期收益”分析，由于公共部门的特殊性，绩效评估信息化系统除考虑经济效益外，还应考虑社会效益、对公共部门工作的促进效益等内容。

三是技术可行性。技术可行性主要考虑使用现有的技术，能否在预定的时间内实现该系统的功能；所选择的技术是否合理；在开发过程中存在哪些技术难点，能否克服，以及系统能否满足性能要求等。

四是社会可行性。社会可行性指的是系统开发后，是否能得到社会的认可，是否能得到公众的支持和拥护。公众是公共部门绩效评估重要的评估主体之一，公众的评价对绩效评估信息系统运行的有效性具有重要的参考意义。

（2）制定软件计划。

为了成功地开发绩效评估信息系统，必须知道要做的工作的范围、要用的资源、要花的工作量及应遵循的进度，这些就是软件计划的任务。确定软件计划，以可行性研究报告为基础，由软件人员和用户共同确立软件的功能和限制，提出软件计划任务书，包括以下内容：一是软件的工作范围，它主要是对软件功能、性能、可靠性和接口等方面的需求进行描述，形成一个总体的任务说明书，作为指导开发各阶段的工作依据。二是环境资源，它包括人力资源、硬件和软件的分配和使用情况，对每种资源的描述从资源的基本状况描述、对资源要求的日程安排及对资源应用的持续时间三个方面来说明。三是进度安排，它是软件计划工作中一项困难的任务。较好的情况是软件开发项目的进度安排从最佳利用各种开发资源的角度出发，估计各开发阶段所需的工作时间，最后得到总的工作时间，这是最合理的进度安排情况。四是复审软件计划，在实施软件计划之前，应该对软件计划的主要内容，包括人员安排、进度安排、成本估算和开发资源保证进行复审。

2. 需求分析

需求问题是造成软件工程项目失败的主要原因，能否开发出高质量的绩效评估系统，很大程度上取决于对绩效评估中要解决问题的认识，以及如何准确地表达出需求。需求分析的过程是软件设计者与需要开发绩效评估信息系统的部门（即用户）之间的沟通过程。需求分析所要做的工作是深入描述系统软件的功能和性能，确定绩效评估系统同其他电子政务应用系统的接口细节，定义软件的其他有效性需求，通过逐步细化对软件的要求描述软件要处理的数据，并给软件开发提供一种可以转化为数据设计、结构设计和过程设计的数据与功能表示。对其中模糊的要求要进一步澄清，然后决定是否采纳，最后将软件的需求准确地表达出来，形成软件需求说明书。

（1）获取需求。

公共部门绩效评估系统的需求分析包括以下几个方面：确定系统所期望的用户总数和类型；获取每个用户的需求；了解实际用户任务和目标以及这些任务所支持的业务需求；分析员与用户的信息以区别用户任务需求、功能需求、业务规则、质量属性、建议解决方法和附加信息；将系统级的需求分为几个子系统，并将需求中的一部分分配给软件组件；了解相关质量属性的重要性；讨论得出实施优先级；将所收集的用户需求编写成需求规格说明和模型；评审需求规格说明，确保与用户达成共识。

需求分析需要多方面人员的参与（包括绩效评估组织成员、评估对象部门领导、评估对象部门业务人员、需求分析员等），由于各方面人员有不同的着眼点和不同的知识背景，沟通上的困难给需求分析的实施增加了人为的难度。在这个阶段，必须获得系统的用户，如被评估单位（个人）、领导、管理员、公众等，并赋予不同的角色权限，明确考核对象、考核方式与考核流程。

（2）分析建模。

任何一个软件系统都离不开数据，系统必须处理的数据和系统应该产生的数据，在很大程度上决定了系统的面貌。绩效评估信息系统中，一部分数据可以来自其他业务系统，一部分来自评估主体评分，一部分来自中介调查机构获得的数据等。应通过分析系统信息流的构成和相互之间的联系，归纳出系统数据的来源、格式、组成、存储方式，数据对象与数据成分之间的联系，输入输出数据的规格、种类和形式。

为了更好地识别问题，应综合所得分析的结果，对已获取的需求进行抽象描述，为绩效评估信息系统建立一个详细的逻辑模型，通过模型，可以更清晰地记录用户对需求的表达，更方便地与用户交流，以便帮助分析人员发现用户需求中的不一致性，确定被绩效评估信息系统的运行环境、功能和性能要求。

（3）编写需求规格说明书。

在对问题准确、全面理解的基础上，对需求模型进行精确、形式化的描述。可由开发系统的软件工程师、评估系统的设计者和综合评估主体共同讨论系统简化原型，并不断修改完善系统简化原型和文档原型，最终达成共识。评估系统设计者可将改进意见随时发到开发部门，从而便于开发人员及时修改系统的设计和编码。需求分析文档原型是评估系统需求分析说明书的原型，它的格式与标准的需求分析说明书相同。其中的状态迁移图和各种评估动态指标等不明确的内容，采用相似系统的可由系统分析人员根据技术协议和以往经验设计。这个阶段生成的文档有需求规格说明书、用户手册初稿、修改的开发计划等。

（4）进行需求评审。

评审的任务是对需求分析所得结果的正确性、合理性和有效性进行检查，以确保需求分析的全面性、准确性和一致性，并使用户和开发人员对需求规格说明书及用户手册达成一致的理解。需求评审一般由用户单位组织，评审团成员由同行专家、系统分析、设计和测试人员组成。评审的依据不仅有需求分析说明书，还有系统简化原型；在评审过程中，应对系统简化原型不断进行优化。需求评审报告作为对需求分析的补充和修正，由双方负责人签字，以需求分析说明书附件的形式存在，指导下一步的系统设计工作。

3. 软件设计

这一阶段是把已确定了的绩效评估信息系统的各项需求转化成一个相应的体系结构。该体系结构是由一些意义明确的模块组成，进而对每个模块要完成的工作进行具体的描述，编写设计说明书，提交评审。软件设计的总目标是将需求分析阶段得到的绩效评估信息系统的逻辑模型，转化为物理模型。简单来说，就是根据需求所要的“做什么”确定为“怎么做”。它是一个把绩效评估信息系统需求转化为最终的绩效评估信息系统的表示过程，包括绩效信息系统确定能实现的功能、性能要求集合的最合理的软件体系结构、设计实现的算法和数据结构。这一阶段产生的文档是软件设计规格说明书。这一阶段又可分为总体设计（概要设计）和详细设计（过程设计）。

（1）总体设计。

总体设计的主要任务是回答“系统总体上应该如何做”。为了完成系统设计的任务，系统设计人员通常要进行以下设计过程和步骤：

1）数据设计：根据需求分析阶段得到的数据模型，设计出相应的数据结构。

2）结构设计：要定义系统的主要结构元素之间的关系，将系统划分为若干个模块（子系统）。

3）接口设计：描述系统内部、系统与系统之间以及系统与用户之间如何通信。

4）过程设计：描述系统各个功能的过程。

通过总体设计，设计出系统前台，即评估主体所能见到的页面，清晰地展示出系统前台应具有的功能，方便评估主体使用系统。要科学划分系统模块，绩效评估信息系统主要包括基础信息管理、考核管理、信息查询、在线咨询帮助等模块。要确定数据库设计方案构造最优的数据模式、建立起数据库，使之能有效地存储数据，同时构造出应用系统以支持各种应用的信息处理需求。

（2）详细设计。

在确定了系统的总体结构后，就要对系统设计结果进一步细化，给出目标系统的精确描述，以便在编码阶段直接翻译成计算机的程序代码。这一阶段的主要任务包括：

1）算法过程设计：确定每个模块的算法，选择某种图形、表格语言等合适的工具，表示每个处理过程的详细算法。

2）数据结构设计：对处理过程中涉及的概念性数据类型进行确切的定义。

3）模块接口设计：确定模块接口的细节，包括对系统外部的接口和用户界面，对系统内部其他模块接口，以及模块输入、输出数据及局部数据的全部细节。

4）数据库物理设计：确定那些依赖于具体使用的数据库系统的数据存储记录格式、存储方法和存储记录安排等。

4. 程序编写

程序编写就是将软件详细设计的结果翻译成用某种程序设计语言所写的程序。在经过需求分析、总体设计和详细设计几个阶段后，已经形成了基本编程框架，最后就是通过编码对设计进一步具体化，以实现相应的功能。运用软件工程方法设计软件，主要是为了提高软件质量。软件质量在很大程度上取决于设计的质量，同时编码的好坏也是影响软件质量十分重要的因素，如果编码中存在各种问题，那么再好的设计也无法体现出来，还会直接影响到接下来的测试和维护工作的进行。在这一阶段，必须明确各指标的权重、分值、计算方法等问题，并能实现一定的纠错功能，如不合理的数据录入、数据格式不符、超出权限范围等，保证绩效数据的质量。

5. 软件测试

对开发好的绩效评估信息系统，在投入使用前，要对该系统的需求分析、设计规格说明和编码进行全面的审查和验证，以确定该系统能够满足用户需求。如果在交付使用之前，没有发现并纠正软件中的错误，一旦投入使用后发现错误，不仅修改这些错误的代价更高，有时软件中的错误还会使评估结果失真，严重影响评估的权威性和可信度。对于较复杂的绩效评估信息系统，在投入使用之前最好能够采用试运行的方式加以试点，待验证基本符合预期效果后，再大面积推广使用，以确保以最小的投入使系统运行成功。

6. 运行维护

在绩效评估信息系统交付使用后，就进入了软件的运行维护阶段，这一阶段是软件生命的最后阶段，也是持续时间最长、能够真正发挥绩效评估信息系统作用的阶段，在使用过程中，软件维护会一直伴随系统直至系统不再使用。在使用过程中，可以根据用户需求的变化、绩效评估理念的更新、评估指标体系的改进等，对系统进行不断的改进，以适应新的要求，"只有在数据系统使用一年或更久以后，用户才能准确确认相关问题和其他数据需要"①。软件维护可以分为四种类型：

（1）改正性维护：在交付使用后发现程序错误，对这些错误识别、诊断和改正的过程称为改正性维护。

（2）适应性维护：为了使软件适应各种变化而对软件进行的修改，称为适应性维护。

（3）完善性维护：应用户对软件提出改进原有功能、增加新的功能或提高性能等方面的要求，对软件进行修改或再开发的软件维护称为完善性维护。

（4）预防性维护：为了提高软件的可维护性、可靠性等，为以后进一步改进软件打下良好基础的维护活动叫预防性维护。

3.2.4 公共部门绩效评估信息化实现存在的问题分析

目前不少政府部门都实现了局部的绩效评估信息化，在运行过程中也存在不少问题，努力解决这些存在的问题，将为我国绩效评估信息化的进一步推进提供

---

① ［美］波伊斯特：《公共与非营利组织绩效考评：方法与应用》，153页。

宝贵的经验。

1. 绩效评估缺乏持续改进保障

目前，大部分公共部门还不具备凭借自身实力开展绩效评估并实现信息化的能力，主要的做法是相关部门提供必要的人力、物力、财力，与科研机构、高等院校、咨询机构等合作开展绩效评估及其信息化。绩效评估及其信息化退化为一个项目或课题，在项目或课题完成之后，往往缺乏持续改进的动力。这使绩效评估在“热”过一阵后，不能有效适应新出现的问题，系统改进也因为合同关系的终止而成为空谈，即便没有终止，也很难像开始推行绩效评估、上马绩效评估信息系统那样花费心血全面地分析问题。因此，政府部门应整合自身资源，如政策研究机构、行政学院、行政科学研究机构等，成立相对稳定的绩效评估咨询组织，与科研机构、高等院校、咨询机构、软件开发公司等保持长期良好的合作关系，以保障绩效评估及其信息化工作的持续改进。

2. 各自为政，相互封锁

推行绩效评估、上马绩效评估系统，需要耗费大量人力物力，而如果照搬照抄，就像软件复制一样，成本极低。因此，推行绩效评估的部门领导，在没有取得效果（包括现实效果和所谓的“政绩”）之前，绝不会允许将推行的具体做法向外透露。即便在收到良好的效果后，在经验交流、考察学习之时，也不会将所有结果和盘托出，只会介绍一下基本情况，对于绩效评估信息系统软件的设计说明书、代码等更不会公开。各自为政，单打独斗，相互封锁，影响了相互间的学习交流，重复建设在所难免。要提高绩效评估及其信息系统的“复用”水平，应在较高层级政府层次（如省一级政府）成立相关组织，以便在全辖区范围内进行指导，并开发相应的系统，这样可以大大提高效率、降低成本，也有利于系统的维护和改进，以及日后的互联互通。

3. 公共部门内部存在抵制情绪

这一点与绩效评估本身紧密相关。绩效评估是对政府的管理绩效、社会效果和公共管理过程中所存在的问题的衡量，自然也就涉及对公共部门决策者和管理人员能力高低的鉴别。这种鉴别使决策者和管理人员感到威胁，因而抵制评估。公共管理部门由于利益主体意识，总是试图表明自己工作所取得的积极效果，极力维护和提高其地位和权威，不愿接受来自外部的批评指正，即使公共项目的效果不佳，也会千方百计地寻找各种客观理由。因此，绩效评估作为一种公共管理工具未能被公共管理部门有效地利用，相反却经常遭到贬低和否定，这也极大地影响了绩效评估工作的开展。

另一方面，信息化之后的绩效评估，参与面较广，上至领导，下至工作人员，都有可能参与打分，对绩效评估的抵触心理、对新的评估方法的不了解、操作不熟练等因素都使得抵制情绪难以避免。因此绩效评估及其信息化，应做好充分的动员工作，对参与评估人员进行必要的培训，并严格将评估结果与考评结果挂钩，这样才能使得绩效评估信息化系统顺利运行，并发挥应有的作用。

4. 公众网上评议存在诸多问题

首先，是开放性问题。进入多个政府门户网站，你会发现开通网上评议的比例并不高，且多为定时评议，即未把网上评议日常化，而是采取定期开放的做法。这样，就很可能使许多原本可以进行评议的公民错失评议的机会。还有，在评议技术上以部门为单位、评议项目少而笼统、针对性不强、缺乏可操作性，给市民的评议带来一定难度，也决定了评议结果不具有较大的影响力，更易沦为形象工程。

其次，是透明性问题。一般网站进行类似的满意度、民意调查等，在网民选择完选项后会立即显示已有的调查结果，这里存在一个投票激励机制问题，许多网民是由于想看到调查结果而进行投票，如果看不到结果、无法获知自己想获得的信息，甚至认为政府部门对自己所给评价或所提意见并未重视、得不到回应，公民参与绩效评估的积极性将受到很大挫伤。

最后，是如何看待公民评价。公众是公共部门绩效评估的重要主体，进行网上评议，一些与公众密切相关的部门，如公安、城管、环卫等部门，将更多地受到公众的关注，得到“差评”的可能性也更大。一方面是由于与公众生活密切相关，另一方面也和这些部门的工作性质紧密相关。认为得到差评，会对政府某些部门的工作产生不利影响的担心确实存在。2003 年 12 月，北京网上评议政府部门活动突然闭幕，未公布结果①，就从某些侧面反映出公民评价给政府部门带来的压力。有则改之，无则加勉，对于政府部门来说，似乎执行起来困难很大。

3.3　公共部门绩效评估信息化实现的保障及未来模式展望

公共部门绩效评估信息化的实现是一项系统工程，需要硬件、软件、人员素质以及社会环境的支持。绩效评估信息系统与其他信息系统一样，安全问题不容忽视。而信息系统安全问题涉及技术问题、管理问题、法律法规制度等问题。在条件成熟后，应建立起一个统一的公共部门绩效评估信息化模式，这对加快绩效

---

① 参见何春中：《北京网上评议政府部门活动突然闭幕　未公布结果》，见 http://news.eastday.com/epublish/gb/paper148/20031206/class014800003/hwz1053707.htm，2003-12-06。

评估信息化发展、打破“信息孤岛”封锁、早日实现绩效信息共享具有战略指导意义。

3.3.1 绩效评估信息系统的安全保障

随着我国信息化建设的不断推进，某些领域的信息化水平与国际先进水平逐步接近，特别是当前和今后一个时期，我国信息化建设面临着复杂的国内外环境与许多新的挑战，对信息安全也提出了更高的要求。政府可能面对各种意外灾害、电脑故障、人为破坏、侵入、泄密、篡改以及其他种种电脑犯罪，政府机关必须未雨绸缪，加强政府信息的安全管理工作，以确保国家、组织及人民的权益。绩效评估信息系统是信息系统的一种，任何在互联网络的信息系统中存在的安全问题，都将有可能出现在绩效评估信息系统中。

信息安全涉及信息的保密性（confidentiality）、完整性（integrity）、可用性（availability）、可控性（controllability）等问题。综合起来说，就是要保障电子信息的有效性。保密性就是对抗对手的被动攻击，保证信息不泄露给未经授权的人。完整性就是对抗对手的主动攻击，防止信息被未经授权地篡改。可用性就是保证信息及信息系统确实为授权使用者所用。可控性就是对信息及信息系统实施安全监控。保障信息安全，既要防止计算机病毒和非法入侵，又要防止利用信息网络进行违法犯罪活动；既要保证信息内容安全，又要保障重要网络和应用系统运行的安全。这些情况表明，信息安全必须从过去的应对防护向整个网络知识信息系统的综合保障转变，通过采取技术手段、加强管理和健全体制等措施，建立健全信息保障体系，促进信息化健康发展，维护社会稳定，最终实现网络信息资源的共建共享。

网络信息安全的威胁主要表现有非授权访问、冒充合法用户、破坏数据完整性、干扰系统正常运行、利用网络传播病毒、线路窃听等。通过先进技术建立起的网络安全系统可以在很大程度上解决来自网络外部和内部对网络安全造成的各种威胁。另外需要特别指出的是，由于U盘的广泛应用，通过U盘等移动存储介质传播病毒的比率明显增加。由于U盘支持程序自动运行，计算机病毒通过Autorun.inf文件自动调用运行病毒程序，从而感染用户计算机系统，轻则使U盘资料丢失，重则使计算机感染病毒，引起更严重的后果。因此，对移动存储介质的管理有待加强。

要重视信息安全技术的运用，加强信息安全管理。要保障信息安全，采用先进的信息安全技术是必不可少的。信息安全的技术措施主要有信息加密、数字加密、身份鉴别、访问控制、网络控制技术（防火墙技术、入侵检测、物理隔离与逻辑隔离、漏洞扫描)、病毒防护技术、安全审计、公正机制、数据备份和灾难恢复技术等。同时，信息安全不仅仅是一个技术上的问题，还包括管理方面的安全措施和相应的政策法律，大多数安全事件和安全隐患的发生，往往是由于管理不善造成的。为了实现安全管理，应有专门的安全管理机构，有专门的安全管理人员，有逐步完善的管理制度和安全技术设施。

要增强用户防范意识是信息安全管理工作应着重解决的问题。当前安全管理工作存在的主要问题是用户安全意识薄弱，对信息网络安全重视不足，安全措施不落实，导致安全事件的发生。在发生的安全事件中，“未修补或防范软件漏洞仍然是导致安全事件发生的最主要原因（73%）”[①]。“登录密码过于简单或未修改”也是一个重要原因，有许多系统用户，用了登录方便或避免忘记密码，设置了过于简单的密码，或用办公室门牌、办公室电话等设为密码，这也表明了用户缺乏相关的安全防范意识和基本的安全防范常识。组织开展多层次、多方位的信息网络安全宣传和培训，增强信息网络用户安全防范意识和防范能力是避免信息网络安全事件发生的有效途径。

要加快推进信息安全等级保护工作，建立起完善的安全防范体系。信息安全等级保护的核心是对信息安全分等级、按标准进行建设、管理和监督。实行信息安全等级保护制度，能够充分调动国家、法人和其他组织及公民的积极性，发挥各方面的作用，达到有效保护的目的，增强安全保护的整体性、针对性和实效性，使信息系统安全建设更加突出重点、统一规范、科学合理，对促进我国信息安全的发展将起到重要的推动作用。实施信息安全等级保护，能够有效地提高我国信息和信息系统安全建设的整体水平，有利于在信息化建设过程中同步建设信息安全设施，保障信息安全与信息化建设相协调；有利于为信息系统安全建设和管理提供系统性、针对性、可行性的指导和服务，有效控制信息安全建设成本；有利于优化信息安全资源的配置，对信息系统分级实施保护，重点保障基础信息网络和关系国家安全、经济命脉、社会稳定等方面的重要信息系统的安全；有利于明确国家、法人和其他组织、公民的信息安全责任，加强信息安全管理；有利于推动信息安全产业的发展，逐步探索出一条适应社会主义市场经济发展的信息安全模式。

3.3.2 公共部门绩效评估信息化实现政策法规制度保障

从广义上说，绩效评估信息化实现的政策法规制度应该包括两个方面的内

---

① 公安部公共信息网络安全监察局：《2006 年全国信息网络安全状况与计算机病毒疫情调查分报告》。

容，一是绩效评估的政策法规制度，二是与之相关的信息化的政策法规制度。当前各地政府及其各部门采用的绩效评估活动多处于自发状态。一些政府开展绩效评估主要是为了发展地方经济，加大招商引资的力度，改变过去“门难进、脸难看、事难办”的工作作风，营造一个有利于招商引资的软环境。一些政府则是在某些方面问题成堆、社会反应强烈时，不得不采取类似于大检查、专项调查、大评比等阶段性突击的绩效评估方式来解决问题。由于缺乏较具体、可操作的政策性指导，更没有相应的法律、法规和相关的政策作为制度保障，各地开展的绩效评估活动完全处于一种放任自流的状态，其形式也是五花八门。

相应的法律、法规和相关政策缺乏造成的结果是：绩效评估活动难以在政府部门全面系统地推进，缺乏整体的战略规划；一些地方或部门的绩效评估活动带有盲目性和随意性，缺乏科学有效的方法；绩效评估活动缺乏可持续性，往往流于形式；绩效评估的实施方法互不统一，难以相互比较和进行经验交流。[①]

在我国政府中开展公共部门绩效评估必须建立强有力的制度保障，应该通过立法或者制定行政法规的手段将公共部门绩效评估的地位确定下来。由于公共部门绩效评估存在着困难，如果没有从制度上树立绩效评估的权威性，仅仅凭借行政长官的意志来推行改革公共部门绩效评估是很难长期维持下去的。从英美澳等发达国家的经验来看，制度化也是当前国际上评估活动的趋势之一。另外通过立法确定公共部门绩效评估的制度和规范可以对评估体系、评估主体、评估对象、评估内容、评估结果等公共部门绩效评估的基本要素做出详细规定，使公共部门绩效评估纳入正常发展的轨道，促进我国政府绩效评估走上制度化、规范化和经常化的道路。

公共部门绩效评估信息化是政府信息化的有机组成部分，从属于政府信息化。因此，从更大的范围上说，公共部门绩效评估信息化在法律和制度保障上将在很大程度上受益于政府信息化法律规章制度的完善。在国外，为保障政府信息化发展，许多国家均制定并颁布了专门的法律、法规和行政命令。例如，美国有《政府信息公开法》、《个人隐私权保护法》、《美国联邦信息资源管理法》等一系列法律、法规，俄罗斯有《联邦信息、信息化和信息保护法》，英国有《政府信息公开法》等。这些法律法规对政府信息化的发展起着重要的保障和规范作用。

在我国现有的法律法规中，虽未对公共部门绩效评估信息化有专门的法律法规和行政命令等，但我国政府一直采取积极的态度促进社会信息化的发展，制定

① 参见赵明达：《政府绩效评估困境分析：基于理论、制度、技术的视角》，载《资料通讯》，2007 (5)。

了许多相关的信息政策和法律法规，促进了信息技术和信息产业的发展。

政府信息的立法，涉及范围十分广泛，我国现有对政府信息的法律主要涉及以下几个方面的内容：(1) 政府信息获取方面的法律，主要涉及政府因行使管理权力取得的相关信息的法律制度。(2) 政府信息公开、信息传播方面的法律制度，如政府信息公开法、政府公报法、行政程序法。(3) 政府信息保护和知识产权保护方面的法律制度，如个人资料、隐私保护法，国家保密法，商业秘密法。(4) 政府信息存储管理与内部传递方面的法律，如统计法、档案法。(5) 信息市场、信息网络和信息安全方面的法律制度。①

我国信息化法规政策建设从起步到发展，大体经历了三个阶段②：第一阶段，制定国家信息、信息技术和信息产业发展的规划和政策（1984—1995）。第二阶段，制定国家信息化发展规划和信息产业相关法律政策（1996—2005）。第三阶段，制定国家信息化发展战略和“十一五”规划（2006—2010）。

信息立法是政府职能，是国家推进信息化的关键措施和主要手段。虽然我国信息化法制建设取得了很大成就，发挥了积极作用。但是，由于我国法制化建设的历史较短，经验不足，加上信息化建设起步较晚，对信息领域的各种法律关系认识不够，理论准备不足，所以，信息立法还跟不上时代的步伐，不能很好地适应实践的要求，存在着一定程度的滞后现象，与世界上发达国家还存在着一定的差距。信息化法规体系建设是信息化工作顶层设计中的一个弱项。信息化的发展规划、管理体制和法规体系，是对国家信息化建设进行顶层设计的三项主体内容。其中，加快信息化法制建设特别是加快信息化立法，是加强信息化宏观指导的当务之急。

在《2006—2020年国家信息化发展战略》中，将信息化法制建设作为信息化的基础工作，并指出：体制机制改革相对滞后，包括信息化管理体制尚不完善，信息化法制建设需要进一步加快。所以，该发展战略将推进信息化法制建设作为我国信息化发展的九大保障措施之一③，并明确要通过行政立法推进行政体制改革和信息化建设。

3.3.3 公共部门绩效评估信息化的展望

我国的《2006—2020年国家信息化发展战略》中提出：到2020年，我国信

① 参见张成福：《电子化政府：发展及其前景》，载《中国人民大学学报》，2000（3）。

② 参见季德源：《我国信息化法规政策建设的基本情况》，载《中国信息界》，2007（8）。

③ 参见《2006—2020年国家信息化发展战略》。

息化发展的战略目标是：综合信息基础设施基本普及，信息技术自主创新能力显著增强，信息产业结构全面优化，国家信息安全保障水平大幅提高，国民经济和社会信息化取得明显成效，新型工业化发展模式初步确立，国家信息化发展的制度环境和政策体系基本完善，国民信息技术应用能力显著提高，为迈向信息社会奠定坚实基础。

随着我国信息化进程的推进和绩效评估工作的全面开展，公共部门绩效评估信息化实现将成为我国信息化进程的一个部分，同时也是公共部门绩效评估有效开展的迫切需求，公共部门绩效评估信息化的推进只是时间上的问题。

1. 公共部门绩效评估信息化的战略规划

公共部门绩效管理体现了“以结果为导向”的公共管理新理念，有助于树立“公众至上”的现代政府管理意识，有助于建立政府与社会的良性关系。宏观层次的公共部门绩效涉及整个政府管理活动的成绩和效果。微观层次的公共部门绩效涉及特定的政府机构或公共部门的工作成就或效果，包括经济、效率、服务质量、客观社会效果、服务对象的满意程度等。公共部门绩效评估信息化系统应实现对绩效过程管理的电子化，同时把绩效管理自然地融入部门日常管理工作之中，才能发挥其价值。这种自然融入的状态，有赖于部门内双向沟通的制度化、规范化。只有将绩效管理与电子政务业务管理系统一体化设计，才能实现对绩效的动态监控、持续改进。

（1）绩效评估信息化实现的战略目标。

完备的评估资料和数据，是公共部门开展绩效评估的基础。绩效评估所需要的信息量大，涉及部门、人员众多，信息来源渠道广泛。要打破部门封锁、打破地域限制就必须对绩效评估信息系统进行战略规划，从全局的角度设计全国性的系统框架，最终实现绩效评估信息系统全国一体化，各层级政府及各垂直管理部门既可独立进行绩效评估，又可实现绩效信息共享、开展跨地区、跨部门对比评估。

（2）公共部门绩效评估信息化实现的战略指导思想。

《2006—2020年国家信息化发展战略》中指出，我国信息化发展的指导思想是：以邓小平理论和“三个代表”重要思想为指导，贯彻落实科学发展观，坚持以信息化带动工业化、以工业化促进信息化，坚持以改革开放和科技创新为动力，大力推进信息化，充分发挥信息化在促进经济、政治、文化、社会和军事等领域发展的重要作用，不断提高国家信息化水平，走中国特色的信息化道路，促进我国经济社会又快又好地发展。公共部门绩效评估信息化应紧跟国家信息化发展的步伐，制定自身发展的指导思想，以稳步推进公共部门绩效评估的进程。

1）统一规划、逐步推进。绩效评估信息系统战略规划是涉及全国及一级政府或一个部门绩效评估及电子政务发展全局的大事。因此，必须依据国内外公共部门绩效评估和电子政务发展的态势，清楚了解国家提出的绩效评估开展、电子政务建设的指导意见和总体发展思路，统一规划。同时还要理清各地政府自身对绩效评估建设的需求和所掌握的现实资源条件，还要看到不同地方政府、不同政府部门基础条件的差别。要对不同地区、不同部门的现实情况和需求进行全面分析，并结合自身的基础条件和综合信息环境制定出既符合形势发展的需要又符合实际要求的建设规划，分步实施。

2）组织保证、统筹协调。公共部门绩效评估及其信息化建设是一项长期的战略系统工程，绩效评估信息化必须有专门的组织机构，做好统筹规划，制定建设总体方案，统一标准，统一规范。实行绩效评估信息化的政府部门要具体负责项目的规划、建设和管理，负责推动绩效评估系统信息的宣传、咨询和必要的培训工作以及组织的内外协调与沟通工作。这就要求负责人应既懂技术又精于管理，“选择一个有助于考评改进的阶段的数据主管，并且这个主管可以负责系统的总体工作，同时还能在数据确认过程中起到重要作用”[①]。要充分利用现有的资源，发挥各级政府、各部门的积极性，始终坚持联合共建的原则，促进资源共享，避免重复建设。

3）先进可靠、安全实用。建成后的绩效评估系统必须符合国家有关计算机信息系统的各种安全要求，总体性能达到国内先进水平，系统应具有 24 小时不间断运行的可靠性，具备完善的安全机制。绩效评估信息系统的安全问题既有技术层面的，也有管理层面的，在绩效评估信息系统规划中，这两方面的安全措施都要充分考虑。实用性主要指的是所规划出的绩效评估信息系统要能够最大限度地满足公共部门评估及公众的需要，应使其经过简单的培训就能方便地使用该系统。因此，要求绩效评估信息系统在规划过程中，要从本地区、本部门的实际需要出发，综合部门的工作特点和操作水平，使所设计的绩效评估信息系统实用方便。

（3）绩效评估信息化的战略任务与措施。

在确定了公共部门绩效评估信息化的战略目标和战略指导思想后，就必须着手设计其实现的具体方案，解决绩效评估信息化实现过程中的障碍，为更好更快地实现公共部门绩效评估信息化做好准备。

1）加强基础信息建设。统一合力，从全国性角度出发，将全国各地各部门的绩效信息通过网络互联互通，对这些资料和数据进行必要的统计、归纳、整理和加工，根据国家的社会发展目标以及社会政治经济方面的政策，制定出具有普适性的

---

① ［美］波伊斯特：《公共与非营利组织绩效考评：方法与应用》，153 页。

评估指标体系[①]，及时调整、充实，为评估工作对有关材料的收集与查询提供方便。

2）加强互联网建设。建立有效的评估信息传递网络，以便于及时获得绩效信息、把绩效考核的结果反馈给有关各方，这有助于及时发现和改进公共部门工作的不足和缺陷，增强公共部门绩效改进能力，完善公共部门绩效评估。

3）加强交流沟通。充分利用电子计算机和绩效评估信息系统，把各地各部门绩效评估的实施过程、实施结果的相关指标和数据，汇集形成全国性的绩效评估数据库，实现评估信息系统网络化，使得区域、部门之间的绩效数据具有可比性，为各地方政府部门寻找差距、学习先进经验提供便捷的途径。

4）重视政府门户网站建设。政府门户网站是电子政务发展的主要形式，绩效评估信息系统以门户网站为依托，实现交互。在电子政务的实施过程中，要及时制定有关政府门户网站建设和管理的政策并付诸实施。政府门户网站是政府在线服务的主要渠道，应对各个部门提供的信息和服务进行整合，将绩效评估信息系统与其他系统融合，并通过统一的平台提供给公众，提供“一站式”服务。

3.3.4 公共部门绩效评估信息化的未来模式设计

公共部门绩效评估信息化的未来模式，包括公共部门绩效评估信息系统未来模式的总体框架、绩效评估系统与业务系统的数据交换以及系统功能模块构成三个层次的内容。公共部门绩效评估信息系统未来模式的总体框架主要描述的是各地各部门绩效评估系统之间的相互关系；绩效评估系统与业务系统的数据交换描述的是在一个层级电子政务中，绩效评估信息系统与其他业务系统之间的数据交换问题；系统功能模块构成描述的是绩效评估信息系统自身的模块构成。

1. 公共部门绩效评估信息系统未来模式的总体框架

根据前文所述的公共部门绩效评估信息系统的战略目标和战略指导思想以及战略任务措施，公共部门绩效评估的未来模式应是建立起一个全国一体化、各地各部门互联互通的绩效评估信息网络体系，既可独立进行绩效评估，又可实现绩效信息共享。要求这个体系打破部门、地域限制，与电子政务其他应用系统高度整合，借助政府门户网站，向公众高度开放。各层级政府、部门的绩效信息系统通过电子政务系统互联互通，总体框架如图 3—1 所示。

---

① 2004 年《中国政府绩效评估研究》课题组设计的评估体系，包括了 3 个一级指标，11 个二级指标和 33 个三级指标来评估政府的绩效。

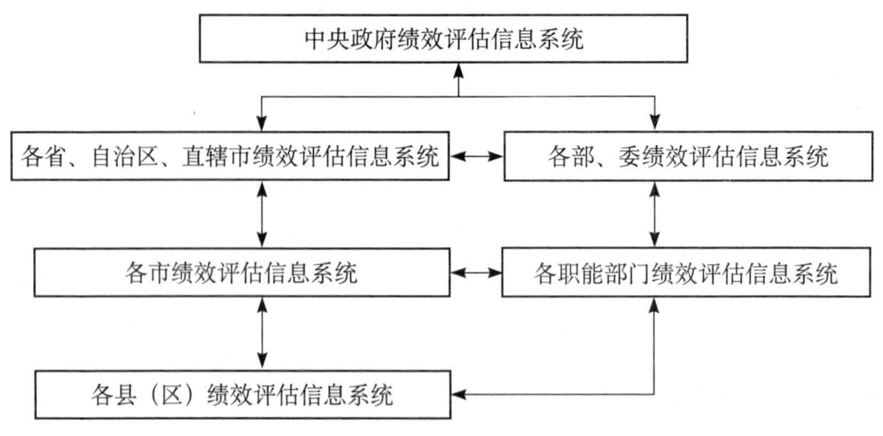

图 3—1　公共部门绩效评估信息系统未来模式的总体框架图

2. 公共部门绩效评估信息系统未来模式的数据交换

公共部门绩效评估信息系统的信息来源广泛，与各个网上业务系统联系紧密，绩效评估系统要实现与业务系统的信息交换，以直接获取业务绩效信息，并与其他系统实现数据共享。与各系统间的数据交换如图 3—2 所示。

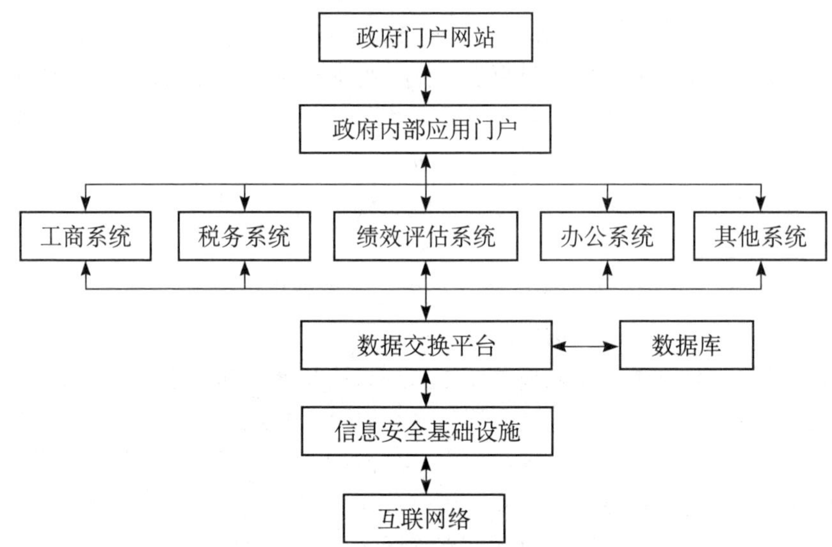

图 3—2　公共部门绩效评估信息系统数据交换图

3. 公共部门绩效评估信息系统未来模式的系统功能模块构成

为了实现绩效评估，公共部门绩效评估信息系统一般应包括基础信息管理、考核管理、信息查询与统计、日志与帮助、可扩充等几个模块，系统功能模块组成如图 3—3 所示。

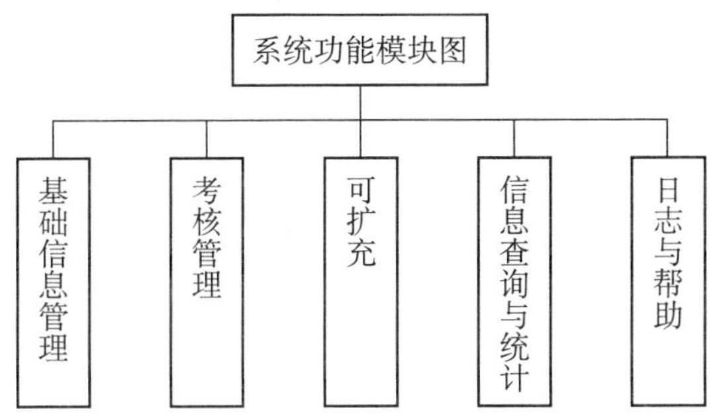

图 3—3　公共部门绩效评估信息系统的功能模块图

基础信息管理模块包括系统功能配置、用户角色管理、用户种类权限配置、评估主体配置、评估指标及权重设置、评估时限的设置、考核对象管理、系统信息管理等功能。

考核管理模块包括绩效信息录入管理、绩效评估数据处理、评估结果获取等功能。

信息查询与统计模块包括基本信息查询、评估结果查询、评估结果统计、评估结果比较分析等功能。

日志与帮助模块包括日志管理、在线帮助等功能。

可扩充模块是指在系统中预留可扩充模块以适应评估未来发展的需要。

本章小结

本章提出了公共部门绩效评估信息化的概念框架，从经济、政治及绩效评估自身完善的角度分析了公共部门绩效评估的动因，并阐述了公共部门绩效评估的意义及效益。绩效评估信息化的实现是一项系统工程，有赖于法律政策的支持，物质、网络基础设施的完善，具备标准化的数据接口和统一化的服务平台以及公共部门工作人员及公民素质的提高，因此，需要根据现有条件进行技术选择。目前，全国各地已经有许多地方政府或部门开展了绩效评估，并实现了局部的绩效评估信息化，但在运行过程中也存在不少问题，如绩效评估缺乏持续改进保障，各自为政、相互封锁，公共部门内部存在抵制情绪，公众网上评议存在诸多问题等。本章在阐述公共部门绩效评估信息化的安全保障和法律法规保障之后，对公共部门绩效评估的未来模式进行了初步设计，包括公共部门绩效评估信息系统未来模式的总体框架、绩效评估信息系统未来模式的数据交换以及系统功能模块构成三个层次的内容。互联互通、信息共享是公共部门绩效信息化未来模式的精髓。

关键术语

公共部门　绩效评估　信息化　软件化　信息网络体系　电子政务　网络化　自动化　综合评估指标　跨网络政府　评估效率　工作流程　模块化　数据库管理系统　需求分析　网上评议　信息安全　信息立法　业务系统　系统功能模块　数据交换

复习思考题

1. 公共部门绩效评估信息化的特点是什么？
2. 公共部门绩效评估信息化的作用有哪些？
3. 公共部门绩效评估信息化和电子政务建设的关系如何？
4. 公共部门绩效评估网络评估系统与OA等电子政务运用系统的关系如何？
5. 公共部门绩效评估信息化的步骤有哪些？
6. 公共部门绩效评估信息化的实现还存在哪些问题？
7. 公共部门绩效评估信息化的发展方向是什么？

参考文献

[1]［美］波伊斯特．公共与非营利组织绩效考评：方法与应用．北京：中国人民大学出版社，2005

[2]［美］尼古拉斯·亨利．公共行政与公共事务（第八版）．北京：中国人民大学出版社，2002

[3]［美］戴维·奥斯本，彼德·普拉斯特里克．政府改革手册：战略与工具．北京：中国人民大学出版社，2004

[4]［美］戴维·奥斯本，彼德·普拉斯特里克．摒弃官僚制：政府再造的

五项战略．北京：中国人民大学出版社，2002

［5］［美］唐·泰普思科．泰普思科预言——21 世纪人类生活新模式．北京：时事出版社，1998

［6］［美］约翰·克莱顿·托马斯．公共决策中的公民参与：公共管理者的新技能与新策略．北京：中国人民大学出版社，2005

［7］卓越．公共部门绩效评估．北京：中国人民大学出版社，2004

［8］卓越．政府绩效管理导论．北京：清华大学出版社，2006

［9］俞可平．治理与善治．北京：社会科学文献出版社，2000

［10］钟义信．信息科学原理（第三版）．北京：北京邮电大学出版社，2002

［11］王众托．信息化与管理变革．大连：大连理工大学出版社，2000

［12］张天云，何珍祥，宋晓宇．信息技术与信息时代．北京：化学工业出版社，2005

［13］吴舜龄．中国的信息化．北京：中国水利水电出版社，1997

［14］陈禹．信息系统分析与设计．北京：高等教育出版社，2004

［15］卢潇．软件工程．北京：清华大学出版社，北京交通大学出版社，2005

［16］徐茂智，邹维．信息安全概论．北京：人民邮电出版社，2007

［17］赵国俊：电子政务教程．北京：中国人民大学出版社，2004

［18］卓越．公共部门绩效评估的主体建构．中国行政管理，2004（5）

［19］［美］马克·霍哲．公共部门业绩评估与改善．中国行政管理，2000（3）

［20］邓琼．政府绩效评估中的公民参与．行政与法，2004（11）

［21］鄢子平．网络环境下知识信息资源的信息安全政策与法律保障．科技咨询导报，2007（28）

［22］张成福．电子化政府：发展及其前景．中国人民大学学报，2000（3）

［23］赵明达．政府绩效评估困境分析：基于理论、制度、技术的视角．资料通讯，2007（5）

［24］季德源．我国信息化法规政策建设的基本情况．中国信息界，2007（8）

［25］钟文龙．基于 WEB 的政府绩效目标考核管理系统的研究和开发．重庆大学学位论文，2004

［26］邵路江．基于 WEB 的公安绩效考核信息系统的设计与实现．华东师范大学学位论文，2005

第 4 章

公共部门绩效评估的组织实施

作为一种评价和改进公共部门管理的实用工具，绩效评估逐渐成为当代公共管理改革运动的新主题，为新公共管理理念的实施提供了技术和实践层面上的支持。绩效评估的核心是构建评估模式，但正如吉尔特·鲍查特所指出的那样，“实施绩效测量还存在着种种困难”。绩效评估的实施是一个实践性很强的项目，本章希望借鉴西方国家渐已成熟的公共部门绩效评估的理论与实践以及企业绩效评估的成功经验，对绩效评估实施的组织准备、实施程序、环境建设进行分析和梳理，试图为我国公共部门绩效评估的实施走入科学化、制度化、合理化提出一点思路。

重点问题

- 公共部门绩效评估组织实施的含义
- 公共部门绩效评估组织实施的作用
- 公共部门绩效评估组织实施的组织准备
- 公共部门绩效评估组织实施的程序
- 公共部门绩效评估组织实施的环境建设

4.1　公共部门绩效评估组织实施概述

绩效评估是绩效管理最有力的武器，是改进公共管理的重要项目。绩效评估指标体系的科学合理是绩效评估中最主要的内容。但是，在公共部门绩效评估的指标体系和系统软件构建开发以后，绩效评估的实施是一个重要环节，绩效评估如果实施不当，就很难进行而且也不准确。

4.1.1　绩效评估组织实施的含义

所谓绩效评估的组织实施，从狭义上说，是指公共部门组织实施绩效评估的程序，以及评估实施中的制度和组织建设，其中制度和组织建设是绩效评估实施的基础和保证。从广义上说，绩效评估组织实施不仅包括实施的机构、程序，以及实施中相关的制度和组织建设，还包括绩效评估实施的方法以及评估中调控的偏差控制方法等内涵，本章主要从狭义的角度来论述绩效评估的组织实施。

绩效评估组织实施的主要含义是：(1) 评估组织实施是对公共部门的计划和目标实现情况进行评估和分析的过程，即评估方案的执行，将评估实施计划付诸实践，为达到评估应有的效果和目的提供基础的过程。(2) 评估的实施是个动态的过程，为实现评估的功能而由评估主体依据评估方案和一定标准进行评估，同时也要根据评估阶段和公共部门内外环境变化而对实施情况进行一定调整，与绩效评估其他方面相互统一的过程。评估的实施过程不是一成不变地按照评估计划推行，而是一个动态的过程，必须考虑评估对象的不同以及评估内外环境的变化，适时调整评估实施步骤。

4.1.2　绩效评估组织实施的作用

绩效评估的成功与否与绩效评估的组织实施是密切相关的。首先，绩效评估的组织实施是绩效评估的一个基本环节，也是绩效评估的一个重要步骤。缺少组织实施步骤，绩效评估也就不成其为一个完整的体系，无法实现绩效评估应有的功能和作用。其次，通过绩效评估的组织实施，能够有效地建立一种公共部门的责任机制。邓塞尔认为："责任就是你的责任应该能够由监督主体依据一定的标准或预期通过测量来进行评估。"而绩效评估的组织实施就是依据一定的标准，选择不同的评估主体对公共部门进行测量和评估。从这种意义上讲，绩效评估的组织实施是体现组织责任的基本要素，同时也为公共部门提供了合法性的权威基础。最后，绩效评估的组织实施也是对绩效评估中其他方面进行检验，如在实施中可以检验评估指标的完整性和正确性。同时，绩效计划是否能够落实和完成依赖于绩效评估的实施。可以说绩效评估的实施与绩效评估的其他方面是相互联系、相互作用的。

另外，一切问题都必须以最终的实践为基础，通过绩效评估的实施可以对公共部门的管理、目标和战略加以改进。从绩效评估的全过程来看，绩效评估的实施不仅是测量或评估，还是指引管理者达到希望目的地的系统方法和手段，是持续改善公共政策或公共项目的一种系统方法。“如果业绩测评实施很恰当的话，那么绩效测量会有助于改进几乎任何一个组织的管理。”①

4.2 公共部门绩效评估实施的组织准备

绩效评估的实施必须具有一整套运作机制，加强绩效评估的组织准备工作，是绩效评估实施的一个基本条件和评估基础，也是绩效评估客观公正进行的保障，“评估的实施应当由一个符合评估内容的组织来进行”②。组织准备包括很多要素。

4.2.1 组建评估管理机构

由于公共部门绩效评估的复杂性和利益的相关性，为了使公共部门绩效评估有计划、有步骤地开展，需要成立评估管理机构或小组。“英国绩效评估制度，所以能取得比较明显的效果，关键在于有专门的评估领导机构，负责该项制度的组织实施。”③

1. 评估管理机构的主要职责

评估管理机构的主要职责体现在以下方面：(1) 拟订评估方案。在充分调查研究的基础上，制定评估方案，确定评估的内容、评估标准和评估体系，对评估的规定和要求做出明确的规定。(2) 制定评估计划。主要任务是选择和确定评估主体，确定评估的时间和周期，制定评估工作计划和配备评估人员。(3) 指导评

① ［美］阿里·哈拉契米：《政府业绩与质量测评：问题与经验》，98 页。

② ［美］菲利克斯·A·尼格罗等：《公共行政学简明教程》，203 页。

③ 佟宝贵：《英国现行公务员绩效评估制度概述》，载《政治与法律》，2001 (2)。

估工作。评估方案、计划下达各评估部门和单位以后，评估机构要加强对评估工作的监督、指导和协调。及时地监督各部门对评估计划的实施情况，既要防止走过场，也要防止评估过程中出现不良现象；及时地纠正方向性的错误，指导每个部门和环节的评估工作。

2. 评估管理机构的人员构成

为确保绩效评估客观、公正地开展，树立评估工作的权威性和严肃性，评估管理机构的人员应该包括：评估对象上级部门的相关领导；监察、组织、人事、统计、财政和审计等综合部门的领导和被评估部门的领导；一定数量的评估方面的专家学者和技术人员；一定比例的被评估部门的服务对象（顾客）。对于评估管理机构的领导，必须对绩效评估不仅支持，而且对评估的一些相关基本知识有所了解，也具有一定的工作协调和指导能力；对于管理机构中的专家，必须具有一定的计划管理能力和宏观的管理能力，并且十分了解评估的过程和环节，以及评估的要求；对于一定数量的服务对象，要具有简单的评估知识，同时具有一定的代表性。服务对象可以选择那些需要评估和最能体现公共部门绩效的重要项目，对评估结果是否具有全面性、客观性和公正性提出意见。

4.2.2 设立专家咨询机构

公共部门绩效评估是一项专业性、技术性很强的研究型、实践型活动，涉及评估指标中大量修正因素的计量指标，以及非计量因素。而评估指标的评估需要相关的专业知识和技术知识，评估工作组人员的知识结构和经验可能无法完全适应评估的要求，因此需要设立专家咨询机构，聘请评估方面的咨询专家。

1. 专家咨询组的主要职能

专家咨询组的主要职能是：分析定量评价结果反映出来的公共部门绩效水平，可以从技术数据调整和评价标准选择角度提出咨询意见，对定量评价结果进行论证；采取多种方式收集和掌握被评估部门的情况，提供评议工作中必要的政策和技术咨询意见；根据所掌握的情况，参照评议标准，对公共部门定性评议指标进行打分；参与有关争议事项的审议并发表意见，参与最终评估结果和评估结论的论证；对公共部门的发展计划提出建设性意见，并提供相关的咨询。

2. 专家咨询组的资质要求

咨询专家主要凭借个人的知识和分析判断能力对公共部门进行评估，同时咨询专家对评估工作的顺利实施和评价结果的全面、客观、公正具有重要作用，所以对专家的经验、学识、品德素质和独立判断能力提出了较高的要求。专家咨询人员应具备以下条件：（1）品行端正，坚持原则，与被评部门没有利益关系，能够保持客观、公正的评估态度和立场。(2) 具有较高的政治素质，熟悉国家和部门的法律法规和政策。(3) 熟悉公共管理、财务管理、经济、法律、技术等方面的知识。(4) 熟悉公共部门绩效评估方面的相关知识，具有较强的综合分析能力。(5) 具有丰富的专业工作经验和评估方面的相关技术。[①]

3. 专家咨询组的人员构成

专家咨询组参与定性评估的效果好坏，很大程度上取决于评估咨询专家的结构合理与否。为此应当通过对专家人员构成比例的合理安排，充分发挥每位专家的知识和分析判断能力，为公共部门评估的进行提供基础。在专家咨询组的构成上，可以根据被评估部门的特点，具体从以下方面邀请专家：(1) 财政、计划、组织人事、统计等公共综合管理部门的专家和经验丰富的领导。(2) 被评估部门的上级主管部门人员。(3) 管理学、经济学、数学、统计学、计算机和信息技术等方面的专家。(4) 具有绩效评估方面的理论和实践经验的大专院校、研究机构的专家学者。

4. 组建专家咨询机构应注意的问题

组建专家咨询机构和选择聘用专家，除了注意专家资质和结构外，还应注意：(1) 根据被评估部门的特点和评估重点以及评估目的选聘专家。因为不同领域的专家，有自己熟悉和专长的方面，如财务方面专家对公共部门财务资料有很强的敏感性和鉴别分析能力。(2) 专家的人数要适当。如果专家人数过少，会缺乏代表性，也难以消除个别专家随意性的影响，不利于形成全面的评估结论；如果专家人数过多，则会增加评估组织工作的困难，增加评估的成本。所以，专家的人数应根据评估部门的特点和评估的复杂性选择确定。(3) 选聘专家要遵循自愿的原则。公共部门评估中咨询专家的选聘，应建立在自愿的基础上，不能以任何方式强迫专家参加。因为自愿的参与才能充分发挥其积极性，对评估的内容做出科学、客观的判断。

4.2.3 选聘评估中介机构

从长远发展来看，公共部门绩效评估主要应由社会中介机构具体实施，中介机构在评估中具有中立性质，评价结果能够得到各方面的认可。“大多数评估专家赞同评估由组织中负责项目的最高层委托和支持，为了制衡起见，由外部机构或是第三方来进行评估也是可取的。”[②] 但是，公共部门在选聘中介组织进行评

---

① 参见财政部统计评价司：《企业效绩评价问答》，85～87 页，北京，经济科学出版社，1999。

② [美] 尼古拉斯·亨利：《公共行政与公共事务》(第八版)，320 页。

估时，必须对中介组织的一些资质和条件进行审核。

1. 中介机构在公共部门绩效评估中的作用[①]

（1）有利于实现政府职能的转变和监管的加强。

中介机构参与评估，不仅能把评估工作从政府的职能中解放出来，而且能借助社会中介机构增强监督和管理的力度，有利于政府职能的转变和监管效率的提高。

（2）有利于促进公共部门绩效评估的规范化。

中介组织具有严格的评估程序、丰富的工作经验和能力较强的专业人员，能够按照法律和相关的规定进行评估，因此，中介机构评估可以提高评估的效率，实现评估工作客观、公平的要求，促进公共部门评估的规范发展。

（3）有利于推动绩效评估工作的国际化。

在国外，聘请中介组织对公共部门进行绩效评估逐渐成为普遍现象，随着中国加入 WTO，聘请中介机构对公共部门进行评估，既能够提高公共部门绩效评估的社会效果，同时也能够促进评估工作与国际的接轨。

2. 中介机构的资质条件

借鉴国外的做法以及企业评估的成功经验，结合我国的实际情况，参与公共部门绩效评估选聘的中介机构必须具备以下资质：经国家认可、有法律资格的中介机构；接受过或参加过培训的有关于公共部门绩效评估的相关知识和经验的人员；没有重大工作失误、违法违规以及违反职业道德等行为；必须与被评估部门没有人员、经济等方面的关系，也没有管理和监督方面的关系。

3. 选聘中介机构的方式

选聘中介机构主要从中介机构的实力、专业人员情况、信誉度以及评估自身情况来考虑。对中介机构的选聘主要有三种方式：（1）提名选聘。公共部门绩效评估管理机构根据评估的实际需要和中介机构资质条件的实际需要，向有关部门提出要求，由其他部门和协会推荐，评估管理机构经过考核后，再确定符合要求的中介机构。（2）公布情况进行招标。评估管理机构在相关媒体上公开招标，通过一定的招标程序进行选聘。这种选聘可以实现选聘的公平，避免人情关系和暗箱操作。（3）评估管理机构根据对中介机构的了解情况选择中介机构，这样选聘的成本较小。具体采取哪种方式，由评估管理机构综合考核后确定，同时要逐步建立中介机构的选聘制度，规范中介机构参与公共部门绩效评估的行为。

---

① 参见财政部统计评价司：《企业效绩评价工作指南》，163～165 页，北京，经济科学出版社，2002。

4.3 公共部门绩效评估的实施程序

绩效评估实施是个由多种方法和技术组成的系统，不仅牵涉到对“事实”绩效做出衡量的技术问题，还牵涉到“人”的价值判断，是一个同时包含人和数据资料在内的对话过程。由于“人”这个在组织中最不确定因素的引入，所得绩效评估的置信区间大大减小。同时绩效评估过程涉及大量信息的浓缩和分析，是建立在从记忆库调出的汇总信息和评估者有意或无意附加上的其他信息的基础上的过程，工作量较大。所以在评估的过程中，必须仔细观察部门工作的行为和工作成果，注意评估程序的选择和设计的合理性，以免影响评估的准确性。当然，公共部门绩效评估的实施程序不是简单地安排评估的先后顺序，而是作为绩效评估制度的一个重要组成部分，需精心慎重地进行合理安排。公共部门绩效评估的实施程序主要包括以下几个步骤。

4.3.1 明确评估目的，确定评估时机

确定评估目的是实施绩效评估的灵魂和基础，只有明确了评估目的，才能突出绩效评估工作的针对性，使评估工作真正起到应有的激励和约束作用；同时，只有清楚地表明评估目的，才能鉴别结果以及部门想要通过该目的达到的效果。而且评估的目的并不是单维度的，不同的利益相关者可能有不同的评估目的，对评估的标准要求不同，所以只有确定评估的目的，下一步的评估工作才好开展。评估的进行是为一定的目的服务的，不同时期不同方式和形式的评估目的也是不同的，所以，评估的目的决定评估活动的方向，没有了目的，评估者就无从知晓该评估什么。不同的评估目的，有不同的评估对象、不同的评估重点和不同的评估时间。从管理角度来看，公共部门绩效评估的目的包括改进、预算、控制、问责、激励、奖赏、学习和创新。

绩效评估的评估时机随评估目的的不同而不同，如果评估的目的是为了控制、改进和学习，则评估可以在公共部门活动进行时开展，以便随时反馈部门信息，促使部门在活动过程中不断调整、完善自身行为；如果评估的目的是预算、问责或奖赏，则可以在公共部门活动结束后依据其实际取得的结果进行评估。应该把绩效评估的时机与评估的目的和效果统一起来，通过评估时机的选择做到不同目的的兼顾和均衡，如对业绩评估的时机选择可以考虑同时兼顾对部门进行奖惩或对公共部门领导进行调整评估的结合。这样的评估一方面可以

很好地确定评估的时机和评估目的，另一方面可以很好地利用评估资源以及节约评估资源。

4.3.2 确定评估对象，制定评估具体方案

评估对象就是评估行为实施的受体，不同的评估对象决定了评估的重点、时间和内容的不同。根据分类分级的管理原则，可以将绩效评估对象分成不同类型进行评估，不同时期评估对象的确定可以根据不同的评估意义和要求、不同的目标进行确定。由于评估对象直接与部门的结构以及部门的责任范围相关，因此在确定评估对象时可以首先确定评估对象大的方面，然后再对评估对象进行具体划分，也就是把评估对象的职能再进一步细化并对其所管理的具体事务进行归类与多级划分。如思明区在第一次评估时，将评估对象大体分为五种类型，确定民政局、计划生育局、建设局、司法局和厦港街道办事处为试点评估对象，然后在评估时结合多方面因素再对评估对象进行具体细化。

确定评估对象后，就要制定绩效评估的方案。制定绩效评估方案并不是一个困难的任务，特别是在已经有明确的评估对象和评估目的之后，但是的确要谨慎行事。它们需要一种形式和结构，必须按照以下内容来限定：评估的频率；评估的标准；评估本身的布局及内容；解决评估者与被评估者争端的程序；记录评估结果的安排；指导该方案的引入、执行及继续的安排。[①] 具体的评估方案应根据具体评估情况而制定，既要注意评估阶段的划分，也要注意评估中标准和方法的使用等方面的问题。

在评估实施程序这一步骤，我们还应当注意公共部门绩效评估发展的一个新趋势，即从部门评估逐渐向流程评估转化。传统公共部门绩效评估是以部门职能为单位展开的，注重工作的分工，过分强调专业化，这就容易造成不同利益主体林立的本位主义状态或是部门之间的冲突。而基于流程的绩效评估着力于对组织整个流程运作的连续性进行评估，是公共部门提高组织效率和效能、适应新的竞争环境的有效制度安排。

当然，关注流程绩效评估并不意味着完全抛开部门评估，现实的做法是将流程评估与部门评估有机结合，一方面克服部门绩效评估的固有弊端，促进部门间的有效沟通和良好合作；另一方面进行以流程为导向的组织架构设计，将不同部门的职能通过流程连接起来，构建公共部门绩效评估新体系。

---

① 参见于军编译：《英国地方政府行政改革研究》，206 页。

4.3.3 设计评估调查内容，下达评估通知书

为科学评估公共部门的绩效，使专家定性评议能收集到充分而有效的基础信息资料，提高评价结果的客观性和公正性，评估管理机构应根据定性评估工作的需要设计出相关调查内容，由评估管理机构或中介机构组织公共部门或其他有密切联系的部门的相关人员作答。调查内容要紧密围绕评估目的，反映公共部门内外的服务人员对公共部门绩效的合理评估。设计的调查内容要能给随后的各方面评估带来便利，也为全面客观的评估打下基础；同时还要考虑与评估部门有关的一些基本伦理道德问题。

以上各项准备工作完成以后，由评估管理机构向被评估对象下发评估工作通知书。通知书是评估组织机构出具的行政文书，是公共部门接受评估的依据。如果委托社会中介机构实施评估，通知书也是中介机构对公共部门进行评估的依据。在绩效评估中，通知书具有通知作用、准备作用和明旨作用等。通知书主要说明本次评估的目的、评估的时间安排以及通知被评估部门做好评估工作的前期准备工作。后者包括整理本部门的基本资料、相关的财务等内容并向评估机构提供，同时要求公共部门对自身进行总结，做到心中有数，确定评估工作的联系人，根据评估管理机构的安排做好评估者需要了解的人员安排等。

4.3.4 收集基础资料，确定评估计分标准

收集基础资料是指广泛收集涉及将要接受评估的公共部门及其部门管理绩效的各方面信息和资料。对评估对象认识的科学性是评估合理性的前提，而且评估的认识和判断都是建立在对其相关信息了解的基础之上的，所以必须取得详细丰富、具有说服力的相关资料来保证评估工作的有效性。评估所使用的信息资料包括公共部门及其各部门的服务承诺、工作计划与方案、回复与解释社会公众提出问题和解决实际问题的数量、会议记录、物质投入与消耗等。收集信息时必须围绕绩效评估的目的进行，否则会造成收集工作的盲目性和收集资料的离散性，重点、主次不分也不一定有用。收集资料的方式可以采取公共部门上报、评估工作机构自行收集和第三方提供等方式进行，考虑到有些公共部门特殊的性质，资料的保密性比较高，在采集时要注意保密。同时，评估者应根据评估目的和所选择的评估视角对所收集的信息加以处理、核实和鉴定，进行符合目的化的处理。

确定评估计分标准时首先要对评估的分值进行匹配。评估内容的各项正数指标可以合计为 100 分，然后再对各个选择的评估主体进行分值划分或者从评

估内容的角度进行划分，有负数指标的再进行扣除。其次要确定考评等级。把评估内容的每项正数指标划分为几个等级，如划分为优秀、良好、中等、及格和不及格五个等级，再由计算机主动转换生成相应分值，对有负数指标的也要进行计算机换算，考评的结果一般以百分制表示。最后要确定考评的标准。考评标准的客观性和可操作性是考评工作顺利进行的一个关键环节，除事先确定的负数指标外，评估体系各项指标应较为严格、较为规范地按照定性和定量相结合的方法，按照评估等级进行。有些评估内容主要依据定性的评估标准，对此可针对不同的评估主体的特点，通过特定的评估方法设计，来保证评分的客观准确性和可操作性。评估计分标准对评估结果影响很多，必须严格设计，精确地划分和确定。[①]

4.3.5 评估工作小组的评议

在收集完数据以后，评估工作小组开始评价工作。评估小组根据掌握的评估对象情况，首先对评估中的数据进行处理，将记录的各种分散的信息，经过分类加总汇集成有用的信息，一般包括对数据信息进行手工检查校正、编码、录入、利用计算机对录入数据再次核对检查等过程。[②] 数据处理最终结果的反映形式是编制成各种表格。在编制了各种交互表之后，评估小组就需要对这些处理的信息以及收集的其他一些信息进行初步讨论和分析，以确定其准确性和全面性。接着要根据选定的评估标准，计算出基本指标的分值，再进行修正，得出实际分数；然后根据指标模型权重以及维度指标得出绩效评估的总分。

同时，评估工作者在整个评估过程中，必须听取专家咨询组的意见：一方面，评议指标、评议结果应充分征求专家咨询组的意见；另一方面，当评估工作组的综合评议结论存在争论或者与公共部门的自评结果有出入，但其所依据的基础资料却又一致时，应提请专家咨询组对评估结论进行论证，听取他们对结果的分析和建议。

4.3.6 评估结果的形成，撰写评估报告

为了保证公共部门绩效评估的质量，保证结果的客观性、公正性和真实性，避免因评估工作的差错而产生不准确的结果，必须对评估结果再进行分析，然后形成评估结果。

首先，对评估结果进行再评估和复核。因为评估工作本身就是学习的过

① 参见郑云峰、卓越：《21世纪行政发展的新亮点》，载《中国行政管理》，2003（2）。

② 参见邓国胜：《非营利组织评估》，210页。

程，可以通过一般性的辩论，也可以通过一些规范的再评估形式进行。它用于收集每一个与评估有关的人员和部门对评估结果提出的恰当性意见。对评估结果的复核主要包括对定量指标基础数据、评分标准、评估计分过程及评议指标的复核等。

其次，在结果形成前将评估结果与被评估部门进行商榷。评估者与被评估部门进行商讨，一方面可以知道评估结果是否合理和满意，以及对评估结果的意见；另一方面，如果评估结果与公共部门的自评以及公共部门期望的差距较大，则要进行基础资料的重新核实，寻找差异原因，把评估结果向专家咨询组征求意见，让评估结果在公平的基础上被接受。

最后，对评估结果进行分类。无论是定量评估结果、定性评估结果，还是定量与定性相结合形成的评估结果，在算出最后的总分时，必须再根据一定的评估标准进行等级划分。比如，根据公共部门事先确定的评估标准，可以把评估结果分成五种类型，即优秀（A）、良好（B）、中等（C）、及格（D）、不及格（E）。由于公共部门的评估结果一般呈正态分布，所以再确定 90 分、80 分、70 分、60 分四个分数线作为类型判定的资格界线，这样评估的结果比较明确。[①]

评估报告是评估工作组完成对公共部门绩效评估后，向评估组织机构（委托方）提交的说明评估目的、评估程序、评估标准、评估依据、评估结论以及评估结果分析等基本情况的文本文件，也是公共部门绩效评估工作最终成果的体现。评估报告主要由内容提要、正文和附录组成。其中，内容提要主要写明评估对象、评估委托机构和评估实施机构；正文主要写明评估委托方评估依据的数据来源、评估指标体系和方法、采用的评估标准值、评估结果和结论以及评价责任等内容；附录主要详细分析评估报告、有关基础数据核实确认及调整情况、重要事项的说明、评估计分、有关评估工作文件和数据资料等，也要就评估结论提出一些评估建议。

由于评估报告的目的在于传达各部门绩效的资讯，协助公共部门管理者深入了解部门各层次的工作情况，并使结果可以接受公众的检查，所以绩效评估报告应该完整、准确、客观和有说服力，其内容应力求言简意赅、重事实分析、重视激励功能，并划分可控因素和不可控因素，管理者应对其责任范围内的绩效可控因素负责。尤其需要注意的是，评估报告应该及时发出，以便有关部门及时使用信息，否则将会失去其价值。

---

① 参见财政部统计评价司：《企业效绩评价工作指南》，138～142 页。

4.3.7 评估结果的分析与运用

“测量目前后果的水平是重要的，但仅靠它自身还不够，最好是将目前的业绩和适当的标准相比较。”① 这就要求我们对公共部门绩效评估结果进行分析比较，把我们目前的绩效与过去的绩效相比较，与其他类似组织的绩效相比较，与已有的国家标准相比较，与以前建立起来的目标进行比较。同时，还应该对评估对象不同维度的指标分别进行分析述评，通过将相对独立的维度指标得分以及具体量化指标的实际值与参与评估同级同类组织的指标得分和实际值横向对比，结合定性指标的评估标准，找出评估对象的优势和存在的差距。在对评估结果的分析比较中，要厘清公共部门绩效与环境因素影响的关系，力求得出一个客观公正的评估结论。

评估结果使用是绩效评估的最后环节，是保证绩效评估活动不流于形式、促进绩效不断改进的重要手段。通过绩效评估的实施和结果分析，知道公共部门一定时期的工作成绩和不足之后，就应该高度重视绩效评估结果的运用，凭借具有影响力的评估结果来提高公共部门的绩效。

首先，评估结果可以作为上级部门对被评估部门奖惩的依据。明确的评估结果是奖惩的基础，明确的奖惩也是推动绩效评估的动力。同时评估结果也是上级部门和监督部门对被评估部门的一种监督手段，通过评估结果可以很好地了解部门的状况，监督其工作开展情况。

其次，对于被评估部门来说，可以有效地使用评估信息，总结部门过去的成就和不足；思索现在、计划未来，在理性反思的基础上做出客观的判断，科学地规划和决策未来的计划和行动。卡罗尔·H·韦斯（Carol H. Weiss）认为：“根据项目结果的客观信息，在预算分配及项目规划上就可以做出明智的决策，产生好结果的项目会扩展，而那些表现不好的项目则会被抛弃或进行大幅度修改。”② 另外，还可以赢得社会的支持和部门的信誉，因为它向社会展示了公共部门为提高绩效而做出的不懈努力。“绩效测量多半作为管理者的预警体系来了解项目进展是否顺利，也是一种用来提高政府公共责任的方法。”③

最后，对于社会公众来说，定期有选择地发布评估结果可以作为一种监督手段，推动公众对公共部门的监督。“绩效评估的实质是一种信息活动，其特点是

---

① ［美］凯瑟琳·纽科默等：《迎接业绩导向型政府的挑战》，112页。

② 转引自［美］詹姆斯·W·费斯勒、唐纳德·F·凯特尔：《行政过程的政治：公共行政学新论》，313页，北京，中国人民大学出版社，2002。

③ ［美］尼古拉斯·亨利：《公共行政与公共事务》（第八版），285页。

评估过程的透明和信息的公开。因此，评估和公布绩效状况是公众体验服务的一种方式。对公共部门在各个方面的表现情况做出全面的、科学的描述并将其公之于众，无疑有助于广大群众了解、监督和参与公共部门的工作。”①

公众参与是公共部门绩效评估发挥功效的基石。实践证明，公共部门绩效评估功效不高的关键在于公众参与程度不够。公众参与能够避免绩效评估实施过程的形式化，确保评估结果的有效利用。在绩效评估实施过程中，不论是评估内容的确定、绩效信息的收集，还是评估结果的利用，都需要广泛的公众参与。鉴于此，为创造公众参与公共部门绩效评估的有利条件，应当以政府立法的形式保障公众参与，加强专家学者团体与公众的联系，并鼓励公民组建社团，自觉参与绩效评估。

4.4　公共部门绩效评估组织实施的环境建设

绩效评估的实施总是在一定的环境中进行的，因此绩效评估可以视为一个包含复杂环境的评估过程。环境建设对评估的实施影响很大，“环境因素的影响比人为选择的因素还重大”，良好的环境建设是绩效评估顺利实施必不可少的条件。

4.4.1　评估基础——相关制度建设

制度就是“一系列被制定出来的规则、守法程序和行为的道德规范，它旨在约束主体的福利或效用最大化利益的个体行为”②。绩效评估作为提高公共部门绩效和改进公共管理的有效工具，在西方国家已经制度化，被奉为新公共管理主义的圭臬和改进政府管理的重要手段。但在我国，对公共部门的绩效评估，还只是处于“原始的手工艺水平上”。所以，必须加强制度建设，为公共部门绩效评估的推进提供强有力的制度保障。“所有高绩效的组织，无论是公共还是私营部门，都是而且必定是对发展和部署有效的绩效评估和绩效管理制度怀有兴趣，因为只有通过这样的制度这些组织才能保持高绩效。”③

① 胡宁生主编：《中国政府形象战略》，1027页。

② ［美］道格拉斯·诺斯：《经济史中的结构与变迁》，185页，上海，上海人民出版社，1994。

③ Serving the American Public：Best Practices in Performance Management，*Benchmarking Study Report*，June，1997.

1. 加强绩效评估的制度化建设

公共部门绩效评估需要由公共管理者来推动，但是绩效评估的实施将与公共管理者的既得利益相冲突，即绩效评估悖论，加之政治性因素的影响，绩效评估更加需要制度为其提供保障。美国的《政府绩效与结果法》、《以绩效为基础的组织典范法》以及荷兰的《市政管理法》等，都以法律的形式要求政府部门进行绩效评估。英国和澳大利亚等国也以管理规范的形式，使组织绩效评估成为最大改革方案的组成部分。英国政府自1979年以来，做出了一系列旨在推动绩效评估的方案和举措：从“雷纳评审”到1980年部长管理信息系统的实施、1982年颁布财务管理新方案以及1986年《改进政府管理：下一步行动》，到1991年政府以白皮书形式提出“公民宪章”等制度和规章，保证了公共部门绩效评估顺利进行；澳大利亚1999年制定了《公共服务法》，规定各服务机构必须接受的价值原则中明确要求各服务机构取得的绩效情况。加强绩效评估方面的立法，依靠法律的力量来加强绩效评估的开展，做到依法评估是绩效评估顺利进行的制度保障。“绩效评估正是通过国家立法或国家行政立法对绩效目标的规定，把政府公共管理活动对法律负责、对行为结果负责、对社会公众负责统一起来。”①

同时，绩效评估的顺利实施，必然与公共部门管理模式内在的制度基础有必然的联系，而这种联系无疑是影响公共部门绩效评估和改进的一个重要方面。西方发达国家在对公共部门进行绩效评估的实践中，十分注重公共部门内在制度变化与绩效评估实施的密切关系。因为外在制度的实施与内在制度之间存在着逻辑上的必然联系，所以必须加强公共部门内在制度建设，如预算制度、人事管理制度、内部责任制度、分权制度等，为评估顺利进行提供“制度平台”。“绩效评估能促进公共部门功能的市场化定位、提高公共部门质量的同时，也必然引起公共部门内部管理制度的变化，并通过内部管理制度的改变进一步促进公共部门功能的调整。内部管理制度的变化，为改进、衡量和评价公共部门组织的绩效提供了可利用的信息和有效的激励机制，从而使绩效评估的效率大大提高。”②

2. 建立有效的评估反馈与申诉制度

评估反馈是指评估主体将绩效评估的结果以一定方式传达给评估对象的动态过程，作为一种双向沟通与交流的特殊形式，在公共部门绩效评估中有着重要地位。在绩效评估中，评估对象往往处于信息劣势，如果缺乏及时有效的信息反

---

① Donald F. Kettle, Putting Performance Management to Work in the Federal Government, Paper of the 2001 Annual Meeting of the American Political Science.

② 刘旭涛：《政府绩效管理：制度、战略与方法》，7页，北京，机械工业出版社，2003。

馈，他们就无从知晓自身绩效的完成情况，无法采取措施改进绩效，绩效评估的目的难以实现，评估也将流于形式。因而，评估主体在组织实施绩效评估时，不仅要从各种渠道获取关于评估对象绩效的信息，在评估报告形成之后，还应把结果反馈给被评估方，让他们对自己的绩效情况心中有数，也能便于根据评估结果进行奖惩等一系列行为。

评估申诉是指在绩效评估过程中，评估对象对评估结果有异议，或者认为评估主体行为不当、评估程序有瑕疵，在评估期间或考评结束后的规定时限内向申诉处理部门提出申诉，要求重新评估。评估申诉是一种解决失当问题的特定监督形式，其核心功能是促进公平，保障评估的顺利进行，增强社会、公民对公共服务的满意度。“由于考评者的偏见，评估标准模糊不清，文献资料不全，程序失误或缺乏培训，公共部门绩效评定的可靠性和权威性受到影响。”① 这种评估中内在的冲突造成了评估的许多不稳定性，必须建立一个消除这种张力扩大的机制，让评估对象对评估不当行为“投诉有门”，促进评估稳步健康地运行。

评估反馈与申诉是连接评估主体和评估对象的纽带，使绩效评估的信息传递构成一个回路，促进双方的相互沟通。绩效反馈与申诉制度的建立一方面可以促进评估主体和评估对象之间及时有效的信息沟通和交流，从而省去评估过程中不必要的环节与浪费，确保评估顺利进行，提高评估的能力和效率；另一方面体现了评估对象地位的提高，可以限制评估主管部门滥用权力，防止官僚习性影响评估的公平、公正，从而保证评估结果的客观性和科学性。

3. 建立合理的评估奖惩制度

公共部门绩效评估要长期健康地发展，必须建立适当的奖惩制度。“不奖励成功，就可能是在鼓励失败，鼓励失败的结果是产生荒谬的刺激，导致组织绩效每况愈下。”② 奖惩是公共部门绩效评估中具有较强激励作用的手段和措施，它有助于保障和推动公共部门绩效评估的顺利进行，调动公共部门绩效评估的积极性。英国绩效评估制度之所以能够长期持久地坚持下去，就在于它把评估的结果与评估部门的物质利益挂钩。作为绩效评估顺利实施的必要保障环节，评估奖惩制度具有激励与约束、引导和示范以及竞争与发展的功能。

当然，由于公共部门的特殊性以及奖惩机制的不确定性，要想真正发挥奖惩机制对评估实施的保障作用，就要求我们在实施奖惩机制时做到以下几点：

---

① ［美］尼古拉斯·亨利：《公共行政与公共事务》（第八版），435 页。

② 中国行政管理学会联合课题组：《关于政府机关工作效率标准的研究报告》，载《中国行政管理》，2003（3）。

首先，奖惩必须以客观的绩效测定为基础。因为绩效评价是激励项目的致命弱点，而使用客观的绩效测量是最好的选择。如对公共部门的生产率和顾客满意度的评估，使用评估中的客观结果进行奖惩比较可行。

其次，奖惩要建立在绩效结果的分析上。我们在实施奖惩之前，必须对绩效结果进行分析，必须清楚影响结果的因素，比如是不是因为上级领导的不恰当干预、资源的不到位等。另外，必须分清公共部门绩效不佳与偶然犯错误是截然不同的。有时，“绩效受影响往往是部门在尝试新的管理方法而失误，他们应该得到奖励，而不是惩罚。绩效评价体系中，应该留有一定的余地允许创新行动的失败”[①]。

最后，奖励与惩罚相结合。对绩效结果应主要依靠奖励，但是单凭奖励难以建立真正企业式的、创新的、高绩效的组织。正如戴明所说：“奖励只在有限的情况下会产生激励作用，而且甚至可能产生反作用。”因此，还需要一些行之有效的方式传递组织绩效并非最佳的信息——惩罚。奖励与惩罚是两种性质截然相反的激励手段，不仅直接作用于被激励的部门，还会影响其他部门。

4.4.2 评估动力——主要领导重视和政府政策支持

公共部门管理理念的变化和绩效评估的推动有赖于高层领导、特别是一级政府的主要领导的支持和政府政策的推动。“绩效评估的成功有赖于强有力的政治支持。”[②] 在英国，绩效评估之所以能走向普遍化、系统化、规范化和科学化，同撒切尔夫人的热心支持及其当政十几年这一事实密切相关。撒切尔夫人坚信公共部门的管理需要改革，而在改革中可以向最好的私营部门学习经验，才发动大规模的对公共部门的组织和管理进行调查和改革的“雷纳评审”，在此基础上建立了比较成熟完善的绩效评估机制。

在“雷纳评审”后一年，英国政府又在环境部率先建立起部长管理信息系统，为后来系统的绩效管理奠定了信息收集的基础。1982 年 5 月，英国财政部颁发《财务管理新方案》，该方案对英国绩效评估的推行具有重要的保障作用。它的意义在于提出了“绩效评估”，提倡发展绩效指标和测量手段，要求政府各部门树立“绩效意识”，并建立起管理者个人责任机制。《财务管理新方案》的颁布标志着公共部门组织绩效评估的正式推行。随后，梅杰政府领导的“公民宪章运动”、“竞争求质量运动”进一步强化了质量和顾客服务的改革思想，公共部门绩效评估的侧重

---

① ［美］戴维·奥斯本、彼德·普拉斯特里克：《摒弃官僚制：政府再造的五项战略》，151 页。

② Pollitt，Christopher，“Performance Indicators：Roots and Branches”，in Martin Cave，Maurice Kogan and Smith（eds），*Output and Performance Measurement in Government*：*The State of the Art*，1990，p. 175.

点开始从注重以经济和效率为中心向注重质量、效益和顾客满意度方面发展。1997年新工党布莱尔政府上台后，继承并深化了保守党推行的政府绩效评估改革方向。同年颁布的《地方政府法》中明确规定："地方政府必须实行最佳绩效评估制度，各部门每年度都要进行绩效评估工作，并且要有专门的机构和人员及固定的程序。"该法案推动英国绩效评估发展出现新趋势。布莱尔执政期间，英国绩效评估体系经历了从最优价值绩效指标（2000年）到全面绩效评估指标体系（2002年）及其逐年调整完善，再到综合区域评估系统（2007年）的逐步完善过程。

在美国，领导的重视和政府政策对公共部门推动大规模的绩效评估的影响尤为显著。美国的里根总统曾任命专门委员会审查政府如何最佳履行职能以及提高公共物品和服务供给的有效性。其中，委员会领导人彼得·格瑞斯把注意力集中在公共部门可以从私营部门管理中借用的方法和技巧上，以吸取经验使政府内部的浪费和滥用现象最小化，倡导对公共部门进行绩效评估。克林顿政府颁布的《政府绩效与结果法》是美国历史上首部关于政府绩效改革的立法。它通过立法保障政府绩效评估的实施，确立了对政府进行绩效管理的制度。小布什接任总统后联邦政府的改革持续进行，关注的重点依然是政府绩效。2003年，小布什政府提出"预算新格式"，强调绩效与预算紧密挂钩，从资源配置方面推动公共部门绩效的提高。在《预算与绩效整合方案》的引导下，美国管理和预算局开发并实施了项目评估分级工具，形成项目绩效评估—部门绩效评估—跨部门绩效评估的层级式绩效评估体系，借以推动美国绩效评估的发展。其后，新上任的奥巴马总统首设首席绩效官一职，并将"建立一个高绩效的卫生保健服务与保障体系"作为其大力推行的医疗改革的基本思想之一，由此可见，绩效仍是美国政府关注并致力于提高的重点。

4.4.3 评估保障——充分的信息材料与信息处理能力

绩效评估活动的过程，从信息论的角度来看，就是信息的收集、处理、使用和反馈的过程。评估的有效性在很大程度上取决于信息本身的准确性和质量。"从最初的数据收集到最后的报告之整个旅程，数据质量必须在每一个步骤被考虑和处理。"① 绩效评估中及时的信息反馈和信息处理，可以在问题出现时立即解决，对关键事件做完整的记录，为绩效评估奠定信息基础。"现代信息技术在政府绩效评估中的广泛运用决定了绩效评估本身又是一种信息的交流与沟通。"② 因为评估主体只有通过完整的信息才能更完全地了解政府及其活动，才能做出客

① ［美］凯瑟琳·纽科默等：《迎接业绩导向型政府的挑战》，2页。

② 蔡立辉：《 西方国家政府绩效评估的理念及其启示》，载《清华大学学报》，2003（1）。

观的评定；而公共部门只有通过信息才能更完全地了解公众，提供他们所需要的服务，从而改进政府的服务，提高绩效。

可见，在政府公共部门之间，政府公共部门与公众之间进行的信息交流，对绩效的评估和改善是极其重要的。我们必须具有完整的信息资料和处理信息的能力，为获得充分有效的信息材料，就必须不断开发信息触角和信息网络，同时需要对已掌握的信息进行过滤并排出优先次序。在信息的收集处理方面，史蒂文·科恩和威廉·埃米克认为可以通过信息需求矩阵[①]来找到组织需要的信息并过滤冗余的信息。同时应当加强信息技术，如电子邮件、声音信息系统和管理信息系统等的运用，控制和改善信息的流动。“西方国家在推进绩效评估措施的同时，提出了以构筑顾客为导向的电子政府和政府在线服务的发展目标，以提高政府收集、处理信息的能力。”[②]

4.4.4 评估氛围——有力的文化宣传

“文化是一种强大的力量。当我们在发动一场变革的时候，我们必须考虑到文化。”（杰克琳·谢瑞顿语）对公共部门进行绩效评估可以说是公共部门管理上的一场变革，要使绩效评估得以顺利进行，必须加强评估的文化宣传，对评估起到推动作用。比如澳大利亚政府，为了营造绩效评估的文化氛围，高级领导甚至通过演讲、召开会议等形式进行文化宣传。在1998—1999年间，协助总理管理公共服务部门的部长发表了好几次公共部门绩效评估的演讲；为了促进组织绩效的提高，1998年服务委员会主持召开“公共部门多元化：变革与绩效”的研讨会，来进行评估的动员和宣传。

西方国家为了落实绩效评估的改革举措，加大评估的宣传力度，通过一系列的出版物和资料进行宣传。1982年，英国撒切尔政府公布了著名的《财务管理新方案》，它的主要目的是要使各部门树立浓厚的“绩效意识”[③]；1983年伊布斯领导的效率小组就《财务管理新方案》进行了一次全面、大规模的评估，并提交了著名的《改进政府管理：下一步行动方案》的报告，进一步强化各部门的绩效观念；1999年布莱尔政府出台《现代化政府》白皮书，提出要在年内打造一个更加侧重结果导向、顾客导向、合作与有效的信息时代政府。以上宣传措施在推

---

① 信息需求矩阵是史蒂文·科恩和威廉·埃米克在《新有效公共管理者：在变革的政府中追求成功》一书中提到的概念。作者认为在判断需要搜集哪些信息以及哪些信息有用时，有必要对信息需求进行评估，而信息需求矩阵就是用以帮助确定所需信息和有效信息类型的信息框架。

② 蔡立辉：《西方国家政府绩效评估的理念及其启示》，载《清华大学学报》，2003（1）。

③ 胡宁生主编：《中国政府形象战略》，1010页。

动绩效评估方面起到了关键的推动作用。从 1993 年 3 月到 1996 年 9 月，美国全国绩效鉴定委员会共计提出七本主要的绩效评估报告书，以及数十本相关的建议书及资料。这些书和资料一方面为绩效评估的顺利开展进行了很好的文化宣传，形成了良好的评估氛围；同时，也对绩效评估的进行提出了要求，推动了绩效评估的规范化和制度化建设。

绩效评估在公共部门开始实施时，对绩效评估的内容、绩效评估的标准、评估的程序以及形式也要加强文化宣传和改革。行政学鼻祖威尔逊曾经指出："一个真理在被那些每天一大清早就跑去上班的人们认识之前，必须首先表现的不只是清楚而且还要平易。"① 只有了解才可能接受，而且绩效评估宣传必须伴随组织文化的改革，"一个组织的文化是它的运营和合作方式的综合，改革文化的方法之一是使组织集中注意力于其工作上面，因为它与前景规划和标杆有关。另一方面是讲清楚你的标准，然后按此标准检查工作方法和程序"②。所以通过有效的文化宣传和变革，一方面，可以促使评估顺利进行以及增加评估的透明度；另一方面，也可以形成对绩效评估的有力支持，包括人员和评估的资源等方面的支持。

"文化是 21 世纪管理的主潮"。通过文化宣传，转变人们对绩效评估的负面看法，树立公民取向的绩效观，即政府绩效评估的出发点和立足点是公民而不是政府及其工作人员。民本主义的绩效观可以很好地推动公共部门的绩效评估，让全社会尤其是公共管理部门充分认识绩效评估的重要意义和作用。通过宣传改变人们对评估的负面看法，让人们感觉到绩效评估的过程是个学习的过程。"把绩效评估看作一个学习的程序，而不是把它看作一个指导和控制的程序。通过把学习作为思考的出发点，才有可能强调绩效评估的确定性，这对于可能贯彻执行的任何类型的方案是必要的。"③

本章小结

绩效评估的组织实施含义包括：(1) 绩效评估组织实施是将评估的计划和内容变为现实效果的过程；(2) 评估的实施也是一个动态的过程，为实现评估的目

---

① ［美］伍德罗·威尔逊：《行政学研究》，见《国外公共行政理论精选》，13 页，北京，中共中央党校出版社，1996。

② ［美］马克·G·波波维奇主编：《创建高绩效政府组织——公共管理实用指南》，106 页，北京，中国人民大学出版社，2002。

③ 于军编译：《英国地方政府行政改革研究》，203 页。

标而由评估主体依据一定的标准，同时根据评估阶段和环境变化而进行一定的调整，与评估其他方面相互变化的过程。在评估的实施过程中，必须考虑评估的计划、评估的对象以及评估环境，适时调整实施步骤。

绩效评估组织实施的作用。首先，绩效评估组织实施是绩效评估的一个基本环节，也是绩效评估的一个重要步骤。其次，通过绩效评估的组织实施，能够有效地建立一种公共部门的责任机制。最后，绩效评估组织实施也是对绩效评估中的其他方面进行检验。

公共部门绩效评估实施前的组织准备是评估顺利进行和公正实施的保障，主要包括评估主体的选择、评估管理机构的组建、专家咨询机构的建立以及评估中介机构的选聘。

绩效评估的实施程序是绩效评估组织实施的重要部分，主要包括明确评估目的，确定评估时机；选定评估对象，制定评估具体方案；设计调查内容，下达评估通知书；收集基础资料，确定评估计分标准；评估工作小组进行评议，评估结果的形成、撰写评估报告以及评估结果的分析与运用等。

环境建设是评估顺利实施的不可或缺的条件，主要包括制度建设、领导的重视和政府政策的推动、充分的信息材料以及材料的处理能力和评估文化宣传等方面。

关键术语

绩效评估组织实施　评估管理机构　实施程序　评估申诉　组织文化

复习思考题

1. 什么是绩效评估的组织实施？组织实施的重要作用是什么？

2. 公共部门绩效评估组织实施的组织准备包括哪些方面？

3. 公共部门绩效评估组织实施包括哪些环节？

4. 在公共部门绩效评估组织实施中，如何建设良好的组织环境以保证评估的顺利进行？

5. 如何更好地使用评估结果？使用时要注意哪些方面？

6. 假如让你负责一个公共部门绩效评估的实施，你需要进一步考虑哪些方面的问题？

第 5 章

公共部门绩效评估的方法运用

公共部门目标多样性和功能结构复杂性的特点，决定了公共部门绩效评估方法的多样性和复杂性。公共部门绩效评估的方法可以在指标及指标要素的构建过程、技术指标的确定过程、组织实施的过程和再评估过程中体现出来。

重点问题

- 测量法
- 层次分析法
- 累积分数法
- 模糊综合评估法
- 正态分布曲线
- 自身一致法

5.1 指标及指标要素确立过程中的方法运用

在构建公共部门绩效评估指标及指标要素的过程中，可以有多种多样的方法，本节只论述常用的几种方法。

5.1.1 文献调查法①

1. 文献及文献调查

人们往往把用文字、图形、符号、声频和视频等方式记录人类知识的物质形态，称为文献。文献的种类很多，从历史时期看有古代文献、近代文献和现代文献；从载体形式看有文字文献、数据文献、声像文献。按对文献内容加工程度的不同，文献可以分为一次文献、二次文献、三次文献等类型。文献调查是收集信息和数据的一种重要方式，是公共部门评估指标要素构建的主要方法之一。

2. 文献调查法的特点

文献调查法也称历史文献法，就是通过搜集各种文献资料，摘取与调查和公共部门有关的信息，比如要考评政府部门的教育局，首先必须查阅有关教育局的材料和信息，了解教育局的职能。文献调查法的主要特点是：

（1）历史性。

它是对以往所获得的知识的调查，可以超越时间和空间的限制获得公共部门比较全面客观的信息，可以通过网络来查阅不同地区相同部门的情况，可以了解随着社会、经济的变化公共部门职能的改变，从而更好地把握要考核的公共部门。

（2）间接性。

该方法的调查对象大都是间接的第二手资料，对于每个调查者来说，都能够广泛涉猎此领域的一些成果，超越自身调查研究的局限性，对被考评的部门有更全面的了解，建立的考核指标也更客观、准确。

（3）无反映性。

文献调查不直接接触被调查对象，不会受到被调查对象心理或行动的干扰。因此，在一定程度上可以避免调查者与被调查对象在互动中的不良影响，使数据

---

① 参见魏娜、张璋主编：《公共管理中的方法与技术》，244～246页，北京，中国人民大学出版社，2001。

和资料的收集更具有权威性。

3. 文献调查的途径

查找文献的方法，一般可以通过以下几个途径：

（1）通过网络进行查找。

该方法是利用现代信息技术，通过互联网来查找有关信息。如要构建厦门市思明区政府外事侨办的考核指标，可以首先通过互联网查阅。这样不仅可以了解其他地方关于外事侨办的职能定位以及外事侨办的工作重点，而且可以进行比较和梳理，做到对外事侨办有一个比较系统全面的了解，为构建评估指标的要素奠定基础。

（2）查阅本单位的材料。

对一个部门的了解必须要查阅本单位的一些材料，这样才能比较科学地了解一个部门的情况。通过查阅一个单位的材料，可以了解本部门具体的职能和工作重点，知晓一个部门到底做了哪些事，而且不同的地区以及同一地区不同时期公共部门的职能也有区别，通过材料查阅可以比较客观地了解一个部门。比如要考核安全生产监督局，可以查阅本部门的年终总结和本部门的目标责任书，以及以前上级部门对本部门的考评方案，这样就能比较了解一个公共部门的情况，建立的考核指标也就比较切实可行。

（3）查找学术文献，为指标设计提供参考。

国内外学者对公共部门评估的理论和实践研究颇多，关于公共部门评估指标的构建研究也著述丰厚。通过查找公共部门绩效评估和评估指标构建的文献，参考学术界关于评估指标的开发思路、指标维度构建等方面的成果，对于构建具体公共部门的评估指标大有帮助。

4. 文献调查法的实施

文献调查法的实施要注意以下几个方面：文献覆盖面要全，从而获得充分的评估信息；做好有用信息的保存工作；做好文献的归类整理工作；对查阅到的文献信息要通过比较、提炼、总结等方法加以吸收、消化、借鉴，为我所用。

文献调查法的实施步骤主要有：第一，编写文献调查大纲。根据评估的目的和评估对象自身的情况，事先可以确定要查阅资料、文件的范围，提出明确的要求和人员安排，科学地做到分工查阅。如可以首先大概确定公共部门的职能，然后在查阅后进行补充和完善，同时可以指定人员分工查阅，有的查年终总结，有的到上级部门查找所需要的材料。第二，筛选和分类。筛选就是根据评估的目的和要求，从众多的文献中选择有用的材料；分类就是对选定的材料根据要评估的职能进行分类。第三，复印或摘录。为了便于分析和讨论及以后的使用，评估者可将一些重要的档案材料复印后分发给小组的各位成员。对一些篇幅较长的材料可以摘录其要点，以便作集中讨论，节约时间，提高效率。第四，文献核实和汇总。为了使评估结论建立在可靠的材料基础之上，评估者还要对选定的材料进行核实，重要的结论一定要汇总来自不同渠道的材料，最好标明材料的来源，这样在最后的指标构建时可以再次核实。第五，分析研究材料，写出报告。要对汇总和核实的材料进行分析研究，得出明确的结论，并确定公共部门考核的具体指标以及根据职能的不同设置指标的权重。

5.1.2 调查问卷法

为了科学评估公共部门的绩效，收集充分而有效的基础信息资料，保证评估结果的客观和公正，调查问卷法也是一种比较常用的指标构建方法。调查问卷法是指评估者将需要了解的公共部门的一些方面设计成书面问卷向被调查者（通常是公共部门服务的对象）询问，并要求被调查者以书面文字或符号的形式做出回答，然后进行归纳整理分析，并得出一定结论的方法。对于指标的构建，也可以设计指标调查问卷征求相关群体的意见，比如专家学者、公共部门工作人员、公众等，促进指标构建的客观性、科学性。

1. 调查问卷的类型

根据回答问卷的方式不同，调查问卷可分为结构式和非结构式两种。结构式调查问卷提供备选答案，供被调查对象进行选择或排序。比如要确定考核教育局职能的权重，可以通过设计问卷的形式来请被调查者对教育局以下的职能进行排序：A 教育管理职能，B 招生工作，C 队伍建设和继续教育工作，D 教育教学的管理，E 教育综合改革。通过对回收问卷的统计，基本可以知道教育局职能的权重情况，从而确定考核指标的不同分值。

非结构式调查问卷则要求被调查对象写出自己的情况或看法，然后再对此进行分析和处理。在实际运用时，这两种类型常常结合起来，以结构式问题为主，辅以若干非结构式问题，以便搜集到更加全面、完整的公共部门的信息。[①]

2. 调查问卷的设计

（1）调查问卷设计的一般要求。

调查问卷设计的科学与否决定着问卷的回收率和有效性，直接关系到问卷调查效果的好坏。为此，调查问卷的内容要紧扣调查的目标；问卷内的每一个问题都要与所要评估的方面有关；问卷的内容尽量简单扼要、清晰明了，而且没有歧

---

① 参见魏娜、张璋主编：《公共管理中的方法与技术》，227 页。

义，方便被调查者回答。一般而言，调查问卷的具体内容和形式由评估机构根据要评估的目标和成本预算以及公共部门要评估的职能的特点确定。

(2) 调查问卷设计的其他要求。

为了更好地完成问卷调查，满足评估的需要，在设计问卷时也要注意以下问题：明确调查目的和设计重点；要符合公共部门和顾客的特点；要包括评估方面的所有信息；要灵活运用条文技巧，尤其是不便于直接调查的内容；问题要适量；主要问题要合并，相同的问题要排列在一起，问题的难易程度要注意；在问卷设计时要请教专家。

3. 调查问卷法的主要优缺点

调查问卷法的优点是：调查问卷法可以通过针对性强、设计科学、控制有效的问卷调查，获得大量比较客观且有助于评估的第一手资料，提高评估的正确性和科学性。比如，对公共部门提供服务的群众满意度的评估，仅仅凭领导的自评和下级部门的评估是不够的，还必须直接听取公共部门服务顾客的意见，了解顾客的反映。调查问卷法具有很好的匿名性，通过不计名的问卷调查，可以大大减少被调查者的心理压力，了解很多真实的情况。这种方法便于对所获得资料进行定量处理和定性分析，避免主观偏见，减少人为的误差，有利于得出正确的评估结果。

调查问卷法的缺点是：(1) 限制发挥、不够灵活。(2) 无法控制填写时的情境，不易进行正确引导。(3) 搜集的信息容易流于形式，难以深入了解调查对象内心的想法。(4) 被调查者需有一定的文化程度。(5) 回收率较低（尤其是通信调查)。(6) 难以了解数据缺失的原因。(7) 被调查者在回答时会受到趋中现象、随机反应、社会性要求定势等因素的干扰，影响答案的可靠性。

5.1.3 访谈法

访谈法是指评估主体通过与评估对象及其他有关人员进行面对面交谈、讨论，收集与评估有关的信息资料，并就评估对象的情况做出评估的一种方法。访谈法的最大特点在于，整个过程是评估者与被访问者在访谈的过程中相互影响、相互作用的过程，因此它所获得的信息更全面、更直接和更真实。但是，此评估方法也是一种难度比较大的方法。

1. 访谈法的类型

根据被访谈的人数不同，访谈法一般可分为个别访谈法和集体访谈法（座谈会）两种。二者各有所长，个别访谈容易减少顾虑，谈得比较深入，既可以对本部门的工作人员进行访谈，也可以对本部门以前的工作人员进行访谈，这样更容易了解被评估部门的具体情况。而座谈会则有利于相互启发、补充和核实，但是座谈会的人数一般控制在6～12人为宜，同时也要注意在座谈会之前把座谈的主题提前告诉与会者，以便让被访谈者做好准备，使访谈取得预期的效果。

根据对访问过程的控制程度，访谈可以分为结构式访谈和无结构式访谈两种。结构式访谈对访谈进程实施高度控制，即依照统一设计、一定结构的问卷进行访谈，对提问的方式、顺序以及对被访问者的回答记录都有统一的规定。而无结构式访谈只是给访谈者一个提纲，访谈根据具体情况灵活处理。两种访谈方法各有优点，在实践的过程中，往往综合两种访谈方法以获得更多有用信息。

2. 访谈设计

访谈设计包括访谈对象和内容的确定。首先，要确定访谈的对象。毋庸置疑，被访谈者必须是知情者，能提供被评估的公共部门的相关信息，选择访谈对象时还要做到点面结合，既要有典型性，又要有代表性，以便全面获取公共部门的信息。其次，要根据评价目的以及评价对象的情况确定访谈内容，如要考评教育局，就要访谈有关教育教学方面的内容。同时要拟订适当的访谈提纲、访谈表和访谈工作细则。访谈内容可分为：一是事实调查。要求被访者提供所了解的情况。二是意见征询。征求被访者的看法、意见和建议。三是了解被评估的公共部门的具体情况。

3. 访谈的方法和技巧

在访谈中，为了使访谈顺利进行和达到预期效果，必须掌握一定的方法和技巧。

（1）要明确访谈中所提出的问题。

提问是访谈的关键，提什么样的问题、如何提，不仅反映出访谈者的水平，而且决定着访谈的成败。访谈中所提问题主要有两类：一是实质性问题，即与所要了解的内容有关的问题，如可以问：你认为要考评政府中的教育部门可以从哪些方面进行考核？二是功能性问题，即指在访谈中为了更好地接触被访谈者和为了使访谈更有效地进行所作的提问。如可以试探性地提出“您是否愿意对领导工作中的问题提出批评和建议”？

（2）在访谈中，要接近被访谈者。

可以通过恰当的方式接近被访谈者，打消他们的顾虑，与其建立起亲切友好的关系。要想做到这样，需要掌握一定的方法和技巧，比如称呼要亲切自然，还要注意不同时期称呼的特点、不同地域的区别等。

（3）注意提问的方式和方法。

提问的方式多种多样，至于具体使用哪种方式，要根据所提出的问题和所要达到的目的而确定。如所提问题是一般性问题，可以直截了当、具体明了；对那些敏感性的问题要先投石问路，再一步步推进，注意不要引起访谈者的反感，以免影响访谈的进行。

（4）在访谈中，访谈者还要掌握倾听的技巧。

因为评估的过程是互相交流和沟通的过程，所以，访谈者不仅要"善问"还要"会听"，既要提高听的有效性，还要有感情地去听，并对被访谈者做出恰当的反应。

4. 访谈法的优缺点

访谈法的优点是：（1）简便易行，便于双向交流信息，主客双方有交互作用。（2）实施程序比较灵活，也便于控制，既可随时澄清问题，纠正对问题理解的偏差，又可随时变换问题或方式，捕捉新的或深层次的信息。（3）可以有效地防止（在问卷调查中经常出现的）问题遗漏不答的现象。（4）适用面广，能有效地搜集关于各个方面的信息。（5）能在交谈的同时进行观察。（6）能建立主客双方的融洽关系，消除顾虑，反映真实的想法。（7）团体座谈时，可相互启发，促进问题的深入探讨。

访谈法的缺点是：（1）花费的时间和精力较多，访谈样本小，需要较多训练有素的访谈人员，成本较高。（2）访谈者的特性（价值观、信念、偏向、亲情态度、交谈方式等）会影响被访谈者的反应。（3）访谈者需要事先接受较严格和系统的培训。（4）访谈法的匿名性差。在面对面的谈话中，对于敏感性话题，被访人往往回避，答案模棱两可甚至拒绝回答。被访谈者的言不符实，或对某些问题的偏见会导致所获得信息的失真。此外，对访谈结果的处理和分析也比较复杂。

5.1.4 观察法①

观察法是指评估者在一定时间内，对评估对象在一定状态下的特定表现情况进行观察、考察、分析，从而获得第一手资料的方法。观察法不同于其他方法的特点在于：观察法收集的是非语言方面的材料；必须直接见证观察对象的行为才能取得相关资料；只能了解现在正在发生的事情和情况，而不能溯及既往。

1. 观察法的类型

观察法一般分为自然观察法和实验观察法两种。前者是观察被观察对象在实

① 参见吴钢：《公共事业评价》，146～147页，上海，上海教育出版社，2003。

际运行时所产生的一些基本情况，比如对安全生产监督局进行观察时，可以从它们的日常工作以及它们与其他公共部门的工作中观察到安全生产监督局的职能情况，此种观察不受人为因素的影响，比较真实，此方法在公共部门绩效评估指标的构建中也可使用。后者是事先确定观察范围，然后在严密的条件控制下，有意识地获得所需要的信息，此方法应用较少。

2. 观察设计

观察设计包括确定观察对象和内容、选择观察方式和工具、培训观察人员三步。首先要确定观察对象、观察时间、观察的具体内容。其次要确定观察方式并制定观察提纲和记录表格。最后，要对观察人员进行培训。

3. 观察记录与原则

观察结果通常以一定的方式记录下来，记录要力求真实，并标明时间、地点等。同时为了保证观察的顺利进行，取得良好的观察效果，在观察中应坚持正确的原则和采用科学的方法。观察要遵循的原则主要有客观性原则、全面性原则和深入持久原则。

4. 观察信息的整理

观察后，观察者应当及时整理和补正记录，若发现有遗漏或记录有误，应尽可能凭记忆或参考其他观察者的信息进行补充、修正。在采用描述性记录方式时，观察者常常采用简略的记录方式，此时整理尤为重要，以免因时间太久造成信息失真。

5. 观察法的优点

观察法的优点主要有：首先，观察是在现场进行的，具有直接感受的特点，一般不需要任何其他中间环节，比较真实可靠。其次，可获得评估对象不愿意或没有报告的行为表现，以及其他情况，也不会给评估对象的日常工作带来不便。最后，一般观察法记录得比较全面、准确，具有真实性和客观性。

5.1.5　测量法

测量法是指用运用各种测量工具（教育、心理测验和其他量表）测定评价对象的某些重要特性，从而搜集到有关评价信息的方法。所谓测量，就是按照一定的法则和程序给评估对象的属性和特征分配数值。而测验是对行为团体进行客观、科学和标准化测量的系统程序。

测量通常通过量表来完成，按所测得数值的种类和特点，量表一般可分为四种：一是名义量表，它的测值表示彼此不同的事物，用以区别研究对象的某一特征，只允许进行次数运算。二是顺序量表，它的测值表示事物的相对关系，允许按次序统计，但不能作加减乘除运算。三是间距量表，它的测值可作加减运算，但不允许作乘除运算。四是比率量表，它的测值可进行加减乘除四则运算。

在设计测量工具时，应注意以下四个指标：

1. 信度

信度是反映测验的可靠性、一致性和稳定性程度的指标。它大体包括内部一致性信度和稳定性信度。前者是指同一测验内部各部分之间相关的程度；后者是指同一测验先后两次在同一被测总体中实施，两次测验结果的相关程度，即稳定相关系数。一般大型测验要求信度系数在 0.9 以上，单位自测测验一般认为信度系数不能低于 0.6。

2. 效度

效度是指测验的有效性或准确性，即测验对其所要测试的特性准确测量的程度，一般常用的有内容效度和效标关联效度。所谓内容效度，是指实际测验内容与预定测验内容之间的一致性程度。提高测验内容效度的方法一般是采用编制双向细目表的方法，来保证测验取样的合适性。效标关联效度是指测验分数与效标之间的一致性程度。所谓效标，是指衡量测验有效性的外在参照标准，它是指测验所要测量或所要预测的行为特质，这一行为特质通常以另一种测验分数或形式来表示。

3. 难度

难度是指测验的难易程度，一般分为客观性测验难度和主观性测验难度两种。

（1）客观性测验难度。

客观性测验问题的答案只有两种结果，即不是完全对就是完全错，对得满分，错得零分。其难度的计算方法通常有两种。

第一，基本公式法。客观性测验的难度通常用百分比来表示，其计算公式为：

$$P = \frac{R}{N} \tag{5—1}$$

式中，P 为难度值；R 为具有的实际成绩；N 为总成绩。

这里需要注意两个问题：一是要分清难度值和难度之间的关系。测验的难度值越大，则测验的难度就越小；测验的难度值越小，则测验的难度就越大。二是要分清测验题目难度和测验难度。测验题目难度是指某一题目的难度；测验难度是指测验中所有题目的平均难度。

第二，极端分组法。如果被测对象较多，可以用公式（5—2）计算题目的难度值：

$$P=\frac{R_1R_2}{N} \tag{5—2}$$

式中，R_1、R_2 分别为高分组单位数和低分组单位数；N 为被评估单位的总数。

这里将涉及样本大小的问题。样本太大，就失去了抽样的意义；样本太小，则代表性差。根据测量学专家的意见，样本的选取要适度，这样进入各段区的数量就会比较合适，对计算题目难度值的计算也比较方便。

（2）主观性测验难度。

主观性评估的难度可用公式（5—3）计算：

$$P=\frac{\overline{X}}{W} \tag{5—3}$$

式中，P 为评估的难度值；$\overline{X}$ 为被测单位在该评估得分的平均数；W 为该评估的满分值。

在设计测验时，评估问题的难度多大合适，可视测验目的而定。在常模参照性测验中，评估问题的平均难度值在 0.5 左右比较合适，也就是说全部评估问题中应有 2/3 的评估问题难度值在 0.3～0.7 之间，各问题难度值大部分分布在平均难度值附近，这样产生的分数会参差不齐，表现出差异性，有较高的信度，有利于鉴别被测对象的水平高低。在目标参照性测验中，评估问题的难度可以不受限制。

4. 区分度

这是指评估问题对于不同的被测对象加以区分的能力。如果评估结果得高分的被测单位实际能力或水平也高，得低分的被测单位实际能力或水平也低，那么该评估问题就具有较高的区分度。区分度主要包括两种。一是客观性评估问题的区分度，此区分度可用公式（5—4）计算：

$$D=\frac{R_h-R_1}{L} \tag{5—4}$$

式中，D 为区分度值；R_h、R_1 分别为高分组的平均分和低分组的平均分，高分组和低分组依得分降序排列后根据样本数量确定，如将前 1/3 个得分确定为高分组，后 1/3 个得分确定为低分组；L 为指标的满分。二是主观性测验评估问题的区分度，这种区分度可用公式（5—5）求得：

$$D=\frac{S_h-S_1}{n(\text{最高分}-\text{最低分})} \tag{5—5}$$

式中，D 为区分度值；S_h、S_1 分别为高分组和低分组在该评估问题中的得分总和；n 为每一组的评估对象数。

依据区分度值的大小，一般对评估问题可作出评价，见表 5—1。

表 5—1　　评估问题区分度的评价标准表

区分度值（D）	评　　价
0.4 以上	非常好
0.3～0.39	良好，如能改进更好
0.2～0.29	尚可，用时需作改进
0.19 以下	劣，必须淘汰或作修改以提高区分度后方可使用

测量法的主要特点是：第一，测量法具有效率高（每个单位时间可得到最多的信息）、获得信息的种类较为广泛和便于作定量处理的优点。由于被测对象愿意无保留地表现其最高水平、应试动机较强，因此，测量结果比较客观、可靠。第二，测量往往是根据被测对象对测验评估问题所作出的反应，推断出单位的职能完成情况和单位的发展状况，具有间接性。此外，在进行书面测验时，对测验工具的编制要求较高。在进行测验操作时，对主试的要求较高。

5.2　技术指标确立过程中的方法运用

所谓技术指标，就是指反映指标的重要程度，或者达到指标要求的程度。确立技术指标有利于对指标进行定量化处理，以获得评估信息的相关要素。技术指标用权重、等级、分值等表示。

5.2.1　指标权重的确定方法

指标的权重，就是衡量指标在整个指标体系中所处位置的重要性程度的数值表示。确定权重常用的方法有以下五种。

1. 定量统计法

运用定量统计法确定权重的公式为：

$$\alpha_i = \frac{a_i \times 0.56 + b_i \times 0.44}{\sum_{i=1}^{10}(a_i \times 0.56 + b_i \times 0.44)} \tag{5—6}$$

式中，α_i 为指标权重；a_i 是指标对应表 5—2“很重要”栏的统计数据；b_i 是指标对应“重要”栏的统计数据。

表 5—2　　某部门评估行政相对人的统计结果

评估主体	指标体系	统计结果			
		很重要	重要	合计	备注
行政相对人	1. 依法行政	62.5	35.3	97.8	
	2. 举止文明	39.2	40.5	79.7	
	3. 环境优化	35.2	34.5	69.7	
	4. 务实高效	55.6	30.8	86.4	
	5. 程序简明	39.8	42.6	82.4	

根据公式算得权重，然后按权重由大到小排列，给指标重新编上序号，见表 5—3。

表 5—3　　某部门评估行政相对人的指标体系和权重表

评估对象	指　标　体　系	权重
行政相对人	1. 依法行政	0.239 6
	2. 务实高效	0.211 9
	3. 程序简明	0.194 5
	4. 举止文明	0.188 6
	5. 环境优化	0.165 4

2. 专家评定法

这种方法就是把已经拟订好的指标体系通过征询专家的意见，给出相对应的权重，然后经统计计算取得其平均值，并最终对这些拟订的指标加以确定。具体步骤是：

（1）编制权重征询表（见表 5—4）。

表 5—4　　征询表

序号	指标体系（已知）	权重（未知）
1	z_1	q_{1j}
2	z_2	q_{2j}
Λ	Λ	Λ
n	z_n	q_{nj}

通过把此表发给 m 个专家填写，以便获得每项拟订指标的权重。

（2）对 m 个专家所给出的每项指标的权重进行平均，以获取平均值。计算公式为：

$$\overline{q_i} = \frac{\sum_{j=1}^{m} q_{ij}}{m} (i = 1,2,\cdots,n) \tag{5—7}$$

（3）作归一化处理。

设：$\sum_{i=1}^{n} \overline{q_i} = D$，则指标 z_i 的权重为：$\frac{\overline{q_i}}{D}(i = 1,2,\cdots,n)$。

3. 比较平均法

它通过选定每一级指标中重要程度最小的指标作为基础，把其他指标与之相比较，做出是这个重要程度最小的指标多少倍重要程度的判断，然后对其归一修整得出各自指标的权重。具体步骤为：

（1）按其对评估对象的重要性程度，由大到小的排列为 $Z'_1, Z'_2, \cdots, Z'_n$。

（2）设 $Z'_n = 1$，拿$(i = 1,2,\cdots,n-1)$ 与 Z'_n 分别进行比较，定出倍数。令 $Z'_i(i=1,2,\cdots,n-1)$ 的重要性分别是 Z'_n 的 t_1，t_2，…，t_{n-1}倍。

（3）令 $D = \sum_{i=1}^{n=1} t_i + 1$，则指标 $Z'_1, Z'_2, \cdots, Z'_n$ 的权重分别为 $t_1/D, t_2/D$，$\Lambda t_{n-1}/D, 1/D$。

4. 对偶比较法

它通过将相同层次的各项指标进行两两比较，按照二者之间所存在的相对重要性，给定对应比值，进而计算出各项指标的相应权重（见表 5—5）。

表 5—5　　对偶比较法实例

权重＼分项＼指标	对偶比较										比较得分总和	权重
依法行政	0.7	0.8	0.6	0.7							2.8	0.28
举止文明	0.3				0.5	0.3	0.4				1.5	0.15
环境优化		0.2			0.5			0.3	0.4		1.4	0.14
务实高效			0.4			0.7		0.7		0.6	2.4	0.24
程序简明				0.3			0.6		0.6	0.4	1.9	0.19
合计	1	1	1	1	1	1	1	1	1	1	10	1

5. 层次分析法

层次分析法（Analytical Hierarchy Process，AHP）是美国运筹学家萨泰教授在 20 世纪 70 年代提出的一种定性与定量分析相结合的多目标决策方法。层次分析法的基本步骤是将系统内各因素按同一性分成相互联系的若干层次，对相关因素进行定量分析，确定出每一个层次所有因素的相对权重，最后通过计算综合评估值获得指标权重的高低程度。具体步骤如下：

（1）建立综合评估的层次结构。

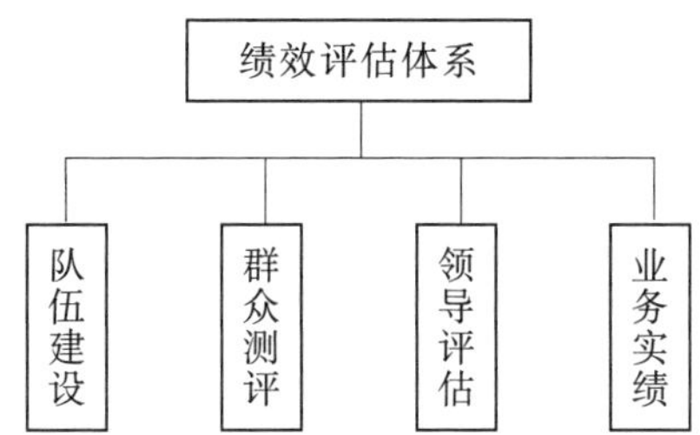

（2）构造判断矩阵。

根据各个维度的相互重要性给出判断，并将这些判断用数值表示出来、写成矩阵。我们利用专家的知识和经验，经过讨论估计出判断矩阵 A 中的元素 a_{ij}。可根据以下内容确定判断 A 中的元素 a_{ij}：

a_{ij}	两目标相比
1	同样重要
3	稍微重要
5	明显重要
7	重要得多
9	极其重要
2，4，6，8	介于以上相邻两种情况之间
以上各数的倒数	两目标反过来比较

（3）计算各指标的权重。

根据特征向量法中的和积法计算权重：

对于 n 阶矩阵 A＝（a_{ij}）$n \times n$，由矩阵理论，得

$$AW = \eta^n \tag{5—8}$$

式中，η 为判断矩阵 A 的特征值；W＝W_1，W_2，…，W_n；T 为特征值 η 所对应的特征向量。

其分量 W_i 为：

$$W_i = \frac{M_i}{\sum_{j=1}^{n}}(i = 1,2,\cdots,n)$$

其中 $$M_i = \sum_{j=1}^{n} \frac{a_{ij}}{\sum_{j=1}^{n} a_{ij}} (i = 1, 2, \cdots, n)$$

据此计算出评估维度的权重，并将计算结果与专家评判法得出的结论进行比较。

（4）进行一致性检验。

一致性检验是通过一致性指标和检验系数完成的。

一致性指标为：

$$CI = \frac{\lambda_{\max} - n}{n - 1}, \ n = 4$$

判断矩阵 A 的最大特征值为：

$$\lambda_{\max} = \sum_{j=1}^{n} \frac{(AW)_i}{nWi} \tag{5—9}$$

式中，（AW）i 为向量 AW 的第 i 个元素。

检验系数为：

$$CR = \frac{CI}{RI} \tag{5—10}$$

式中，RI 是平均随机一致性系数指标，可查表取得。经计算得出 CR 值，可以确定判断矩阵是否具有满意的一致性。一般情况下，当 $CR < 0.10$ 时，认为判断矩阵具有较好的一致性；否则就需对判断矩阵进行调整。

5.2.2 指标等级的确定方法

所谓指标的等级，就是指按照指标在指标体系中的重要程度进行的一种由高到低或者由低到高的排列或者顺序。常见的等级和等级确定方法如下。

1. 百分等级

百分等级是一种常用的表示评估结果的方法。一个分数的百分等级可定义为：在一个常模团体（即由具有某种共同特征的人所组成的一个群体或群体的一个样本）中低于该分数的人数的百分比。例如，在一次对某个政府行政人员的测评中，有一半人分数低于 80 分，那么这个原始分数就相当于 50 百分等级。百分等级高于 50，表示高于一般水平，低于 50 意味着水平较低。25 和 75 百分等级代表分配中最低和最高 1/4 部分的分界点。可见，百分等级指的是个体在常模团体中的相对位置，百分等级越低，个体所处的地位越差。

在计算百分等级时需要确定常模团体中分数低于某一值的人数比例。首先列出频数分布表，然后算出低于某一特定分数的累积频数，将此累积频数除以样本总人数，便可得到低于此分数的累积比例，再将这个比例乘以 100，即可将分数换成百分等级。

百分等级的实际意义是：无论测验分数的分布处于何种形态，都可以用百分等级表示某个行政人员在部门中的相对位置；可以用百分等级来比较一个行政人员的两次测评结果；可以比较两个部门的测评结果。但是，在运用百分等级时，要注意以下几点：

（1）百分等级属于顺序量表，它的差异与测评分数的差异不成比例，其单位是不等的，因而不能进行代数运算，这给分数的进一步分级带来了困难。

（2）百分等级只表明行政人员在部门中的相对位置，并无法表明该行政人员掌握所测内容的百分比。百分等级和测验内容不是一回事，某位行政人员的百分等级只取决于该行政人员的评估结果与其他行政人员的评估结果的关系，而与全部门行政人员测评成绩的好坏没有联系。

（3）百分等级对测评结果的分数变化反应不敏感。一方面，原始分数的较大变化不能在百分等级上引起相应的变化，这在两端分数中表现得尤为明显。例如，第一名和第二名、倒数第一名和倒数第二名之间原始分数可能相差很大，但是，百分等级却只差 1。另一方面，在分数分布的中部，尤其是接近正态分布的测评分数，中间分数分布比较密集，往往分数的较小变化会引起百分等级的较大变化。

2. 等级鉴定法

等级鉴定法是一种历史悠久的、应用广泛的绩效评估方法。在实施此评估方法时，评估者首先确定绩效评估的标准，然后对于每个评估职能列出几个行为程度供评估者选择，最后给出总的评估。这种方法所需的费用较少，使用方便。但是，评估者在应用此评估方法时要注意：各项评估等级的选择含义的明确程度；评估项目含义的清晰程度；分析评估结果时分辨理性答案的清晰程度。比如，在评估时可设定优秀为 10 分、良好为 9 分、中等为 8 分、及格为 7 分、不及格为 6 分，再对各个等级设定权重，评估最终结果可以用数据来表示。

5.2.3 指标分值的确定方法

所谓指标的分值，就是反映达到指标的程度大小或者多少的数值表示。这是技术指标中最重要的一种类型，运用十分广泛。其常用的方法有以下三种。

1. 累积分数法

所谓累积分数法，就是根据评估标准对评估对象进行逐项评分，然后将各项所得的分数相加，就可以得到评估对象应得总分的方法。它是一个应用广泛、非常实用而又简易的方法。其计算公式有以下两个：

当指标没有相应的权重时，计算公式为：

$$S=\sum_{i=1}^{n}S_i \tag{5—11}$$

式中，S 为累积分数；S_i 为评估对象第 i 项指标的评定值。

当指标有相对应的权重时，计算公式为：

$$S=\sum_{i=1}^{n}\overline{\omega}_iS_i \tag{5—12}$$

式中，S、S_i 同上；w_i 为对应于第 i 项指标的权重。

例 1　从小张、小王两位中选拔一位参加全市优秀公务员的评选活动。根据工作成绩、思想品德、组织能力三项指标对他们进行测评，其结果是：小张的工作成绩 80 分，思想品德 70 分，组织能力 66 分；小王的工作成绩 65 分，思想品德 82 分，组织能力 70 分；请用累积分数法对以上数据进行处理（规定：谁累积分数高，谁参加）。第一问：他们中的哪位应参加全市优秀公务员的评选活动？第二问：若三项指标的权重分配分别是 0.4，0.3，0.3，他们中的哪位应参加全市优秀公务员的评选活动？

解：(1) 由公式（5—11）得：

∵　$S_{张}=80+70+66=216$

　　$S_{王}=65+82+70=217$

∴　小王应参加全市优秀公务员的评选活动。

(2) 由公式（5—12）得：

∵　$S_{张}=80\times0.4+70\times0.3+66\times0.3=72.8$

　　$S_{王}=65\times0.4+82\times0.3+70\times0.3=71.6$

∴　小张应参加全市优秀公务员的评选活动。

例 2　某政府部门要对其下属工作人员（行政相对人）的工作表现进行评估，现在搜集到 100 名相关人员对这些行政相对人的评估信息。

根据表 5—6 中的统计结果，如何算出每项指标的得分呢？又如何算出对这些行政相对人评估的总得分呢？

表 5—6　　　　某政府部门工作人员评估信息初步统计结果表

指标体系	评定结果			
	A	B	C	D
1. 依法行政	70	30	0	0
2. 举止文明	40	50	10	0
3. 环境优化	40	40	20	0
4. 务实高效	60	40	0	0
5. 程序简明	50	40	10	0

解：要计算出表5—6中每项指标的得分，首先应该对A、B、C、D四个等级进行量化。量化的数据类型有多种，在选用的过程中，我们必须对评估标准进行全面的定性分析，把握评定标准的本质内涵，以便能够对其进行科学的量化。由于评定等级标准具有区分等级高低和等级单位数值相等两个主要特性，因此，它属于等级数据类型和等距数据类型。为了使定量化的数据便于计算和运用，对于标度4的评定等级标准，用数字4、3、2、1来量化，例如，表5—6中的A、B、C、D可以相应用数字4、3、2、1，来对其进行量化。

在进行了定量化A、B、C、D后，根据表5—6中的统计数据就可以计算出每项指标的得分了。其计算公式为：

$$S_i = \frac{A_i \times 4 + B_i \times 3 + C_i \times 2 + D_i}{A_i + B_i + C_i + D_i} \qquad (5—13)$$

式中，S_i 为第 i 项指标的得分；A_i、B_i、C_i、D_i 分别为第 i 项指标 A_i、B_i、C_i、D_i 等级的统计值。

再运用表5—3中的权重和公式（5—13）算出这个工作人员的总得分，见表5—7。

表5—7　　　该行政相对人每项指标的得分和总得分

指标体系	指标的得分	总得分
1. 依法行政	3.7	3.462 3
2. 举止文明	3.3	
3. 环境优化	3.2	
4. 务实高效	3.6	
5. 程序简明	3.4	

由以上两个公式可知，每项指标的得分和总得分均在1～4之间，若在数轴上表示出来，它们也就同时有了量的含义和质的解释。如果把每项指标得分和总得分分别乘以25，那么它们的乘积也都在25～100之间。每项指标的得分和总得分经过放大后，它们在量上所反映出来的意思就很明显了。至于在质上解释，只要把这些所得的数据用数轴表示其位置，就可以很清楚了。

由上图可知，如果4、3、2、1代表优、良、中、差的话，那么这些行政相对人的评估结果是优良，更精确一点说是介于优良之间，略向中间，说明评估结果是较为突出的。一般来说，得到3.5以上的评估结果是较为突出的；大多数行

政相对人的评估结果是在 2.5～3.5 之间；评估结果在 2.5 以下的行政相对人就需要认真反思和改进自身所存在的不足。

2. 标准分数法

由一般统计学和心理测量的知识可知，中等难度水平的测评指标所测评出来的结果的标准差较大，较易或较难水平的测评指标，所测评出来的结果的标准差较小。由此可知，测评指标的难度与该测评结果的平均差和标准差有密切的联系，将测评出来的原始分值转换成标准分数，即统一各种不同测评指标难度的测评结果的平均数和标准差，就可以把各种测评结果的分值看成来源于具有同一指标难度的测评而进行比较。这里所谓的原始分值，就是指被测评对象经过测评后，按照评分的标准对其反应直接评出来的分数。标准分数有多种不同的表示方式，主要有以下几种：

（1）Z 分数。

Z 分数是平均数为零、标准差为 1 的标准分数。Z 分数是最典型的标准分数，其他形式的标准分数一般都由 Z 分数派生而来。其计算公式为：

$$Z=\frac{X-\overline{X}}{S} \tag{5—14}$$

式中，X 为原始分值；$\overline{X}$ 为原始分值的平均数；S 为原始分值的标准差。

原始分值为正态分布，转换后的 Z 分数仍为正态分布，而且是标准正态分布。将原始分数转换成 Z 分数的原因之一，是为了使不同测评中的分值能够进行比较。但是用如上公式导出的 Z 分数只有在分布形态相同或相近时才能进行比较，若两个分布的偏斜方向不同，或一个为正态、一个为偏态，那么相同的 Z 分数就可能代表不同的百分等级，因此两个测评分数仍无法比较。为了能将来源于不同分布形态的分数进行比较，可把偏态分布的测验分数转变成正态分布。在一般情况下，应尽可能通过调整测评指标的难度水平以获得原始结果分值，而不是事后去把偏态的分布正态化。

（2）T 分数。

由于在 Z 分数中经常出现小数点和负数，而且单位过大、计算和使用很不方便，因此常把它转换成 T 分数。其计算公式为：

$$T=10Z+50 \tag{5—15}$$

T 分数是由 Z 分数直接转换而来的，它不仅具备 Z 分数的所有优点，而且克服了 Z 分数的缺点。T 分数没有负数，它的数值范围为 20～80，比较接近百分制的记分习惯，易于计算。

例　小张、小王这两名行政人员在这次部门测评当中五个指标的原始分值和合成总分、部门平均分和标准差如表 5—8 所示，试求他们的 Z 分数、T 分数和合成总分，并且与他们的原始分数合成总分作比较分析。

解：根据以上两个公式，由表 5—8 可计算出表 5—9。

表 5—8　　两名行政人员的测评的原始分值和合成总分

行政人员＼指标	依法行政	举止文明	环境优化	务实高效	程序简明	合计
小张	76	85	71	70	78	380
小王	70	79	86	66	85	386
部门平均分	73	75	53	59	58	
部门标准差	6	12	16	10	16	

表 5—9　　两名行政人员的五个指标的 Z 分数、T 分数和合成总分表

行政人员＼指标	依法行政	举止文明	环境优化	务实高效	程序简明	合计
小张的 Z 分数	0.5	0.83	1.13	1.1	1.25	4.81
小王的 Z 分数	−0.5	0.33	2.06	0.7	1.69	4.28
小张的 T 分数	55	58.3	61.3	61	62.5	298.1
小王的 T 分数	45	53.3	70.6	57	66.9	292.8

分析以上两个表格可知，根据原始分数合成总分，小王比小张好。若以 385 为评选优秀的分数线，那么小王就达到了这个优秀的分数线，而小张则与优秀无缘。根据 T 分数合成总分，小张比小王好。同样，若以 295 分作为评选优秀的分数线，那么小张就达到了这个优秀的分数线，而小王则与优秀无缘。由上述分析可以判定，依据 T 分数合成总分来评估小张和小王两人较为科学。

3. 模糊综合评估法

所谓模糊综合评估法，就是用模糊数学对受到多种因素制约的事物或对象作出一个总体的评估。模糊综合评估可以用来对公共管理中的人、事、物进行比较全面、正确的定量评估。对于公共管理中方案、人才、成果的评估，人们的考虑往往是从多种因素出发的。比如，评估一个大型公共项目，一般从经济、社会、科技、生态等方面进行评估，而这些一般只能用模糊语言来描述。又如，评估者从考虑问题的诸因素出发，参照有关数据和情况，根据他们的判断对问题分别作出“大、中、小”、“优、良、中、差”、“高、中、低”等程度的模糊评估。然后通过模糊数学提供的方法进行运算，就能得出定量的综合评估结果，从而为正确决策提供依据。[①]

模糊综合评估的主要步骤如下：

先将等级标准划分为 n 个水平，设 $n=4$，如前面所列，把评定等级标准划分为 A、B、C、D 四个等级，则这四个评定等级组成了评估集：

$$V=\{V_1,V_2,V_3,V_4\}$$

若评估对象的评估指标体系中有 m 个指标，则这些指标就组成了因素集：

$$U=\{U_1,U_2,\cdots,U_m\}$$

对评估对象的每一个评估指标 i 评定的结果为评估集 V 上的一个模糊子集：

$$B=\{b_{i1},b_{i2},\cdots,b_{i4}\}$$

分别对评估对象的 m 个评估指标进行评定后，可以得到评估集 V 上的 M 个模糊子集，它们构成了模糊矩阵：

$$B=\begin{pmatrix} b_{11} & b_{12} & \cdots & b_{14} \\ b_{21} & b_{22} & \cdots & b_{24} \\ b_{31} & b_{32} & \cdots & b_{34} \\ \vdots & \vdots & & \vdots \\ b_{m1} & b_{m2} & \cdots & b_{m4} \end{pmatrix}$$

假设与评估对象的评估指标体系相对应的权集为：

$$A=\{a_1,a_2,\cdots,a_m\}$$

于是，可得出综合评估结果：

$$C=A\cdot B=\bigcup(a_{im}\cap b_{mj})=(c_1,c_2,c_3,c_4) \tag{5—16}$$

式中，符号“·”为合成运算；符号“$\cup$”为取并集；符号“$\cap$”为取交集。

随后，对 C 作归一处理，得：

$$D=\left(\frac{c_1}{p},\frac{c_2}{p},\cdots,\frac{c_4}{p}\right)=(d_1,d_2,\cdots,d_4)$$

其中，$P=c_1+c_2+c_3+c_4$。

若评估集 $V=\{V_1,V_2,V_3,V_4\}$ 相对应的权集为：

$$A=\{a_1,a_2,\cdots,a_m\}$$

则综合评估值为：

$$S=a_1d_1+a_2d_2+a_3d_3+a_4d_4 \tag{5—17}$$

由于综合评判采用（$\cap$，$\cup$）运算，即“先取小、后取大”，因此，可能会

① 参见谭跃进主编：《定量分析方法》，132 页，北京，中国人民大学出版社，2002。

失掉一些信息，在解释综合评判结果时，应抱着谨慎的态度。

例　由表 5—6 得某政府部门工作人员评估信息，可构成一个模糊矩阵：

$$B=\begin{pmatrix}0.70 & 0.30 & 0.00 & 0.00\\ 0.40 & 0.50 & 0.10 & 0.00\\ 0.40 & 0.40 & 0.20 & 0.00\\ 0.60 & 0.40 & 0.00 & 0.00\\ 0.50 & 0.40 & 0.10 & 0.00\end{pmatrix}$$

如表 5—3 所示，这五个指标的权重分配为 0.239 6，0.188 6，0.165 4，0.211 9，0.194 5。请用模糊综合评判求出某政府部门工作人员评估结果。若评定标准中的 A 为 100 分，B 为 75 分，C 为 50 分，D 为 25 分，某政府部门工作人员的综合评估值又是多少？

解：由公式 5—16 得：

$$C=(0.239\,6,0.188\,6,0.165\,4,0.211\,9,0.194\,5)\begin{pmatrix}0.70 & 0.30 & 0.00 & 0.00\\ 0.40 & 0.50 & 0.10 & 0.00\\ 0.40 & 0.40 & 0.20 & 0.00\\ 0.60 & 0.40 & 0.00 & 0.00\\ 0.50 & 0.40 & 0.10 & 0.00\end{pmatrix}$$

$$=(0.533\,71,0.394\,9,0.073\,19,0)$$

因此，综合评估结果为：D=（0.532 7，0.394 2，0.073 1，0）

再由公式 5—17 得：

$$S=100\times0.532\,7+75\times0.394\,2+50\times0.073\,1+25\times0=86.49$$

5.3　组织实施过程中的方法运用

评估实施方法是公共部门组织实施的基本条件，是评估顺利进行的基础，也是评估结果准确全面的保障。评估实施方法是对评估对象进行客观公正评估的前提，为评估结果的分析和比较提供了可能，“否则我们永远都不会知道是结果本身变化了，还是我们的测评方法改变了”[①]，从而达到绩效评估应有的功能和效果。由于部门绩效的指标有量的方面，也有行为的方面，因此，公共部门的绩效评估也必须采取有针对性的评估方法。

① ［美］凯瑟琳・纽科默等：《迎接业绩导向型政府的挑战》，114 页。

5.3.1 选择评估对象的方法

评估实施过程中，首先就要面对的是如何确定实施评估的对象。只有评估对象确定了，评估实施才能进行。而确定评估对象的方法，主要是如何抽取样本和确定样本数的方法。

1. 抽样的方法

（1）简单随机抽样。

它是按随机原则直接从总体 N 个单位中抽取 n 个单位作为样本，抽样时既不分组，也不排列，使总体中的单位有均等抽取机会，常用的方法是抽签法、随机数表法等。运用时要注意：第一，它只适用于总体单位数目不大的情况，否则编码和搜集的工作量过大就失去应用价值，但是，单位容量较小时又会失去代表性，要求尽可能采用取样在 30 个以上（最好 50 个以上）的大样本，以确保抽样精度。第二，总体内单位之间差异较大时不宜采用这种方法，因为抽取的样本不容易保证确实具有代表性，以使抽样结果失真。

（2）等距抽样。

这是将全部总体按某一标志排列，然后以固定顺序和间隔来抽选单位的一种抽样方法。运用时应注意：第一，等距抽样要对总体内所有单位进行编码，需要搜集总体名单，工作量较大，所以，不适用于大容量的总体。第二，当研究的总体个案类别间数量悬殊时，抽选样本经常缺乏代表性。第三，抽样间隔接近研究的总体个案类别的分布间隔时，会形成周期性偏差。

例如，某政府部门的行政人员有 120 人，采用等距抽样方法抽选 12 名进行调查。

具体操作步骤是：

1）将总体调查对象（120 名行政人员）进行编号，即从 1 号至 120 号。

2）运用抽样间隔计算公式，确定抽样间隔。

$$抽样间隔=总体数（N）/样本数（n） \qquad (5—18)$$

已知调查总体 $N=120$，样本数 $n=12$，故抽样间隔$=120/12=10$。

3）确定起抽号数。用 10 张卡片，从 1 号至 10 号编号，然后从中随机抽取一张作为起抽数号，如 2 号。

4）确定被抽取单位。计算方法是：2；$2+10=12$；$2+10\times2=22$；…，$2+10\times10=102$；$2+10\times11=112$。

（3）分层抽样。

它是先对总体各单位按主要标志加以分组（或分层），然后再从各组中按随机原则抽选一定单位构成样本的方法。运用时应注意：第一，要尽量缩小层次内的差异，增大层次间的差异。第二，分层不宜过多，以免使层内单位数过少而无法抽样。第三，在划分层次时，要做到分类明确，不发生混淆或遗漏。

分层抽样的具体形式有两种：

1）等比例分层抽样。即按各个层中的单位数量占总体单位数量的比例分配各层的样本数量。

例如，某市政府共有 1 000 名行政工作人员，按工作成绩的高低进行分类，其中工作成绩高的行政工作人员为 200 名，占总体的 20%；工作成绩中等的工人员为 600 名，占总体的 60%；工作成绩低的工作人员为 200 名，占总体的 20%。要从中抽选 50 名行政工作人员进行收入调查，则各分层应抽取的样本单位数为：

工作成绩高的样本单位数目为：50×20%=10。

上作成绩中等的样本单位数目为：50×60%－30。

工作成绩低的样本单位数目为：50×20%=10。

2）分层最佳抽样。它不是按各层中单位数占总体单位数的比例分配样本单位，而是根据其他因素（如各层样本标准差大小）调整各层样本单位数，其计算公式为：

$$n_i = n \times \frac{N_i S_i}{\sum N_i S_i} \qquad (5—19)$$

式中，n_i 为各分层应抽选的样本单位数；n 为样本单位总数；N_i 为各类型的调查单位数；S_i 为各分层调查单位的样本标准差。

仍以上述工作成绩与收入之间的关系为例。各层样本标准差分布高为 15，中等为 10，低为 5（见表 5—10）。

表 5—10　　调查单位数与样本标准差乘积计算表

各层次	各层调查单位（N_i）	各层次标准差（S_i）	乘积 N_iS_i
高	200	15	3 000
中	600	10	6 000
低	200	5	1 000
$\sum N_iS_i$	1 000		10 000

按照分层最佳抽样计算公式，得出各分层抽选的样本单位数为：

工作成绩高的样本单位数目为：50×(3 000/10 000)=15。

工作成绩中等的样本单位数目为：50×(6 000/10 000)=30。

工作成绩低的样本单位数目为：50×(1 000/10 000)=5。

2. 样本数量的确定

（1）样本平均数的抽样分布。

1）由概率论和数理统计知识可知，已知总体方差 σ^2，当总体为正态总体时，平均数的抽样分布也呈正态分布，与样本容量大小无关；当总体为非正态总体但样本容量较大（$n>30$）时，平均数的抽样分布近似服从正态分布，而且容量 n 越大，近似程度越高。

在上述两种情况下，样本平均数等于总体的平均数 μ，它的标准差 σx 等于总体标准差 σ 除以样本容量 n 的算术平方根，于是，平均数 $\overline{X}$ 的抽样分布服从平均数为 μ、标准差 $\sigma/\sqrt{n}$ 为的正态分布，即 $X \sim N$（μ，σ^2/n）。若将变量 $\overline{X}$ 标准化，那么反映平均数离差的随机变量 Z 服从或近似服从标准正态分布，即

$$Z=\frac{\overline{X}-\mu}{\frac{\sigma}{\sqrt{n}}} \sim N(0,1) \tag{5—20}$$

2）当总体方差 σ^2 未知时，我们只能用样本方差 S^2 估计 σ^2。但研究表明，需在原标准差 S 上乘以校正系数 $\sqrt{\frac{n}{n-1}}$。

（2）确定样本数量的基本方法。

1）简单随机抽样。

平均数估计中的抽样误差是样本均值 $\overline{X}$ 和总体均值 μ 的差的绝对值，即 $|\overline{X}-\mu|$。由于在实际中总体标准差 σ 多是未知的，故一般用样本标准差 S 的校正值 S' 代替，即

$$S'=\sqrt{\frac{n}{n-1}} \cdot S \tag{5—21}$$

对于无限总体，平均数的标准差和样本容量的关系是：

$$\sigma_{\bar{x}}=\frac{S'}{\sqrt{n}} \tag{5—22}$$

对于有限总体来说，还应在上述公式的基础上加以修正，有：

$$\sigma_{\bar{x}}=\sqrt{1-\frac{n}{N}} \cdot \frac{S'}{\sqrt{n}} \tag{5—23}$$

式中，N 为总体所含个体的数量。这里 n/N 称为抽样比。一条经验规则是，只要抽样比不超过 5%就可以采用公式（5—22）。

由概率论和数理统计知识可知，样本平均数抽样分布对于大样本以及总体方差已知的正态总体来说：

$$Z_{\alpha/2}=\frac{|\bar{x}-\mu|}{\sigma_{\bar{x}}} \tag{5—24}$$

这里的变量 Z 服从标准正态分布，其概率值可以通过查正态分布表得到。

为了确定样本数量，一般应给定所需精度，即最大允许误差 $d=|\overline{X}-\mu|$。由前面的论述可知：$\sigma_{\bar{x}}=\sigma/\sqrt{n}$，所以由（5—24）可得：

$$Z_{\alpha/2}=\frac{d}{\frac{\sigma}{\sqrt{n}}} \tag{5—25}$$

由（5—25）变换可得：$n=\left(\frac{Z_{\alpha/2}\cdot\sigma}{d}\right)^2$ （5—26）

如果抽样比不是太小，即大于 5%时，平均数的标准差应该加以修正，由（5—23）和（5—25）得：

$$Z_{\alpha/2}=\frac{d}{\frac{\sigma}{\sqrt{n}}\cdot\sqrt{\frac{N-n}{N}}} \tag{5—27}$$

由（5—27）变换可得：$n=\frac{N\cdot Z_{\alpha/2}^2\sigma^2}{Nd^2+Z_{\alpha/2}^2\sigma^2}$ （5—28）

可见，样本数量主要由三个量确定：一是总体方差。若 σ 未知，可用样本标准差校正值取代，或者用以往的统计资料，或者用试验性调查资料来估计。二是最大允许误差 d，这可以事先给定。三是 $Z_{\alpha/2}$，它由设计者预先提出置信的概率要求决定，一般 α 取为 0.05 或 0.01，在 α=0.05 时，查正态分布表（见附表 1）得 $Z_{\alpha/2}=1.96$；当 α=0.01 时，$Z_{\alpha/2}=2.58$。这样，便可求得样本容量。表 5—11 给出了一组数据，供计算时选用。

表 5—11　　常用可信度系数和可信度对照表

可信度系数（$Z_{\alpha/2}$）	可信度（$1-\alpha$）
1	0.682 6
1.5	0.866 4
1.96	0.950 0
2	0.954 5
3	0.997 3

例　对 2 400 名政府行政人员进行工作考核调查。经小规模试验调查可知，$\sigma=10$，最大允许误差为 0.5，当可信度要求 86.64%时，由表 5—11 得 $Z_{\alpha/2}=1.5$，求：(1) 在重复抽样或无限总体条件下的抽样数量；(2) 在不重复抽样或有限总体条件下的抽样数量。

已知：$N=2\ 400$，$\sigma=10$，$d=0.5$，$Z_{\alpha/2}=2$，求抽样数量 n。

解：(1) 在重复抽样或无限总体条件下，运用公式（5—26）得：

$$n=\frac{1.5^2\times10^2}{0.5^2}=900(\text{人})$$

(2) 在不重复抽样或有限总体条件下，运用公式（5—28）得：

$$n=\frac{1.5^2\times2\ 400\times10^2}{0.5^2\times2\ 400+1.5^2\times10^2}=655(\text{人})$$

2）等距抽样可按简单随机抽样确定抽样数量的公式进行。

3）分层抽样数量的确定，仅需将公式（5—26）和（5—28）中 σ 改为$\overline{\sigma^2}$（$\overline{\sigma^2}$为各层组内标准差平方的平均数）。

5.3.2　评估实施过程中的一般方法

1. 主观评估法①

主观评估法是在被评估对象进行相互比较的基础上进行排序，提供一个描述被评估对象的相对优劣的评估结果。主观评估法主要包括：

(1) 图尺度评价法（graphic rating scale）。

图尺度评价法是最简单和运用最普遍的绩效评估方法之一。在进行绩效评估时，首先对每一个被评估对象从每一项评估要素中找出最符合其绩效状况的分数。然后，评估机构将每一个被评估对象所得的所有分值进行加总，即得到其最终的绩效评估结果。比如，对政府部门的教育局进行评估，首先规定等级和每一等级的分数段，如优秀为 100～90 分、良好为 90～80 分、中等为 80～70 分、及格为 70～60 分、不及格为 60 分以下。在评估时首先根据事实给出评估分布段，再给出具体的分数，然后把所有关于教育局职能方面的评估分数加起来，即为教育局评估的最终分数。

(2) 交错分布法（alternative ranking method）。

交错分布法是根据极端的情况易发现、中间情况不易发现的原则形成的。评估者根据绩效评估要素将被评估对象从成绩最好到成绩最差进行排序。在实行交

① 参见郝忠胜、李虹编著：《人力资源主管绩效管理方法》，387～389 页，北京，中国经济出版社，2003。

错分布法的情况下，评估者在所有被评估对象中首先挑选出最好的评估对象，然后选择最不好的，将他们分别排为第一和最后，接着再排列其他的，依此类推，直到排完为止，这样就对所有评估对象形成了一个完整排列。

（3）成对比较法（paired comparison method）。

成对比较法是按照某一标准对评估对象所有的评估要素与其他评估对象进行一一比较，然后用“+”和“—”标明谁好些、谁差些，最后将每一评估对象的好和坏加起来，就可以看出评估对象结果的情况（如表5—12所示）。

表5—12　　就“工作成绩”要素进行的评估

评估对象	对象A	对象B	对象C	对象D	对象E
对象A		+	+	—	—
对象B	—		—	—	—
对象C	—	+		+	—
对象D	+	+	—		+
对象E	+	+	+	—	

（4）强制分布法（forced distribution method）。

强制分布法与“按照一条曲线进行等级评估”的意思基本相同，即评估者将评估对象的绩效进行分级，再根据事先确定的比例将每个评估对象归到每一个等级上。这种方法可以真正把绩效优秀的部门区别开来。同时为了强制分布法的顺利实施，可以“尽量对评估标准达成一致意见，一方面，在定义标准时尽可能地用比较清晰避免歧义的语言；另一方面，在进行绩效评估前，让评估双方对评估标准进行学习和沟通，掌握一致的评估标准”①。

2. 客观评估法②

客观评估法是按照评估标准给出一个量化的分数或程度判断，然后再对评估对象在各个方面的分数进行相加，得出评估对象的最后评估结果。

（1）关键事件法。

根据主管单位领导对评估对象在平时工作中所表现出来的非同寻常的良好行为或不良行为记录，评估者对其进行评估，确定评估对象的绩效。这种评估方法通常可以作为其他绩效评估方法的一种很好的补充。它可以为评估者客观评估提供一些确凿的事实证据，还可以保证评估者评估时依据整个年度中的表现，而不是评估对象在最近一段时间的表现（因为这些关键事件是平时的记录）。关键事

① 钱江主编：《高绩效的政府管理实务全书》，1755页，北京，新华出版社，2003。

② 参见郝忠胜、李虹编著：《人力资源主管绩效管理方法》，390～393页。

件法在认定评估对象的良好表现和不好表现方面是十分有效的，而且对于制定改善不良绩效的规范来说也是十分方便的。

（2）行为锚定法（BARS）。

此法实质上是结合等差图表法与关键事件法的主要要素而形成的，它为每一职能的考评维度设计出一个评分量表，并有一系列典型的行为描述句与量表上的一定等级尺度（评分标准）相对应和联系（即所谓锚定），供考评者在给被评估部门实际表现评分时作为参考依据。① 行为锚定法通常要求按照五个步骤来进行：获取关键事件──→建立评价等级──→对关键事件重新加以分配──→对关键事件进行评定──→建立最终的工作绩效评价体系。②

3. 目标管理法

目标管理法是根据部门领导与部门预先确定的目标，评估者通过衡量评估对象在规定时间内的目标实现程度来评估其绩效的一种评估方法。在目标管理过程中，必须要经常进行进度检查，直至达到目标。在达到阶段性目标后，部门主管领导要对工作结果进行评估，同时为下一阶段的工作制定目标。目标管理是一整套计划和控制系统，同时也是一套完整的管理哲学体系。目标管理法主要有以下六个实施步骤：确定组织目标；确定部门目标；讨论部门目标；对预期成果的鉴定；工作绩效评价；提供反馈。

但是，在使用目标管理法进行评估时，应该注意避免以下问题的出现：首先，目标管理所确定的目标不够明确、不具有可衡量性是最主要的问题，比如在对政府部门的外事侨办进行评估时，设立的目标是“做好归侨工作”，这个目标就难以衡量，不明确。而如果定为走访多少华侨归侨和为华侨归侨办多少事就比较明确。其次，目标管理法比较费时，从目标的确定到评估再到目标的重新确定以及提供反馈，这些工作是需要花费很多人力和物力的。最后，主管领导与部门确定部门目标的过程也是一个讨价还价的舌战过程，因为领导的目标往往与部门的目标相冲突。因此，主管领导必须详细了解部门的情况以及部门人员的能力，这样制定的目标才有实际意义。

5.3.3 检验评估结果的方法

在评估对象确定并且运用了各种评估实施的方法之后，我们就得到了评估的

---

① 参见陈天祥编：《人力资源管理》，181页，广州，中山大学出版社，2001。

② Based on Donald Schwab, Herbert Heneman Ⅲ, and Thomas DeCotiis, “Behaviorally Anchored Scales: A Review of the Literature,” *Personnel Psychology*, Vol. 28 (1975), pp. 549 - 562.

结果。但是这并不意味着评估实施的过程已经结束，因为我们还需要对这个评估结果进行反馈。只有进行这种必要的结果反馈，评估实施过程才是完整的。而要获得评估结果的反馈信息，就要对其进行检验，这里主要采用正态分布的方法。

正态分布曲线是一种两头低中间高的单峰对称曲线。它是一种重要的连续性分布，不仅在自然现象中大量存在，而且在包括公共事业在内的社会现象中也很普遍。譬如，身高、体重、智力、能力等都服从或近似服从正态分布。正态分布亦称“常态分布”、“高斯分布”。这种分布最初为德·莫佛尔（D. Moivre）所发现，德国数学家高斯（Gauss）等对它的推导作出过很大贡献。图 5—1 展示了正态分布曲线下的面积与平均数（$\overline{X}$）、标准差（σ）的关系。

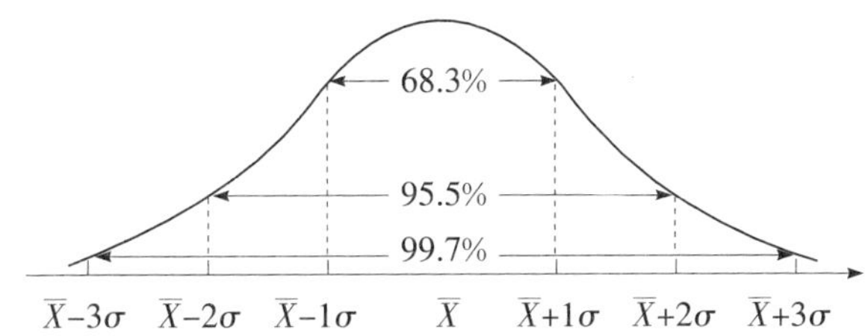

图 5—1　正态分布曲线下的面积与平均数、标准差的关系

由图 5—1 可知，正态分布曲线有以下几点性质。

（1）正态曲线下的面积。在给定区间内变量出现的概率，恰好是曲线下该区间对应的曲边梯形的面积占总面积的比率。譬如，某项测验所得到的分数呈正态分布，其中 80～90 分的人数占总人数的比例，与曲线下 80～90 分之间的面积占总面积的比率在数量上相等。

（2）平均数的作用。过平均数作数轴的垂线，这条垂线就是正态分布曲线的对称轴，即正态分布曲线的左、右两边关于这条垂线对称。

（3）标准差的作用。无论正态分布曲线的高、低、胖、瘦如何不同，从平均数开始，向左或向右的标准差个数相同时，变量出现的概率总是相等的。例如，在平均数左右各 1 个标准差处作数轴的两条垂线，则它们与数轴、曲线所围成的面积占总面积的 68.3%；在平均数左右各 2 个标准差处作数轴的两条垂线，则它们与数轴、曲线所围成的面积占总面积的 95.5%；在平均数左右各 3 个标准差处作数轴的两条垂线，则它们与数轴、曲线所围成的面积占总面积的 99.7%。

作为正态分布的一个应用，需要研究五级评定法、三级评定法和四级评定法。

（1）五级评定法。

由正态分布曲线的性质可知，只要以标准差为单位，作适当划分就能科学地得到五级评定法中各等级所占的比率。通常的划分是在 5σ 范围内以 1σ 为单位分配优秀、良好、中等、及格、不及格，或者 A、B、C、D、E，如图 5—2 所示。

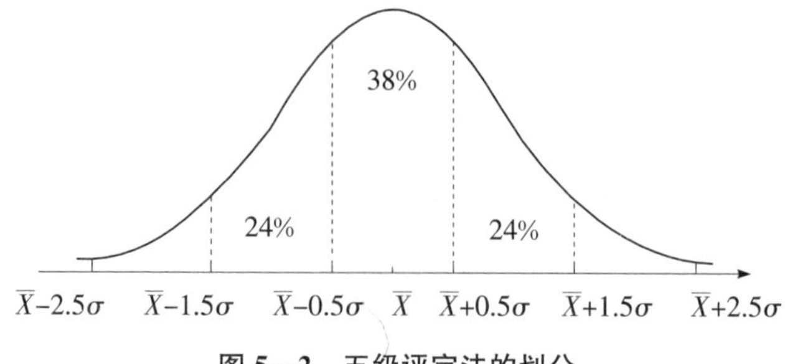

图 5—2　五级评定法的划分

由图 5—2 可知，在平均数 $\overline{X}\pm0.5\sigma$ 范围之内的为中等，约占总体的 38%；在 $\overline{X}+0.5\sigma$～$\overline{X}+1.5\sigma$ 之内为良好，约占总体的 24%；在 $\overline{X}+1.5\sigma$～$\overline{X}+2.5\sigma$ 之内为优秀，约占总体的 7%；在 $\overline{X}-1.5\sigma$～$\overline{X}-0.5\sigma$ 之内为及格，约占总体的 24%；在 $\overline{X}-2.5\sigma$～$\overline{X}-1.5\sigma$ 之内为不及格，约占总体的 7%。

根据图 5—2 的划分，对于任意个体数较多的群体，只要其个体属性理论上服从正态分布，并且算出平均数和标准差，就可以较为科学地采用五级评定法判断该群体是否服从正态分布。另外，运用五级评定法，可以对群体中的个体进行较为科学的相对评估。

(2) 三级评定法。

在 6σ 范围内以 2σ 为单位分配好、中、差，或者 A、B、C。由图 5—2 可知，好约占总体的 16%；中约占总体的 68%；差约占总体的 16%。

(3) 四级评定法。

在 6σ 范围内以 1.5σ 为单位分配好、较好、不太好、不好，或者 A、B、C、D。

例　判断某政府部门 200 名行政人员评估结果是否服从正态分布。已算出某次测评的平均分（$\overline{X}$）是 74.5，标准差（σ）为 10.2。

解：由已知条件和图 5—2 可得表 5—13。

表 5—13　　行政人员评估结果的五级划分标准表

等级划分标准	分数	等级	人数	百分比
$\overline{X}+2.5\sigma$	100			
$\overline{X}+1.5\sigma$	89.8	优秀	8	4
$\overline{X}+0.5\sigma$	79.6	良好	48	24

续前表

等级划分标准	分数	等级	人数	百分比
$\overline{X}-0.5\sigma$	69.4	中等	80	40
$\overline{X}-1.5\sigma$	59.2	及格	52	26
$\overline{X}-2.5\sigma$	49	不及格	12	6

由表5—13可知，200名行政人员评估结果的五个等级分配中的百分比与正态分布曲线上的理论数据7、24、38、24、7很接近，因此这些行政人员的评估结果近似服从正态分布。

5.4 再评估过程中的方法运用

与其他的专业活动一样，公共部门绩效评估活动在其实施过程中难免会存在一些偏差，如评估信息不完整、评估方法不妥当、评估指标的设计过于主观等，这些偏差的存在不仅会造成极大的资源浪费，而且更为严重的是，由低劣的评估所得出来的错误结论，将产生极大的误导、造成十分恶劣的影响。因此，评估活动自身也应成为评估对象，以保证评估工作的质量。

5.4.1 再评估的方法

1. 效度鉴定

评估效度是判断评估质量的重要技术指标，指评估结果的有效性或准确性，即评估对其所要评判的特性准确评估的程度。也就是说，评估效度要求评估结果应当符合评估目的，并且与评估对象的实际情况相一致。如果评估效度很低，其实际效果必然不佳。因此，再评估者必须十分重视对评估效度进行鉴定。

（1）评估指标体系的效度鉴定方法。

评估指标体系的有效性主要表现在两个方面：一是能够充分覆盖所要评估的内容，能够准确地反映评估对象的本质特性；二是评估结果符合制定指标体系的理论构想。前者是指标体系的内容效度，后者为指标体系的结构效度。

内容效度鉴定一般采用逻辑分析方法，常用专家判断的方式来实现。内容效度通常用内容效度比来表示，缩写为*CVR*，计算公式为

$$CVR=\frac{Ne-\frac{N}{2}}{\frac{n}{2}} \tag{5—29}$$

式中，Ne 为评估专家中认为某指标很好地表示了测量对象范畴的评估人数；N 为总人数。可以看出，当认为指标适当的人数不到一半时，CVR 为负数。这种方法的优点是可在评估实施前进行，根据判断结论及时进行修订，使评估指标具有较高的内容效度；其缺点是容易受到专家主观经验的影响，且缺乏可靠的数量指标，妨碍了各种指标之间的相互比较。

指标体系的结构效度分析一般采用因素分析法。这是一种常用的多元统计分析方法,其主要用途是从多变量的交互相关中找出起决定作用的少数几个基本因素。

(2) 评估结果的效度鉴定方法。

评估结果的效度检验既可以采用定性方法，也可以采用定量方法。

1) 最常用的定性方法是三角互证法，即用不同来源的定性材料来证实同一结论。例如，在对政府部门工作人员的评估中，不少部门采用工作人员自我评估、同事之间互相评估、上级领导评估相结合的方式，有些部门还参考群众的评估意见。这些针对特定工作人员的、不同来源的评估信息之间的一致性程度越高，评估结论的效度就越高。当然，也可以通过搜集信息的不同方法进行效度互证，寻找信息的汇聚点，来验证评估结论的真实性。

2) 最常用的定量方法是自身一致法。先分别求出每一部分评估指标与整个评估指标体系的等级相关系数，然后根据各部分指标与整体评估指标体系的等级相关系数来综合判断评估结果的效度。评估指标体系可以划分为三大类指标：条件指标、过程指标、目标指标。评估总分是这三类指标得分的总和。评估者共有 n 人，第 i 个评估者（$i=1$，2，…，n）按照三大类评估指标给评估对象打的分数分别为 X_i、Y_i、Z_i，总分为 S_i。

表 5—14　　各评估者的评分情况表

评估者序号	条件指标		过程指标		目标指标		总分		等级之差		
	X_i	R_X	Y_i	R_Y	Z_i	R_Z	S_i	R_S	D_{xs}	D_{ys}	D_{zs}
1											
2											
⋮											
n											

表 5—14 中 R_X、R_Y、R_Z、R_S 分别是各评估者的四个给分，在全体评估者中按由高到低排列的等级（用 1，2，…，n 表示），赋予给分相同者平均等级。如有两位评估者均给条件指标 25 分，它们的等级顺序应排于 5～6 两级之间，均为 5.5 级。表中 D_{xs}、D_{ys}、D_{zs} 分别是各评估者按三大类指标给分的等级顺序

R_X、R_Y、R_Z 与总分相应的等级 R_S 之差，即

$$D_{xs} = R_X - R_S$$
$$D_{ys} = R_Y - R_S$$
$$D_{zs} = R_Z - R_S$$

随后，根据表 5—14 中的数据，运用斯皮尔曼等级相关系数公式：

$$r = 1 - \frac{6\sum D^2}{n(n^2 - 1)} \tag{5—30}$$

式中，r 为等级系数；D 为各位评估者所打分数的等级之差；n 为评估者数量。从公式 5—29 我们可以求出条件指标、过程指标和目标指标与总分的等级相关系数，即 r_{xs}、r_{ys}、r_{zs}。这三部分指标的得分与总分的等级相关系数，分别反映了三部分评估指标与评估指标体系整体的一致性程度。若这三类指标的权重分别为 a_x、a_y、a_z，那么效度系数为：

$$r = a_x \cdot r_{xs} + a_y \cdot r_{ys} + a_z \cdot r_{zs} \tag{5—31}$$

它可以鉴定按照该指标体系所得结果的效度，一般要求在 0.4 以上。

(3) 影响评估效度的因素。

实践表明，对评估效度产生较大影响的因素有：1) 评估指标的科学性。评估指标体系的科学性、合理性、针对性和可操作性，是有效评估的基本前提。为此，评估指标在正式使用前，必须进行多次试用和修订。2) 评估实施的质量。评估实施质量包括评估是否严格按照原定的程序进行、是否选择了适当的时间和地点、是否排除了各种人为因素的影响和干扰等方面。要科学、规范、客观地实施评估，再评估的组织者应采取有效的培训和监控措施，提高评估者的自身素质，鼓励被评估者积极参加。3) 被评估者的特性和样本的代表性。被评估者的兴趣、动机、情绪、态度和身体状况等对效度也有重要影响，应当予以充分重视。在进行抽样评估时，还应当注意样本的代表性，这样有助于提高评估的效度。

2. 信度鉴定

评估信度也是判断评估质量的重要技术指标。它是指评估指标的可靠性、一致性和稳定性程度。评估如果信度很低，其结果就缺乏可靠性。因此，再评估者必须十分重视对评估信度进行鉴定。

评估信度的鉴定方法主要有以下三种。

(1) 斯皮尔曼等级相关公式法。

这种方法适用于两人评多项指标或一人先后两次评多项指标、两人评同一评估对象中的多个个体或一人先后两次评同一评估对象中的多个个体、多人评两类

指标。

例　小张、小王两个评估者按照八项指标对评估对象进行评估，将每一指标所评分值和等级对应排列，试计算他们评估结果的信度系数，并作判断（见表5—15）。

表 5—15　　两位评估者的评估结果表

指标	评估分值		等级次序		等级之差	D^2
(n=8)	张评分	王评分	张等级	王等级	D	
1	96	95	1	1	0	0
2	92	90	2	2	0	0
3	86	84	3	3.5	−0.5	0.25
4	85	84	4	3.5	0.5	0.25
5	80	65	5.5	8	−2.5	6.25
6	80	70	5.5	6	−0.5	0.25
7	75	68	7	7	0	0
8	62	80	8	5	3	9
合计						$\sum D^2=16$

解：运用公式（5—26）（在这里 D 为两位评估者对同一指标所评的等级之差；n 为指标数）可得：

$$r=1-\frac{6\times16}{8(8^2-1)}=1-0.19=0.81$$

检验：取统计量

$$t=\frac{r\sqrt{n-2}}{\sqrt{1-r^2}}=\frac{0.81\sqrt{8-2}}{\sqrt{1-0.81^2}}=3.38$$

判断：$df=n-2=8-2=6$，查 T 分布表（见附表1），得：$t_{0.01}(6)=3.707$。

因为 $t<t_{0.01}$（6），所以存在显著差异，即张、王这两位评估者的评估结果不一致，评估结果不可信，需要重新进行评估。

（2）肯德尔和谐系数法。

这种方法适用于三人以上评多项指标和三人以上按照某一项指标评同一评估对象中的多个个体。计算公式如下：

$$W=\frac{\sum R_i^2-\frac{(\sum R_i)^2}{N}}{\frac{1}{12}K^2(N^3-N)} \qquad (5—32)$$

式中，K 为评估主体人数；N 为评估对象人数（或指标数）；R_i 为 K 个评估者对同一评估对象所给予的等级顺序数之和。

例　三位评估者对六名行政人员的工作成绩进行评估，并以名次来表示评估结果。评估结果如表 5—16 所示。问这三位评估者的评估结果是否一致？

表 5—16　　三位评估者的评估结果表

行政人员	1	2	3	4	5	6
评估者 1	2	4	6	2	6	7
评估者 2	3	5	5	2	4	4
评估者 3	4	3	4	3	3	5
R_i	9	12	15	7	13	16
R_i^2	81	144	225	49	169	256
$\sum R_i = 72$						
$\sum R_i^2 = 924$						

解：运用公式（5—28）得：

$$W = \frac{924 - \frac{72^2}{6}}{\frac{1}{12} \times 3^2 \times (6^3 - 6)} = 0.38$$

检验：因为 $S = \sum R_i^2 - \frac{(\sum R_i)^2}{N} = 60$，由 W 显著性检验时 S 的临界值表（见附表 2）查得：$S_{0.05} = 103.9$，$S_{0.01} = 122.8$，$S < S_{0.05}$，所以，W 未达显著水平。可见，这三位评估者的评估结果信度较差。

在计算肯德尔和谐系数时，若各个评估者对于同一评估对象都评有相同等级时，求 W 的公式为：

$$W = \frac{S}{\frac{1}{12}K^2(N^3 - N) - K\sum T_i} \qquad (5—33)$$

式中，$T_i = \frac{\sum(n^3 - n)}{12}$，是相同等级的个数；$S = \sum R_i^2 - \frac{(\sum R_i)^2}{N}$。

例　有四名群众参加评估某部门行政相对人的工作成绩，假设指标共有五项：一是依法行政；二是举止文明；三是环境优化；四是务实高效；五是程序简明。评定标准为四级评定等级标准：优秀、良好、中等、较差，并分别赋予分值为 4、3、2、1（见表 5—17）。试问这四名群众对这些行政相对人的评估结果是否一致？

表 5—17　　四名群众对某部门行政人员的评估结果表

编号＼指标	一	二	三	四	五
1	优秀（4）	良好（3）	优秀（4）	良好（3）	中等（2）
2	良好（3）	中等（2）	良好（3）	良好（3）	良好（3）
3	优秀（4）	良好（3）	良好（3）	优秀（4）	中等（2）
4	中等（2）	优秀（4）	优秀（4）	中等（2）	优秀（3）
R_i	13	12	14	12	10
R_i^2	169	144	196	144	100
$\sum R_i = 61$					
$\sum R_i^2 = 753$					

解：先计算 S、T_i 和$\sum T_i$：

$$S = \sum R_i^2 - \frac{(\sum R_i)^2}{N} = 753 - \frac{61^2}{5} = 753 - 744.2 = 8.8$$

$$T_1 = \frac{2^3-2}{12} + \frac{2^3-2}{12} = 1, T_2 = \frac{4^3-4}{12} = 5, T_3 = 1,\ T_4 = 1$$

$$\sum T_i = 1+5+1+1 = 8$$

再由公式 5—30，得：

$$W = \frac{8.8}{\frac{1}{12} \times 4^2 \times (5^3-5) - 4 \times 8} = 0.069$$

检验：因为 $S=8.8$，查（附表 2）得 $S_{0.05}=88.4$，所以，W 未达到显著水平。

由上可知，斯皮尔曼等级相关公式法和肯德尔和谐系数法由于不涉及评估信息数据的分布形态，因此应用比较广泛，并且计算简单，实用性强。但是，它们也存在明显的不足：第一，不适合计算等级不相等的数据。第二，如果某一指标的评定结果中相同等级过多，计算出来的结果就会有很大的误差，此时精确度差。第三，由于把精确的数据化为等级，会损失较多的信息，且排列等级较麻烦，因此，若评估信息数据过多，又非等级判定时，计算出来的结果也会有很大误差。

（3）分组折线图检验法。

这种方法的主要依据是一个公正、客观的评估者在评估的过程中，要么评得比较松，要么评得比较紧，会一视同仁。具体操作步骤如下：（1）分组。如果评估者较多，为了方便制表，可将其按综合评估的总分高低分成若干组，每组评估者的人数不一定相等。分组时可运用以下公式，算出评估者所给总分的两极差，或称为全距。

$$R = \text{Max}(x) - \text{Min}(x) \tag{5—34}$$

式中，R 为全距；Max（x）、Min（x）分别为数据中的最大值和最小值。然后拿全距与拟分的组数求商，把所得的商作为组距；最后按组距进行分组。在评估者人数较少（人数在 10 名以内）时，可以不分组。（2）计算。一般用该组评估者评定分数的平均值作为一组评估者的评估值。如果没有分组，那么可以每名评估者对评估对象中每一个体的评估值为准。（3）画图。一般以评估对象获得的评估值作为纵坐标，以评估对象所处的位置作为横坐标。

例 有 20 名评估者，对 6 名行政人员进行评估。根据所得评估总分的高低将 20 名评估者分成三组：一组综合评估总分在 600 分以上；二组综合评估总分在 530～599 分之间；三组综合评估总分在 420～529 之间。计算出的各组评估值如表 5—18 所示。

表 5—18 **各组评估值表**

行政人员 / 分组编号	1	2	3	4	5	6
一组	86	85	86	89	81	90
二组	81	82	82	84	73	92
三组	70	72	72	73	70	65

试检验评估者对 6 名行政人员工作评估结果的信度。

解：根据表 5—18 中的数据，画出折线，如图 5—3 所示。

由图 5—3 可知，对第 6 名行政人员的工作评估结果分歧较大，应重新进行评估。

3. 影响评估信度的因素

从总体上看，评估对象和评估者的状态、评估指标、评估过程等因素都会引起随机误差，导致评估结论不一致，降低评估信度。只有了解影响评估信度的主要因素，才能帮助评估者采取相应的措施，以便提高评估的可靠性，并对评估信度作出合理的解释。影响评估信度的因素可简要归纳如下：（1）评估对象和评估

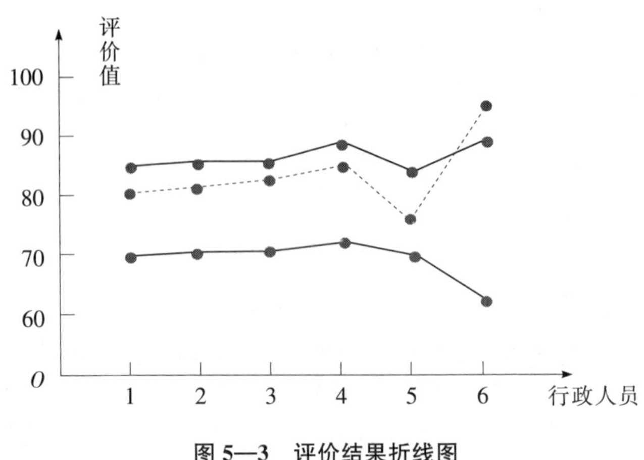

图 5—3 评价结果折线图

者的状态。由前面的论述可知，评估者和被评估对象在评估过程中的心理状况会直接影响评估结果的信度，因此，在评估时评估者和被评估对象要注意心理上的自我调控。(2) 评估指标的设计。评估指标是评估的内容，即评估时对评估对象的观测点。因此，评估指标是否科学客观、有效可行也就直接影响评估结果的信度。要提高评估结果的信度，必须按照编制评估标准的依据和设计指标体系的原则等，设计好指标体系。(3) 评估方案实施过程中的干扰因素。在评估方案实施过程中，肯定会存在一些干扰因素。例如，评估环境恶劣、评估者的素质不高、评估者和被评估人员有关系、被评估人员的心理反应过强和身体状况差、意外事件等。所以，评估者要注意创设良好的评估环境，对可能产生评估误差各个环节进行监控，及时发现问题，不断进行改进，以保证评估的科学性、准确性和公正性。

5.4.2 再评估的实施

1. 再评估的内容和形式

(1) 再评估的内容。

评估工作流程包括评估方案准备、评估方案实施、评估报告编写和评估结论反馈四个环节。这四个环节是环环相扣、缺一不可的。这四个环节的工作好坏，对评估工作质量有直接的影响。用系统论的观点来看，仅仅在评估报告完成之后进行再评估的做法是不充分的。当然，评估结论反馈后进行的再评估也有其积极意义，这就是反馈后的再评估。它可以总结评估工作的经验教训，检验根据评估结论作出决策的正确性或与评估对象有关的人员改进工作的有效性，以提高评估工作的效益。但是，这种事后的努力，还不如在还没有造成什么损失的时候就进行再评估。也就是说，评估的组织者或评估者应当对评估工作的各个环节经常进行内部或外部的检查，以便及时解决评估工作中可能出现的种种偏差。

1）评估方案设计完成后进行的再评估。对评估方案设计进行再评估是为了确保评估方案设计的科学性、规范性和可行性，以有效指导评估方案的实施。这种再评估是十分重要的，这是因为评估方案设计的好坏会影响评估结果的信度和效度。具体要求是：评估目的正确；评估对象范围界定清楚；评估标准科学、客观和可行；评估组织健全；评估过程中纪律规定合理；评估者符合要求；评估方法选择得当；评估报告完成的时间和评估报告的接受者明确等。

2）评估方案实施过程中进行的再评估。对评估方案实施过程进行再评估是为了检查评估方案的实施是否出现偏差，以便及时纠正，确保在规定的时限和预算内完成各项评估任务。必要时，还可以对评估方案作相应调整，这也是发展性目标评估模式所要求的。具体要求为：评估的组织者或评估者按评估方案的要求推进评估工作；搜集到的评估信息全面、真实；处理评估信息的方法科学、得当，评估结果信度和效度较高；在实施评估方案过程中严格遵守若干纪律规定；能根据实际情况及时调整评估方案等。

3）对评估报告编写和评估结论反馈进行的再评估。对评估结论和报告的质量进行再评估是为了确保评估结论的可靠性、准确性和评估报告的科学性、规范性以及评论结论反馈的合理性。具体要求是：由评估结果推断而得到的评估结论客观、可靠和有效；评估结论有充分依据，解释清晰、合理；评估报告科学、规范、简洁，能指明评估对象的长处和不足，并提出相关建议；评估报告反馈及时和反馈方式合理等。

4）对评估工作效益进行的再评估。对评估工作效益进行再评估是为了检查根据评估结论作出决策的正确性或与评估对象有关的人员改进工作的有效性，为以后的评估活动开展提供有效资料，以提高评估工作的效益。具体要求为：评估达到了预定目的；评估资源安排和使用得当，效率高；评估结论被认可和接受；评估功能较好地发挥等。

（2）再评估的形式。

再评估的形式主要有自我复查和他人审核两种。所谓自我复查，就是原评估的组织者或评估者对自己所做过的工作进行复查；所谓他人审核，就是没有参与原评估工作的各级行政领导、同行（包括各方面专家）和社会专业评估机构人员等对原评估工作的审核。

自我复查由原评估的组织者或评估者负责实施。在评估工作的各个环节，评估的组织者或评估者可以采用论证会、召开座谈会、举办讨论会、问卷调查或个别访谈等形式，向与评估对象有关的人员征求意见，及时了解他们对评估方案设计和实施过程等的看法和建议，并且做好详细记录，认真整理和分析，发现问题及时解决。同时所有资料全部归档保存，为他人审核提供良好的基础。

他人审核由没有参与原评估工作的人员负责实施。他们一般是具有一定的评估工作经验，且与该评估无直接利害关系的各级行政领导、同行（包括这方面的专家）和社会专业评估机构人员等。这种形式的再评估能起到自我复查起不到的作用，相对来说比较客观和公正，具有较强的权威性。再评估者一般通过现场观察、个别访谈、开座谈会、问卷调查、对评估对象进行各种测试和查阅有关资料等方式，充分了解有关评估方案设计、评估方案实施过程、评估报告内容、评估结论反馈后的效应和评估档案资料等。在此基础上，再评估者对评估工作质量作出独立的判断，并提出相应的、有针对性的改进建议。

2. 再评估实施的基本程序

实施再评估要遵循基本的程序，这是再评估科学、规范进行的必要保证。这种程序与原评估的一般过程较为相似。

（1）明确再评估的内容。

再评估进行之前，首先要明确再评估的内容，即确定是反馈前的评估，还是反馈后的评估。其次，要进一步明确再评估的具体内容，即反馈前的评估着重评哪些内容，反馈后的评估又重点评哪些内容。

（2）选择再评估者。

再评估的组织者应当根据需要和可能，选择最适当的再评估人员。他们既可以是内部成员，即原评估者等；也可以是外部人员，即与原评估工作无关的专业评估人员等。对他们的素质要求与对评估者的素质要求一样。

（3）获得实施再评估的授权。

再评估人员应当以协议或合同的方式获得再评估组织者的授权，以便合法地实施再评估。再评估的组织者应当向与再评估对象有关的人员公开宣布这一授权，并要求他们进行合作，共同搞好再评估工作。

（4）再评估方案的设计和实施。

再评估方案的设计过程和方法与原评估方案基本相同，在此不作详细叙述。再评估方案设计完成以后，就必须按照方案进行再评估工作。要对原评估方案、实施过程、评估报告、评估结论反馈的效应和评估工作效益进行逐项评估，发现问题及时解决或写入再评估报告，以有效提高评估结果的信度和效度，保证评估结论的正确性，或者为以后开展的评估工作提供有效信息，使其少走弯路，顺利完成再评估工作。

（5）再评估结果的反馈。

对公共部门绩效评估的各个环节实施再评估之后，应当形成再评估结论和报告，并将再评估的结果及时反馈给评估者以及被评估部门，以便及时发现和改进评估过程中存在的问题。

3. 目前再评估存在的主要问题

虽然再评估的观念越来越为人们所接受，但是在真正的实施过程中还存在着很多问题。大多数情况下，原评估所得出的结论便成为定论，所谓的再评估只不过是一种形式而已。之所以会这样，可以归结为以下几个原因：

（1）缺乏足够的认识。

一方面，由于评估者的地位和身份比较高，被评估者大多被动地接受评估结论，很少对评估的质量提出质疑。另一方面，评估者大多认为自己是专业人员，所进行的评估是经过充分准备的、是正确的，不太愿意再让别人来评估自己的工作。这两种态度严重地影响再评估工作的展开，使再评估工作举步维艰。

（2）缺乏必要的制度支持。

再评估工作还处于起步阶段，缺乏必要的制度支持，特别是没有完整的监控制度。因为，任何工作都有可能会出现差错，只有进行有效的监控，才能纠正偏差，使工作有序、正常地进行。评估也不例外。只有通过再评估对评估进行监控，才能提高再评估的质量，使再评估真正发挥积极的作用。

（3）缺乏再评估的资源。

尽管人们对再评估的认识在不断地加深，但是毕竟还存在很大的差距。正是由于这种认识上的落差，才使得再评估工作要获得足够的资源十分困难。大多数评估者在设计评估方案时，常常只考虑评估工作所需的各种资源，未把再评估所需的资源列入评估预算。因此再评估只能成为纸上谈兵，说说而已。

针对以上所做出的分析，可以从以下四个方面进行改进：

第一，评估者和被评估者双方都必须从权利和义务两个方面明确自身的责任。一方面，被评估者应当增强自我保护意识，摆脱过去那种被动的局面，要求进行再评估，以提高评估质量，从而保证得到客观、公正的评估结论；另一方面，评估者要抛弃过去那种旧有的思维方式，积极、主动地进行再评估，以纠正各种偏差，提高评估质量和实效。

第二，在制度上有所作为，特别是关于公共部门的评估法规应该进一步完善。在建立再评估制度时，除了把再评估作为评估工作中必不可少的组成部分外，还应当建立对评估内容、过程和结论持不同看法者的申诉制度和仲裁制度等，以防止评估权力的滥用，造成不良影响。

第三，保证参与再评估人员的素质结构和专业结构。对于参与再评估的人员，要进行定期培训，以保证再评估工作所需的人力资源。同时，在进行再评估的人员构成中，要保证一定量的专家和外部评估者。

第四，再评估是一项长期的系统工程，要注重社会评估。由于公共部门本身工作性质的特殊性，决定了对其所进行的评估必然有很强的社会影响力。同时，社会评估作为重要的外部评估，其信息是比较客观和公正的。就目前我国公共部门绩效评估的发展水平来说，社会评估是很重要的信息源，值得高度重视。实践是最终的检验标准，只有被实践证明正确，才能对评估结论和评估效益作出最后的判定。再评估是一项长期的工作，在具体实施时理应重视社会评估。

本章小结

本章主要分四个部分介绍了公共部门的绩效评估方法及其运用。第一部分介绍了指标及指标要素确定过程中的一般方法及运用；第二部分介绍了技术指标确立过程中的运用，其内容主要是介绍权重、等级、分值这三个技术指标的确立及运用过程；第三部分介绍绩效评估过程中的实施方法，其内容主要是介绍评估对象的选择、评估实施过程中的一般方法以及评估结果的检验；第四部分介绍的是评估的再评估方法及其实施过程以及所面临的问题。本章主要采用评估过程和功能相结合、具体实践和主要方法相结合的模式来进行阐述。

关键术语

信度　效度　难度　区分度　权重　百分等级　标准分数　*Z* 分数　*T* 分数　一致性指标　简单随机抽样　正态分布曲线　三角互证法　斯皮尔曼等级相关公式法　肯德尔和谐系数法

复习思考题

1. 从小张、小王两位中，选拔一位作为一个新开设部门的领导。根据工作成绩、思想品德、组织能力、创新能力四项指标对他们进行测评，其结果是：小张的工作成绩 80 分，思想品德 70 分，组织能力 66 分，创新能力 70 分；小王的工作成绩 65 分，思想品德 82 分，组织能力 70 分，创新能力 66；请用累积分数法对以上数据进行处理（规定：谁累积分数高，谁参加）。第一问：他们中的哪位会当选这个新部门的领导？若四项指标的权重分配分别是 0.4，0.3，0.15，0.15，第二问：他们中的哪位会当选这个新部门的领导？

2. 由表 5—19 得到某政府部门工作人员的评估信息，可构成一个模糊矩阵：

$$B=\begin{pmatrix} 0.70 & 0.20 & 0.10 & 0.00 \\ 0.40 & 0.40 & 0.10 & 0.10 \\ 0.40 & 0.40 & 0.20 & 0.00 \\ 0.60 & 0.40 & 0.00 & 0.00 \\ 0.50 & 0.30 & 0.20 & 0.00 \end{pmatrix}$$

这五个指标的权重分配为 0.292 2，0.167 2，0.155 4，0.201 8，0.183 4。请用模糊综合评判法求出某政府部门工作人员的评估结果。若评定标准中的 A 为 100 分，B 为75 分，C 为 50 分，D 为 25 分，某政府部门工作人员综合评估值又是多少？

3. 某政府部门的行政人员有 180 人，采用等距抽样方法抽选 9 名进行调查。请写出具体的步骤。

4. 某市政部门共有 500 名行政工作人员，按工作成绩的高低进行分类，其中工作成绩高的行政工作人员为 100 名，占总体的 20%；工作成绩中等的行政工作人员为 300 名，占总体的 60%；工作成绩低的行政工作人员为 100 名，占总体的 20%。要从中抽选 20 名行政工作人员进行收入调查，则各应抽取的样本单位数为多少？如果各层样本标准差分布为高是 20、中是 15、低是 10，按照分层最佳抽样计算公式，可得出各分层抽选的样本单位数为多少？

5. 对 1 500 名政府行政人员进行工作考核调查。经小规模试验调查可知，$\sigma=10$，最大允许误差为 0.75，当可信度要求 95.45%时，可得 $Z_{\alpha/2}=2$，求：(1) 在重复抽样或无限总体条件下的抽样数量；(2) 在不重复抽样或有限总体条件下的抽样数量。

6. 甲、乙两个评估者按照八项指标对评估对象进行评估（如表 5—19 所示），将每一指标所评分值和等级对应排列，试计算他们评估结果的信度系数，并作出判断。

表 5—19　　两位评估者的评估结果表

指标（$n=8$）	评估分值		等级次序		等级之差	D^2
	甲评分	乙评分	甲等级	乙等级	D	
1	94	95	1	1	0	0
2	90	92	2	2	0	0
3	86	85	3.5	3	0.5	0.25
4	86	82	3.5	4	−0.5	0.25
5	85	65	5	8	−3	9
6	80	70	6	6.5	−0.5	0.25
7	75	70	7	6.5	0.5	0.25
8	62	80	8	5	3	9
合计						20

附表 1　　*T* 分布表

df	*p* (2)： *p* (1)：	0.50 0.25	0.20 0.10	0.10 0.05	0.05 0.025	0.02 0.01	0.01 0.005	0.005 0.0025	0.002 0.001	0.001 0.005
1		1.000	3.078	6.314	12.706	31.821	63.657	127.321	318.309	636.619
2		0.816	1.886	2.920	4.303	6.968	9.925	14.089	22.327	31.599
3		0.765	1.638	2.353	3.182	4.541	5.841	7.453	10.215	12.924
4		0.741	1.533	2.132	2.776	3.747	4.604	5.598	7.173	8.610
5		0.727	1.476	2.015	2.571	3.365	4.032	4.773	5.893	6.869
6		0.718	1.440	1.943	2.447	3.143	3.707	4.317	5.208	5.959
7		0.711	1.415	1.895	2.365	2.988	3.499	4.029	4.785	5.408
8		0.706	1.397	1.860	2.306	2.896	3.355	3.833	4.501	5.041
9		0.703	1.383	1.833	2.262	2.821	3.250	3.690	4.297	4.781
10		0.700	1.372	1.812	2.228	2.764	3.169	3.581	4.144	4.587
11		0.697	1.363	1.796	2.201	2.718	3.106	3.497	4.025	4.437
12		0.695	1.356	1.782	2.179	2.681	3.055	3.428	3.930	4.318
13		0.694	1.350	1.771	2.160	2.650	3.012	3.372	3.852	4.221
14		0.692	1.345	1.761	2.145	2.624	2.977	3.326	3.787	4.140
15		0.691	1.341	1.753	2.131	2.602	2.947	3.286	3.733	4.073
16		0.690	1.337	1.746	2.120	2.583	2.921	3.252	3.686	4.015
17		0.689	1.333	1.740	2.110	2.567	2.898	3.222	3.646	3.965
18		0.688	1.330	1.734	2.101	2.552	2.878	3.197	3.610	3.922
19		0.688	1.328	1.729	2.093	2.539	2.861	3.174	3.579	3.883
20		0.687	1.325	1.725	2.806	2.528	2.845	3.153	3.552	3.850

续前表

df	p（2）： p（1）：	0.50 0.25	0.20 0.10	0.10 0.05	0.05 0.025	0.02 0.01	0.01 0.005	0.005 0.0025	0.002 0.001	0.001 0.005
21		0.686	1.323	1.721	2.080	2.518	2.831	3.135	3.527	3.819
22		0.686	1.321	0.717	2.074	2.508	2.819	3.119	3.505	3.792
23		0.685	1.319	1.714	2.069	2.500	2.807	3.104	3.485	3.768
24		0.685	1.318	1.711	2.064	2.492	2.979	3.091	3.467	3.745
25		0.684	1.316	1.708	2.060	2.485	2.787	3.078	3.450	3.725
26		0.684	1.315	1.706	2.056	2.479	2.779	3.067	3.435	3.707
27		0.684	1.314	1.703	2.052	2.473	2.771	3.057	3.421	3.690
28		0.683	1.313	1.701	2.048	2.467	2.763	3.047	3.408	3.674
29		0.683	1.311	1.699	2.045	2.462	2.756	3.038	3.396	3.659
30		0.683	1.310	1.697	2.042	2.457	2.750	3.030	3.385	3.646
31		0.682	1.309	1.696	2.040	2.453	2.744	3.022	3.375	3.633
32		0.682	1.309	1.694	2.037	2.449	2.744	3.015	3.365	3.622
33		0.682	1.308	1.692	2.035	2.445	2.733	3.008	3.355	3.611
34		0.682	1.307	1.691	2.032	2.441	2.728	3.002	3.348	3.601
35		0.682	1.306	1.690	2.030	2.438	2.724	2.996	3.340	3.591
36		0.681	1.306	1.688	2.028	2.434	2.719	2.990	3.333	3.582
37		0.681	1.305	1.687	2.026	2.431	2.715	2.985	3.326	3.574
38		0.681	1.304	1.686	2.024	2.429	2.712	2.980	3.319	3.566
39		0.681	1.304	1.685	2.023	2.426	2.708	2.976	3.313	3.558
40		0.681	1.303	1.684	2.021	2.423	2.704	2.971	3.307	3.551
50		0.679	1.299	1.676	2.009	2.403	2.678	2.937	3.261	3.496
60		0.679	1.296	1.671	2.000	2.390	2.650	2.915	3.232	3.460
70		0.678	1.294	1.667	1.994	2.381	2.648	2.899	3.211	3.435
80		0.678	1.292	1.664	1.990	2.374	2.639	2.887	3.195	3.416
90		0.677	1.291	1.662	1.987	2.368	2.632	2.878	3.183	3.402
100		0.677	1.290	1.660	1.984	2.364	2.626	2.871	3.174	3.390
200		0.676	1.286	1.653	1.972	2.345	2.601	2.839	3.131	3.340
500		0.675	1.283	1.648	1.965	2.334	2.586	2.820	3.107	3.310
1 000		0.675	1.282	1.646	1.962	2.330	2.581	2.813	3.098	3.330
∞		0.674 5	1.281 6	1.644 9	1.960 0	2.326 3	2.575 8	2.807 0	3.090 2	3.290 5

注：p（2）是双侧的概率，p（1）是单侧的概率。df 是自由度。下同。

附表 2　　**W 显著性检验时 S 的临界值有**

K \ N	P=0.05					P=0.01				
	3	4	5	6	7	3	4	5	6	7
3			64.4	103.9	157.3			75.6	122.8	185.6
4		49.5	88.4	143.3	217.0		61.4	109.3	176.2	265.0
5		62.6	112.3	182.4	276.2		80.6	142.8	229.4	343.8
6		75.7	136.1	221.4	335.2		99.5	176.1	282.4	422.6
8	48.1	101.7	183.7	299.0	453.1	66.8	137.4	242.7	388.3	579.9
10	60.0	127.8	231.2	376.7	571.0	85.1	175.3	309.1	404.0	737.0
15	89.8	192.9	349.8	570.5	864.9	131.0	269.8	475.2	758.2	1 129.5
20	119.7	258.0	468.5	764.4	1158.7	177.0	364.2	641.2	1 022.2	1 521.9

注：若 $N>7$，检查 W 的显著性按下列步骤：第一，把 W 代入 $x^2=K(n-1)W$ 求 x^2。第二，把算出的 x^2，按 $df=N-1$ 查 x^2 分布表，查出的显著水平为 0.01 或 0.05 的 x^2 值比较，若前者大于后者，则 W 达到显著水平，这个 W 有意义。

第 6 章

公共部门绩效评估的心理调控

人类所进行的各种活动都离不开心理活动的作用。正如恩格斯所说："在社会历史领域内进行活动的，是具有意识的、经过思虑或凭激情行动的、追求某种目的的人；任何事情的发生都不是没有自觉的意图，没有预期的目的的。"① 公共部门绩效评估是公共管理者对公共部门多元产出绩效的衡量与评价的过程，其任何一个环节，从最初的评估指标的确立到对评估指标模型的再评估，都始终渗透着评估者、被评估者以及第三方（即指标模型构建者）的各种心理反应。而它们之间相互作用所产生的合力反过来又制约了公共部门绩效评估的实效性。因此，可以说，缺少心理调控的绩效评估就称不上是完整的绩效评估实践。就评估者、被评估者以及第三方而言，他们既有心理活动的个性差异和群体冲突，也有其共性或达到协调统一的心理基础。这种个性差异和共性充分体现了进行心理调控的必要性和可能性。

重点问题

- 心理调控的内涵

① 《马克思恩格斯选集》，2 版，第 4 卷，247 页，北京，人民出版社，1995。

- 心理调控的分类
- 心理调控的必要性
- 指标确立过程中可能出现的心理反应及其调控手段
- 实施过程中可能出现的心理反应及其调控手段
- 再评估过程中可能出现的心理反应及其调控手段

6.1 公共部门绩效评估心理调控概述

6.1.1 心理调控的内涵

心理调控是指通过心理技巧和管理方法的改变，对绩效评估中可能出现的或正在发生的不良心理反应进行调节和控制。具体而言，公共部门绩效评估中心理调控的特点表现在以下几个方面：

1. 心理方法与管理方法相结合

客观事物以及它们之间的联系在人脑中的反映便形成了人的心理活动。而心理学的研究结果已证实，人的心理现象是有规律的，即人的认识活动、情感活动和意志活动以及这些心理活动的产物——精神现象及能力、气质、性格等，都有其形成和演变的规律。因此，在绩效评估中，通过规律对各参与方的心理反应进行预测并运用适当的心理技巧和方法进行调适将大大有利于绩效评估的实施。但与此同时，公共管理者还必须认识到，这些心理现象并不是仅仅由孤立的心理过程、心理状态、心理特征等心理因素所致，还与公共组织的制度设计、行为规范以及人员的组成结构等因素密切相关。由此可见，单纯的心理技巧的运用并非完全意义上的心理调控。概言之，心理方法与管理方法相结合才能确保最终实现心理调控的目标。

2. 预防性调控与补救性调控相结合

随着心理学知识和管理手段的不断完善，大多数的公共管理者不仅可以事先预测可能出现的心理反应，还可以进一步分析了解引起心理反应的原因，并采取相应的措施，引导各主体的心理反应朝着可预期的、较理想的方向发展。但是，随着经济发展、社会变迁，公共组织环境肯定会发生这样或那样的变化，而这些变化可能会脱离人们预期的轨道，并对绩效评估各参与方的心理活动产生或大或小的影响。这种情况要求公共管理者能审时度势，及时采取适当的补救措施，尽可能使种种不良的心理反应的负面影响减至最低限度。

3. 个体心理调控与群体心理调控相结合

个体心理是指一定条件下个体的心理活动。它是群体心理的基础，一般包括人的个性、能力、气质、性格、知觉及态度等。而群体心理是指群体成员在共同的群体活动中形成并表现出来的共有的、有别于其他群体的价值、态度和行为方式的总和。[①] 个体是群体的组成元素，群体心理必然会对个体心理产生各种各样的影响，如社会助长作用、社会干扰作用以及群体规范作用等。其中，社会助长作用是指一个人与他人一起工作，或者只是他人在场，就能使活动效率提高，出现工作、生产增量或增质；反之，由于他人在场，使工作、生产出现降质、减量，就是社会干扰作用。因此，在绩效评估的实践中，一般可以通过群体心理对个体心理的影响，间接调控个体心理。当然，在必要的时候，也可以采用有针对性的个体心理调控以配合群体心理调控。

6.1.2 心理调控的分类

心理调控的方法种类很多，从不同的角度出发，可以分为以下几种。

1. 按调控内容的不同划分

（1）心理结构调控。

所谓心理结构，即不同个性心理的成员的比例和构成。它主要包括气质结构、性格结构、能力结构、年龄结构、角色结构等。我们可以把绩效评估中的每一个参与方看作一个独立的群体，其心理结构的优化与否势必会影响心理反应作用的大小。

（2）需要与动机调控。

需要是个体缺乏某种物质或精神的东西时产生的一种主观状态，是个体在社会生活中对客观事物的需求在人脑中的反映。而动机是直接推动人去行动以达到一定目标的内在动因，它是在需要的基础上产生的。它们与行为之间的关系可以用图 6—1 表示。[②] 通过需要和动机调控，运用相应的激励手段，可以控制和疏导人们的心理活动，促使其产生切合评估目标的行为。

（3）情绪控制。

情绪是指由客观事物依据其是否满足人的需要所引起的人的主观体验和相应的一系列反应。人们情绪的变化与其工作积极性紧密相关。对此，心理学家已进行了研究并得出一些结论。如著名的赫布曲线和叶杜二氏法则。赫布曲线体现了工作与情绪状态之间的关系（见图 6—2）。叶杜二氏法则是由心理学家叶克斯和杜德逊总结归纳的，主要解释情绪状态、工作难度及工作效率三者之间的关系（如图 6—3 所示）。为此，结合相关理论，可以采取相应的调控措施，避免人们

① 参见于子明：《管理心理学辞典》，200 页，北京，解放军出版社，1990。

② 参见夏国新：《心理规律在管理中的应用》，68 页，北京，中国城市出版社，1995。

的情绪波动影响绩效评估的开展。

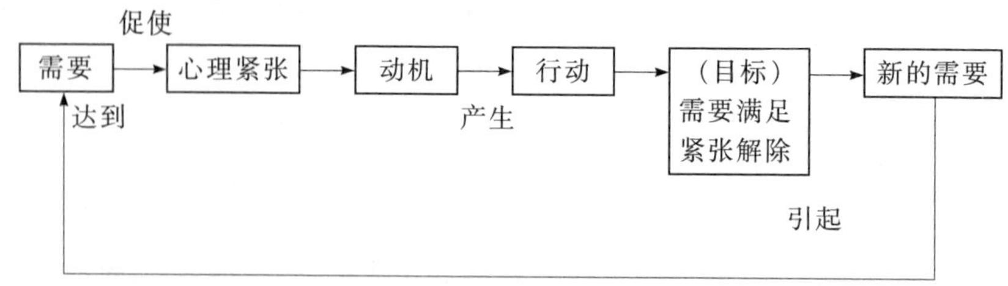

图 6—1

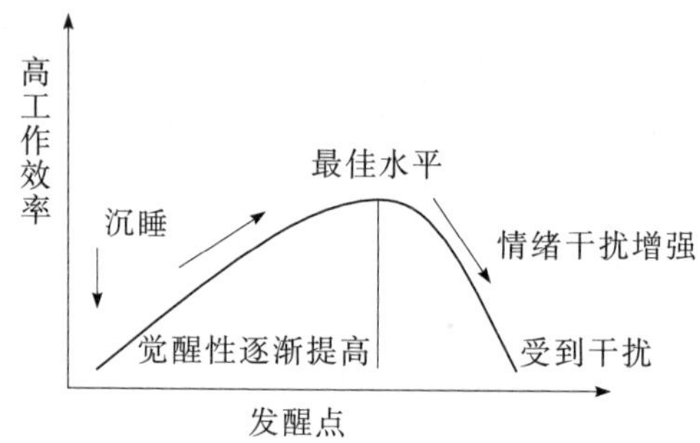

图 6—2　赫布曲线

资料来源：陶克涛、刘建平：《管理心理学》，190 页，北京，中国商业出版社，2001。

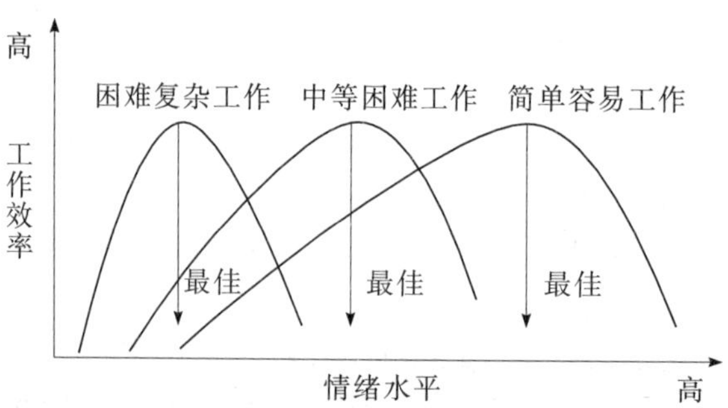

图 6—3　叶杜二氏法则

资料来源：陶克涛、刘建平：《管理心理学》，190 页。

（4）意志调控。

意志是指人们自觉确定目的，支配行动，克服困难，以实现预定目的的心理过程。意志是人类特有的一种复杂心理现象，它在社会实践中形成和发展，并反过来作用于人们的行为。意志对人们行动的调节表现在两个方面：发动，即推动人们去从事达到预定目标所必需的行动；制止，即制止与预定目标不相符的愿望与行动。意志调控的最终目的就是引导人们的心理和行动朝预定目标的方向前进。

(5) 个性调控。

所谓个性，是指一个人在实践中经常表现出来的比较固定的、区别于他人的个性心理倾向和个性心理特征的总和。它是在人的生理素质的基础上，在一定社会历史条件下，通过社会实践活动逐步形成和发展起来的。个性一旦形成，便具有一定的稳定性，但在一定条件下，个性特点也是可以改变的。其中的个性心理倾向（包括动机、需要、兴趣、理想、信念和价值观等）相对来说较易调控。

(6) 思维调控。

思维是指事物的一般属性和事物的内在联系在人脑中的间接的、概括的反映过程。思维以感知为基础，又超越于感知之上。其基本形式是概念、判断、推理，可以通过引导人们思维方式的改变，改造人们的认知体系，从而实现心理调控。

2. 按实施调控的主体划分

(1) 自我心理调控。

自我心理调控即作为个体的自我或群体的自我，根据自己对自己的心理活动状态、行为和能力以及绩效评估总体情况和客观环境条件的正确认识，自觉地进行监督与检查、调节与控制，主动地把握或驾驭自己的心理活动，以适应评估的总体要求，促进绩效评估活动的顺利开展。一般而言，进行自我心理调控的主要手段有自我意识、自我教育以及自我监控等。

(2) 他人心理调控。

他人心理调控即来自同一群体或其他群体的个体根据自己的心理活动状态、行为和能力以及对评估标准和绩效目标的正确认识，对其周围的其他个体的心理反应做出相应的调节和控制，促进交流与合作，实现预期的评估目标。具体而言，他人心理调控的主要方法有心理共振法、心理接触法、心理相容法以及监督控制法。

(3) 群体心理调控。

在绩效评估的各个活动环节，群体为了统一和保持各参与方心理活动的方向和强度，会采用不同的心理调控方法，对被调控对象进行心理调控，充分发挥群体效能。一般而言，群体心理调控的方法主要包括群体信息沟通、群体规范控制和群体舆论压力等。

3. 按调控的过程划分

这种划分主要包括指标确立中的心理调控、实施过程中的心理调控、再评估中的心理调控（这一部分将在后面几节具体展开）。

另外，根据调控性质的不同可以分为主动性和被动性调控及诱导性和强制性调控等。

6.1.3 实施心理调控的意义

1. 通过心理调控，可以使指标模型更加科学、合理、系统

公共部门绩效评估是一项复杂的系统工程，指标模型的构建是绩效评估体系中的关键环节，其质量直接影响整个评估工作的成效。指标模型的构建通常是委托由具备相关知识的专家学者及研究人员等组成的独立第三方完成的，一般包括以下几个步骤：明确评估对象的绩效目标和评估目的；设计指标模型的结构；拟订评估指标和评估标准及设定指标权重。因此，在这一环节中，第三方成为主导和关键，而评估主体则在解释绩效目标和评估目的以及指标模型的初步审核中发挥辅助性功能，评估对象主要在调研过程中起积极的配合作用。因此，每一参与方的经验、认识水平、气质性格、兴趣态度、意志品质、道德水准、情绪状态，以及三者之间的心理相互作用，都会对指标模型的构建产生这样或那样的影响。试想一下，假如在指标确立过程中，被评估者对第三方的调研工作持有偏见，为了实现所谓的自我保护，不愿配合第三方的调研工作，提供错误的或虚假的绩效信息；第三方由于第一印象的作用，对被评估者及其绩效做出初步判断后就没有进一步分析；而评估者为追求时尚，不顾现实需要，仅凭一时冲动设立评估标准；显然，在这些情况下所构建的指标模型是不可能符合公平公正、系统全面、连续稳定、可靠客观、操作简便、适用宽广的基本原则的。因此，为了使指标模型更具科学性和合理性，适当的心理调控是必不可少的。

2. 通过心理调控，保证绩效评估的实施得以顺利进行，更好地完成各环节的任务

评估者和被评估者的心理对绩效评估的实施过程的影响特别明显，表现在信息搜集与分析过程中，能直接影响信息资料搜集的真伪、全缺和快慢。比如，倘若评估者对被评估者抱有成见，致使对被评估者的不足之处特别挑剔，就会对其优点视而不见，影响对被评估者的判断。如果被评估者对评估者缺乏信任和好感，也会处处设防，产生对抗情绪。表现在结果的解释和结论的确定上，评估者的心理倾向影响尤为突出，这是造成评估偏差的重要原因。例如，在评估活动中，不少情况下都采用集体评估，此时评估者由多人组成，以求结论更加准确客观，但是倘若不注意心理因素的影响，就很容易出现评估偏差。由于集体评估往往是在同一条件下，对同一评估对象做出判断和评价，这时人际关系的影响十分突出，其结果容易造成相符行为。换言之，某些人的意见和行为，出于各种原因，会与他人的行为、意志相符合。有的人会根据集体中持某些评估意见人数的多少，做出符合大多数人意见的评价；有的人则为了保持与同行的融洽关系，表现出一定的从众行为；有的人屈从于某些权威人士的意见；也有的人因缺乏自信而遵从他人的评估结论，这种不负责任的人云亦云、随波逐流，影响了对问题的深入分析和探讨。不同的意见不能充分地发表，不合理的结论得不到及时修正，自然会影响评估的成功实施。与此同时，第三方的心理反应虽然不会直接影响整个实施过程，但是倘若他们能够克服心理障碍，积极参与评估的实施，将会及时发现问题，减轻后续工作的负担。可见，在绩效评估的实施过程中，重视和加强心理调控是非常必要的，它有利于克服各种不良因素的干扰，使评估更加合理。

3. 通过心理调控，顺利实施再评估，完善指标模型，圆满实现评估目标

我们知道，公共部门绩效评估不仅具有鉴定合格和为管理服务的功能，也具有评估成就、改进工作的功能。为了有效地发挥这些功能，必须对指标模型进行再评估，在实践中不断检验和完善评估指标模型，使绩效评估朝规范化、标准化方向发展。然而，能在多大程度上完善指标模型，还有赖于在再评估过程中评估者、第三方以及被评估者的心理状态。心理学认为，人的个体行为规律是：需要决定动机，动机支配行为，行为指向目标。在这里，动机具有十分重要的作用。它驱动和诱发人们的行为，规定行为的方向和力度，是产生行为的直接原因。一个人的工作成绩，不仅与他的能力有关，而且与其动机激发程度也有极其密切的关系。因此，为了更好地使再评估产生良好的效用，就要研究人的需要，研究激发动机的规律。很难相信一个对再评估持消极态度，认为再评估不公正、不合理的第三方（实质上是作为评估对象而存在的）会在再评估过程中尊重评估结论，自觉按照评估结论审视自己并改正不足。倘若再出现评估者和被评估者的各种主观偏见和心理障碍，那么再评估的成效就要大打折扣了。因此，在再评估过程中，评估标准本身必须力求科学和合理，同时还要注重心理调控，端正人们的评估态度，排除心理因素中的不良干扰，正确对待评估结论，圆满实现评估目标。

6.2　公共部门绩效评估指标确立过程中的心理调控

指标的确立是绩效评估体系中的核心问题。绩效评估能否顺利开展、能否取得巨大成效，在很大程度上取决于评估指标模型是否具有科学性与系统性。如前所述，按照评估指标模型构建的基本原则，评估指标体系一般是由维度、基本指标和修正指标三者组合而成的。一般而言，指标模型的构建者可以是独立的第三方，即受公共部门委托、授权的相关研究人员，也可以由相关的研究人员和部分政府职能部门的成员组成。但从现实情况看，并非所有的公共管理者都具备丰富的实践经验，因此，指标模型的构建多数是委托第三方完成的。而第三方要成功地构建一个指标模型，一方面需要从评估主体那里了解此次评估的目的以及所要实现的绩效目标；另一方面又要通过深入的调研，从评估对象那里获取客观真实的绩效信息，以便设计科学的评估维度、基本指标和修正指标。显然，指标的构建不仅是各种相关的技术和方法的运用，更重要的是还必须分析不同参与方可能产生的各种心理反应并采取相应的调控措施，以保证评估指标模型的公平公正、系统全面、连续稳定、可靠客观、操作简便、适用宽广。

6.2.1 指标确立过程中评估者、被评估者、第三方的心理反应

1. 评估者的心理反应

在授权第三方构建指标模型之前，评估主体必须先向第三方传达组织的绩效目标和评估目的，使它能在调研和设计过程中做到有的放矢；在指标模型构建完毕后，评估主体又必须对第三方设计的指标模型进行审核并适当地提出修改意见。在此过程中，种种现实活动在评估者大脑中形成的反映便是此时评估者的心理。一般情况下，指标确立过程中评估者可能出现的心理反应主要有以下几种：

（1）角色心理。

角色一词最早是美国社会心理学家 G. H. 米德从戏剧中借鉴而来的。在戏剧中，角色是指演员在舞台上依照剧本所扮演的某一特定人物。而社会心理学中所讲的角色是指人们的社会角色，即指处在社会地位中的一类人所具有的一套权利义务和行为规范。那么，角色心理则是身份的自我意识和潜意识表现的一种心理现象，是特定的职业责任、道德规范、行为习惯、职业利益等的反映。参与审核指标模型的评估者往往来自不同的岗位，各具特有的角色心理，这会在审核过程中反映出来。由于各自角色心理的不同，评估者往往会表现出不同的价值取向。例如，在地方政府一级，综合评估主体可能侧重于对“基本建设”维度中有关传统评估指标进行评估，而否定评估主体则倾向于对“基本建设”维度中有关一票否决和行政投诉指标进行评估。

（2）心理定势。

心理定势是指一定的心理活动所形成的准备状态，会影响或决定同类后继心理活动趋势的一种心理现象。其积极的一面反映了心理活动的稳定性和一致性，

消极的一面则会妨碍思维的灵活性和创新性。在审核过程中，各类评估主体可能会按照各自的心理定势表达自己的见解，不太注意全面系统地分析情况，从而影响评估指标模型的客观性。

（3）时尚效应。

时尚效应是指对新颖、时髦事物的向往和崇拜的一种心理现象。在追求时尚的狂热中，人们往往会停止自己的独立思考，服从社会潮流，接受多数人所热衷的东西来获得心理的满足。在审核指标模型时，由于时尚效应的作用，评估主体可能会去追求新颖、时髦的东西，偏离科学的评估目标。如果所追求的“时尚”符合公共管理的目标，履行了公共责任，就能起积极作用；反之，只能起消极作用。譬如，某段时期，我国大部分地方政府将经济指标作为考核官员政绩的最主要指标，这样就导致一些地方政府只注重经济效益，忽视环境效益，只顾眼前效益，不管长远发展，对当地经济的和谐发展产生了极其严重的负面影响。这就是时尚效应消极一面的体现。而近期，有些地方政府争相把“就业率”纳入政绩考核之列，这不管从当地 GDP 的发展还是从社会效益的角度看，都体现了时尚效应的积极意义。

2. 被评估者的心理反应

在指标模型构建过程中，被评估者并不直接参与整个工作环节，但是作为绩效信息的主要来源之一，他们的种种心理反应以及由此产生的各种行为可能会影响整个指标模型的质量甚至整个评估工作的顺利开展。一般而言，作为被调查对象的被评估者可能产生的心理反应有以下几种形式：

（1）自我保护心理。

在调研过程中，作为绩效产生的活动因子，被评估者必须先对其本身所起的作用进行自我分析，然后才可能提供调查者所需的资料。社会心理学家认为，“当涉及自我，我们不是客观地公正地观察自己，相反，我们评价自我往往受到积极或消极因素的影响。而且，我们试图维护我们的观点，总想改变现状或改变思考方法来应对威胁，这种自我保护的努力有时改善了我们的行为和观察世界的方法”[①]。与此同时，“行政文化倾向于无法忍受内部和外部的批评，因此，行政人员在内部层级、以往决策和现行程序遭到挑战时会展开自我防御，极力抵制”[②]。具体而言，自我保护心理又可以分为以下七种形式[③]：

1）反抗型——即当别人提出意见指出他的弱点时，他以一种反抗性的姿态

① 许峰：《社会心理学》，98 页，北京，经济日报出版社，2001。

② ［美］戴维·H·罗森布鲁姆、罗伯特·S·克拉夫丘克：《公共行政学：管理、政治和法律的途径》，368 页，北京，中国人民大学出版社，2002。

③ 参见于子明：《管理心理学辞典》，176～177 页。

出现；

2）攻击型——即当“自我”形象受到威胁时，他对此表示愤怒，并转换话题，攻击他人；

3）怀疑型——对他人忠告或批评持怀疑态度，总怀疑对方是跟自己过不去，以一种阴暗心理猜度别人；

4）寻找合理原因型——提出种种主客观原因，为自己的缺点过失辩解、开脱，企图使自己的缺点、过失合理化；

5）精神胜利法型——自我陶醉于脱离实际的想象中，逃避“自我”形象受到威胁而产生的烦恼，以自我麻醉的方式进行解脱；

6）寻找他人过错型——当“自我”形象受到无论是他人还是自己的怀疑、异议时，以搜寻他人的过失弱点来维护“自我”形象；

7）封闭型——过高地估计自己，对周围人不屑一顾，遇到困难时不愿求助于人，不愿与比自己优秀的人交往，把自己封闭起来，沉醉于高高在上的“自我”形象中。

（2）自我显示心理。

可以说，自我显示也是自我保护的一种。但与自我保护相比，自我显示是对外界刺激做出积极反应的表现。没有人想让人觉得自己看起来傻乎乎的或者有些无能，人们都想尽可能展示自己好的一面。为了这个结果，人们就会尽力用各种方式来展现自我，有时甚至不惜牺牲事实真相。根据一位社会心理学家的观点，有两个动机会导致自我显示心理的产生。① 第一是为取悦调查者，使其产生良好的感觉从而设计符合其自身利益取向的指标模型。作为一种规则，被调查者想借此让别人对他们做出积极的反应，或者以此来操纵他人的行为，或者想要阻止别人，企图让他们为其行为所带来的意外结果负责。第二个原因与自我建构有关。自我建构是自我显示对自己的看法的支持，人们总是想使自己的行为适合理想的自我，同时通过自我显示试演不同的自我，最终形成符合自身特性的身份。这种心理在现实中可能会产生奉承、自我助长、威胁和例证、恳求等行动反应。

3. 第三方的心理反应

在构建指标模型时，第三方首先必须从评估主体那里了解本次评估的目标，然后再对相关评估对象展开深入的调查分析，获取构建指标模型所需的相关资料——如对已获得的业绩进行梳理并对产生这些业绩的主要影响要素进行归因分析，最终建立起符合客观实际的评估指标体系。在这一过程中，构建者可能会产

① 参见许峰：《社会心理学》，110 页。

生一些特殊的心理反应。

(1) 新奇感。

尽管第三方对与公共部门绩效评估相关的学术研究已有相当高的造诣，但由于缺乏担任此类角色的实践经验，往往会对指标模型和自己将要承担的角色产生一种新奇感。这种心理反应是一种不定向情绪，延续时间不长。他们往往会带着好奇心参与指标模型的构建，当完成一定任务后，新奇感会转化为喜出望外的愉悦心情；而如果在调研的过程中碰了钉子，又可能转化为怀疑或动摇。

(2) 第一印象。

与陌生人初次见面，总要通过对方的言谈、举止、外貌等，形成所谓的“第一印象”。在绩效调研过程中，第三方很容易形成对被调查者的第一印象，这种心理效应会对绩效原因的分析产生正面或负面的影响。“人们的判断往往是以最初的相似性为基础，再以进一步的信息进行精加工和调整。这一最初的判断，从理论上说并不会影响其最终的决定。而事实也证明，人们的最终决定与最初简略的判断比所认为是正确的判断更为接近。”[①]

(3) 旁观者效应。

所谓的旁观者效应是指当人们对他人的行为做出判断时，会过低地估计情境的作用对行为的影响。这属于社会心理学归因理论中观察者—行动者偏差的范畴。社会心理学认为，归因是人们对他人或自己行为原因的推论过程，即观察者对他人的行动过程或自己的行为过程所进行的因果解释和推论。[②] 因此，第三方就原有的绩效对相关人员进行的调查研究实质上就是一种归因行为。而所谓的观察者—行动者偏差是由行动者和观察者着眼点的不同以及二者信息占有的不对称引起的。就第三方而言，他们往往偏重于将绩效成功与否归结为行动者个体的人格、动机、情绪、能力、努力等，而忽视外部条件的作用。这种旁观者效应不利于第三方对绩效因素的探究，进而影响指标模型的科学性和客观性。

6.2.2 指标确立过程中的心理调控

1. 评估者心理调控

(1) 评估者素质能力的调控。[③]

1) 选拔考核把关。这是对评估者的基本素质进行把关以确保评估指标的客

---

① [英] 波特·马金等：《组织和心理契约——对工作人员的管理》，108 页，北京，北京大学出版社，2000。

② 参见章志光：《社会心理学》，153 页，北京，人民教育出版社，1996。

③ 参见吴钢：《公共事业评价》，71～72 页。

观性。挑选评估者时，要注意考核他们的思想品德、工作能力、知识结构和实践经验，看他们是否经过专门训练等；组织评估者时，要注意保证评估者有一定的数量，并使他们具有广泛的代表性；组织内部整体结构要合理，要包括各方面的代表，也要有具有各种专业技能的人员，如数学统计、财会管理等人员。

2）评估技能培训。这是从评估者的能力培养上来保证指标的可靠性。主要是对评估者进行评估知识技术教育，包括评估原理、评估标准、实测程序、计量方法、数据处理、结果解释、评估心理调节等内容。

3）思想品德教育。这是从思想觉悟和道德的角度保证指标的准确性。这一工作是在培训活动中进行的。教育内容包括两个方面：一是学习有关文件，包括对评估指导思想、评估标准等文件的学习，以掌握评估思想；也包括进行科学理论和各种政策文件、评估经验总结等方面的学习，以掌握公共部门绩效评估规律等知识。二是思想觉悟、政策水平、道德品质和纪律法制教育，包括进行组织原则、规章制度、保密条例以及公德、认真、负责、坚持原则等内容的教育。

（2）完善行政绩效考核的制度设计，从根本上遏制评估者追求时尚的任何非理性冲动。心理学认为，团体的守则对个体有一定的约束力和心理压力，可以有效地改变人们与团体规定不一致的心理反应。

团体规定对人们心理态势的改变具有强有力的作用。现行的制度设计即团体规定的不完善将导致指标在确立过程中出现种种时尚效应。我国现行的政府绩效考核内容不尽全面，对于科学的绩效评估体系尚未达成共识，也就谈不上有效地发挥团体规定的约束力。因此，必须对现行的绩效考核机制进行再设计，科学设定规范的考核标准和考核指标，从制度上预防各种盲目追求时尚的心理产生。

2. 指标模型构建者的心理调控

（1）完善公共部门管理信息系统，强化信息过滤机制，保证第三方能够全面、及时、充分地获取可靠的绩效信息。

如前所述，之所以会出现第一印象和旁观者效应，主要在于第三方手中所掌握的绩效信息不完全、不可靠。因此，为了避免第三方在调查过程中产生先入为主的心理以及其他种种偏见，公共管理者必须创造条件使第三方能够在第一时间内获取全面、真实的绩效信息，否则，“巧妇难为无米之炊”，即使是知识再渊博的专业学者也无法挖掘出绩效形成的真正原因，更谈不上构建科学系统的指标模型。可选择的替代路径是利用现代的信息技术和手段整合公共部门现有的信息管理系统及信息过滤机制，促进公共信息的多渠道、开放式、网络化管理，使调查者能够“眼观六路、耳听八方”，对绩效原因形成正确的认识，确保评估指标模型的科学性和真实性。

（2）创造条件，促进第三方和被评估者（调查者和被调查者）的接触和沟通，增进了解，消除偏见。

在指标确立过程中，为克服调查者的主观偏见，除了从宏观上完善公共部门的管理信息系统外，在微观上，各个绩效评估的主持者应主动提供方便调查和被调查者之间进行反复的心理接触和沟通的途径。从管理心理学的角度看，当调查者和被调查者之间因误解形成矛盾，或因了解太少甚至不了解而形成偏见时，最佳的解决办法就是提供充分的条件，增加接触，增进双方的相互了解。在不断的接触和沟通中通过思想交流，情感沟通，可以增加双方互相了解的连接点与深度，从而就绩效原因取得较为客观、一致的看法。对此，公共管理学的学者也有一致的看法。“有效沟通影响了所有的组织管理程序，加强了联系，巩固了以目标为导向的行为，创造了信念和信任之间的结合，减少了对观点和行动的扭曲，促进了士气，减少了不满情绪，将员工对变革的担心降低到了最小的程度，而且为制定更好的决策创造了便利条件……公共管理者作为决策的制定者和组织的领导者可以使用有效沟通的工具，以在持续的基础之上整体推进管理职能。”[①] 由于第三方相对独立的身份特征，要促进其与评估对象的相互了解，除了开展各式各样的座谈会，还应允许第三方对评估者个人进行点对点的深入调查，以便获取翔实、全面的绩效信息。同时，还应动员广大评估对象予以积极的配合，这样才能避免不必要的人为障碍对调查者产生心理干扰，甚至是情绪的大幅度波动，影响工作的效率和质量（这一点将在下一部分具体展开）。

3. 被评估者心理调控

（1）采用全方位、多层次的宣传攻略，转变被评估者固有的思想观念，促使他们尽可能以客观的心态积极参与指标模型的构建。管理心理学认为宣传对于人们心态改变的效果大小取决于宣传者的权威和宣传的内容。[②]

1）宣传者的权威是由两个因素构成的，即专业性和可信度。心理学家伯洛（Bello）在研究宣传者本身的威信与态度改变之间的关系时指出，其中有三个因素是很主要的：第一，宣传态度的公正与不公正、友好与不友好、诚恳与不诚恳，这些就是可靠性因素；第二，宣传者的有训练与无训练、有经验与无经验、有技术与无技术、知识丰富与不丰富，这些就是专业性因素；第三，宣传时语调坚定与软弱、勇敢与胆小、主动与被动、精力充沛与疲倦乏力，这些就是表达方式因素。在这三个因素中，伯洛认为第一、二个因素是主要的，第三个是较不重

① ［美］雅米尔·吉瑞赛特：《公共组织管理：理论和实践的演进》，128 页。

② 参见俞文钊：《管理心理学》，348 页，兰州，甘肃人民出版社，1989。

要的。例如，厦门市思明区人民政府为顺利实施绩效评估专门成立了“公共部门绩效评估”项目领导小组，该小组由区长担任项目顾问，区委副书记、常务副区长任组长。在前期准备过程中，该项目领导小组专门召开了全区机关干部的组织动员大会，达到了良好的宣传效果，在绩效调研中得到了机关各成员的积极配合。

2）宣传的内容。心理学研究表明：第一，对于受教育程度低的人来说，单方面宣传容易转变他们的态度，而对于受教育程度较高的人，则听到正反两方面内容的宣传效果为最好。第二，他们最初的态度与宣传者所强调的方向一致时，单方面宣传有效；反之，两方面宣传更为有效。第三，假如宣传内容能够引发对方的不安全感，产生一定的压力，也能迫使人们改变态度。第四，循序渐进、逐步提高要求也有利于转变态度。因此，针对以上的分析结果，结合公共部门的实际情况，在前期的宣传过程中，必须讲究宣传的技巧和方法，使被评估者正确看待绩效调研，充分认识到他们只有积极配合，才能发现客观真实的绩效原因，才能实现他们自身利益的最大化。否则，任何消极或过激心理都只会掩盖事实真相，最终甚至可能导致整个绩效评估无功而返、相应的绩效激励机制陷入瘫痪状态。

（2）通过多次反复的心理接触，消除心理隔阂，扫清心理障碍。从心理学的观点看，所谓心理接触就是依据被调查者的认识、态度、情感和个性特点，进行切中要害和推心置腹的交谈，摆事实、讲道理，充分表明绩效调研的科学性和客观性，使被调查者积极主动地配合调研和指标的确立工作。心理接触的基本要求是真实、准确、全面、有针对性。真实即不讲假话、空话、大话，不掩盖调查目的，以事实为根据；准确就是运用确切的概念和术语，讲究语气和分寸，尽量避免使用有伤自尊心和招致误解的语言；全面就是不说过头话、绝对话，叙事完整、说理全面；有针对性就是根据被调查者的职位、能力、素质和情绪状态，采用不同的谈话方式和不同的措辞。

（3）取得关键人物的信任和支持，牵一发而动全身，获得更多的支持与合作。除了上面的心理接触法，还有一个更简便的方法可以突破被评估者的心理障碍，即获得关键人物的合作。管理学认为，每个组织中都会存在若干个关键人物，而组织的其他成员则唯其马首是瞻。因此，要获得组织所有成员的合作，只需要通过关键人物来指挥其他人即可。美国学者吉姆斯·K·范佛里特在《激励人的十二大诀窍》一书中归纳了以下类型的关键人物：1）非官方领袖存在于一切组织中；2）关键人物独立性很强；3）关键人物是能够解决问题的人；4）关键人物具有创造性思维。[①] 这一理论对于公共组织同样适用。在指标确立过程中，为了取得被评估对象的支持，评估主体和第三方可以挖掘组织尤其是非正式组织中的关键人物，先取得他们的信任和支持，再通过他们在组织中的影响克服其他人的心理障碍，动员所有的成员积极配合第三方的调研工作，确保指标模型的顺利构建。

6.3 公共部门绩效评估实施过程中的心理调控

评估指标模型构建完毕，就要着手将该模型付诸实践，具体落实绩效的评估。一般而言，一个完整的绩效评估实施过程应包括设立绩效评估机构、选择和确定评估主体、确定评估周期、评估动员、评估对象自评、评估信息的收集和反馈及评估结果的形成等环节。显然，这一过程同样会引起评估者、被评估者以及第三方的种种心理反应。为了保证整个绩效评估的顺利实施，有必要对相关的不良心理反应进行实时的引导和调控。

6.3.1 实施过程中评估者、被评估者及第三方的心理反应

1. 评估者的心理反应

在公共部门绩效评估过程中，评估人员的一些心理因素可能导致评估偏差。这些心理因素根据其形成基础和出现原因的不同，可大致分为四类，即基于认知原理的心理反应、基于情感的心理反应、基于个性差异的心理反应以及基于群体效应的心理反应。

（1）基于认知原理的心理反应。

认知过程是个体认知活动的信息加工过程。认知心理学将认知过程看成一个由信息的获得、编码、储存、提取和使用等一系列连续的认知操作阶段组成的按一定程序进行信息加工的系统。在认知过程中，由于获取信息的顺序和排列的不同，会造成绩效评估者判断上的偏差，从而妨害绩效评估的成功进行。

1）首因效应的原因和表现。

首因效应也称为先入为主或第一印象，是指依据最先获得的资料信息对被评估人进行评定，形成第一印象而忽视后来的资料。由于首因效应依据的资料有

---

① 参见［美］吉姆斯·K·范佛里特：《激励人的十二大诀窍》，149～151页，上海，同济大学出版社，1990。

限，因而这种评估往往是不全面的、不可靠的，容易造成评估失真，形成首因效应偏差。在绩效评估的实践中，评估表中前面几项指标的情况很可能造成评估人员对被评估者的第一印象，从而影响评估表中后面几项指标的信度。如果该被评估者的前几项绩效指标都很不错，即使后面几项指标表现不佳，评估者也可能会为他寻找借口，比如“一时疏忽、无心之失”等；而如果该被评估者前面几项绩效指标都表现平平，后面的指标表现再好，评估者也可能认为只是“碰巧”而已。与之类似的还有以前的评定结果对后来的评定结果产生影响，即以前的评定结果不论是好还是坏，都会不公正地影响到下一次的评定结果。

2）近因效应的原因和表现。

与首因效应相反，近因效应是在多种刺激依次出现的时候，印象的形成主要取决于后来出现的刺激。即在认识过程中，我们对他人最近、最新的认识占了主体地位，掩盖了以往形成的对他人的评价，因此也称为“新颖效应”。有关近因效应的经典试验也是由卢钦斯（A. S. Lochins）做出的。在绩效评估中，近因效应就是指评估者进行某种较长阶段性绩效评估，如年度评估时，通常并不以被评估者一年的实有绩效为依据，而只以最近数月的绩效作为一年绩效评估的依据。其原因为最近数月的绩效印象较为深刻，记忆也较清楚；而对以前月份的绩效则印象模糊，记忆不清；较为清晰的记忆就掩盖了模糊不清的记忆，主导了对被评估者的评价。这种现象在年度评估等较长时间间隔的绩效评估中尤为明显。

3）晕轮效应的原因和表现。

在认识过程中，晕轮效应也会造成认识的偏差。晕轮效应最早是由美国著名心理学家爱德华·桑戴克于20世纪20年代提出的。所谓晕轮效应，就是指在他人的某种特殊表现突出时印象深刻，由此引起对其他特征的忽视，从而产生以点概面的现象。

在绩效评估中，评估者常因被评估者的某项特性，恰恰也是评估者认为重要的特性，而影响到评估者对被评估者其他各项特性的客观评定。比如某位被评估者待人热情、乐于帮助他人，而评估者又恰好很欣赏这种行为，则可能会对该被评估者的其他能力做出较高的评定。晕轮效应带来的不利影响是显而易见的，同样也是以偏赅全、一叶障目。这种选择性的绩效评估偏差，不但妨害绩效管理目标的顺利实现，而且可能会导致被评估者投评估者之所好，扭曲组织的精神。甚至某项绩效指标（比如发表文章、增加收入或经济指标等）被作为唯一实际有效的指标，绩效评估被异化为该项指标的简单评价和比较。有鉴于此，稍稍改变一下，评估过程可能会消除，至少减弱晕轮效应，比如绩效评估的各个项目可以分别进行评定，而不对一位被评估者的各个项目同时进行评定。

（2）基于情感的心理反应。

情感是处于特定生理状态下的主体对主、客关系的理解与体验。在绩效评估过程中，一些基于情感的心理因素，比如思维定式、情感偏差以及趋中效应等，也可能会造成绩效评估的偏差，影响绩效评估的准确性。

1）思维定式效应。

所谓思维定式效应，就是指按照积累的思维活动经验教训和已有的思维规律，在反复使用中所形成的比较稳定的、定型化了的思维路线、方式、程序、模式（在感性认识阶段也称作“刻板印象”）。人们在一定的环境中工作和生活，久而久之就会形成一种固定的思维模式，使人们习惯于从固定的角度来观察、思考事物，以固定的方式来接受事物。如年轻人通常认为老年人保守，而老年人通常觉得年轻人浮躁；男性往往认为女性心胸狭窄，而女性常常认为男性粗心大意等。定式虽然可以节省思考的时间，提高效率，但是不利于创新思维，也不利于适应情势的发展，容易养成机械、呆板的行为习惯。在绩效评估过程中，评估者如果带着思维定式去评定，则往往可能导致对具体情况的忽略而造成评估结果的偏差。

2）情感偏差。

绩效评估中的情感偏差是指由于绩效评估双方的关系、情感而影响了评定的真实性。这种由于评估者对被评估者在感情上的差异性而导致的评定上的倾向性，势必会使绩效评估丧失应有的信度，发生偏差。当评估者与被评估者之间存在亲密或仇视的关系时，评估者几乎很难做到客观公正。而在绩效评估中存在同事之间互相考评的情况，以及上级考评下级的情况，这就难以避免考评双方之间具有足以影响评估的亲疏关系；即使是专门的绩效评估工作人员也可能与被评估者存在情感上的关系。

3）趋中效应的原因和表现。

趋中效应是指绩效评估者在评估中，其评定的结果有集中在某一等次或分数的倾向，绝大部分评估者可能会做出既不太好也不太差的评定等次。其原因是评估者唯恐判断失误和出于中庸心理而自觉或不自觉地在判断中取中间等次。也有学者认为其原因是“政治”因素占主导地位，评估者不愿对被评估者的绩效进行明显的优劣区分，以免引起被评估者对评估的不满及相互间的猜忌。这种现象在我国可能更为常见：由于受到传统文化的影响，很多评估者更愿意充当“老好人”的角色，在绩效评估时更多地采取折中的处理方式，因而使得评估结果趋于平均化；有些评估者甚至假借“辩证”地评定组织成员的理由，将大多数人都评为中间等级。

（3）基于个性差异的心理反应。

由于评估者的个性迥异，他们对于一定的绩效情况就有可能做出各自不同的判断和评定。评估者可能是一位完美主义者，他往往会放大被评估者的缺点，从而对其进行较低的评价；评估者也可能由于自己有某种缺点，而无法看出被评估者也有同样的缺点，而造成评估的偏差。而被评估者也各具特点、良莠不齐，评估者在同时评定多位被评估者时同样也可能会因为这种差别而产生判断偏差。

1）本位偏差。

本位偏差，又称为宽容效应和严格效应。评估者都是根据自己的观念和性格对客观的绩效情况进行评定，而不同评估者的观念和个性又都是有差异的，这就造成了有些评估者的评定结果普遍较好，而有些则普遍较差，产生了宽严不一的差别。在这种情况下，虽然由同一评估者所评估人员的绩效具有可比性，但不同评估者所评估的人员之间则很难公平地进行比较。另外，在宽容效应下往往造成被评估者对评估的不重视，使评估失去意义；相反在严格效应下会打击被评估者的积极性，认为自己无论怎么努力都不能得到肯定，对评估感到失望。总之，不论是宽容还是严格，都没有达到绩效评估客观公正的要求，都将使绩效管理目标的实现大打折扣。

2）对比效应。

在认知心理学中，人们把某一特定感受器因同时或先后受到性质不同或相反的刺激物的作用，而引起感受器发生变化的现象，叫做对比效应。绩效评估中的对比效应是指他人的绩效影响了评估者对被评估者的绩效评定。在连续评定一组被评估者时，评估人员更容易受到对比效应的影响。由于被评估者的绩效情况各不相同甚至良莠不齐，当一位或一组评估者对这些参差不齐的人员连续进行评定时，假如评估者的专业培训不够，就很可能受到前后对比反差的影响而作出不客观的评定。例如，与前一个表现较差的被评估者相比，一个绩效表现平平的被评估者可能会显得出众；但倘若前一个被评估者表现出色，则会使这个一般的被评估者显得很差，这都可能对绩效评估产生不公正的影响。

（4）基于群体效应的心理反应。

绩效评估时，评估者往往是组成一个群体进行集体评估，因此每一位评估者作为评估群体的一员，难免受到群体心理效应的影响。社会心理学家阿希认为，在一定的社会情境下，人们的认识和行为可能受到别人的认识和行为的影响，这就是群体心理效应。在绩效评估中，评估者的判断主要可受到暗示效应与从众效应的影响。

1）暗示效应。

暗示效应也称为皮格马利翁效应，由美国著名心理学家罗森塔尔和雅格布森在小学教学中予以验证提出，是指在无对抗的条件下，用含蓄、抽象诱导的间接方法对人们的心理和行为产生影响，从而诱导人们按照一定的方式去行动或接受一定的意见，使其思想、行为与暗示者期望的目标相符合。在绩效评估中，暗示指的是评估者受他人的影响，而不加以批判地改变自己对被评估者的评定。比如人往往很容易相信有威望的人比如领导的意见，他们的态度很可能对评估小组中的其他人产生影响力，使整个小组按照少数人的意见作出评定。这样，原本以集体智慧平衡个体判断偏差的目的就难以实现了，绩效评估事实上被个别评估者操控，偏差也就在所难免了。

2）从众效应。

从众是指个体在真实的或想象的群体压力下，表现出与群体其他成员行为一致的现象。个人受到外界人群行为的影响，而在自己的知觉、判断、认识上表现出符合公众舆论或多数人的行为方式。在绩效评估过程中的从众效应是指在评估小组大多数评估者一致意见的压力下，少数评估者放弃自己的意见，而遵从大多数人的评定意见。

无论是暗示效应还是从众效应，评估者都在压力下放弃了自己的真实判断和立场，都可能会造成评估的误差。

2. 被评估者的心理反应①

（1）自我评估心理。

1）自我认可疑惧心理。自我评估是绩效评估中不可或缺的重要一环，是任何人评估的基础，其意义在于：一是自我认识；二是作为他人评估的基础。自我评估的这种特征使得自我评估必然会产生一种疑惧心理，即怀疑自己的评估与将来他人的评估是否相符。这种疑惧心理现象可能会对自我评估产生一些消极的影响。

第一，过低自我评估。唯恐自评高于他人评估，以影响“人格形象”，于是，以较低水平评估自己。

第二，模糊自我评估。为避免自我评估与将来的评估结论发生正面冲突，即采用概括化的定性描述，运用含糊的词语给出判断。

第三，过高自我评估。认为自评是基础，他人评估是走过场，因而试图以自我评估的基点来抬高他人评估的基点。

---

① 参见吴钢：《公共事业评价》，56～57 页。

2）被审心理。被评估者在接受他人评估之前，往往会产生被动接受审查评估的心理，特别是那些资历较浅的被评估者更是如此。被审心理是一种被动心理，它对评估的实施也有消极影响：

第一，自我评估草率，等待他人评估一锤定音；

第二，对评估要求领会不全面，材料准备不充分或者杂乱无章；

第三，忙于准备表面工作，以求形式上给评估者留下“好印象”；

第四，评估过程小心谨慎，畏首畏尾。

（2）他人评估心理。

1）应付心理。即被评估者在实施过程中的一种消极心理现象。它的表现多种多样，譬如，自我评估马虎草率，流于形式走过场；评估动员不力，敷衍了事；提供材料支离破碎、残缺不全；对评估者所提的种种要求敷衍了事等。

2）迎合心理。这是一种与应付心理相反的“积极”心理状态，即不正常、不健康的“积极”状态。它会对评估的实施产生消极的影响：

第一，腐蚀软化作用。阿谀奉承，使人“拿了手短、吃了嘴软”，心理麻醉，失去防卫，最终使评估者的原则瓦解、标准崩溃，偏离评估轨道。

第二，线索诱导作用。形式上的“积极”状态和态度上的“认真”气氛，使评估者因此受到情绪感染、发生移情，心境带有愉悦、理解、同情的色彩，被诱导进入正面肯定的心理状态，从而导致偏向性的肯定。

3）自卫心理。心理学研究表明，人在生活中处理自己与现实关系的心理现象有两种：一为适应；二为自卫。在实施过程中，自卫心理一般表现为以下几种思想和情绪：

第一，疑虑—紧张—厌烦连续心理。对评估的意义、要求认识不清，容易产生疑虑心理，怀疑评估是否有损于自身，也可能怀疑评估的科学性以及评估结果的客观性和公正性。由疑而虑，便进入紧张状态，担心评估会影响个人或组织团体的名誉、领导印象、晋级加薪、重点扶持。由紧张又产生两种心理状态：一是厌烦，不愿参与评估过程；或者产生牢骚、怨言，散布对评估不信任的言论，影响舆论，试图使评估走过场，或为不佳的评估结果起掩饰作用。二是怯场，表现为参加评估的个人，因过度紧张而无法控制、支配自己的精神潜力，不能充分发挥自己的水平。

第二，回避—旁观—磨抗连续心理。在前述心理的支配下，有的采取回避态度，如请假、出差，借此脱离评估现场。回避不了的，一是采取旁观态度，如表面上不露声色，形式上积极参加，但是一言不发、冷眼旁观、态度暧昧，以此冲淡评估气氛，获得内心平衡。二是采取磨抗态度，或者把缺点、问题、弱点掩盖起来，不暴露可能导致否定评估的材料信息；或者对不得不暴露的问题，采取大事化小、小事化了的手段；或者采取“大帽子底下开小差”，以抽象肯定、具体否定的手段文过饰非。

第三，显示—夸耀—比闹连续心理。自卫心理的另一种表现是以进为退的策略，即一反躲躲闪闪、含糊其辞的姿态，转而积极参加、四处活动；或是宣扬自己的长处、优点、贡献、绩效，试图转移人们对短处的注意力；或是挑剔别人的短处和问题，转移评估者的视线；或是以攻为守，揪评估者的小辫子、钻空子，企图混淆视听，使评估者自顾不暇，从而使自身从容躲避。

3. 第三方的心理反应

(1) 异己心理。

有些评估主体认为指标模型构建完毕后第三方的任务就已经结束了，实施过程仅关乎评估者和被评估者二者之间的事。因此，在实施过程中，第三方可能被拒之门外，不再被要求参与绩效评估的实际操作。此时，第三方可能产生异己心理，将整个绩效评估视为身外事，缺乏内在的动力和热情。

(2) 冷漠心理。

绩效评估的实施过程看似与第三方关系不大，不会直接损害其切身利益，因此他们可能会对实施过程持“事不关己、高高挂起”的冷漠态度。

6.3.2 实施过程中的心理调控

1. 评估者的心理调控

(1) 优化评估主体的心理结构。

所谓评估主体心理结构，是指不同个性心理的评估者按照一定比例进行搭配和排列组合。心理结构有合理与不合理之分，适应组织目标和工作需要、有利于提高群体的内聚力和整体效能的心理结构便是合理的，否则就是不合理的。具体而言，评估主体的心理结构包括以下几个方面：

1) 气质结构。它是指评估主体中不同气质特征人员的比例和构成。心理学认为人的气质可以分为多血质、胆汁质、黏液质、抑郁质四种。气质类型不同的人，心理活动的感受性、耐受性、反应速度、随意性与灵活性以及心理活动的倾向性等均有所不同，由此组合而成的群体必然会对实施过程产生或好或坏的影响。合理的气质结构应是协调补充、相互包容的。如胆大泼辣、雷厉风行的胆汁质和沉着冷静、耐心细致的黏液质就可互为补充；灵活多变、善于交往的多血质和细腻深刻、长于思考的抑郁质也是一种互补。

2) 性格结构。它是指评估主体中不同性格特征人员的比例和构成。心理学从不同的角度出发，将性格分为以下几种：第一，按理智、意志、情绪三者谁占优势可分为理智型、意志型、情绪型；第二，按心理活动的倾向可分为外倾型（外向型）、内倾型（内向型）；第三，按独立性程度可分为独立型、顺从型。不同性格结构的群体会对绩效评估的实施产生不同的影响。合理的性格结构的关键是科学搭配、取长补短。例如，完全由情绪型、外倾型和独立型性格的人所组成的评估主体，会出现热情有余、冷静不足，导致过于冲动、缺乏沉稳，甚至可能会因各自的固执己见而发生争执、摩擦或纠纷；而完全由理智型、内倾型、顺从型性格的人组成的评估主体，则会出现过分的拘谨，缺乏创见或魄力，可能导致实施过程中评估责任难以落实，评估任务不能及时完成。

3）能力结构。它是指评估主体中具有不同能力水平和能力类型人员的比例和结构。合理的能力结构，除了在能力发展水平上应有一定的差异外，更重要的应是能力类型的差异。心理学认为能力类型有三种：思想型（创造型）、组织型、实干型（操作型）。不同层级的评估主体，其能力结构也不尽相同。只有将不同能力类型的人员合理地组合在一起，才能实现能力互补，弥补个体的能力局限性，发挥群体能力的最佳效应。

4）年龄结构。它是指评估主体中不同年龄人员的比例组成。发展心理学研究表明，在一定的社会和教育条件下，作为个体的人，其在发展的各个年龄阶段所形成或表现出来的心理年龄特征是不相同的。最佳的年龄结构应根据评估主体层级和任务的不同，科学设定其中的老、中、青人员的比例。老年人、中年人、青年人的心理特征都具有两面性，通过兼容并蓄，可以取长补短、相得益彰。

5）角色结构。评估主体的成员都来自不同的职位，由此赋予其不同的职责权限和义务，由于其所处的地位不同，扮演的角色也各异。一般而言，合理的角色结构应符合以下三个标准：角色行为与角色期望趋于一致；角色职分的规定趋于合理；角色之间相互尊重和支持。①

（2）通过角色扮演法，矫正评估者狭隘的心理反应，提高评估主体的内部整合度。

角色扮演又称角色换位，是指让人去扮演与他充当的角色相关联或相对的角色，使其从中体验所扮演角色的困难、期望、渴求，以利于其对所充当角色应有的角色规范的重新认识，达到身份与规范的一致。在实施过程中，为了尽可能避免因评估主体各自所充当的角色所引发的种种主观偏见的消极影响，可以采用角

① 参见徐光太：《人才心理论》，78～79页，合肥，安徽人民出版社，2000。

色扮演法，引导某一特定的评估者设身处地地为评估对象着想。如在综合评估主体—评估对象相互作用的过程中，让综合评估主体多想一想“假如我是被评估者”，这样能够有利于各个评估主体对自己所充当的角色应履行的规范进行再认识，统一身份与规范，纠正对评估对象的不正确看法。

(3) 落实评估责任，约束评估主体。

实施过程中，之所以会出现评估者的诸多心理偏见，部分原因在于某些公共部门绩效评估中评估主体责任追究机制的缺位。理论上，评估过程是由不同的评估主体对同一评估对象进行评估，得出各自的评估结果，再由评估机构综合处理得出最终的评估结论。但事实上，往往缺乏配套的责任追究机制，很多评估主体多半认为评估无非是打打分、提提意见，至于这些分数和意见的可靠性则无从考证。责任的缺失势必导致各个评估主体之间评估目标的矛盾和冲突，从而滋生各种心理偏见和心理障碍。美国学者洛克教授（E. A. Locke）提出的目标设置理论认为，个人自觉设置的目标会影响工作的绩效，而目标的具体化、难易程度以及反馈作用的大小会影响目标激励效用的发挥。因此，可以借目标管理之手，完善绩效评估的责任机制，使每一评估主体明确自身的目标和责任，在实施过程中恪遵职守，避免各种不良心理反应的“肆意妄为”，确保评估结果的客观性。

(4) 利用科学技术提高评估手段的先进性，尽可能排除人为因素的主观性干扰。绩效评估是一种极易受个人主观意识和价值观念影响的实践活动，如果完全由传统的手工操作，评估主体的主观因素可能会在较大程度上影响评估结果的科学性和客观性。因此，为了减少主观因素的作用，公共部门应积极创造条件，提高评估手段的先进水平。这一点，厦门市思明区政府的做法值得借鉴。2002 年，厦门大学卓越教授主持的课题首次开发出公共部门绩效评估系统软件，实现了需求分析、数据库设计、程序界面、功能实现和数据分析等方面的全面创新，符合分级管理和操作简便的要求，减轻了工作负担，在很大程度上排除了人为因素对绩效评估的干扰。

2. 被评估者的心理调控

被评估者在实施过程中发生的心理现象是由评估活动和对评估的认识引起的，其心理内容集中地表现为怎样对待评估的问题。因此，被评估者的心理调控，主要解决思想认识问题和控制评估的方式与活动。

(1) 提高对评估的认识。

1) 搞好评估动员。评估动员应开诚布公地宣讲评估目的、意义和积极作用，使被评估者认识到评估对他们是有利的，是一种肯定人的价值和工作价值的重要手段。2) 征求被评估者对评估方案的意见，采纳合理的建议；组织指导自我评估，推行评估结果与本人见面，打破评估的神秘主义。3）讲明评估的计划和日程安排，使被评估者心中有数，能够积极主动地配合工作。4）建立和健全评估制度，公布评估纪律，把自我评估与配合他人评估的态度、工作效果作为相关的考核内容之一。5）被评估单位的领导和骨干要为其他成员做出榜样，以正确的态度积极投入评估工作。

（2）采用多种评估类型，控制评估效应。

所谓评估效应，具体地说就是指通过评估者的目的、动机、需要、价值观等构成的评估心理机制及倾向性，与不同的评估方式相结合，作用于被评估者时所引起的被评估者的自我意识、情绪状态、意志动机、需要和成就目标、与评估者人际关系的变化等。评估类型各有利弊，应予以合理安排，以免产生不良的评估效应。

（3）保持评估者和被评估者良好的心理互动。

在实施过程中，评估者和被评估者之间的心理互动主要有以下四种基本状态（如图6—4所示）：

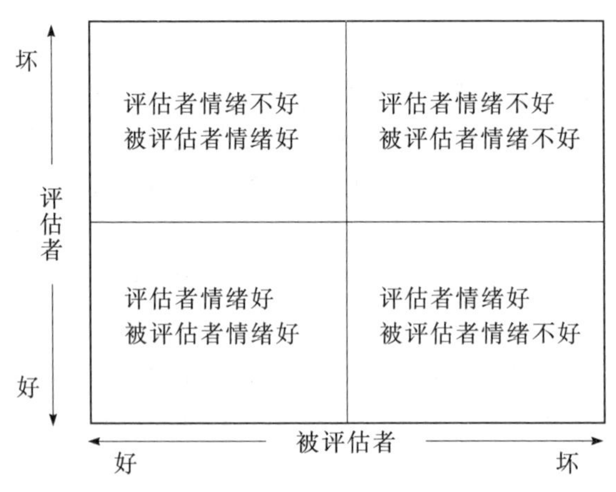

图6—4

第一种，评估者情绪好和被评估者情绪好相结合。

评估者情绪好，容易看到被评估者的长处，热情帮助对方，能对被评估者的情绪进行疏导。被评估者情绪好，能积极投入评估活动，主动配合。这是最佳状态，评估容易获得成功。

第二种，评估者情绪好，被评估者情绪不好。

评估者热情、积极、认真，被评估者淡漠、厌烦或烦躁，评估者与被评估者之间在心理上会产生隔膜。遇到这种情况，评估者若能平等、宽容、克制，因势利导，见机行事，不激化矛盾，就可以改变被评估者的情绪，评估有可能顺利实施。

第三种，评估者情绪不好，被评估者情绪好。

评估者对评估工作信心不足，情绪低落，对被评估者态度淡漠，不愿理解对方。在这种情况下，被评估者即使情绪高涨，态度积极，也会如冷水浇头。由于难以捉摸评估者的心绪，被评估者往往从对自己不利的方面估计，情绪会由高变低，可能导致评估失败。

第四种，评估者与被评估者情绪都不好。

评估者与被评估者由于种种原因，发生冲突或对立，双方情绪处于低落状态，心理上的距离很大，以致形成僵局，结果会不欢而散，导致评估无功而返。

从以上四种状态不难看出，无论在什么情况下，评估者的情绪和状态是至关重要的。有素养的评估者应该始终保持良好的情绪，使双方的心理交流处于良好的状态，才有可能采取主动，对被评估者的心理实施调控，使评估的实施得以顺利进行。

3. 第三方的心理调控

（1）评估机构要鼓励第三方的完全参与，激发其认同感，实现心理共振。

首先评估机构要转变观念，应该认识到指标模型的构建并非一劳永逸的事情，可能在实施过程中出现了以前未曾出现的问题，可能由于指标模型的运用引起了现实情况的变化，诸如此类的问题都需要第三方的协助和参与，必须让他们在第一时间内掌握这些动态信息。因此，评估机构要主动创造方便第三方参与实施过程的条件，如及时传递各个实施环节的动态信息，使第三方不再认为他们与实施过程无关，唤醒他们的认同感，实现心理共振和情感共鸣。

（2）第三方要积极追踪指标模型的实施，掌握评估实施动态。

作为指标模型的构建者，第三方应当认识到他们参与公共部门绩效评估，并非止于指标的确立。为了不断地完善已构建的指标模型，维持第三方与公共部门二者之间的合作关系，第三方必须积极参与评估的实施过程，掌握实时信息，总结经验，吸取教训。

6.4　公共部门绩效再评估过程中的心理调控

将第三方所构建的绩效评估指标体系付诸实践，并得出一系列的评估结果后，公共部门需要对整个指标体系进行再评估，从实践中检验其科学性、系统性和可操作性。因为受公共资源的限制，公共部门必须尽可能提高评估指标模型的重复使用率，避免人力、物力、财力的不必要浪费。由此可见，在再评估阶段，评估指标模型俨然成了评估对象。这实际上是对第三方的智力、能力、努力程度等的考验。此时，第三方便成为间接的评估对象，而评估者和被评估者则作为评估主体而存在。但由于评估者和被评估者职责权限的不同，他们所充当的角色也不尽相同，由此产生的种种心理反应也会有所不同。因此，为了提高指标模型的科学性，减轻后续的绩效评估活动的工作负担，有必要对评估者、被评估者和第三方的心理活动进行适当的调节和控制。

6.4.1 再评估过程中评估者、被评估者及第三方心理

1. 评估者心理

(1) 慈悲效应。

慈悲效应也称宽大效应，是指评估者在对他人的特性进行评估时，好的评价常多于不好的评价。许多心理学的试验表明，无论对对方是否熟悉，在试验中对他们的评价中总是肯定多于否定。对此，社会心理学家的解释是每个人都希望得到他人的承认和接受，因而经常会设身处地考虑他人的意愿，放宽对他人的尺度。有趣的是，这种情形只见于对人的评估而不见于对物的判断。心理学家希尔(C. Hill) 在 1983 年进行的一项研究中发现大学生将学校里 97%的教授均评定为"好的"(即高于"普通"一级)；而对于课程内容评价则明显偏低。[①] 这种心理效应的存在，可能会影响评估者对评估指标模型的客观评价。

(2) 极化效应。

极化效应是指由于评估者情感或情绪的变化，对评估对象产生截然相反的两个极端的评价。评估者的情绪状态不仅会影响他对事物的判断，而且也会影响他对人的评价。如果是积极、愉快的心境，评估会显得较客观、准确和宽容；若是情绪陷于消极、悲观状态，评估者的评价就可能会走向另一个极端，容易导致事实性偏差。

(3) 旁观者效应。

如前所述，旁观者效应就是指当人们对他人的行为做出判断时，会过低地估计情境的作用对行为的影响。可以说，绩效评估中的再评估就相当于是评估者对指标模型和评估结果的因果分析。心理学的研究已经证明了归因过程中观察者—行动者偏差的客观存在，因此，在再评估过程中，评估者对指标模型的评估会偏重第

① 参见申荷永：《社会心理学：原理与应用》，62 页，广州，暨南大学出版社，1999。

三方的特质，即容易将指标模型的成败得失与第三方的个人特性、能力、素质等相联系。在这种心理状态下，评估者做出的判断可能会有失偏颇。

2. 被评估者心理

指标模型直接作用于被评估者，他们的反馈意见成为再评估的重要来源，而他们的种种心理反应又会影响其反馈意见的客观性，阻碍再评估工作的顺利进行。

（1）折扣心理。

在被评估者看来，有些指标的设计明显有利于维护其切身利益，有些则不然。因此，由于个体差异的存在，在再评估过程中，他们对指标模型的态度可能就会褒贬不一，认为对自己有利的就全力支持，于已不利的则予以抨击。这种折扣心理或多或少会影响再评估结果的真实性。

（2）茫然心理。

有些被评估者对整个绩效评估的意义和背景理解并不充分，只是抱着“让我干我就干”的被动心理，干好干坏全然不管，在评估过程中毫无主动性、积极性，因此也不大可能会对再评估做出有建设性的判断。

（3）成见心理。

所谓的成见，心理学家沃尔斯认为是一种不依真理的判断倾向。另一位心理学家莫尔斯则认为成见就是人们脑子里先前就已经存在的对人、对事物、对于某人思想表示赞成或反对的想法。一些心胸狭隘的被评估者可能会对第三方中个别有见地、有能力的，尤其是一些水平超过自己的成员，心存偏见和嫉妒，无端怀疑人家故意与自己作对，从而产生严重的心理隔阂，甚至仇视心理，故意歪曲事实，做出与现实不符的判断和评价。

3. 第三方心理

（1）敏感心理。

1）利害关系敏感。再评估过程主要是针对指标模型及其构建者而言的。因此，与前面两个阶段相比，第三方较为关心那些与自身利益密切相关的要素，如涉及第三方的社会价值和发展价值的素质和能力等。

2）公正敏感。当评估主体的结论不为第三方所接受时，第三方可能会转而关注评估者的判断是否公正。无论是他人评估与自我评估相矛盾，还是自认应该肯定的却未予肯定，都会引起对再评估的不满，进而怀疑再评估的公正性，不利于第三方与公共部门之间的再合作。

（2）文饰心理。

这是一个人为了掩饰不符合社会价值标准、明显不合理的行为或者当不能达到个人追求目标时，往往在自己身上或周围环境中找一些理由来为自己辩护。例如把评估体系的失误归咎于条件的不充分、人员的不配合等。这种心理有多种表现形式：

1）投射——以他人的类似行为开脱自己；

2）怨天尤人——把问题的原因归结为主观以外的客观因素；

3）自我解嘲——没有达到预定目的，便苟且现状，抬高现状或事物的价值；当希望达到某种目的而达不到时，便否认这种目的所具有的价值或意义。

（3）评价恐惧心理。

评价恐惧心理即如果人们知道别人正在注视或考察自己，就会去做一些他人期待自己去做的事情，并以较受大家欢迎的方式表现自己；反之，那些自我意识较低或动机不良的人，可能会因这种心理刁难以致否定再评估。其否定方式有以下几种：

1）以自我评估或自我感觉否定评估者的再评估；

2）挑剔再评估过程的缺点、问题、失误以否定再评估结论；

3）以非正式评估否定正式评估；

4）以局部评估否定全面、系统、综合的评估；

5）以自身纵比和与他人横比的评估否定客观评估；

6）以历史的评估否定现实的评估。

（4）挫折心理。

心理学上将挫折解释为当个人从事有目的的活动时，在环境中遇到障碍或干扰，其动机不能获得满足时的情绪状态。[①] 第三方在绩效评估中遇到阻碍或干扰，不能实现其预期的目标时，也会产生挫折心理。从心理学的角度看，这种挫折心理又可以有以下四种表现：

1）攻击心理。当个体受到挫折时，由于愤怒情绪的产生，往往会导致其攻击行为的出现，并表现为两种方式：直接攻击和转向攻击。直接攻击就是个体在受到挫折后，对造成自己心理挫折的人或物立即进行回击。而转向攻击就是个体考虑到各种主客观条件的限制，而将自己的愤怒情绪发泄到挫折来源之外的方向。转向攻击通常在下列三种情形下发生：一是由于对方的位高权重而不敢直接攻击或由于自己地位、身份所限而不便直接攻击，便只好将愤怒发泄到其他人或物上。二是由于挫折来源不明确，无明确的对象可以攻击，更不了解该如何攻击。这时，个体往往会将攻击矛头指向与挫折毫不相干的人或物上。三是由于对

① 参见苏东水：《管理心理学》（第四版），178页，上海，复旦大学出版社，2002。

自己缺乏信心，不能正确估计自己，在失败之后，即将愤怒倾倒在自己身上，责备自己或憎恶自己。攻击心理在再评估中具体表现为对评估者恶意诽谤、牢骚满腹、对被评估者缺乏友好态度等。

2）冷漠心理。当个体受到挫折后，自己压抑自己的愤怒情绪，内心焦虑不安，表面却无动于衷，对既往追求的目标漠不关心，甘拜下风，无任何情绪反应。冷漠是挫折产生后一种复杂的行为表现方式，与个体的学习经验有着密切联系。一般而言，冷漠心理多是在以下情境下产生的：长期受挫而不能摆脱，处境困苦、无望无助，心理上恐惧不安，工作上进退两难，攻击和退缩间矛盾冲突激烈等。其在再评估中具体表现为对任何事情都不感兴趣，十分消极或自暴自弃。

3）退化或回归心理。即个体在受挫之后，所产生的与自己年龄身份不相称的幼稚行为。成人的退化行为是长期反复的挫折折磨的结果，具有病态的性质。其在再评估中的具体表现为：行为缺乏是非标准，我行我素；缺乏责任心，决策简单化；盲目追随某些人结成离心力强的小圈子。[①]

4）固执心理。即个体在受挫之后，以不变应万变，采取刻板的方式盲目重复某种行为。此时，其内心并非是坚定平静的，而是茫然无措、悲观失望或畏缩不前。其在再评估中的具体表现为：盲目排斥创新和改进，不肯接受别人的建议，故步自封。

6.4.2 再评估过程中的心理调控

1. 评估者心理调控

（1）输入新知识，克服有偏见的心理态势。

要改变评估主体已有的心理态势，必须从形成心理态势的认知因素入手。这是因为人的某种心理态势的形成首先跟人对相关事物的认识有关；而认识的形成又受人们所具有的相关事物的知识影响。所以，要转变评估者已有的心理态势，在再评估过程中做出较为客观的判断，就要让其接受与新的心理认识有关的知识，如相关的公共部门绩效评估理论以及其他国家绩效评估的成功典型等，用新知识引导评估者改变固有心理态势中的认知因素，克服偏见。韦伯很早以前就指出，公共行政人员是凭借其专业知识而受雇，而不是个人偏见。[②]

（2）开发并运用再评估过程中所需的相关标准。

当再评估缺乏统一的、可参考的评估标准时，便给予了评估者这样一个机

---

① 参见黄步琪：《管理者心理结构》，46页，杭州，浙江大学出版社，2001。

② 参见［美］詹姆斯·W·费斯勒、唐纳德·F·凯特尔：《行政过程的政治：公共行政学新论》，251页。

会，即根据其情绪变动和主观偏见随意做出任何评价，从而可能导致这个原本被认为是很客观的过程出现失真现象。因此，为了对评估者可能出现的各种心理偏差进行有效的引导和控制，有必要事先制定再评估标准。一般而言，所制定的再评估标准的基本要求是客观、规范、具体、具有可操作性。客观是指再评估标准必须符合指标模型和实施背景的实际情况；规范是指再评估标准的措辞必须准确、科学，符合一定的逻辑顺序；具体和具有可操作性是指再评估标准要使评估者明确理解指标的含义，而并非仅仅是术语的堆积，便于操作。

（3）引入责任机制，避免主观印象和情绪波动的不利影响。

在再评估过程中引入责任机制，可以从客观上制约评估者的任何非理性冲动，迫使他们认真考虑各种不良的心理反应可能带来的严重后果，权衡利弊后再做出更客观、更全面的评价和判断。

2. 被评估者心理调控

（1）加强信息交流，促进合作。

美国社会心理学家凯利（H. Kelly）认为，如果双方不进行信息交流，那么一般都会认为对方要选择竞争行为（即不合作行为），如果认为对方要选择竞争行为，那么即使自己不愿意竞争也会被迫做出竞争的选择；如果双方可以交流信息，可以互相讨论，坦诚相见，相互信任，就会促进合作。[①] 因此，在再评估过程中，评估机构首先要通过持续的信息交流让被评估者理解再评估的意义和具体的评估程序，并使其充分认识到，从眼前看再评估仅关乎指标模型，但从长远看却直接关系到后续的绩效评估对他们利益及个人价值的影响。

关于如何进行信息交流，心理学家贝尼尔（E. Berne）及其追随者们所作的信息沟通的相互作用分析为我们提供了一些解决思路。相互作用分析的理论基础是心理学上的“自我状态”，即认为每个人在心理性格上有三种自我状态：父母自我状态（parents ego state）、成人自我状态（adult ego state）和儿童自我状态（child ego state），分别用 P、A、C 表示。这三种状态是一个人在其成长过程中逐步形成而成为其心理结构的组成部分。简单而言，父母自我状态代表“权威”的、“教诲”的；儿童自我状态代表“情感”的、“感觉”的；成人自我状态代表“理智”的、“逻辑”的。在每个人身上，这三种心理状态的比重并不相同。而在信息交流中，理想的互相作用模式是成人刺激—成人反应。因此，在再评估过程中，就被评估者的心理调控而言，采用相互作用分析原理的一个重要原则就是评估主体尽量以成人的自我状态控制自己，并以成人的语调和姿态来对待被评估

---

① 参见赵慧军：《现代管理心理学》，211 页，北京，首都经济贸易大学出版社，2000。

者，同时鼓励和引导对方进入成人的自我状态，以此避免产生信息交流中的心理障碍，使信息交流畅通无阻。

（2）维持被评估者与第三方之间和谐的人际关系，跨越心理防线，提高协作度。

心理学中的人际关系理论认为，如果人们能够充分地互相理解，就能有效地共同工作。因此，可以开展各种活动帮助被评估者和第三方互相了解，帮助他们更清楚地认识对方的处境，从而引发被评估者的认同感。具体方法有：1）开诚布公地讨论二者之间的关系和冲突；2）了解第三方成员的经历，更好地认识每个人的个性；3）学会倾听和进行有效的交流。

（3）鼓励参与，消除成见，克服心理障碍。

心理学中关于态度改变的参与改变理论认为，态度改变离不开群体，只有参与到群体活动中，才能真正转变一个人的态度。为了克服被评估者的被动心理和主观偏见，应该鼓励并创造条件，让被评估者参与再评估。值得一提的是，被评估者作为指标模型的直接作用对象，他们对于评估指标模型的科学性、客观性、系统性程度有最直接的感受和体验，他们的完全参与无疑会提高再评估的工作效率和质量。

3. 第三方心理调控

（1）规范再评估程序，公开再评估结果。

为了克服再评估过程中第三方可能出现的各种消极心理和反抗情绪，在客观上，评估机构要梳理再评估流程，使其规范化、明晰化，尽可能避免评估方的主观因素对再评估过程的人为干扰，相应地减少第三方的心理压力；同时，及时、准确地公布评估结果，打破再评估的神秘色彩，让第三方做到心中有数，避免不必要的误解和猜疑。

（2）借用期望理论，正确引导第三方的期望方向。

美国心理学家弗罗姆提出的期望理论认为，当人们既有需要又有要达到目标的可能时，积极性才能高。激励水平取决于期望值和效价的乘积，即激励水平的高低＝期望值×效价。激励水平是指调动一个人的积极性，激发人们内部潜力的强度；期望值是指达到目标的可能性；效价是指实施某目标对于满足个人需要的价值。对于第三方而言，由于其个体需要不同、认识水平不同，加上不可控的环境因素的影响，其期望值可能会与客观实际不一致，其期望目标和方向也就难免会偏离事实轨道。而此类矛盾往往容易产生各种评价恐惧心理和挫折心理。心理学的研究表明，期望值与事物发展结果相联系时，有三种情况：1）结果小于期望值时，人会产生大失所望心理，积极性受到挫伤；2）结果等于期望值时，人会产生不出所料心理，积极性得以保持；3）结果大于期望值时，人会产生出乎意料心理，表现为喜出望外，积极性更加高涨。因此，为了避免各种消极或过激心理的产生，评估机构应了解、掌握期望理论，有针对性地开展再评估工作，调动第三方的积极性，将其期望方向引导到正确的轨道上来。

（3）强化心理认同，消除不良的心理反应。

尽管第三方在绩效评估中处于相对独立的位置，但其与公共部门有着共同的合作目标，即顺利实施绩效评估，进而提高管理绩效。正是这一共同目标，第三方和评估机构在心理上才有可能存在契合点，进而引发第三方的心理认同。所谓心理认同，就是指第三方与公共部门之间的心理达到高度默契、彼此间保持紧密联系的一种心理状态。心理认同是消除再评估过程中第三方和公共管理者的认识差异、及时解决心理隔阂和心理障碍的心理条件。

具体而言，心理认同包括以下三个方面：1）价值认同，即第三方与评估机构对再评估的是非、重要性、实用性、可接受性等有着共同的价值取向。它是再评估实践中一种深层的、稳定的认定，具有内在严密的逻辑体系，是第三方参与再评估的内在尺度，从而规定和制约了他们的心理活动和行为方式。2）目标认同，即第三方与评估机构就再评估目标实现了心理一致。目标推动人们的行为，一旦明确了共同的目标，第三方的成员就不会产生敏感心理，胡乱猜疑，甚至攻击再评估工作；反之，他们可能会积极配合再评估，主动改正不足。3）情感认同，即第三方与评估机构拥有共同的道德情操，如强烈的社会责任感、集体荣誉感、理智感等。绩效评估是提高管理绩效的工具，同时也有利于增进社会的共同福祉，这正是第三方在再评估中获得情感认同的现实基础。正是这种情感认同使第三方为可能出现的失误感到羞愧和不安，消除抵触心理，自觉接受再评估。因此，评估机构应结合各种宣传手段和沟通途径，通过价值认同、目标认同、情感认同三个不同层面，强化第三方的心理认同感，尽量避免产生不良的心理反应。

（4）建立挫折防御机制，保持心理稳定。

所谓挫折防御机制，就是指在第三方经受挫折后，使其保持情绪平衡稳定的措施和手段的总称。根据侧重点的不同，挫折防御机制可以分为目标调整机制和结果再释机制。前者主要针对受挫者的目标，通过目标的调整，达到心理平衡和稳定；后者主要针对受挫者的结果，通过对结果的重新解释，实现心理平衡和稳定。目标调整机制具体包括用新的积极目标取代旧的消极目标、调整目标的程度和实施速度、完善受损目标、放弃某个目标等。结果再释机制具体包括淡化受挫结果、将结果归于客观因素、找出挫折必然的因果关系、夸大成功因素、无视挫折结果并减轻心理压力。另外，为了调节第三方的挫折心理，评估机构应提供相应的申诉和解释渠道，以减轻第三方在指标模型的进一步完善过程中可能产生的心理负担。

本章小结

心理调控是指通过心理技巧和管理方法的改变，对绩效评估中可能出现的或正在发生的不良心理反应进行调节和控制。

从不同的角度出发，心理调控可以划分为不同的类型。

心理调控涉及不同的绩效评估参与方，其中不仅包括评估者和被评估者，还包括构建指标模型、独立于公共部门之外的第三方。

在绩效评估的不同环节，直接起相互作用的对象各不相同。例如，在指标确立过程中，主要是第三方—被评估者的相互作用；在实施过程中，是评估者—被评估者的相互作用占主导地位；而在再评估过程中，则强调评估者—第三方的相互作用。

针对不同的工作环节中可能出现的种种心理反应，应采取适当的措施予以调节和控制。

关键术语

心理调控　　心理反应　　心理接触　　心理结构　　信息交流　　责任机制　　完全参与　　情绪互动　　心理认同　　偏见

复习思考题

1. 何谓心理调控？公共部门绩效评估中的心理调控有何特点？
2. 如何对公共部门绩效评估中的心理调控进行分类？
3. 为什么要在公共部门绩效评估中实施心理调控？
4. 公共部门绩效评估中的心理调控是否仅与评估者和被评估者有关？为什么？

5. 指标确立过程中，绩效评估的各个参与方会有什么样的心理反应？如何进行调控？

6. 在实施过程中，绩效评估的各个参与方会有什么样的心理反应？如何进行调控？

7. 在再评估过程中，绩效评估的各个参与方会有什么样的心理反应？如何进行调控？

第 7 章

公共部门绩效评估的系统功能

公共部门绩效管理是一个动态的系统工程，它包括绩效目标、绩效激励、绩效信息、绩效申诉、绩效评估等一系列子系统。其中，绩效评估作为公共部门绩效管理的反馈机制，是整个公共部门绩效管理的关键。而客观、准确、及时的评估结果又依赖于绩效管理的环境即功能影响因素。有的行政学家认为公共部门绩效评估功能的大小取决于以下四个方面的因素：一是评估功能的发挥能否与评估目标的配置相统一；二是评估主体在评估活动中有无树立“成本”和“效率”理念；三是评估的价值取向是否具有社会效益，即评估是否代表国家的意志和人民群众的利益，体现社会的需要和人民的愿望，符合经济发展和社会进步的客观规律，同时在行政管理中要体现民主原则，维护社会公正，接受群众监督，做到廉政高效；四是评估的各个要素、环节和层次在评估过程中相互之间的配合与衔接是否科学合理。本章主要侧重于从绩效目标、绩效激励、绩效信息、绩效申诉四个与绩效评估并列且密切相关的子系统进行分析。

重点问题

- 公共部门绩效评估系统功能分析的内涵、特点

- 中外公共部门绩效评估系统功能分析的现状
- 绩效目标对公共部门绩效评估的影响作用
- 绩效激励对公共部门绩效评估的影响作用
- 绩效信息对公共部门绩效评估的影响作用
- 绩效申诉对公共部门绩效评估的影响作用

7.1 公共部门绩效评估系统功能分析概述

公共部门绩效评估作为绩效管理的子系统，其功能的发挥离不开绩效目标、绩效激励、绩效信息和绩效申诉等其他子系统有机和谐地工作。合理、明确的绩效目标是公共部门绩效评估的依据；完善的绩效激励机制是公共部门绩效评估的动力；准确、及时的绩效信息是公共部门绩效评估的基础；健全的绩效申诉是公共部门绩效评估的保障。因此，公共部门绩效评估系统功能分析具有十分重要的意义。

7.1.1 绩效评估系统功能分析的内涵与特点

1. 绩效评估系统功能分析的内涵

公共部门绩效评估系统功能分析是指分析绩效管理的其他子系统（主要是绩效目标、绩效激励、绩效信息和绩效申诉）对公共部门绩效评估功能的影响及其影响程度，并提出相应的完善措施，最终保证公共部门绩效评估的顺利进行，保证评估程序的合法透明、评估结果的客观公正、评估反馈的及时准确、评估不当行为得到有效申诉，实现公共部门绩效评估功能的最大化发挥。

2. 绩效评估系统功能分析的特点

公共部门是一个与私营部门、第三部门（或非营利组织）相区别的领域。因此，公共部门绩效评估功能分析与上述部门或组织的效率评估功能分析既有联系又有区别，其主要特点有：

（1）复杂性。

公共部门绩效评估是一个复杂的开放系统，评估的复杂性决定了公共部门绩效评估系统功能分析的复杂性，它对公共部门绩效评估的影响不仅广泛，而且公共部门绩效评估功能各影响因素之间本身就构成纵横交错的复杂关系。

（2）动态性。

公共部门绩效评估系统功能分析不是一个一成不变的静态过程，而是一个动态的过程。它分析的是影响绩效评估的各要素如何决定公共部门绩效。一方面，公共部门绩效评估系统功能分析作为绩效管理的重要环节，可以为公共部门是否终止、重新制定或继续执行某项绩效评估提供依据，它是一个不断上升的螺旋式或波浪式的运动过程；另一方面，绩效评估功能分析是一个主客体互动的过程，如绩效申诉。绩效申诉是特定的组织依照法律或规章的要求对公民、法人或其他组织提起的申诉进行审查、调查并提出解决问题的办法的过程，体现的是公共部门与社会公众之间绩效信息交流的互动过程。

（3）差异性。

由于中西方政治制度、传统习惯、民主观念、人文地理环境的不同，因此对公共部门的界定以及评估功能分析的主体、影响因素、评估对象等就有所不同；另一方面，即便是在同一国家，不同的部门行业或地区所涉及的领域、范围也不同。因此，对公共部门绩效评估来说，影响公共部门绩效评估的功能因素各异，没有完全相同的。美国著名行政学者雷丁把忽视公共部门绩效评估系统功能的分析差异性作为业绩导向性政府测评的障碍之一，她指出："业绩测评忽视了美国制度的决策制定结构，试图将一种模型套用到繁多的、五花八门的机构、职能和项目，并且忽视了政治现实。"①

（4）变异性。

世界上没有一成不变的东西，任何事物都处于不断发展变化之中，影响公共部门绩效评估功能的各个要素也不例外。社会不断变迁，体制不断变革，观念不断嬗变，环境因素的变异直接或间接地影响着行政系统的变化与变革。尤其是面临当今信息化的浪潮，电子政务逐渐兴起，绩效信息不断更新，公共部门绩效评估也必须随之变化。

7.1.2 西方各国公共部门绩效评估系统功能成就分析

我们知道，传统的行政管理模式是一种被马克斯·韦伯称为科层制的模式，这种模式是在19世纪之交随着西方诸国工业化的完成而建立起来的。但是到了20世纪70年代之后，特别是80年代以来，西方社会乃至整个世界开始发生根本性的变化。一方面，西方各国在七八十年代普遍面临着一些带有共性的问题，包括政府开支过大造成经济停滞、严重的财政危机、福利制度陷入困境、政府部门工作效率低下、公众对政府的不满越来越强烈；另一方面，公众的价值观念日益多元化，需求日益多样化，民众素质日益提高，民主意识、参与意识不断增

---

① ［美］凯瑟琳·纽科默等：《迎接业绩导向型政府的挑战》，8页。

强，时代的变化对政府也提出了新的要求。因此，西方各国为了适应时代变革的要求，在经济衰退、政府职能不断扩张以及信息技术革命的影响下纷纷开始进行行政改革，公共部门绩效评估作为绩效管理的重要环节正是在这种背景下被引进公共部门的。进入 90 年代，公共部门绩效评估已成为各国行政发展的最新主题。1997 年 2 月美国国家绩效评估委员会召开了首次政府间基准比较研讨会，成立了跨国绩效评估研究小组，小组成员包括美国 14 个联邦机构和两个地方政府、加拿大 6 个政府机构以及英国相关的政府机构，会议还发布了“顾客需求战略规划最佳实践的基准比较报告”，希望借此引发一场绩效评估的新高潮。

从英国的“雷纳评审”、“下一步行动方案”、“公民宪章运动”到美国的“国家绩效评估委员会”，都是以绩效评估为基础的政府再造。作为系统工程的政府再造，公共部门绩效评估都有相对明确的绩效目标、强有力的绩效激励、完备的绩效信息和完善的绩效申诉。正如再造大师戴维·奥斯本和彼德·普拉斯特里克所说：“我们所说的再造，是指对公共体制和公共组织进行根本性的转型，以大幅度提高组织效能、效率、适应性以及创新的能力，并通过变革组织目标、组织激励、责任机制、权力结构以及组织文化等来完成这种转型过程。”①

1. 绩效评估有相对明确的绩效目标

公共部门绩效评估是绩效管理的核心环节，而确立绩效目标又是公共部门绩效评估的关键环节，公共部门绩效评估必须拥有一整套反映绩效水平的衡量重点及衡量尺度，也就是绩效目标。西方各国几乎都是以经济、效率、效益和公平为目标的，公共部门绩效评估目标体系既有量的指标，又有质的要求，这就为评估公共部门绩效提供了标准。如英国伦敦地铁有限公司的服务标准承诺：快捷、列车的准点率（效率目标）；列车和车站的明净、整洁、安全（效益目标）；顾客购票方便程度（经济目标）；乘客对列车和车站的信息服务以及对工作人员服务态度的满意率（回应度目标）。②

2. 改革激励机制，推动公共部门绩效评估

在宏观方面主要是放松规制，其基本理念是：政府无效率的主要原因是对管理层进行预前控制的内部规制和规则的数量太多，它们包括人事规则、僵化的付酬制度、预算规制、具有约束性的采购法规以及许多别的规制。放松规制的基本假设是：如果公共组织能够消除这些清规戒律，它就能够更加富有灵活性和效

① ［美］戴维·奥斯本、彼德·普拉斯特里克：《摒弃官僚制：政府再造的五项战略》，14 页。

② 参见周志忍：《当代国外行政改革比较研究》，122～124 页，北京，国家行政学院出版社，1999。

率。同时，在微观方面，首先是权力的下放，在西方各国中都纷纷进行人事、工资等激励体制方面的改革，绩效奖励体制是最普遍的体制改革之一。在新西兰有一种相似但更加广泛的非集中化，部级的主要管理权转移到司局一级，每个局的执行主管在大多数人事管理领域享有独立的权威，如在任命提升和激励方面，确定待遇标准的权力也下放了，这就为公共部门绩效评估提供了强有力的动力支持，保证了公共部门绩效评估的独立性。

3. 完备的绩效信息

绩效信息是公共部门绩效评估的基础，公共部门绩效评估的准确性离不开透明的绩效信息。一方面，西方各国都建立了专门的政府绩效评估网站，公民可以很方便地了解绩效信息，关注和监督公共部门绩效评估。英国的“公民宪章运动”指导和支持地方按地域设立了 24 个服务质量信息网络，支持出版了《公民宪章信息》，每年 4 期，免费赠阅。另一方面，西方各国都普遍制定了《政府信息公开法》。新西兰在《走向公开政府》（*Towards Open Government*）这个报告解释了为什么要增加公众获取信息的途径的理由。

4. 健全的绩效申诉

申诉专员制度系瑞典首创，1809 年瑞典依据宪法规定首次创设了独立的调查官员调查市民对失当行政所作投诉的制度。西方各国纷纷以瑞典的制度为蓝本，在本国创设了相同或类似的制度。1967 年英国议会通过了《议会行政监察专员法》，正式在议会设立行政监察专员。①

瑞典议会监察专员由议会从具有丰富法律知识和品质正直、具有较高社会威望的人士中投票选举产生。在任期内除议会外，任何人都无权罢免监察专员，瑞典议会行政监察专员的监督调查几乎可以涉及政府所有的领域，而受理公民的申诉正是议会监察专员最主要的任务。议会监察专员由于其自身素质的高尚、知识的完备和身份的中立，对于公共部门绩效评估过程中的失当行政行为可以发挥强有力的监督作用，从而保证公共部门绩效评估的公正、公平。

当然，西方各国公共部门绩效评估在赢得世界目光的同时，也存在着内在的缺陷。西方各国主要实行的是两党制和多党制，政党制度的不稳定性，必然导致执政党或执政联盟地位的不稳定。代表不同社会集团利益的政党一旦在政策上发生分歧，不是有关政党撤回内阁成员而酿成内阁危机，就是通过议会的不信任案而推翻政府，美国政治评论家常说，党纲如同月台，只是用于上火车，不能抱住不放。因此，政府很难完全按照某个政党的意志办事，其政策

① 章剑生：《行政监督研究》，49 页，北京，人民出版社，2001。

往往是各党意见折中妥协的产物，这就很难保证绩效目标的稳定性与连续性。另一方面，西方各国的绩效评估本质上是维护资产阶级利益及其阶级统治的工具，出于维护执政地位的需要，公共部门官员或政治家们就会在自利动机驱使下提供有利于政府自身的经过筛选的绩效信息，而且单个公民没有足够的经济实力、时间和精力去了解与公共部门绩效评估有关的所有重要绩效信息。因此，这大大降低了公共部门绩效评估的准确性，扭曲了公共部门绩效评估的价值取向。

7.1.3 我国公共部门绩效评估系统功能现状分析

我国一直很重视公共部门的绩效评估，在理论和实践上都取得了一定的成就。公共部门绩效评估对于提高我国公共部门行政效能、保证社会主义现代化建设的科学化和民主化都发挥着积极的作用。同时，我国的新闻媒体和人民大众也开始表现出参与评估公共部门绩效的热情。1999 年 10 月，珠海市启动“万人评议政府”活动，类似活动沈阳、杭州、南京等城市也在持续开展，该活动开展的广度与深度近几年都有所扩展。以影响比较大的南京市万人评议政府部门为例，2001 年，根据公众评议的结果，90 个部门被放在一起排序，相应实施绩效奖惩：位居前列的 8 个部门受到表彰和奖励，位居末位的几个局领导分别受到降职交流、免去行政职务、诫勉谈话等处罚。[①] 之后在江苏的徐州、姜堰、常州、盐城等地都刮起了一股“万人评议机关”活动风暴。2009 年，南京市的“万人评比机关”活动进入第九个年头，在南京市的民主评议政风行风工作方面，实行一年重点评议行业（单位）、一年重点评议部门制度。万人评议的范围越来越广、层次越来越高。这是我国公共部门绩效评估相对喜人的一面。但是，在我国有些部门或地区的绩效评估也出现了种种弊端，主要是：以形式取代实质、以主观取代科学、以评估为沽名钓誉的手段、以短期行为取代可持续发展。因此，我们长期为评估而评估是不可取的，正如戴维·奥斯本和彼德·普拉斯特里克在他们的著作《摒弃官僚制：政府再造的五项战略》中写道：“我们没有将业绩测评列为一种方法，因为我们不认为测评本身会有足够的权力去促使公共机构发生实质性的变化。有竞争力的机构的确需要业绩评估……但有些公共机构多年来一直在测评业绩却几乎没有什么影响。”[②] 因此，把公共部门绩效评估看作绩效管理过程中

① 参见邓国胜、肖明超：《群众评议政府绩效：理论、方法与实践》，131～147 页，北京，北京大学出版社，2007。

② 转引自［美］阿里·哈拉契米：《政府业绩与质量测评：问题与经验》，39 页。

内在的、不可或缺的一部分是至关重要的。

1. 以定性为主的绩效目标比较模糊

绩效目标是政府组织效率评价的准则，彼得·德鲁克说："产出多少和利润底线对单独衡量管理和企业的绩效都不恰当。市场地位、创新、生产效率、人员发展、质量和财务成果等指标，对组织绩效和生存都是十分关键的。非营利组织也要使用一系列的指标体系来衡量它的绩效。就像人们用一系列指标衡量它的发展状况和绩效。绩效目标必须经常检查，并不断修正，以提高组织绩效。"① 在我国公共部门绩效评估制度中，绩效评估的指标设定过程中出现泛经济化趋向，严重偏向GDP评估，评估往往只凭主观印象、感觉、人际的亲疏实施，缺乏理性的数据支持和科学的分析，造成了统计数据掺杂水分、"官出数字、数字出官"的现象时有发生。② 长期以来，我们在评估公务员绩效过程中主要考核的目标是德、能、勤、绩。有的部门或地区直接简化为"绩"，而"绩"又单纯地理解为经济实绩，忽视了环保、可持续发展等一系列社会效益，这就必然使评估重视投入而忽视结果和产出，导致评估行为的短期化。"即一级政治组织为了实现经济赶超，完成上级下达的各项指标，而采取数量化任务分解的管理方式和物质化的评价体系。"③

2. 绩效激励的缺乏

按照现代理性建立起来的制度和组织是神圣的，它要求用这种合乎理性的标准去衡量各种行政行为，克服"自由的随意性专断和恩宠，怀有个人动机的施惠和评价"④。但是在我国，普遍缺乏这种现代理性精神，弥漫于行政组织和公众中的是世俗取向的理性主义，即通过个人内心信仰和道德体系的建立维系人与人的关系，进而维系社会稳定秩序。官员往往忠诚于某个提拔自己的上司、亲戚、朋友、保护人、领导人，而不是忠诚于制度本身。人情行政（非制度化行政）在政府管理过程中起了相当大的作用，如果说命令是政府管理的第一润滑剂的话，那么人情就是政府管理的第二润滑剂，在西方发达国家，"一切都必须在理性的法庭面前为自己的存在作辩护或放弃存在的权利"。

---

① ［美］乔·皮尔斯、约翰·纽斯特朗编：《管理宝典——开创管理新纪元的36部经典管理著作集粹》，290页，大连，东北财经大学出版社，1998。

② 参见杨俊凯、肖文婷：《论我国政府绩效评估的困境与对策》，载《产业与科技论坛》，2008（8）。

③ 荣敬本等：《如何建立民主合作的新体制——关于县乡两级政治体制改革的研究包括》，314页，见董郁玉等编：《政治中国》，北京，今日中国出版社，1998。

④ ［德］马克斯·韦伯：《经济与社会》（下卷），301页，北京，商务印书馆，1997。

3. 绩效信息的垄断

我们在考虑整个绩效管理循环的时候，往往会把比较多的注意力放在对绩效的评估上。然而，我们不妨思考一下，力图做到客观、公正的绩效评估，需要依据什么来进行评估呢？客观、公正的绩效评估一定不会是凭感觉的，这些评估的依据来自绩效信息。准确、及时、完备的绩效信息是公共部门绩效评估的基础。在我国，由于特殊的政治体制，再加上缺乏刺激公共部门管理者收集报告其经营成果数据资料的动力，公共部门尚未为评估而专门收集数据资料，更没有建立专门的信息收集中心，基础信息的匮乏也给公共部门绩效评估在操作上带来了极大的困难。[①] 公共部门绩效信息公开是例外，不公开是正常，对公共部门绩效评估的程序、内容、组成人员及其结果的一无所知，必然导致公共部门绩效评估的封闭性、神秘性，导致公共部门绩效评估流于形式。

4. 绩效申诉的缺位

一方面，公共部门绩效评估在我国存在着封闭性、神秘性；另一方面，我们对政府的认识存在着一个误区，即政府是万能的，政府的一切行为都是正确的，这就为公共部门绩效评估过程中寻租、权钱交易提供了腐败的土壤。同时，公共部门绩效评估过程中失当行为的存在，即评估人员违反行政合理性原则，在自由裁量权范围内作出不适当、不合理的行为，一方面导致被评估者感到公共部门绩效评估的不公正、不客观，这容易产生两种后果：一种是抵制公共部门绩效评估；另一种是给评估部门或人员行贿。另一方面就是由于行政失当行为的存在，评估部门或评估者不合理的行为或违反不合理的程序，而我国又没有专门的行政监察专员制度，必然导致评估缺乏回应性而使评估成为统治者的合法外衣。

绩效申诉作为行政救济制度的重要组成部分，其基本原则是救济途径、救济方式和方法必须与被救济的行政行为相适应。救济途径的设置与被救济行为不相适应，不仅达不到设置救济制度的目的，反而会产生负面影响。[②]

7.2 绩效目标对公共部门绩效评估的影响作用

一个合理的绩效目标对公共部门绩效评估功能的发挥起着内在的导向和规范

① 参见喻晓娟：《我国公共部门绩效评估初探——以人民银行分支机构为例》，13 页，西南财经大学 MBA 硕士论文，2008。

② 参见林莉红：《论行政救济的原则》，载《法制与社会发展》，1999（4）。

作用。绩效目标明确、体系合理、维度多向、工具恰当是发挥公共部门绩效评估作用必不可少的因素。反之，绩效目标不确定、体系纷杂、维度单一、工具不恰当，任何一个因素都有可能影响公共部门绩效评估。作为绩效管理的重要组成部分，绩效目标与绩效评估功能之间是相互影响、相互制约、相互作用的。

7.2.1 公共部门绩效目标

1. 公共部门绩效目标的内涵

公共部门绩效目标就是指公共部门适应所处社会环境的需要，依共有的价值观念，根据国家或政府所赋予的使命和任务，经由构成人员的共同参与及朝一致方向努力所追求的各种成就和最后结果，它是公共部门各阶层人员一定时期内的行动指针。

2. 公共部门绩效目标的特点

（1）公共部门绩效目标的“责任”形式特殊。

公共部门及其官员必须对公民（顾客）负责，对立法机构和上级机关负责，对法律负责，他们受传统官僚伦理的制约，其绩效目标不能违背官员的职业“责任”或称职业道德，它必须以宪法的精神、社会公共利益为出发点，必须与其行政职能相联系，这种目标的责任性实质上体现为一种“公仆的责任”。

（2）公共部门绩效目标的目的不同。

由于绩效管理的公共性，公共部门实行的目标管理实质在于注重社会公正与公平。一方面，因为它所提供的一般是公共产品或准公共产品，比较强调社会的公共利益和改善自身的绩效，并不过分强调收入支出等数量指标；另一方面，由于公共部门的特性，其所提供的“产品”许多是一种无形的“公共服务”，也难以直接用数量来衡量。因此，公共部门实行绩效目标管理必须面向社会，为公共利益着想。

（3）公共部门绩效目标体系复杂，多元性以及相互冲突性使绩效评估指标难以确立。

政府管理的重要职责之一就是对社会价值进行权威性分配，当今的社会是一个多元化的变革性社会，这样政府在多元理性的平衡和矛盾中，往往会存在多元化的目标，对多重性目标进行选择和权重排序时，往往因时因环境的需要而发生变化，并受到权力因素的干扰而难以取得共识。[①] 因此，由于“政府往往需要在

① 参见章秀英、戴春林：《社会转型期政府实施绩效管理的障碍分析》，载《河南师范大学学报》（哲学社会科学版），2005（1）。

多元的、甚至是相互冲突的利益和价值之间作出平衡和抉择"[①] 使绩效管理和评估遇到了困难。

（4）公共部门绩效目标的不确定性。

首先，由于公共部门提供的服务具有"外部性"，其"产品"一般是无形的公共服务，导致其"价格"即公共服务的定价有较大的争议；其次，大部分公共产品的无偿性和垄断性，缺乏市场交换和竞争，无法形成一个反映其生产机会成本的货币价格，也无法取得可比较的成本与收益收据，经济性也无从准确地测定和评价；最后，社会利益的日趋多元化，不同的利益群体对公共部门的政策价值取向有不同的要求，在这种情况下，绩效目标的确定也如同政治权衡一样，有技术上的难度。[②] 因此，绩效目标较不易确定，绩效较不易衡量。

7.2.2 绩效目标对公共部门绩效评估的作用

公共部门绩效评估实质上是按照一定的目标（或标准）对公共部门绩效管理进行判断的活动，没有客观具体的标准就无法对评估过程的价值进行衡量、检验和判断。"如果一个组织没有明确的目标（甚至多个相互冲突的目标），该组织就无法取得高绩效。"[③] 因此，一方面，绩效目标是公共部门绩效评估的核心。这是因为：首先，公共部门绩效评估者需要明确的绩效目标作为依据；其次，客观的绩效目标可减少人为因素对评估结果的影响；最后，科学合理的绩效目标使评估者易于掌握，并能提高评估效率。另一方面，绩效目标也是公共部门绩效评估的困难所在，绩效目标设定得太高，容易造成参与者的挫折感；绩效目标设定得过低则缺乏挑战性。同时，这种困难性还表现在以下几个方面：

（1）绩效目标在封闭体系的组织中较易设定，但对于变动和动荡环境中开放式的公共组织则不易设定。

（2）绩效目标存在信任问题。在公共部门绩效评估过程中，绩效目标往往是高层领导制定的，一般人员很少有机会参与，缺乏自由裁量权，绩效目标要打破这种传统行政管理状况，也是不容易的。

（3）公共部门绩效目标往往比较模糊，不易量化，其结果也不容易衡量。

（4）绩效目标的制定过程并不完全是一个理性选择的过程，而是一个政治过程，需要满足不同群体的不同价值目标，因而充满了多元目标的冲突。"公共政

① 张成福、党秀云：《公共管理学》，15 页，北京，中国人民大学出版社，2001。

② 参见方宏伟、朱慧：《公共部门引入绩效管理相关问题分析》，载《南华大学学报》，2009（4）。

③ ［美］戴维·奥斯本、彼德·普拉斯特里克：《摒弃官僚制：政府再造的五项战略》，42 页。

策或计划的绩效目标如果只以某一方或几方（如国会、占统治地位的客户集团或者管理首长）的价值观为基础，则不可能满意地确立。”①

7.2.3 影响公共部门绩效评估功能发挥的绩效目标因素

1. 公共部门绩效目标的综合性

公共部门管理是一项跨学科多领域的系统活动，绩效目标在不同的时期、不同的国度、不同的地区、不同的部门因差异而有所不同。所以，绩效目标往往不是单一的，而是多目标的有机结合，对复杂的大系统，需要考虑的目标则更多。有主要的，也有次要的；有近期的，也有远期的；有相互补充的，也有相互对立的；还有些目标不是定量而是定性的。因此，很难有一个明确、完整、适用于一切公共部门的目标评价体系。

2. 公共部门绩效目标的不确定性

公共部门所提供的服务具有“外部性”，不同于企业生产的目标和产品。企业生产的产品在形态上有两个特征：其一是可见性，大部分企业目标或产品是看得见、摸得着的实体；其二是终端性，企业产品哪怕是一个配件，也具有独立价值。企业产品在形态上的可见性和终端性为企业绩效评估提供了直接和直观的基础，提供了进行比较的平台。② 公共部门的目标或产品主要是服务性质的，相当部分的产品是无形的，而且，单个部门所提供的产品在整个公共服务过程中，往往只是一种中间状态，不大具有可比性，很难说精心策划开一场行政会议，深入基层做一个调查研究，能在绩效上有直接体现。经常用来作为评估的指标诸如公路建设的挖土方量、治安管理的破案率等，实际上只是公路质量社会秩序管理目标的中间产品，后者的评估往往困难得多。

3. 公共部门绩效目标的复杂性

公共部门目标体系远较工商部门复杂且关联性强。在工商部门中，其目标大都锁定于企业的经营利润、全员劳动率等较直观的数量指标，而且一般说来，其目标只与企业本身和它的股东单位相关联，适用于企业内部的管理，而与企业外部其他单位几乎没有太大的关系。而公共部门则不同，它的目标可能只是其上级单位目标体系的一部分，例如某市民政局的目标，仅是该市人民政府制定的全市整体发展目标的一小部分；但更多的是公共部门的目标与外部单位有较强的关

---

① ［美］威廉·N·邓恩：《公共政策分析导论》（第二版），442页，北京，中国人民大学出版社，2002。

② 参见卓越：《公共部门绩效评估初探》，载《中国行政管理》，2004（2）。

联，如与政府其他关联部门、与上级对口业务的目标之间的目标要协调一致，还要考虑到目标的社会影响，因为公共部门的目标不仅关注本身工作效率的提高、成本的节约，更要关注其为社会所提供服务的效果。

4. 公共部门绩效目标的不易测量

绩效目标不同于传统行政学上的“行政效率”，它包括经济、效率、效益、可得性、公众知晓程度、可预测性、民主性、公平性等。在实践中，绩效目标主要体现为“3E”即经济、效率、效益。公共部门绩效目标的评估即包括对量和质的评估，绩效目标的量易测量，但绩效目标的质如何测量呢？实际上，市场价格就是企业绩效的评估机制，凡是产品在市场上能卖出好价钱的企业就是有绩效的，企业产品的成本低于社会劳动平均成本，企业就能够盈利。但公共部门的目标是带有公共性的和服务性的，公共产品不是一个简单的技术问题，不同的产品有不同的标准，即使同一产品，还涉及政治、文化和社会等诸多因素，其“价格”不易确定。哈里认为，公共部门绩效目标的质包括服务质量和结果两方面。“质”是指公共服务是如何提供的，例如提高公共服务是否及时准确、是否让顾客感到方便以及提供服务时的态度等；“结果”是公共服务供给之后所产生的社会效果，例如政府公共部门供给服务之后，社会环境和人们的需要是否得到了发展、改进、发展与改进的程度、社会公众满意的程度等。因此说，绩效目标的不易测量性，导致了无法进行正常的绩效评估，就更谈不上绩效评估功能的发挥，其原因有下列四种情况：（1）有的测定需要与既定目标比较，公共部门所设定的目标往往还具有抽象性的模糊性，表现在其追求的目标常是一些笼统、定性、不易量化的软目标。如提高人口素质、实现社会公平等，其衡量标准弹性很大。[①]（2）示标要求是量的描述，而质与社会效益往往难以量化。（3）社会效果测定需要到行政组织之外去收集有关信息资料，这一工作开支庞大，费时费力。（4）行政管理活动的社会效果与直接产出比较具有明显的时间上的滞后性，而实践往往要求用某些活动的社会效果来充分展示时对它进行效益评估。

5. 公共部门绩效目标主体的抵制

由于评估绩效对目标主体影响很大，传统的观点认为评估意味着挑毛病，对自己的不信任。为了本部门、本集团的利益，一些目标主体通常采取公开或暗地的形式抵制评估的进行，以色列希伯莱大学教授叶海卡·德罗尔在其著作《逆境中的政策制定》中分析了公共部门绩效评估的无能分析，他认为：“目标主体在理性模式设计中往往垄断真理；跨学科之间协作困难；要么视野狭窄，要么过于

① 参见张晶晶：《公共部门绩效考评理论与方法研究》，西安交通大学研究生学位论文，2004。

自信。在社会互动设计模式中，目标主体缺乏全局考虑；缺乏系统知识；意见不能自由表达传播；易受他人（组织）和时尚的影响。”① 同时，来自不同领域的评估主体，有不同的评估视角，有特定的主观感受，这些都导致评估无法进行下去。地方政府内部的个人和组织均利用绩效测评监控和评价绩效，地方政府外部也是如此，但它们对绩效的定义，所关注的绩效的特征和标准是完全不同的，有时甚至相反，一旦没有融合不同观点的机制，就会产生延长争论却无实效的形式，这是常有的事情。“对某些人来说，‘产出’是一个很不熟悉也很难理解的概念，特别是对于那些终日疲于奔命于各种项目活动的项目官员来说更是如此。”②

6. 公共部门绩效目标客体的冷漠

公共部门绩效评估往往被看成评估者内部的事情，同时，由于信息的不对称，公众很少参与到评估过程中来，这就使评估流于形式，成为公共部门内部“民主”合法的外衣，也就无法发现绩效管理中存在的问题，绩效评估起不到应有的作用。绩效评估还没有形成实质性的制度机制，处于自发、半自发状态，具有封闭性、神秘性，社会公众尤其是与评估没有直接或间接利益关系的公民参与性差，缺乏社会对公共部门的评估与控制，使评估结果难以做到客观公正，甚至完全流于形式。

7.2.4 明确绩效目标，发挥公共部门绩效评估功能

再造大师戴维·奥斯本在《摒弃官僚制：政府再造的五项战略》一书中，将目标战略作为政府再造的核心战略。可见，绩效目标对于绩效评估功能的发挥、绩效管理的改善乃至整个政府再造都具有十分重大的意义。

1. 把握公共部门绩效评估的内在要求，制定明确的公共部门绩效目标

绩效评估的一项重要工作是考察行政管理活动是否完成了预定目标，而要做到这一点，评估本身就必须有明确的可测定的目标。“绩效目标为评估者和被评估者提供了进行客观的讨论、监控和评估绩效的标准。”③ 绩效目标的明确有两种主要途径：一种是官定目标评估途径；另一种是多元目标兼具理论研究的评估途径。美国学者罗希等人极力推崇后者，他们认为，按照官定的绩效目标去评估公共部门管理活动，绩效评估的范围就太狭隘了，往往很难发现绩效管理的成效和存在的问题。因为在实践活动中，有时评估者预定的绩效目标和希望的绩效效

① ［以］叶海卡·德罗尔：《逆境中的政策制定》，30页，上海，上海远东出版社，1996。

② ［美］格罗弗·斯塔林：《公共部门管理》，366页，上海，上海译文出版社，2003。

③ ［美］乔恩·沃纳：《绩效管理》，44页，北京，电子工业出版社，2003。

果并没有出现，而在不预定目标之内的绩效效果却出现了，有时效果倒是包含在官方预定的政策目标之中，但是经过评估分析，却发现它与管理活动之间不存在必然联系，因而主张采取多元目标兼具理论研究的途径进行绩效目标评估。绩效评估不能拘泥于官定目标，而应该侧重绩效目标的多元性以及评估研究的理论性，只有这样的评估才是有效的，绩效评估的作用才能进一步发挥。

绩效目标是公共部门绩效评估的依据，它代表绩效衡量的内容。因此，确立绩效目标的一个基本要求就是目标必须准确地表示衡量对象的意义、性质与关键特征；同时，目标所衡量的因素与结果之间必须有明确的因果关系。绩效目标的设定必须遵循如下原则：一是效度。目标正确表现实际绩效程度，差异越小，效度就越大。二是信度。目标所得出的结果要稳定，目标在不同的时间针对同一对象进行衡量时，能产生大致相同的效果，效果越稳定，信度越大。三是客观性。目标必须具有公信力，应以客观性的量化指标为主，主观的质化指标为辅。四是因果关系。绩效目标与衡量结果之间应有高度直接的因果关系，不能以与衡量结果之间不具有真正因果关系的指标来衡量绩效。五是可行性。绩效目标的测量成本和困难度应在可接受的范围之内，资料收集、监控及评价所付出的成本不宜过高，程序也不可太复杂。

2. 构建合理的公共部门绩效目标体系

绩效目标体系不是公共部门制定的自身规则的体现，而是来源于国家立法、反映和体现社会公众的利益与意志。公共部门绩效评估正是通过国家立法或国家行政立法对绩效目标的规定，把公共部门的公共管理活动对法律负责、对行为结果负责、对社会公众负责统一起来。因此，公共部门绩效评估目标体系应包括两方面的内容：一是由各个不同绩效等级的绩效目标所组成的一级公共部门或一级公共部门所属职能部门的绩效目标体系；二是由各级公共部门或各个公共部门所属职能部门的绩效目标所组成的整个公共部门绩效目标体系。当然，评价公共部门绩效不存在一个统一的适用于各级公共部门主要是政府和各级政府部门的目标或标准。因此，在实践中可以构建三大评估体系。

一是经济评估体系。经济评估测定的是投入与成本之间的关系，其主要的目的是在获得特定水平的投入时，使成本降低到最低水平，或者说充分利用确定资金获得最大限度的投入。二是效率评估体系。效率评估体系主要测定产出与投入的关系，这一关系可由一系列效率指数显示出来，包括投入与产出的比例，单位时间内提供公共服务的数量比例，单位物质投入内提供公共服务的数量比例，无形损耗与一定公共服务之间的数量比例以及这种比例发展的趋向。三是效益评估体系。效益评估体系关注的是公共部门工作的性质和社会效果。没有质的量和没有效益的效率是毫无意义的，效益评估是三项评估体系中最为重要的一项。由于效益测量的困难性，在实践中我们可以采用英国的效益评估模式，其主要做法是：（1）质的量化展示，即通过一系列量的分析综合来反映一个事物的质。（2）用民意测验测定效益和服务质量。既然公共部门管理活动的目的是满足社会或公众的需求，那么测定社会效果和质量的最佳方法就是面向服务对象，了解他们的评价、他们的满意程度。（3）质量保证体系。质量保证是一套完整的质量控制过程，主要应用于那些从事量的处理工作的行政部门和业务性质单一的公共服务机构。对于那些应用了质量保证系统的部门来说，其绩效评估只注意效率和经济就可以了。

3. 设计多向绩效评估维度

在公共领域中，绩效评估中由于目标的评价不仅存在着多重的价值标准，而且还存在着由各种专业角度所带来的不同理解和判断。“人类对事件和情境的认知取决于我们自己的概念和框架。总而言之，我们通过有色透镜来看现实世界。”[①] 这就给绩效评估合理地发挥功能机制带来了困难。在很大程度上，绩效评估不仅是（甚至很少能够）用定量化的数据来表达，绩效的分析只能依靠定性化的描述和说明。拉森·斯图尔特和约翰·斯图尔特认为，测量的危险性在于它很容易取代公众的判断，测量语言有可能取代公众的语言；公共组织可能会通过测量谋取自身利益而欺骗公众。因此，公共部门绩效评估的更好办法是定性的“判断”，而不是定量的“测量”，测量方法只能起到辅助作用，而最终结果必须依赖于公众的判断。据此，拉森·斯图尔特和约翰·斯图尔特建议公共部门绩效目标应当建立在更广泛的维度上，这些维度包括[②]：

（1）经济维度。如产品的单位成本、事务的处理时间、预算的变化、审计等。

（2）民主维度。如政治团体和公众舆论、新“运动”、合法性危机等。

（3）法律维度。如申诉控告、行政裁决、议会监察官和法律检察官的检察等。

（4）职业维度。职业人士发表的意见、研究成果、职业协会的声明、职业标准等。

4. 选择恰当的公共部门绩效目标评估工具

由于公共管理的复杂性，选择恰当的绩效目标评估工具具有一定的难度，采

---

① ［美］弗兰克·费希尔：《公共政策评估》，73页，北京，中国人民大学出版社，2003。

② Ranson Stewart and John Stewart, *Management for the Public Domain: Enabling the Learning Society*, London, The Macmillan Press Ltd., 1994, p. 229.

用何种目标评价工具，需要考虑到各种目标所反映的价值标准、领域维度以及相关利益群体的状况。美国行政学会的“责任和效益中心”（CAP）提出应关注以下关键因素：（1）了解各种不同类型目标评估工具的价值；（2）考虑其他相似组织的评估方法；（3）列出所有能反映公共部门责任领域及其主要目标或服务的潜在评估方法；在公共部门组织各层级上都找到能被顾客和相关利益群体所接受的评估方法；（4）选择一组稳定的评估工具进行监控、跟踪和报告；（5）限制目标评估工具的数量，筛选少数重要的；（6）建立目前组织绩效的基准（baseline）；（7）引入标杆评估（benchmarking reviews）来鉴别最佳实践（best practices）；（8）确定对顾客、委托人或公众的影响效果；（9）由服务的提供者、接受者以及其他相关利益群体共同开发评估工具。把目标绩效工具分为：产出测量（output measures），主要测量产品或服务的数量；效率测量（efficiency measures），主要测量所提供产品或服务的单位成本；结果测量（outcome measures），主要测量所提供产品或服务对顾客或委托人产生的影响或效果；标杆评估（bench marking），就是根据其他类似单位的实践或者本单位以往的实践，找到最佳实践（best practice）的标准，并依照这些标准来衡量本单位的绩效；成本—收益测量（cost-effectiveness measures），主要测量公共部门所获得最终满意结果所花费的成本。

5. 争取公共部门绩效目标主体的支持

西方学者认为，对于公共部门管理者而言，当因他们的主观失误导致行政无能或效率低下而要承担责任时，往往会千方百计地抵制评估或将评估引向歧途，他们制造的理由可能是：（1）管理活动所产生的影响是个长期的过程，不能在目前就确定，妄下结论；（2）行政管理的影响在本质上是广泛而普遍的，任何单一的标准都不足以断定效果是否真正实现；（3）绩效评估的影响是精细的，用粗略的量化表或统计资料无法认定其结果；（4）评估效果不理想，是因为投入的资源不够；（5）评估效果的正效应不大，不是他们本身的问题，是评价的偏误所致。

由于绩效评估的反馈机制必须通过评估来实现，而评估（主要是外部评估）又涉及目标主体的利益，因此，如前所述，往往有目标主体不愿意接受评估，他们也许并不都认同这是一个改进他们自身绩效的有效途径。而且，无论用什么名称来表述绩效评估行为，它都有可能会对目标主体产生不利的影响，从而危及公共部门绩效评估，导致公共部门绩效评估功能失灵。此外，人的本能和部门利益以及惰性也使目标主体抵制评估，目标主体往往在潜意识里对自己及自己的目标以及目标实现程度有所偏爱，而评估往往意味着批评，这就要求能说服目标主体，使他们认识到绩效目标对于改进他们自身的绩效、保证绩效评估功能发挥的重要性，从而争取赢得目标主体的支持。

6. 重视公共部门绩效目标客体的回应性

绩效评估的功能就在于使公共部门与公民社会之间形成一种良性互动，而不是一种单向的公共部门垄断行为。只有寻求公共部门绩效评估合理的目标价值取向，才能保证绩效评估功能导向作用的发挥。对公共部门绩效的评估，应集中在那些能够满足需要的目标上——不只是国家自身的需求，而且是能使国家得以维持的需求。满足人类的需求，政策才能对人类具有价值，政策才能证明其存在的合理性。公共部门绩效评估应强调公共责任和民主参与，使效率、秩序、社会公平和民主成为公共部门绩效评估的价值取向，这些价值取向在绩效评估过程中具体通过管理效率、管理能力、公共责任、社会公众的满意程度等价值判断表现出来，所有这些价值目标和取向都离不开目标客体的参与、离不开目标客体对主体的回应性，同时重视绩效评估结果的公布，运用具有影响力的评价结果吸引目标客体的参与，保证绩效评估功能最大化的发挥。

7.3 绩效激励对公共部门绩效评估的影响作用

作为一种激发成员或组织活动与积极性的机制，绩效激励的终极目标是提高公共部门的绩效。绩效激励能促使评估主体积极推动评估，促使民众积极参与评估，为公共部门绩效评估提供动力机制。

7.3.1 公共部门绩效激励

1. 公共部门绩效激励的内涵

公共部门绩效激励就是指运用各种手段或方式，促使、期望和诱导公共部门及其成员履行法定职能，实现既定目标并提高绩效的过程，其理论来源于美国著名管理学家维克多·弗罗姆所创立的期望理论。

2. 公共部门绩效激励的特点

(1) 公共部门绩效激励的目标导向更为明确。

在公共部门的绩效激励中，激励是手段，绩效是目标。在公共部门绩效激励过程中，手段与目标是紧密联系在一起的。在公共部门中运用各种激励方式和方法，都是为了达到提高公共部门绩效这一目标。一般性的激励主要是通过调动组织成员的积极性来促使其实现组织的目标，而组织的目标往往是多样的。因此，相对于一般的激励，绩效激励的目标更为明确，导向性也更强。

（2）公共部门绩效激励可应用的方法更多。

一般的激励多为方法上的激励，即通过运用诸如物质激励、精神鼓励、工作奖励、典型强化、危机激励、文化激励等方法来激发组织成员的积极性，使其努力实现组织目标。而公共部门的绩效激励除了可以运用上述的激励方法以外，还可以通过体制性的激励，即通过放松规制等方法来改革公共部门的内外体制，为公共部门创造良好的体制环境，从而激发公共部门及其成员的积极性和主动性。通过运用体制性的激励来提高公共部门的绩效，是绩效激励区别于一般激励的重要特点。

3. 公共部门绩效激励的类型

我们根据公共部门绩效激励的层次把它划分为体制性激励和方法性激励。前者是从宏观上通过放松社会性规制，在中央与地方之间、上下级公共部门之间分权，简化层级，扩大参与，通过授权来调动中央和地方、上级公共部门与下级行政部门行政活动的积极性、主动性，从而提高公共部门管理活动的绩效。后者主要是指在具体的某一公共部门，通过对行政机构的预算、拨款以及对行政人员的工资、奖金、升迁等具体的方式方法来激发公共部门及其成员的活力，保证公共部门的高效。

7.3.2　绩效激励对公共部门绩效评估的作用

赫茨伯格认为，只有激励因素才会使个人更加努力地工作，从而提高组织的绩效。绩效激励对于公共部门绩效评估来说处于很重要的位置。因为，绩效激励可以解释人们在公共部门绩效评估过程中的行为。公共部门绩效评估离不开体制性激励和方法性激励，这是因为：一方面，体制性激励有利于放松规制。公共部门习惯于制定一套复杂而又整齐划一的法律和规章来控制政府官员的行为，强调对外部制约力量的服从，这就使公共部门绩效评估者转移了注意力，照章办事以免去政治上的麻烦成为评估的首要目标，而对于自己所在部门的职责如何、办事效果怎样反倒成为其次，公共部门绩效评估组织逐渐形成了一种只对规则负责而不对结果负责的公共管理哲学。而通过体制性激励有利于公共部门绩效评估对结果负责、对顾客负责观念的转变。“大多数的政治家和专家认为，应该放权给地方，这种共识是建立在三个重要前提之上：一种体制不能适应所有的情况；中央政府不能从华盛顿微观管理一切事情；离问题最近的人无疑最了解处理问题的最佳途径。”[①] 1993 年 9 月，《戈尔报告》正式发表，其报告的核心内容之一就是内部管理的非规制化改革，“必须抛弃繁文缛节，摆脱那种驱使人只对规制负责的旧体制，创立一种激励人对结果负责的新体制”[②]。另一方面，方法性激励有利于下放人事管理权，改革文官体制，给部门管理者录用、提升、奖励的自主权，摆脱对上级的依赖，保证公共部门绩效评估的独立性，因为只有保持独立性，才能保证评估活动在动机上的纯正性以及评估结果在归纳、总结、公布中的客观性、公正性。“公共绩效评估人员抱怨说，公共部门不断扩大评估系统的利用，却常常不肯提供足够的时间、监督和财政资源以使该系统确定能够工作得起来。”[③]

7.3.3 影响公共部门绩效评估功能发挥的绩效激励因素

1. “民主”的合法外衣

评估的目的是为了通过激励使公共部门更高效，而激励是评估深入持久有效进行的动力机制，评估功能的发挥离不开发动机——“绩效激励”。但我国现行的行政体制通过行政系统以及其他正式组织深深植根于社会生活的各个角落，造成了政府“全能主义”和行政垄断的盛行、行政效能的低下。因此，由于过度规则对激励机制的束缚，公共部门日益僵化呆板，缺乏灵活性，激而不励，成为“墙上”的装饰；另外，由于历史和社会等方面的原因，相当多的群众还不具备法律知识，民主意识也很淡薄，认为绩效评估是公共部门内部的事情，对公共部门的绩效评估进行监督是“自找麻烦”、“自讨苦吃”，一些行政公务人员也认为绩效评估是绩效评估组织自身的事情。因此，公共部门运用评估作为激励手段，脱离评估标准的客观性和公正性，不是从效率、效果和效益的角度出发，而是从个人的主观愿望出发，从与自己关系亲疏出发，把公共部门绩效评估当作提拔亲近、排除异己的有效手段。由于公共部门绩效评估激励已失去了公正性、公平性，价值取向的偏离，导致了公共部门绩效评估的瘫痪。

2. 绩效激励流于形式

绩效激励在于保持公共部门的活力，推动评估的顺利进行。长期以来，我国实行的是高度集中的计划经济体制，公共部门规则性程度较高，过度繁杂的规则，使公共部门每评估一项决策、一项工程都必须按繁杂的程序来进行，使得公共部门评估的时间和资源都耗费于这些整齐划一而又无处不在的规章制度上面，

---

① 国家行政学院国际合作交流部编译：《西方国家行政改革述评》，264 页。

② Gore A.，*The National Performance Review*，1993，p. 6.

③ ［美］琼·E·派恩斯：《公共和非营利性组织的人力资源管理》，112 页，北京，清华大学出版社，2002。

出现公共部门绩效评估由于过分关注规则而使评估工作流于形式，使得公共部门缺乏充分的激励机制。特别是在我国目前的公务员激励中，负激励的执行力不够，起不到防微杜渐的作用，公务员普遍缺乏危机感与忧患意识。同时，受我国传统人情思想的影响，我国的公务员考核大多是皆大欢喜的结果，使使用负激励条款成为空谈。① 公共部门绩效评估的程序化、形式化、上级化，由于对社会及公众千变万化的需求，由于官僚体制的弊端而导致反应迟缓、缺乏回应力，从而遭到社会越来越多的批评和指责，破坏了公共部门的形象，减弱了公共部门的权威性，也损害了公共部门与社会公众的相互关系，使公众对公共部门的信任度和支持度严重降低。由于绩效激励的上级化、形式化导致了公共部门成员以规章为本，机械麻木、士气低落，不是以绩效为核心，以顾客为导向，评估成员缺乏内在的应有的激励，而规章制度、程序往往成为公共部门评估成员逃避责任的庇护所。因此，公共部门绩效评估主体就难以履行其法定职能，难以发挥其积极性、创造性来推动评估的顺利进行，更谈不上公共部门绩效评估功能的积极作用。

3. 重物质轻精神

激励形式单一。激励的本质就是满足个人的需要，而人的需要又是多种多样、不断发展变化的。人的积极性运动机制的复杂性、影响因素的众多性和交叉性，决定了激励方式必须是多种多样的。这就要求管理者在运用激励手段时，既运用物质方面的手段，也运用精神方面的手段；既注重内在激励，也注重外在激励；既注意组织内的因素，也注意组织外的因素，处理好组织内部条件和外部环境的关系。激励形式要优化组合，在空间上要相互衔接，促进激励的良性循环。在激励工作中只有坚持多种激励形式有机结合的原则，才能保证激励的有效性。②

4. 激励失效，评估作秀

要使评估产生激励作用，从而使公共部门绩效评估在绩效管理中发挥应有的作用，就离不开作为激励的评估资金、评估权力、评估主体的任免、升迁。在我国，由于特定的政治体制，上级公共部门与下级公共部门之间是一种领导与被领导、制约与被制约的关系，下级公共部门隶属和服从于上级公共部门，这就会导致评估主体不敢评估领导者，下级不敢评估上级，因为下级公共部门的人事权、财权长期以来都掌握在上级公共部门手中，其工资分配、编制确定、人员吸收等方面，无不由上级公共部门决定或需要报上级部门批准，评估领导者或上级公共

---

① 参见包国宪：《公务员绩效管理中绩效激励问题》，载《兰州大学学报》（社会科学版），2010（5）。

② 参见李和中：《公共部门人力资源学》，284页，武汉，武汉大学出版社，2008。

部门，评估客观公正，可能会遭到罢免、辞退；评估不客观，以领导者和上级公共部门的意志为转移，则会导致评估只是领导沽名钓誉的手段，是一场“政治作秀”。这种“政治作秀”在公共部门绩效评估中主要表现为：以评估为炫耀工作绩效、沽名钓誉、歌功颂德的途径，而背离了实事求是的原则；以形式取代实质，使评估工作徒有虚名，仅有典型的形式主义；借评估效果不佳、绩效不良的行为合法化，以掩盖自己举措失当甚至无能的事实；借评估以推卸自己应负的责任或将责任推给他人等。因此，绩效评估能否发挥作用以及发挥作用的大小在一定程度上取决于领导者个人的素质。

7.3.4 完善绩效激励，发挥公共部门绩效评估功能

1. 客观、全面理解评估主体的需求，摒弃错误观念，真正树立以“人”为本的思想

著名管理学家赫茨伯格说：“行我所愿、愿我所行是谓激励。”客观看待和正确理解评估主体的需求，尊重他们的正当需要是绩效激励的基础，也是绩效激励的出发点，如果对于评估主体的需求和价值观理解错误，那么绩效激励也就无从谈起或者根本就是无的放矢，绩效评估功能机制也就缺乏主体动力。长期以来，我们存在着重物质轻精神的错误假设，忽视了评估主体的责任感、超越自我、为社会奉献等等之类的需求。然而，且不说，评估主体期望在参与评估（只是他们的工作）的过程中获得的东西除了金钱以外，还有个人能力的提高、他人和社会对自己的尊重、自我价值的实现等许多其他方面的需要。即使假定金钱对评估主体确实有一定的激励作用，那么这种激励作用也会呈边际效用递减趋势。因此，要重视评估主体的精神需求，增强评估主体的使命感，培养评估主体的文化理念、责任感，让评估主体真正把评估当作一项使命去完成，而不是照章办事、照预算办事，把“使命”和“责任感”浸透于主体的肌体中，浸透于评估的每一个过程、每一个环节中。

2. 评估机构应独立，财政单列

由于评估机构的隶属性、财政的依附性，导致了公共部门绩效评估功能机制失去活力、效率低下。因此，要科学划分其权限范围，从机构上和财政上保证绩效评估机构的独立性。评估机构应实行垂直领导，国家应像美国那样设国家绩效评估委员会的直属机构，不依附于任何公共部门，也不被任何公共部门左右，同时实行人事自主，除负责人由国家绩效评估委员会任命外，其人员的招聘、录用、辞退不受上级领导部门的干预。同时，要建立公共部门绩效评估基金，这对绩效评估及其功能分析是一项庞大而复杂的系统工程，需要动用大量的人力长期深入到实践中去收集浩繁的信息，需要耗费巨额资金。因此，绩效评估工程经费

应实行单列，由中央财政统一作出预算，逐一下达，彻底消除影响评估部门独立评估的经济因素，使其摆脱对上级公共部门的经济利益依附，此外，评估功能机制的僵化呆板，就是由于体制性的激励机制过分规制而导致的。因此，要放松规制，创造良好的激励外部环境。

3. 扩大参与，增量民主

我国的行政管理过程，对群众来说始终有种"神秘感"，原因是国家公共部门在行使公共权力时突出了权力是国家单方面意志的表现和具有强制性的特点，相对弱化了其还具有的社会性和群众性，或者说绩效评估的进行在一定程度上忽略了首先考虑社会和群众的反映。人民群众理解的要执行，不理解的也要执行，并且要求这种执行是不折不扣的，这就造成了执行绩效评估的被动性和盲目性；同时，由于人民群众对行使行政权的主旨不明，缺乏主动的绩效评估监督激情，出现偏差也不能积极有效地纠正和调整，从而降低了行政管理的整体效能和社会效率。另外，由于绩效评估在很大程度上是"长官意志"，民主的合法外衣成为领导者的一种政治手段，公共部门绩效是由直接领导而产生的。长此以往，评估的参与者就会对评估漠不关心，对评估工作只是麻木、机械地按上级部门或领导者的指示去执行，而不会发挥自己的创造精神和主观能动性，绩效评估功能机制离不开激励，激励又离不开民主。因此，要扩大参与，重视发挥公共部门绩效评估主体的创造性和积极性，让评估部门的每一个成员都真正参与到评估过程中来，在参与评估过程中将自己的意志、智慧和需求融入评估的整体目标中，可以使他们主动地对评估承担更多的责任，最终提高整个公共部门绩效评估的功能。最后，重视公民参与，引入公民参与机制。对公共部门绩效的评判最好交给公众，交给公共服务的对象（或称之为顾客）来完成，以"人民满意不满意、人民答应不答应、人民赞成不赞成"为最高准则。虽然公众的评判有种种缺陷，如也许缺乏评估的专门技术、知识，也许根本不了解政府的实际运作，也许缺乏必要的准确的信息，也许存有短视、自利动机，但公共部门本身就是为民众而存在的，政府绩效就应以公益为参照坐标，树立公民取向的绩效观，政府管理运作所追求的一切都应从公民的立场和角度来评价。改善公共部门的绩效评估应取得公众的关注和积极参与。这样的绩效评估不但能帮助公民、公共部门的从业者看清公共部门所做出的各种努力的结果，并相应做出价值判断和价值排序，而且能帮助政府以民众的需求目标为运作和努力方向。[①] 正如托马斯在《公共决策中的公共参与：公共管理者的新技能与新策略》一书所说："当参与程度提高后，市民对政

---

① 参见张晶晶：《公共部门绩效考评理论与方法研究》，西安交通大学研究生学位论文，2004。

府运作的理解也就提高了，对政府机构的批评意见也就会相应减少，改善了政府官员受到‘鞭策’的困境。”

4. 努力实现绩效激励规范化，为公共部门绩效评估提供功能制度化

激励机制本身既不是一种临时性的运动，也不是一种可以清晰界定的管理工具和方式，它是正式制度和非正式制度共同作用所产生的一种合力。从实际的角度来说，科学、规范以及公正的绩效激励制度是影响和塑造评估主体行为的最重要因素，这一方面是因为制度化的晋升制度、绩效管理制度、薪酬制度有利于摒弃管理过程中的个人主观偏见以及“家长作风”、“一言堂”，确保评估过程以及结果的公平性，从而满足评估主体对于公平性的要求；另一方面，是因为相对稳定的导向明确的绩效激励制度化、规范化，能够保证评估主体在评估过程中积极性的发挥。从期望理论的角度来说，它有利于评估主体知道自己采取什么行为会产生对自己有利的后果，以及自己行为与可能得到报酬、晋升之间是一种什么样的联系，从而有利于绩效评估主体的稳定和一致性的行为，优化公共部门绩效评估功能机制。因此，要实现绩效激励制度化，发挥绩效评估的功能，首先要实现程序的制度化，避免暗箱操作；其次要强化正式评估组织；最后应重视培育非正式评估组织。结构是功能的基础，任何功能总是来自于一定的结构。要实现绩效评估功能就必须建立相应的绩效评估组织，特别是非正式组织。因为非正式组织聚集了大批专门从事绩效评估理论研究和实践活动的人才，有利于提高绩效评估的科学性。同时，合理运用负强化。我国政府在运用嘉奖、记功等正强化进行激励的同时，也应该重视负强化对公务员的约束激励功能，通过负强化的合理运用，使惩罚与教育相结合，达到矫正公务员行为的目的。①

7.4 绩效信息对公共部门绩效评估的影响作用

互联网的发明与应用，是现代科学技术的伟大成果之一。20 世纪 90 年代以后，信息化、网络化迅猛发展，世界进入一个以知识为基础的经济时代，即知识经济时代。信息社会正在并将继续给人类社会带来深远的影响。如同一枚硬币的正反两面，知识经济和信息化给各国社会经济和公共部门管理带来机遇的同时，也带来了挑战，知识经济时代公共管理的主要使命就是努力解决信息问题。绩效信息的准确、及时、客观、公正是绩效评估的基础保证；反过来，绩效评估作为

① 参见包国宪：《公务员绩效管理中绩效激励问题》，载《兰州大学学报》(社会科学版)，2010 (5)。

反馈信息又可以为公共管理活动提供有效的信息来源，从绩效信息（输入）到绩效评估再到（输出）绩效信息，是一个不断循环反复的过程。

7.4.1 公共部门绩效信息

1. 公共部门绩效信息的内涵

公共部门绩效信息是指那些可以提高公共部门管理绩效的信息。

2. 公共部门绩效信息的特点

除了具有公共信息的特征外，公共部门绩效信息还有其自身的一些特点：

（1）公共部门绩效信息是一种能够实现预期的管理目标和政治结果的工具。

这是公共部门绩效信息最突出的特征。一方面，公共部门可以利用现有的组织结构直接把它们手中掌握的相关真实可靠的公共信息向目标群体或个体传递并使之产生预期的效果；另一方面，不在公共部门直接掌控之列的公共信息，公共部门可以利用其手中的资源，结合其他政策手段使信息主体产生或提供该部分的公共信息。因此，通过公共部门绩效信息的运用，公共部门能够尽量避免决策的不确定性，实现预期的管理目标和政治追求。

（2）公共部门绩效信息的工具性效用的实现并非是一个自动的过程。

公共信息具有知识性，反映公共管理领域的客观情况及其变化，然而要借助公共信息达到预期目标，即使之成为公共部门绩效信息并不是公共信息自身所能完成的。其中，需要公共管理者持续不断的努力，即利用公共投入，在事先制定好的公共信息管理战略的指引下，决定什么样的公共信息将以什么样的方式向外传递并预计达成何种效果。否则，公共信息要么有可能成为束缚公共生产力提高的绊脚石，要么会成为受私利驱动的利益集团手中的杀手锏。

（3）公共部门绩效信息的效用的直接性。

我们知道，信息的时效性是影响信息价值实现的关键因素。而公共部门绩效信息是经过加工处理的公共信息并具备了工具的特性，不仅在内容上是不断更新的，而且其传输流程和方式也是经过再设计的，较符合信息时效性要求，因此，与一般公共信息相比，在现实环境下公共部门绩效信息的效用是直接的、明显的。

7.4.2 绩效信息对公共部门绩效评估的作用

绩效信息是公共部门绩效评估的基础。因此，完备、真实、典型的绩效信息有助于评估者做出准确恰当的评估。

1. 公共部门绩效信息的发收是公共部门绩效评估过程中的头等大事

从最广大的范围看，社会公众既是公共绩效信息的发出者，也是公共绩效评估反馈信息的接收者。公众发出的信息，表现为公众要求制定政策解决社会公共问题的愿望。这种问题信息或公众要求，可以说是全部公共管理活动的源头和开端，全部公共部门绩效活动就是从此开始的。公共管理活动作为一种社会事物就是从这里问世的。公众又是公共部门绩效评估后果的接收者，表现为公众对绩效后果的反应、服从或接受。这种绩效信息的接收，是对公共管理活动产品质量的检验，是公共部门绩效评估活动一个生命周期的完成。

2. 公共部门绩效信息流速快慢决定公共部门绩效评估活动效率的高低

制定和实施绩效评估，首先是为了衡量政府绩效，满足社会需求，解决问题必须及时快速，久拖不决或解决问题行动迟缓，只能使问题越积越大，越积越难解决，最后不可收拾，酿成大祸，铸成大错，造成的损失和危害无法计量。

3. 公共部门绩效信息沟通是形成强大集体力量的关键手段

公共绩效评估活动既不是私人行为，也不是个体行为，而是政府和公众共同参与的群体行为。分散的个体存在是如何变成群体共同合作的行动并形成巨大的社会力量的呢？其中的奥妙，就在于人们之间的信息交流和信息沟通。

7.4.3 公共部门绩效评估功能的绩效信息影响因素

1. 绩效信息不公开

在公共部门内部，无论是评估机构还是机构成员个体都有封闭信息的内在冲动，公共部门常常存在着信息不对称的问题。由于公共部门是绝大多数部门公共信息的生产者，并最终控制着公共信息传递渠道和传输流向，根据公共选择理论的分析，公共部门是其机构成员利益的集合体，他们往往追求政府官员以及相关利益集团的最大化，因此，绝大多数情况下，他们总是想方设法地尽可能保守信息，而不是公开信息。“官僚职业的永久性，尤其是他们对信息的垄断，使他们在与议会等立法机关打交道时处于有利地位。因此政府部门失败的基本原因，就是官僚的利己行为。”① 而绩效评估功能发挥的前提是公共部门绩效信息的公开，只有先公开公共部门绩效信息，才能让社会公众更多更好地参与评估。据统计，我国80%的有用信息都为政府所掌握，但由于缺乏统一的法律规定，这些信息往往被封锁在公共部门，民间很难得到和利用信息，既然信息是资源，公共部门就会有各种理由封锁甚至借助这些信息谋取不当利益。因此，由于在传统行政体

① ［美］B·盖伊·彼得斯：《政府未来的治理模式》，129页，北京，中国人民大学出版社，2001。

制下，受个人或机构特殊利益的驱使以及科层制所造成的对信息天然的分割控制，造成公共部门评估过程中绩效信息处于封闭或半封闭状态。“科层制治理政治控制的方式之一是通过垄断、封锁那些不利于政治稳定或统治的信息，控制媒体有选择地发布筛选的信息以营造舆论，强化、维持合理性统治。加上科层制内部对信息控制权的争夺，信息的绝大部分被滞留于各级官僚之手，公众只了解局部的有限信息，甚至不了解信息。”① 另一方面，公众由于其利益分布过于分散，难以发挥整合效应，往往处于信息占有的弱势地位。要么他们只能被动地接受公共部门提供的信息，要么他们要为收集更多的信息付出额外的成本。因此，由于公共部门对绩效信息的垄断，必然导致公共部门绩效评估由于信息的不对称而导致失败。

2. 绩效信息不全面

由于政府是公共部门绩效信息的生产者、传播者和垄断者，从制度设计看，这种双重身份难以保证政府准确地发布与公共部门绩效评估相关的一切信息，尤其是在他们认为某些绩效信息特别是不良绩效信息的公开可能会危及他们存在的合法性和权威性时，报喜不报忧，歪曲信息甚至是凭空捏造信息的种种动机和行为似乎显得合情合理；同时，目前中国推行的各种形式的信息公开往往具有各自为政的特点，相互之间缺少统一性和协调性，其信息公开主要局限于办事制度公开，如在评估机构部门张贴办事制度与程序，印发各种评估公民参与手册，通过散发评估便民卡等，仅限于内部公开而外部不公开。

3. 绩效信息不真实

公共选择理论认为公共部门也是利益最大化的追求者，为了维持其垄断地位，必然对绩效信息进行“筛选”和“过滤”，这必然导致绩效信息的不真实，民众由于在不真实信息的基础上必然作出不公正的评估；同时由于评估主体自身素质、认识水平、知识结构以及价值取向等的差异，必然导致认识失真、以偏赅全、残缺失真、主观臆断。

4. 绩效信息的失效

公共部门绩效评估是运动发展的过程，绩效信息作为对公共部门发展的情况以及变化的反映，从变化到绩效信息的调整之间会产生一个时间的滞后，这就必然导致绩效信息的滞后性和失效。首先，公共部门本身缺乏科学的绩效信息收集、处理和传递机制，层级节制的组织结构要求各项评估都按照严格的时间顺序开展，每个环节都被要求在规定的时间内完成工作任务。由此，绩效信息的传递

① 卓越主编：《比较公共行政》，301 页，福州，福建人民出版社，2003。

过程无形中被拉长了，有价值的绩效信息在传输过程中常常被截留、忽略，严重影响了绩效信息的时效性。其次，由于公共部门成员的绩效信息处理能力有限，当出现过多的信息流时，接收绩效信息和做出反应之间便存在较大的过滤；同时由于目前公共部门绩效信息，大多限于人员状况、薪酬、培训、绩效考核等方面的简单数据，对绩效信息管理也只是对这些原始数据的收集、录入和简单处理，缺乏深入分析，未能充分利用计算机、网络等工具，实现人力资源管理信息的电子化。① 再加上由于信息泛滥、垃圾信息、老化信息以及信息障碍等方面的原因，也必然导致绩效信息失效。

5. 绩效信息成本过大

由于中国的公共部门条块分割、部门分割，绩效评估各自为政，信息资源得不到共享，一个部门或地区积累的经验很难为其他部门或地区所利用，这加大了整个制度的成本；同时，从现实生活看，由于我国的行政法治仍不健全，在网络时代和政府信息公开以前，公众使用政府的信息并不多或者说根本接触不到政府信息；而在网络时代，政府部门尚未建立健全管理信息系统，绝大部分政府的数据库仅向内部和研究机构开放，不对社会开放。在政府部门常会遇到：要么没有管理信息系统；要么有管理信息系统，但却不能提供衡量项目效果的信息，或不能提供可靠的信息。这些都给评估人员收集信息带来了相当大的难度，也造成了搜集确认信息成本的提高；此外，在一些由政府机关提供的信息的网络服务中，甚至新法律、法规的使用也需要交纳服务费。也许有一天我们会非常尴尬地发现，中国人可以通过网络免费获得国外的最新立法及其他政府信息，而无法承受获得国内立法及其他政府信息的高昂成本。

7.4.4 建立、健全绩效信息机制，确保公共部门绩效评估功能

由于相当多的公共机构忽视对评估过程中绩效信息的管理，往往会出现绩效信息收集不及时、统计数据不准确的现象，有时，有些机构对公共部门绩效评估有抵触情绪，还会故意隐瞒必要的绩效信息，甚至提供做了手脚的虚假信息。因此，要对公共部门的活动进行充分的、科学的评估就必须占有详细的、真实的绩效信息。

1. 建立统一严格的信息披露机制，确保绩效信息的公开化、透明化

在现代社会中，不仅政府有获得信息的需求，人民也基于政治参与、经济活

① 参见许飞娟：《我国公共部门人力资源管理问题与对策》，载《成都大学学报》（社会科学版），2009 (3)。

动和个人发展强化了对政府信息的需求。政府的权力来源于人民，作为人民的代理人依法履行其治理的职责，这是任何民主社会的政府都会坦然承认的，社会主义的中国各级政府更不例外。但从中国目前的情况来看，人民要表达的意愿常常受制于信息传递渠道，而得不到及时、准确、畅通的表达，加上政府为实施有效的社会控制，必定会垄断或封锁那些不利于政治稳定或危及政治统治的信息，所以难免会出现政府权力与人民意愿相背离的局面。社会对政府信息的需求与政府的信息供给存在着巨大的差距，有很多信息无论就理论上还是实际利益衡量上，都应对外公开，但未能公开，造成政府资源取得上的困难，政府信息公开没有成为一种制度，公民缺乏整合性地获取政府信息的途径，人民要想获得信息，并不知向哪个单位索取。信息的不对称，必然造成对评估程序、内容等的认识偏差，这使政府管理出现很多问题，如官僚主义、效率低下、权钱交易、贪污腐化、政府失灵，公共管理的效率和社会公平目标就难以实现。因此，应建立统一严格的信息披露机制，以多种形式实现政府公开，赋予民众政府信息请求权，确保信息的公开化、透明化。

所谓公共部门绩效信息公开，是指政府机构通过多种方式公开其政务活动，公开有利于公民实现其权利的信息资源，允许用户通过查询、阅览、复制、下载、摘录、收听、观看等形式，依法利用各级政府部门所控制的信息。目前，联合国教科文组织正在全力动员各国政府“努力使任何人都有权行使四类属于公众的信息”，其中第一类就是政府信息。这就要求：一是在巩固办事制度公开成果的同时，应尽快启动政府绩效评估信息公开的进程，使政府信息能够自由地为民众所利用；二是修改《保密法》等法律，科学地界定公开与保密的关系。在国外，政府信息公开是原则，保密文件只是政府信息公开的例外，只有对非保密文件进行合理的分类，并明确哪些可以公开，哪些不应该公开，才有可能科学化缜密化并在此基础上实现政府信息的公开化；三是应完善与执行国务院在 2007 年颁布的《政府信息公开条例》，有些地方如上海、广州、浙江也有地方性立法，但这些立法要求公开的信息多是政策性和个人利益相关的信息，对政府绩效涉及较少，而且现行的《档案法》和《保密法》对公共信息的保密范围规定较为抽象，规定秘级确定权由单位或在密级不明确时由国家保密工作部门审定。[①] 在避免承担意外的泄密责任和免受不利信息对单位的影响的意识下，秘密范围必然有扩大化的倾向，如不少单位将一般性工作简报都定为秘密。公众的知情权没有保障，绩效管理即使在公共部门中应用效果也不会很好。同时，绩效管理的有效性

① 参见《中华人民共和国保密法》第 6 条、第 8 条、第 11 条。

取决于信息的全面性和高品质。[①]

2. 确保绩效信息的完整性和相关性

公共部门可能由于绩效信息的不完整性而导致评估失败，因此，可以建立有效的绩效评估信息管理系统，建立健全绩效信息收集机制，按照一整套科学合理的程序和规范进行绩效信息的加工处理；同时，完善绩效信息传播渠道，实现信息的多元化和低损耗。一般说来，绩效信息从采集、加工到接收下来并做出反应，要经过选择性滤波和综合性滤波。一个有效的绩效信息系统，必须做到滤波尽量合理，以免出现因滤波失误而失去有效信息和引进无用噪音。这要求在具体操作过程中做到五查：一查需求。即根据所收集的绩效信息与所想了解的问题是否相关而决定取舍，把所需的留下，把需求之外或与之关系不大的舍去。二查重复。把在内容与类别上有一定重复的绩效信息归并起来，剔除其重复信息。三查时间。同一时期内有关同一事物的绩效信息，要取近舍远。四查时效。对已失去时效、丧失现实意义的绩效信息不能收集。五查效用。根据绩效评估的需要，对收集到的绩效信息作初步评价，淘汰那些使用价值不大或无用的信息，保留有重要意义的绩效信息。

3. 降低绩效信息成本，扩大评估参与

绩效信息和传媒技术的迅速发展是政府改革的催化剂。由于绩效信息和传媒技术的迅速发展，公众获取占有和传递绩效信息越来越便捷，对公共事务的运作有了更多的了解，要求政府提供更多的服务，对政府行政质量的期望也越来越高，事实上，绩效信息与传媒技术的发展使公众维护自身知情权、参与权、监督权的意识越来越强。我国《宪法》规定："中华人民共和国的一切权力属于人民"，人民是国家的主人，人民有权知道政府运作的绩效消息，信息公开不是政府对人民的"恩赐"，而是公民的一项基本权利。要真正发挥绩效评估功能机制，必须从制度和观念上进行深刻的变革，在计划经济时代被认为属于"内部文件"、"内部材料"的所谓"内部情报"实际上许多都是应当向公众公开的，废止各种不适应市场经济与信息社会要求的陈旧规定，打破各种阻碍政府信息自由流动的实际障碍，保障民众有权得到自由利用政府信息，同时，以法律的形式明确规定公众可以自由地使用政府信息，政府部门只能收取成本而不是信息的市场价格，这样有利于公民参与，同时有利于公民的反馈，因为只要是政府面向市场和社会公众所提供的商品与公共服务，并对其进行公共部门绩效评估，都必须接受消费者和受益人的监督，倾听他们

---

① 参见方宏伟、朱慧：《公共部门引入绩效管理的问题分析》，载《南华大学学报》（社会科学版），2008（4）。

的意见，获得他们的信息与信任，形成信息双向交流机制。

4. 构建公共部门绩效评估信息网络

由于评估过程中，绩效信息的污染、迟滞、失败影响到公共部门绩效评估的准确性，因此，构建公共部门绩效评估网络势在必行。绩效信息既是决策的基础，又是评估的依托。没有真实详尽的材料，公共部门绩效评估的客观性、科学性便无从谈起。建立覆盖全社会的快速信息反馈网络，最大限度地实现评估组织和公众之间的有效沟通，最大限度地避免信息截留、失真。对于政府来说除法律规定应予保密的信息之外，其他一切有关公共政策制度背景、执行状况、评估结论等情况应及时向社会传播，增强评估过程的透明度，杜绝评估过程中不必要的暗箱操作；对于评估组织来说，将有利于其在节约成本的前提下尽可能地获取信息，降低评估成本，有利于评估方法和评估结论的迅速传播，便于各方及时了解评估情况；对于公众来说可以随时发表有关评估的意见和建议，以实现评估的民主化。

网络的出现，极大地降低了获得公共部门绩效信息的成本，使全体民众可以平等地行使其知情权。电子政府打破了时间和空间的局限，客观上为构建一个统一、开放、高效率、低成本、民主的政府创造了条件，电子政府之所以令众多有远见的行政学家怦然心动，其主要原因就在于它提供了公民大规模和高强度的政治参与可能性，它带来的开放性大大强化了政府行政的透明度和民主化程度。

7.5 绩效申诉对公共部门绩效评估的影响作用

绩效申诉是公民对于评估主体的失当行为进行的一种救济途径。申诉制度的建立和完善，是现代依法行政、改革政府的内在要求，有利于纠正绩效评估过程中的错误，完善责任机制。

7.5.1 公共部门绩效申诉

政府绩效申诉是与廉政监督、行政诉讼以及效能监督密切联系但又有区别的一个范畴，同时又是与政府责任相互联系的一个范畴。作为政府绩效申诉的一种践行模式，绩效申诉专员制度已经走过了 100 多年的历史。从性质上看，绩效申诉专员是一种与行政、立法、司法机关密切联系但又相对独立于三权之外的“第四种权力”。政府绩效申诉的核心功能是为了维护和促进社会公平，该核心功能的有效发挥依赖于绩效申诉机构职权的合理设置。一般说来，绩效申诉部门应该包括审查权、调查权与建议权。公共部门绩效申诉制度产生于 19 世纪的瑞典，

1809 年瑞典议会第一次通过了一部以国王和议会分权的原则为基础的宪法性文件——《政府组织法》，该法规定：大法官由国王任命，而司法专员由议会从具有杰出法律才能和秉性正直的人士中选举一人担任，其职责是以议会代表的身份监督所有行政官员和法官对法律和法令遵守。[①] 1810 年议会正式选举产生首位申诉专员。20 世纪初，申诉专员制度在芬兰等北欧国家得到仿效；第二次世界大战后，申诉制度在西方国家开始流行。而在过去的十几年，越来越多的国家和地区建立起申诉专员制度，特别是在拉丁美洲、中欧、非洲和亚太地区。

1. 绩效申诉的内涵

绩效申诉是特定的组织依照法律或规章的要求对公民、法人或其他组织提起的申诉，进行审查、调查并提出解决问题办法的过程。因此，绩效申诉通常要经过受理审查、调查落实、提出解决问题的办法三个阶段。绩效申诉的任务是解决行政失当问题，核心功能是促进行政公平。

2. 绩效申诉与相关范畴

（1）绩效申诉与廉政监督是既密切联系又相互区别的。

廉政监督涉及权力与利益的关系问题，着力解决的是公共行政权力异化、权钱交易问题，达到吏治清明的政治绩效。而绩效申诉围绕的是权力与责任的关系问题，要解决的是公务员的行政不当行为。

（2）绩效申诉与行政诉讼二者都具有“民可告官”的行为特征，都是为了维护公民、法人及其组织的合法权益，但行政诉讼是一种司法性行为。

在国外，无论是大陆法系的行政法院还是英美法系的行政裁判机构，行政诉讼的受理主体都是具有某种特定司法功能的组织。

（3）绩效申诉与效能监督。

效能监督要解决的是行政工作中的办事拖拉、相互推诿、不履行职责、文本主义、有令不行等官僚主义现象，保证国家的法律法令、党和政府的方针得到政府切实有效的贯彻执行，保证行政管理的高效运作。效能监督针对的主要是行政不作为失当，是按规定行政机关及其人员应该做却没有去做或者没有做好的事，而绩效申诉要解决的不仅仅是行政不作为失当，而且包括作为的失当，它指的是行政机关及其人员做了按规定不应该也不允许做的事，诸如粗暴无礼、刻意刁难、处理不公等。

3. 绩效申诉与公共部门绩效评估

公共部门绩效评估是一个双向的互动过程，绩效评估离不开绩效申诉。公

① 参见龚祥瑞：《比较宪法与行政法》，516 页，北京，法律出版社，1995。

民、法人及其他组织可以对评估主体在评估过程中出现的失当行为提出申诉，以保证评估能客观、公正地进行。同时，绩效评估可以体现公民申诉的意志，解决其申诉的问题，以提供更好的服务来满足顾客。

7.5.2 公共部门绩效评估过程中绩效申诉的必要性

公共部门绩效申诉的任务是解决行政失当问题，即失当行政行为是违反行政合理性原则的行为，是在自由裁量权范围内作出的不失当、不合理的行为。失当行政行为的存在及其侵犯公民权利的现象是一个不容回避的现实。随着经济发展、社会稳定、法治昌明，在违法行政行为能够得到全面补救的良性运行机制之下，对失当行政行为以及合法行政行为实施救济的要求才必然地被提出，并且才有可能实现。我国目前正处于完善社会主义市场经济体制时期，一方面，随着政府职能的不断演进，失当行政行为侵犯公民权利的现象越来越频繁地发生，“公共选择理论认为：人就是人，并不因占有一个总经理位置或拥有一个部长头衔而在‘人性’上有点改变，而且在通常情况下，他往往选择能为自己带来更大个人满足的决定，即使该决定不符合公共利益”①。政府公共部门绩效评估离不开绩效申诉；另一方面，市场经济的建立、运行和完善需要良好的法治环境。现代公共部门行政改革正向着公正、公平、民主效率的趋势发展，公共部门要在市场经济中发挥作用，扮演好自己的角色，增加对公民社会的“回应”，也离不开绩效申诉。但长期以来，我国公共部门绩效评估过程中，对公共部门行政失当监督不力，公共部门绩效评估缺乏绩效申诉。

1. 绩效评估过程中不合理的行政行为，包括拖延、无礼及不为受行动影响的人着想的行为

由于评估涉及公共部门的利益，评估主体对于公民、法人及其他组织对评估的程序、过程、结果提出申请，而评估主体不予答复，无论申请人申请的事项是否合法、合理，评估机构对其法定职责范围内的事项不予答复。即使评估机构在一定的期限内承诺办理，但在履行过程中故意拖延。

2. 评估机构滥用权力或权能。包括作出不合理、不公平、欺压、歧视或不当的偏颇的行动，或按照属于或可能属于不合理、不公平、欺压或不当的、偏颇的惯例而作出的行动，或完全或部分基于法律上或事实上的错误作出行动

这主要表现为评估机构受不正当动机和目的支配致使评估背离法定的目的和利益，或因不合法考虑致使评估失去准确性。近几年，国内学者将评估滥用权利

① 周志忍：《当代国外行政改革比较研究》，170 页。

归纳为：（1）出于不正当的目的；（2）出于不善良的动机；（3）评估客观上与预定目的不一致；（4）考虑了不应考虑的因素；（5）没有考虑应考虑的因素；（6）不应有的疏忽；（7）不正确的认识；（8）违反客观规律性；（9）不寻常的背离；（10）违反公平对待；（11）违反一般公正观念；（12）不当授权；（13）根据不充分、不客观。

3. 绩效评估过程中不合理、不公平、欺压、歧视或不当的、偏颇的程序

这主要表现为评估过程中不正当的步骤和方式以及信息公开、回避、决定等方面。信息公开是现代公共行政的一项基本原则。凡是涉及评估的信息资料、除法律规定应保密以外，评估机构都应向公民和社会公开。同时，在评估过程中，与评估有切身利益关系的人应该回避。

公共部门改革的目标是“服务性”政府，以结果为导向、注重效果、关注公平是政府绩效评估的题中应有之义。“近年来，美国公共行政理论与实务的最重要的成就之一便是人民越来越关注公众。”① 而绩效申诉是实现公共部门改革目标的有效途径。哈里认为绩效评估的目的就是为了提高公共服务的质量。政府绩效评估是社会公众表达意志的一种方式，其所内含的以任务为导向、以结果为导向、以社会为导向和以市场为导向，就是要将顾客的需求作为政府公共部门存在、发展的前提和政府部门改革、组织设计方案应遵循的目标，要实现“以顾客为导向”的评估，就离不开绩效申诉。

7.5.3 强化绩效申诉，为公共部门绩效评估提供民主机制

1. 制定专门的法律，明确绩效申诉的内涵

应加强效能投诉工作的法律化，明确效能投诉中心的职责，加大办理结果的公开力度，加强对效能投诉中心的监督，创新工作方法，充分发挥投诉改善公共行政的功能。要在总结多年工作经验的基础上，把切实可行、行之有效的制度规定提升到法律层面上。法律规范必须明确地界定效能问题的内涵，明确地划分效能问题的类型，以利于效能投诉制度的实施更为顺畅。② 绩效评估申诉制度是申诉的法律依据，是申诉有效进行的保障。要使绩效评估申诉制度发挥有效的作用，首先就必须制定专门的绩效评估申诉制度，以便有法可依。评估申诉制度可根据我国的《行政复议法》进行制定，具体内容包括：申诉参与方、申诉范围、申诉管辖、

① ［美］戴维·H·罗森布鲁姆、罗伯特·S·克拉夫丘克：《公共行政学：管理、政治和法律的途径》（第五版），507页。

② 参见陈志勇：《香港与福建政府绩效申诉制度的发展和比较》，载《莆田学院学报》，2009（2）。

申诉程序、申诉期限、法律责任等，使申诉处理的各项内容都有法可依，使申诉做到以事实为根据，以法律为准绳，保证申诉处理的公平与公正，减少申诉方与被申诉方之间的矛盾，保障绩效评估的顺利进行。①

2. 设置独立的机构专门处理评估过程中失当的行政行为

现代公共行政的发展趋势是行政行为与行政管理手段的多元化、复杂化。因为对评估过程中失当的行政行为难以作出是非判断，传统的司法途径及其所采用的方式不适应对失当行政行为侵犯公民权利实施救济。而绩效申诉则由于其具有极强的灵活性和务实性，以及申诉专员只对争议问题进行调查和提供建议而不作出裁决的独立性和超然性，因而在处理评估过程中不当行政行为的投诉方面具有极大的优势。申诉专员对行政失当进行调查的制度，正是适应了失当行政行为的特点和对其进行监控的需要，因此，有必要设置独立的机构专门处理对失当行政行为的投诉，赋予机构相对权威的组织权力，同时，加强机构人员素质的培养。

3. 加强评估过程中信访制度的建设

信访在我国具有悠久的历史和广泛的群众基础，就行政领域而言，我国的信访制度作为各级人民政府同人民群众保持联系的重要手段，建国后，一直发挥着抒发民情、消除民怨、改善政府与群众关系的重要作用，一方面，从其性质来说，信访制度是一种监督行政制度；另一方面，从信访制度的特点看，信访受理的事项虽然广泛，但信访工作机构所有效解决的事项主要是行政机关及其工作人员的失当、失职行政行为。同时，由于长期以来公众已经形成了一种向信访机构投诉的倾向和习惯，因此，如果有恰当的立法，如借鉴申诉制度，信访这种久已存在于社会生活中的制度将会焕发新的活力，对评估过程中的失当、失职行政行为发挥重要作用。

4. 公共部门绩效评估内部环境改良与外在环境改善相结合

对于公共部门来说，环境的重要性不亚于公共部门机构对公共权力机构生存发展的影响，而且在管理理论和实践中，人们常常忽略了环境的作用。公共部门是一个开放的系统，处在环境的包围之中，它只有不断地与环境进行能量交换，才能得到生存和发展。我们在此强调对评估主体的教育、培训以及监督、惩戒等，如不与环境改变相结合，无论多么好的教育和制度，其影响都会大打折扣，或会无足轻重或者没有结果。环境造就人，环境也造就违法者，正是现实环境的不理想，才使得行政失当行为比较普遍和严重。我们认为，预防和减少行政失当的根本办法就是改善评估实施环境，特别是民主绩效文化的培育，绩效文化是行

---

① 叶贵炎：《论绩效评估申诉制度》，载《理论界》，2006（10）。

政文化的重要组成部分，它的存在“是政府绩效管理存在的精神之源、动力之源、发展之源”[①]。绩效评估申诉机制的运作需要相应的文化环境，只有培育公正民主开放的绩效文化氛围，被评估单位才敢于提出申诉请求，评估主体和被评估单位之间才能够平等协商，共同找出评估的问题所在。[②] 在行政机关系统内部和外部形成一种有利于绩效评估的环境。“政府管理是由人们的行为组成的，如果，行为者或选择行为者的人们，或行为者须对之负责的人或其意见应当影响和制约所有这些人的旁观者们，都只是无知的、愚蠢的和具有可悲的偏见的群众，则任何政府管理都将搞不好；反过来，按照人们高出这个水平的比例，政府的性质也将有所改进——一直达到卓越的程度，那里的政府官员，其本身就是有卓越的美德和智慧的人，而围绕着他们的是有道德和开明的公众舆论的气氛。”[③]

本章小结

公共部门绩效评估系统功能分析是指分析绩效管理的其他子系统（主要是绩效目标、绩效激励、绩效信息和绩效申诉）对公共部门绩效评估功能的影响及其影响程度，并提出相应的完善措施，最终保证公共部门绩效评估的顺利进行，评估程序的合法、透明，评估结果的客观、公正，评估反馈的及时、准确，评估不当行为得到申诉，实现公共部门绩效评估功能的最大化发挥。它具有复杂性、动态性、差异性以及变异性的特点。西方各国绩效管理的其他子系统相对完备，有力地推动了绩效评估。我国公共部门绩效评估已取得一定成就，但由于绩效管理其他子系统的不和谐，绩效评估有待改进。

影响公共部门绩效评估的绩效目标因素有：综合性、不确定性、复杂性、绩效目标的不易测量、绩效目标主体的抵制以及绩效目标客体的冷漠，因此，我们要明确绩效目标体系，发挥公共部门绩效评估功能。

在公共部门绩效评估过程中，由于绩效激励流于形式、重物质轻精神，导致公共部门绩效评估“作秀”，成为“民主”的合法外衣。为此，要通过真正树立以人为本的思想，确保评估机构独立，扩大参与范围，增加评估民主等措施来完善评估的激励机制。

---

① 杨畅等：《绩效文化：政府绩效管理之魂》，载《湖南社会科学》，2004（3）。

② 参见周志忍：《当代国外行政改革比较研究》。

③ ［英］J.S. 密尔：《代议制政府》，26页，上海，商务印书馆，1982。

绩效信息的失效、不公开、不全面、不真实导致公共部门绩效评估失去基础。因此，我们要建立、健全绩效信息机制，确保公共部门绩效评估功能最大化的发挥。

在公共部门绩效评估过程中，由于评估主体不合理的行政行为的存在，导致损害被评估者的合法利益，因此，要加强绩效申诉制度建设，完善公共部门绩效评估的救济途径。

关键术语

系统　系统分析　公共部门绩效评估系统功能分析　政府再造　国家绩效评估委员会　公民参与　绩效目标　绩效激励　绩效信息　绩效申诉

复习思考题

1. 公共部门绩效评估系统功能分析的特点有哪些?
2. 对比分析中外公共部门绩效评估系统功能分析的现状。
3. 公共部门绩效目标的特点及其对绩效评估的影响、对策有哪些?
4. 绩效激励对公共部门绩效评估的功能影响因素有哪些?应怎样面对?
5. 绩效信息对公共部门绩效评估的功能影响因素有哪些?应怎样面对?
6. 绩效申诉对公共部门绩效评估的功能影响因素有哪些?应怎样面对?

第 8 章

美国公共部门绩效评估

20 世纪 70 年代开始风靡欧美发达国家的新公共管理运动，是各国政府在新的社会环境下适应社会新需要而掀起的一场声势浩大的行政改革运动。在这场运动中，如何提高公共部门绩效以回应市场和社会的需要，成了一个重要的方面。在责任理念和民主理念等政治价值的驱动下，再加上更为直接的公共财政危机，各国政府纷纷采取了一系列新举措，以督促公共部门改善绩效，从而间接地减少政府的行政成本，同时以积极姿态回应社会各界对公共部门低效的批评。作为这场运动的重要代表国家之一，美国政府自 20 世纪初就开始重视公共部门的生产力和绩效。而在克林顿上台执政之后，在副总统戈尔的领导下，政府绩效改革运动则在全国范围内更加热烈地展开了。

重点问题

- 美国学者对公共部门绩效评估概念的界定
- 美国公共部门绩效评估的主要阶段与特点
- 美国公共部门绩效评估的程序
- 美国公共部门绩效评估评估主体的组成

● 美国公共部门绩效评估的评估标准
● 美国公共部门绩效评估存在的主要问题

8.1 美国公共部门绩效评估的缘起和发展

简要地回顾美国历史的发展进程，我们可以看到，自“进步时代”以来，人们对政府的要求越来越高，自由主义的传统并非要求政府完全退出，面对市场竞争程度的恶化及垄断状况的形成，社会强烈需要一只有力的手来稳定秩序。同时，出于对腐败现象和杰克逊上任后政党分赃的担忧，人们对政府自身的行为提出了更加严格的约束。政府作为必要的恶，让人们既爱又恨。但对稳定社会秩序的需求让人们最终还是选择了政府。只是人们同时也选择了更多的限制，以期督促政府能够确实担负起自身的责任，提供市民满意的服务。在过去的20世纪中，面对强大的外界压力，在责任理念的指导下，美国公共部门绩效评估经历了以下五个主要的发展阶段。

8.1.1 第一阶段（1900—1940年）

在这个阶段里，人们测评政府好坏的一个重要标准是效率。和几十年后新公共管理改革运动的兴起一样，美国政府绩效改革运动也是从市政部门开始的。1906年，市政研究局（Bureau of Municipal Research）在纽约市成立，其目的是探索提高自治市政府效率的途径，象征着城市政府中的科学管理运动。时隔不久，在私人企业领域中，泰罗掀起了影响巨大的科学管理运动。1928年成立的全国市政标准委员会（National Committee on Municipal Standards），在政府服务效率测量方法上作出了重大的贡献。有人认为这是美国公共部门绩效测量的创始者。当然，实践离不开理论的指导。1938年克拉伦斯·E·里德利和赫伯特·西蒙的经典著作《市政活动的测量》的出版，给政府绩效测量运动注入了巨大的动力。

联邦政府也开始逐渐重视地方政府的举措。1912年，联邦政府成立了经济与效率委员会（Committee on Economy and Efficiency）。但联邦政府对其的真正重视则始于20世纪30年代富兰克林·罗斯福的新政。1937年，总统行政管理委员会发布了一份报告。这份报告因此成为联邦政府致力于提高生产力的一个有力证明。

由于受到政党分肥制的影响，公共部门存在着任人唯亲、贪污腐败等弊病。

人们不满于这样一种现实，希望通过改革建立一个好的政府，即更有效率的政府。改革者们深信“政府由专家来管理会比思想恩赐、任人唯亲、有着复杂裙带关系的官员们管理更有益于公共利益的促进”①。这场运动突破了原本的公共人事行政的范畴，扩展到政治系统的所有领域。

8.1.2 第二阶段（1940—1970 年）

传统的政府预算一直采用的是排列预算模式，它只是告诉我们每一个项目的支出是多少，缺乏一种合理的结果控制，排列预算让某些不正直的官员可以为所欲为地从公共财政中攫取私利而不必担心可能受到的惩罚。于是，公众越来越看到政府成本控制的重要性，从而推动了绩效预算以及规划—项目—预算在政府中的实行。

其实，提倡预算应该转变为与实现的计划、政府绩效、支出目标等紧密结合的声音，在 20 世纪二三十年代便开始吹进人们的耳朵。同时，三个历史因素的作用直接加快了绩效预算的引入。第一个因素是由排列预算人士制定的严格的控制技术制度。严谨的会计、采购与人事规定，使预算的概念从传统的看门人角色中解放出来。第二个因素是政府的规模急剧膨胀，因此相应地需要使管理活动成为更有效的统合与调节，而预算在系统性地调节政府管理方面，显然是一项重要的工具。第三个因素则是政府越来越被认为是提供福利的机构，因此预算就被视为在管理上衡量福利的提供体系是否适当的政策工具。

1939 年联邦预算局从财政部转到新成立的总统行政办公室，并扩大了自身的规模。1949 年，第一份胡佛委员会报告赋予这一重要事物以众所周知的名字：绩效预算。1950 年，国会通过了《预算与会计程序法》（*Budgeting and Accounting Procedure's Act*），从而使联邦政府的所有部门都建立了绩效预算。

同以往的排列预算相比，绩效预算覆盖了更多的行政管理活动。在绩效预算之下，投入与产出同样在考虑之中，从事预算业务的官员，不只是从精确和控制的会计层面来看待他们的工作任务，更包括发展政府活动的分类、机构计划与绩效的描述以及各种工作成本衡量方法的探究事项。行政能力比会计技能更受到重视。因此，绩效预算对公共管理者的实质意义是：使活动和组织单位倾向一致；绩效可以某种形式测量和评估；预算要求和拨款与绩效水准相结合。②

---

① ［美］尼古拉斯·亨利：《公共行政与公共事务》（第八版），289 页。

② 参见［美］戴维·H·罗森布鲁姆、罗伯特·S·克拉夫丘克：《公共行政学：管理、政治和法律的途径》，315 页。

或许从以上排列预算向绩效预算的转变之中，我们可以看到美国联邦政府控制公共部门成本的相关努力。虽然排列预算开列出了政府的支出状况，但缺少一个明确的结果，衡量成本的意义便荡然无存。成本总是相对应于结果的。如果没有结果作为成本的参照标准，那么这种预算约束仍然是乏力的，根本不能对公共部门成本形成一个强有力的限制。而绩效预算的引入，其目的也许就在于弥补预算体系在这方面所体现出来的不足。

8.1.3 第三阶段（1970—1980年）

重视结果固然重要，但如果服务的结果并不具有有效性，那么政府的服务依然不能达到自身所设定的目标。从公共部门对于自身提供的服务或产品的测评侧重点的变化上，我们大致可以总结出这样一个规律：公共部门的责任已经不再纯粹停留在财政账目上，而是进一步地向实质责任方面转移。应该说，这个转移具有非常深远的意义，它无疑反映了民主理念和责任理念在公共部门的真正作用的深入。在这个阶段中，美国公共部门的绩效评估逐渐转入对效率和有效性的考评。

20世纪70年代是测量、评价以及提高公共生产力的重要十年。[①] 在这一时期，州和地方政府对公共部门生产力的测评相当热衷，而联邦政府层次上的关注则相对冷漠。1970年有一项针对联邦政府评估实践的研究结论认为：联邦政府缺少一个测量项目有效性的综合体系。此后，在其他因素的作用下，联邦政府在尼克松政府时期成立了国家生产力委员会（the National Commission on Productivity）。该委员会后来又发展为国家生产力与工作生活质量中心（the National Center for Productivity and Quality of Working Life）。1978年，国家生产力与工作生活质量中心被精简，其公共部门的职能转让给一个新团体，称为生产力公共管理中心（the Center for Productivity of Public Management），该中心现在成为研究各级政府生产力状况的全国情报交流中心。1979年，人事管理局也起用了它的生产力资源中心。可是，除了这几个能被人们所见的举动之外，联邦政府对生产力的兴趣并未达到可以称为热情的程度。

与联邦政府的冷漠态度相反的是，州和地方政府对公共部门生产力的研究却相当积极。调查表明，州政府与州立法机关在20世纪70年代进行项目分析取得了显著的进展。进行有效性评估的州政府机构的百分比几乎增长了3倍，而那些进行生产力分析的州政府百分比则上升了一倍多。70年代末，超过2/5的受访

---

① 参见［美］尼古拉斯·亨利：《公共行政与公共事务》（第八版），289页。

地方政府在一个或更多部门单位中已拥有某些形式的项目评估，而5年之后，这个比例则增长到大约2/3。

8.1.4 第四阶段（1981—1992年）

民营化的兴起是这一时期美国公共部门促进生产力发展的一项重要工具。民营化强调公共服务由私人部门来承包和提供可以取得更大的成功，同时节约大量的成本，提高公共服务的质量。民营化运动在里根总统时期得到了迅速推广。一方面是受到新自由主义思想的影响，而另一方面，我们可以从中归结出这样的结论：政治家和公众对于公共部门的绩效情况是不满意的，所以他们才会赞同用私人部门来取代公共部门一贯的角色。

虽然民营化运动在此期间得到迅猛的发展，但是联邦政府对公共部门绩效评估的热情在这一阶段急剧升温。20世纪80年代联邦行政官员仍然提高了绩效测量、项目评估以及政府生产力的价值取向。这种持续的兴趣在90年代成为全面而又强烈的偏好。而从70年代起各州对绩效测量、项目评估的采用进展缓慢，并趋于稳定。到80年代中期，35个州的立法机关扩大了现有的机构，或成立了新的机构，以负责全州范围内项目的有效性和效率的评估。

8.1.5 第五阶段（1992年至今）

美国政府对公共部门绩效评估的重视程度在这个时期达到了顶峰。这一点可以从克林顿政府的一系列举措中得到证明：戈尔副总统亲自负责国家绩效评估委员会（National Performance Review）、通过1993年《政府绩效与结果法》等。

随着科技、经济和政治等方面所发生的巨大变化，在20世纪最后的20年中，美国政府面临着一系列严峻的挑战。在私人服务领域，大型公司的高绩效运作给人们提供了一个批评政府的参照标准；财政赤字的增加已经开始超越公众所能容忍的限度；冷战的结束也使人们重新将目光聚焦于国内事务上面；面对公共部门的低效和浪费，公众对政府的信任度也日渐降低。所有这些变化，要求政府必须实行重大的、实质性的变革。于是，政府再造运动在克林顿上台之后，在美国得以全面开展。

在这场声势浩大的政府再造运动中，旨在提高公共部门绩效的评估得到了进一步发展。克林顿总统宣称："我们的目标是使整个联邦政府花费更少、效率更高、更有进取心和更有能力，改掉自以为是的官僚文化。我们要重新设计、重新创造整个政府，让它重新振作起来。"在他宣誓就职后的三个月内，克林顿总统便成立了国家绩效评估委员会。1998年，国家绩效评估委员会重新命名为政府再造全国伙伴联盟。而早在 1991 年，州与地方政府公共服务全国委员会（the National Commission on the State and Local Public Service）已经开始在基层开展工作。

法律的作用在于保证稳定性和连续性。在这个阶段中的公共部门绩效评估得到了国会所通过的一揽子法案的有力支持。首先，最为突出的就是通过《政府绩效与结果法》。该法案要求每个联邦机构必须报告五个年度的战略规划和每年的绩效情况，赋予了国会超常的管理灵活性，并且把联邦行政人员从传统上对遵循程序情况的汇报转变为对达成可测量结果情况的报告，它代表了国会集中精力提高联邦项目的效率与有效性的主要努力。

但《政府绩效与结果法》并不是加强联邦政府以绩效为基础管理的唯一法案。① 在 20 世纪 90 年代，国会通过了 7 部法律，修订或重新确认了 7 部法律，以建立一个相互关联的立法网络，大刀阔斧地改变联邦政府的管理文化。这些立法和《政府绩效与结果法》存在许多联系，主要强调联邦政府行政的三个关键领域：财务管理、信息技术与财政控制。

（1）财务管理的改革立法（reform legislation of financial management）：这个领域的第一批立法有《1990 年财务主管法》（*the Chief Financial Officers of 1990*）、《1994 年政府管理改革法》（*the Government Management Reform Act of 1994*）以及《1996 年联邦财务管理改进法》（*Federal Financial Management Improvement Act of 1996*）。这些法案一起提供了确认与纠正财务管理漏洞的基础。同时，在 1998 年产生了一个显著却急需的结果：联邦政府有史以来的第一份所有政府范围的审计财务报告。②

（2）信息技术的改革立法（reform legislation for information technology）：主要包括《文书工作减少法》、《1996 年信息技术管理改革法》和《1987 年计算机安全法》的 1996 年修正案。这次立法把信息管理上升到联邦机构的层次，控制信息技术的支出，把信息系统、绩效测量和使命结果联系起来，以确保个人档案的保密性更为严格。

（3）财政控制的改革立法（reform legislation for fiscal control）：与此相关的法律包括：《1990 年联邦信贷改革法》（*the Federal Credit Reform Act of 1990*）、《1996 年债务征收促进法》（*the Debt Collection Improvement Act of 1996*）、《1982 年联邦管理者财务操守法》（*the Federal Managers' Financial Integrity Act of 1982*）、《1982 年即时支付法》（*the Prompt Payment Act of 1982*）和《1978 年总监察长法》（*the Inspector General Act of 1978*）。这 5 部法律加强

①② 参见［美］尼古拉斯·亨利：《公共行政与公共事务》（第八版），307 页。

了机构财务控制能力，更能精确地测量联邦信贷项目的成本，促进债务征收，以及全面监督机构财务绩效等。

联邦、州和地方政府在公共部门绩效测量和项目评估中都取得了可喜的进步。在1997年进行的几次调查中发现，73%的城市使用了绩效评估，其中44%的城市在全市所有部门都推广了绩效评估。同样，78%的大型社会服务组织使用了绩效评估，有43%的组织在所有部门推广使用。[①] 但公共部门与私人部门的标准仍然存在一定的差距。然而，正如尼古拉斯·亨利所认为的那样："实现公共行政人员提高政府机构效率、有效性以及回应性的期望，这似乎并不是特定管理领域的事情，而且这些期望的实现可以使政府在公众心目中成为更合法的建制。"[②] 为此，美国公共部门绩效评估的一个重要特色还在于公众的参与。

8.1.6 评估运动的新进展

虽然公共部门绩效评估运动在克林顿执政时期取得了重大的突破，但这场运动并没有随着克林顿的卸任而终结。绩效评估的持续增长，在对责任的持续强调、减少获取绩效信息成本的现代管理信息系统的广泛传播以及顾客调查的增加使用下，得到了进一步的推动。继任的布什总统上台之后，对于公共部门绩效评估的重视并没有减弱，而是在《政府绩效与结果法》的基础上，逐步建立健全了项目—部门—跨部门的层级式绩效评估体系，将"新绩效预算"推向了一个前所未有的高度。项目绩效评估主要通过项目等级评估工具对各预算单位的具体项目进行比较评估，从而为项目管理和预算编制提供依据；部门绩效评估由各部门在每个财政年度结束时对本部门的年度绩效状况进行评估，并把评估结果编成绩效和责任报告予以公布；跨部门绩效评估主要通过"红绿灯"等级评分卡对各部门执行政府改革行动的进展情况进行比较评估，督促各部门执行总统的改革计划，从而保证政府改革计划的有效执行。[③]

2002年6月，管理和预算办公室（OMB）引入了项目评估分级工具（program assessment rating tool，PART），作为OMB对联邦项目投入的一项额外要求，并对每个联邦项目产生的结果进行分级。PART由经过设计的一系列问题组成，旨在为联邦政府项目分级提供一个持续的途径。它是依赖客观数据提供以

① Evan M. Berman, *Productivity in Public and Nonprofit Organization—Strategies and Techniques Thousand Oaks*, CA：Sage Publications，1998，p. 52.

② ［美］尼古拉斯·亨利：《公共行政与公共事务》（第八版），312页。

③ 参见财政部预算司编著：《绩效预算和支出绩效考评研究》，116页，北京，中国财政经济出版社，2007。

证据为基础的判断，衡量和评估同绩效广泛联系的计划的诊断性工具。

PART 的实施，其目的在于为改善机关《政府绩效与结果法》和报告提供机会，并在《政府绩效与结果法》和预算程序之间建立一个有意义的体制联系。

PART 被分成四个阶段。每个阶段包括一系列经过设计以为评估提供特定信息的问题。第一阶段是项目目标和设计——评估项目目标和设计是否清晰、合理；第二阶段是战略规划——衡量机关是否已经为项目建立了一个长期和年度目标；第三阶段是项目管理——评价机关的项目管理，包括财政审查和项目改进等行为；第四阶段是项目结果/责任——通过各种手段评价项目绩效。

预算和管理办公室打算在所有联邦项目中使用 PART 评估。这项行动开始于对覆盖联邦预算大约 20%的 234 个联邦项目的评价和分级上。OMB 准备每年把 PART 评估再推广到其他的 20%的联邦项目。它的计划是在五年内推广到全部联邦项目。[①] 更为重要的是，项目等级评估结果已经对项目预算产生了实质性影响，美国当代著名绩效专家约翰·摩歇尔（John Mercer）研究发现：“2005 年总统预算清楚地表明项目等级评估和项目预算之间的联系比往年更加紧密：被评为‘有效’项目的资助平均增幅达 7%；‘基本有效’项目的资助平均增幅达 8%；而‘勉强有效’项目的资助平均下降 1.6%；‘无效’项目的资助平均下降 38%”[②]。

2008 年，还是总统候选人的奥巴马清楚地表示他将断续在联邦政府使用绩效评估并重新定位 PART，他承诺把绩效评估过程置于公众、国会和外部专家的监督之下，设置一位白宫“首席绩效官”，以帮助联邦政府设立绩效目标并对其进程负责。总统将定期和国会一起检查项目进程。[③]

2009 年 6 月 29 日，杰弗里·吉安斯（Jeffery D. Zients）成为美国政府第一任首席绩效官。他的任务是：确保联邦政府 24 个主要部门运行平稳，预算使用收到最大成效。

纵观百年来美国公共部门绩效评估的演进过程，我们大致可以看到这样几个特点：第一，基层带动中央。从 1906 年纽约市政研究局开始关注公共部门生产力开始，州与地方政府对公共部门绩效或生产力的关注始终走在联邦政府的前面。而到了克林顿政府时期，这种对公共生产力的重视才实现了政府各层级的真正普及。正如约翰·梅瑟在就《政府绩效与结果法》是否取得效果答复参议院时

---

① 见 www. gao. gov. us。

② John Mercer，*OMB's Program Assessment Rating Tool*，http：//www. John-mercer. com.

③ Jay Kiedrowski，*Obama and Performance Measurement：What to Do With the Performance Assessment Rating Tool*，2009，http：//blog. lib. umn. edu/pnlc/pubtalk/2009/09/16/Blog.

所指出的那样：《政府绩效与结果法》的真正推动力量是来自加利福尼亚州桑尼瓦勒市的以绩效为基础的管理和预算制度。第二，重视财政控制的方法。对于一个政府有力的约束在于人事和财政方面的有效监督。美国政府在提高公共部门绩效、限制公共部门服务成本上，很好地运用了预算控制的工具，从而形成了对公共部门提高生产力的真正激励。第三，重视法律的作用。作为当今世界中法律体系最为规范的几个国家之一，美国在推进公共部门绩效上仍然借助于依法行政的传统。鉴于国会在美国政治中所发挥的重要作用，公共部门绩效评估活动在各项法律的督促下，切实取得了一些进展。

8.2 美国公共部门的绩效评估体系

经过数十年的发展，美国公共部门绩效评估已经基本上确立了一个完整的评估体系。这个体系主要包括评估主体、评估程序和评估标准三个方面。

8.2.1 绩效评估的内涵——美国人的看法

同私人部门相比，由于受到竞争条件、所有权、目标和限制等因素的影响，公共部门的绩效具有较大的模糊性。这种模糊性表现为公共部门行为结果的长期和间接作用，它的许多结果往往不能像私人企业的产出和服务那样可以直接用利润等量化的指标加以衡量。这些困难使得人们形成了私人部门比公共部门优秀卓越的片面看法，从而间接地推动了西方许多国家的民营化运动的进行。面对这样一种境况，界定一个相对可行的公共部门绩效概念，给予公共部门和私人部门一个公平比较的标准，不仅是出于改善政府绩效的需要，更是重新赢得公众信任的关键。经过数十年的发展，学者们倾向于用效率、有效性和生产力变化来反映公共部门的绩效水平。效率指的是在给定资源的条件下，特定服务提供的最大化程度，有时也可以从相反的层面来表示，即为了迎合服务的需求，资源耗费的最小化程度。它描述了取得既定结果的每个行为所需要花费的成本，同时也是一种资源（投入）和获取（结果和产出）之间的比率。效率在选择竞争性服务的提供者时相当重要。有效性可以被界定为结果的水平状况。比如，警察所抓获盗贼的数量，结果即是获取。许多市民和顾客都十分关注服务的有效性，而对有效性的测量明显的是针对他们对回应性的关心。[①]

此外，部分学者还对产出和结果作出了相应的区分。在他们看来，产出是一种行为的即时结果，而结果则同长期的目标有关。比如，假期培训学校提供教育以帮助学生通过考试、获得技能和顺利毕业（所有这些都是产出），而这些反过来却是为了帮助学生找到更好的工作（一个结果）。由于组织通常更能控制产出而非结果，因此这种区分是必要的。在了解生产力变化前我们先看看生产力和生产力变化之间的区别。前者关注的是生产力水平，而后者则关注它的改变。生产力包括当前的效益、效率的水平和其取得的过程。生产力变化则包括对生产力问题的诊断，关于可选择的生产力变化战略的知识，组织对改善生产力状况的行为的接受性分析、执行艺术、战略和结果评估。关于生产力概念的定义表明管理者应该关心目标取得（有效性）和行为的效率。然而公共组织、非营利组织和营利组织在有效性和效率上的侧重点是不同的。在公共部门中，有效性是首当其冲的。比如，公众希望“9·11”紧急服务和迅速反应，教师的教学质量高，交通堵塞不再发生等。在公共部门中，虽然效率是重要的，但还是不能和有效性相提并论。有效性可以说是公共部门责任的一个明显体现。而效率和责任是相互替代的，一方的增长会导致另一方的减少。当然，对于公共部门来说，在保障有效性的同时，还需要重视公平问题，即保证公共服务能够为普通大众所平等享受。

8.2.2 公共部门绩效评估主体

究竟由谁来对公共部门绩效进行评估，实际上关系到公共部门绩效评估能否真正发挥促进公共生产力的作用。因此，确定一个合适的评估主体，应该是进行公共部门绩效评估过程中一个不容忽视的问题。而且，这也关系到评估过程和结果的公正性。和人力资源管理中的个人绩效评估一样，组织绩效状况的评估也需要强调公正的态度。传统上，由政府机关或国会对公共部门绩效进行评估，都不能很好地保证公正性的实现。对于一个部门来说，当某项评估的结果关乎自身的存废或者是财政拨款的多少时，那么它便可能改变评估的角度，运用有利于本部门利益的指标，竭力维护自我存在的合理性。出现这样一种现象是正常的。公共选择理论告诉人们：公共部门官员并非是“天使”，他们也具有追逐利益最大化的目标。另一方面，由国会进行评估的话，由于受到政治上相互制衡的制度安排的影响，公正性也面临着缺失的可能。而作为公共服务或产品的直接受益者，公

① Evan M. Berman, *Productivity in Public and Nonprofit Organization—Strategies and Techniques Thousand Oaks*, CA: Sage Publications, c1998, p. 6.

众或许才是公共部门绩效评估中应该起主要作用的主体。这一点，在美国最近十年的改革中，得到了普遍的应用。

1. 立法机关

作为实行三权分立的典型国家，美国国会在政治舞台上发挥着举足轻重的作用。国会对于政府的控制，集中体现在财政预算这一重要方面。如果政府提交的预算草案没有获得国会通过，那么政府的运作就面临着严重的问题。据美联社报道，2009 年 1 月，侯任总统奥巴马要求国会大胆通过 8 000 亿美元的新经济刺激方案，并且警告不迅速行动，美国经济会进一步恶化。由于国会重量级人士对这项方案持怀疑态度，奥巴马在华府展开工作的第一天，便陷入了政治口角。救市计划在国会引起巨大分歧。尽管国会众议院的共和党人近乎一致地反对，但在 2009 年 1 月 29 日，美 8 190 亿美元一揽子经济刺激方案终获通过。国会预算控制的作用，由此次事件可以看出它所具有的巨大威力。随着绩效预算的广泛实行，国会理所当然地承担起绩效评估的作用。不过在国会中，这项作用主要由所辖的联邦会计总署以及各个委员会来承担。GAO 的目标规定：GAO 的存在在于支持国会完成宪法所赋予的责任，帮助提高绩效，保证联邦政府为美国人民利益服务的责任心。

在 1993 年通过的《政府绩效与结果法》中，国会指出："国会发现：(1) 联邦项目中存在的浪费和无效率，削弱了美国人民对政府的信心，也降低了联邦政府提供令人满意的重要公共需要的能力。(2) 由于项目目标的不够清晰和关于项目绩效中的不完整信息，联邦官员在改善项目效率和有效性方面少有作为。(3) 由于对项目绩效和结果的不够重视，阻碍了国会的政策制定，支出决定和项目监督。"基于以上种种发现，国会通过《政府绩效与结果法》，要求联邦机构在 1997 年 9 月 30 日之后，必须向国会提交战略计划和执行情况的报告，从而确立了自身在公共部门绩效评估中的主体地位。

2. 总统、管理和预算办公室与地方相应机关

根据《政府绩效与结果法》的要求，联邦机构的每一个机关需要向联邦预算和管理局提交年度绩效计划（annual performance plan）。计划包括：建立绩效目标以界定计划活动实现的绩效水平；用客观、量化、可衡量的形式表述目标；简要描述实现计划目标所要求的运作过程、技能和技术、人力、财力、信息和其他资源；建立绩效指标，以此衡量或评价每一个计划活动的相关产出、服务水平和结果；为比较实际的计划结果和已确立的绩效目标提供基础；描述用以证明和确认可衡量的价值手段。如果一个机关在与预算与管理局协商后，确认不可能用客观、量化和可衡量的形式表达特定计划活动的绩效目标，则可以从预算与管理局局长那里获得使用一种替代形式的授权。除了提交绩效计划之外，联邦机构还被要求在不迟于 2000 年 3 月 31 日，以后在每年的 3 月 31 日之前，向总统和议会准备并提交前一财政年度的计划绩效报告。每一个绩效报告应该陈述已经在机关绩效计划中确立的绩效指标，同时要将实际达成的绩效与计划中表达的绩效目标相比较。如果绩效目标是用替代形式加以说明的，这一计划的结果应依据这种特殊要求加以描述，包括绩效是否未能满足最低限度要求的、有效的或成功的计划标准。每一个报告都应该评估是否成功达成了财政年度绩效目标，根据达成绩效目标的绩效评估本年度的绩效计划，解释和描述绩效目标未能实现的原因。联邦制度的实行，赋予了地方政府相应的自主权和管理权。在州政府和地方政府都由同预算管理相关的机关承担起监督绩效预算的责任。

3. 公众

其实，将公众纳入评估主体的范畴之内，不仅是为了更好地保障公共部门绩效评估准确性和全面性，同时也是为了适应新公共管理运动中所倡导的顾客导向的要求。作为公共部门服务的直接承受者，公众的看法能够对公共部门的服务质量产生深远的影响。公众的满意度高低，直接反映出某项公共服务或产品水平的高低。吸收公众参与绩效评估的过程，也可以促使公共部门和公众形成更加良性的互动，设计出更好的服务提供机制，改善服务质量，提高公共生产力的水平。让市民参与业绩评估有助于公共部门经理将精力放在他们社区真正需要解决的问题上。[①] 普选制的实行，赋予了每个公民对公共部门官员一个真正有力的制约工具。公共部门官员若想连任，就不能不对公众所关心的问题予以更多的考虑。

让市民参与业绩评估的总体目的是建立一个持久的过程，市民在这个过程中评价市政府的业绩以使政府政策和服务反映社区的需求。[②] 1991 年，凤凰城的市政管理者开始借助市民活动中心群体阐明在结果指标完善上的方向。市民的参与影响着部门标准的选择。1993 年，肯塔基州莱克星顿城用公民论坛的模式举行了 89 次镇会议（town meeting）来了解公民最关心的事情。从 2001 年来，艾奥瓦州的一些城市开始启动“公民倡议的绩效评估”（citizen-initiated performance assessment）项目。在这些活动中，公民与政治家和管理者一起来设计绩效指标，帮助政府评估各种市政服务，例如垃圾处理、清除积雪、公共安全、消防、交通等社区事务。尽管公众的参与对于公共部门的绩效可以起到如此显著的提升作用，但由于受到公共部门价值结构等方面因素的制约，公众这个极其重

① 参见［美］阿里·哈拉契米：《政府业绩与质量测评：问题与经验》，39 页。

② 参见上书，40 页。

要的主体的作用并没有得到充分的发挥。

4. 民间机构

从美国政府绩效评估的实践我们可以看出，民间机构发挥了重要的作用。名扬欧美的锡拉丘兹大学坎贝尔研究所就是一个典型的代表，该研究所的绩效评估主要侧重于政府组织，评估内容包括财政、人事、信息、领导目标和基础设施五个方面。坎贝尔研究所建立了一个统一的政府绩效评估体系，包含以下要求：由专家提出测评指标；测评结果应充分反映出年初目标计划的执行情况；促使管理者增强对数据的运用，既重目标又重过程；测评结果及时传达给公众。坎贝尔研究所、政府会计标准委员会等民间机构为地方政府开展的测评活动，在理论上和实践上有力地推动了美国政府绩效评估活动的开展。

5. 媒体

随着信息技术的高速发展，网络、电视、广播和报纸等新闻传播工具也迅速发展，人们越来越希望媒体能担负一定的义务，如提高对艾滋病的公众意识、引起对国际事务的兴趣、激发社区活动的积极性等。很多人相信：在选举期间，新闻媒体有特殊的责任帮助强化民主，通过提供新闻报道教育公众，向公众提供竞选者的信息并促使他们参与选举。为了确保公民权利和政治自由，媒体应站在公众立场上承担监督政府机关的职能。

8.2.3 公共部门绩效评估程序

位于罗格斯大学纽瓦克分校的国家公共生产力中心（the National Center for Public Productivity）设定了一个良好的测评系统，包括七个步骤。将市民参与融入这七个步骤当中，我们可以看到以下几个过程。

1. 鉴别要评估的项目

在通常情况下，项目一般是由政府界定的，列在一个机构的工作图上，并受制于预算。① 而赋予市民在评估项目时的平等发言权，无疑代表了民主力量的进步。此时的项目不仅需要考虑到成本—收益及预算方面的问题，同时需要考虑有效性的问题，即是否真正满足公民的真正需求。这可以在很大程度上有效地遏制公共部门的浪费，从而保证财政预算用在恰当的地方。

2. 陈述目的并确定所需结果

典型的情况是，一个政府部门或机构与它们服务的市民协作提出一项战略计划，阐明其使命、目的和目标。准备一个清楚明了的目的陈述报告是极为重要的

① 参见［美］阿里·哈拉契米：《政府业绩与质量测评：问题与经验》，36页。

一步。因为在此后的评估中，人们一般将项目或服务的实际结果同目标相比较，所以清晰的目标界定是至关重要的。其实，绩效评估并不是一个可以孤立的环节。它通常服务于公共部门战略目标的需要。从某种程度上看，绩效评估在公共部门战略管理中充当一项工具的角色。它为公共部门战略评估提供必要的信息，以保障战略管理的持续、有效进行。

3. 选择衡量标准或指标

一个好的评估体系采纳几项指标以度量结果或业绩。大多数建立了绩效评估体系的政府项目都纳入了以下的指标：投入、能力、产出、结果、效率和生产力。公民和政府官员需要决定每一个项目最为贴切的评估指标，而不是仅仅依赖于每一个项目能够收集到的资料。在指标设立的过程中，需要注意相关性的问题。选择的指标应该同公共部门的具体努力存在相关的联系。否则，所做出的评估可能会偏离实际的结果。一般来说，好的项目测评系统运用公民问卷以评估公民满意程度和公民的见解。因此，调动公民参与的积极性是推进公共部门绩效评估发展的一项重大发展。

4. 设立绩效和后果的目标

在这个步骤里，公众和公共部门管理者需要明确在什么样的条件下项目目的和目标应该达到。公众和管理者们需要决定服务有效性和质量对一个具体项目来说意味着什么，并明确表示他们将如何决定所陈述的有效性及质量标准是否达到。

5. 监督结果

每一项达到的目标都应当基于管理部门和工作人员提供服务及接受服务的公民角度而被连续不断地加以监督。监督为公众和管理者提供了衡量业绩目标是否达到所需的结果的手段。系统地、周期性地监督为公众和管理者提供了追踪项目运作并采取纠正措施的机会。

6. 绩效报告

一个良好的绩效测评系统会定期报告项目结果。报告不仅是内部管理的一种工具，而且必须加以公开化。《政府绩效与结果法》要求每一个联邦机构提交组织的五年战略计划，同时每年需要提交绩效报告给预算与管理局和国会。随着网络技术的发展，美国的电子政府建设取得了显著的进步。每个公民均可以通过进入政府网络，查询到相关绩效报告的内容，这一点满足了报告公开化的要求。除了公开化的要求之外，绩效报告集中于取得了什么成果和公众代价如何。报告应该简明扼要，用图表传播信息，并包括基本的解释信息。信息的陈述应当有助于与整个时期比较、与类似的机构比较、与全国最好的项目比较、与以前制定的目标比较。绩效资料的陈述应当以这样的方式进行，即资料的表述应该对公民有意义：他们能够理解不仅整个社区在做什么，还有他们所居住的街坊四邻都在做什么。①

7. 使用后果和绩效信息（分析和行动）

一个有效的绩效评估体系的信息应该被定期运用于项目计划中，以便重新评价目的和目标，并调整重点。另一项信息运用是"为结果而管理"——采用结果信息连续不断地改善项目操作和结果。一个良好的绩效测评系统应当让公众和管理者能够发现项目或服务的长处和改善的机会，而且可以找到项目的弱点和不足之处。

8.2.4 公共部门绩效评估标准

对公共部门绩效进行评估，难度最大的是如何确定一个合适的测量标准。单一的绩效评估标准（单个程序、方案或服务）不可能精确地反映一个机构的运作情况。由于公共部门所提供的服务与产品的特性，对于它们的评估，通常需要采用多重标准来加以衡量。

1. 项目测量

项目测量（program measures）的主要目的在于提供一项公共服务的具体投入与产出的量化信息。一般来说，项目测量由以下五个方面组成。

（1）工作量或产出量（workload measures/output measures）。

这是计算所从事工作与提供服务的数量。比如清洁工人付出了多少个小时的工作时间，清理了城市中多少吨生活垃圾。因为这是一种最简单的测量方法，所以得到地方政府的大量采用。在采用绩效测量的城市中，有一半到4/5的公共部门运用了这种方法。

（2）单位成本（unit cost）或效率测量（efficiency measures）。

这是一种更为细致的方法，用来评价每单位产量和工作量的资金耗费。公共部门的服务供给受到预算的硬性控制。照理说，加强对效率的测量有助于促进公共部门生产效率的提高。可令人奇怪的是，地方政府对效率测量使用得最少，只有1/5～1/3的公共部门采用了效率测量。

（3）结果测量（outcome measures）或有效性测量（effectiveness measures）。

这是对目标达成程度、需要得到满足程度以及预想效果实现程度的量化。政府的行为并非总是有效的。因而，加强有效性测量在公共部门绩效评估中的比重，应当有利于公共部门责任的履行。

---

① 参见［美］阿里·哈拉契米：《政府业绩与质量测评：问题与经验》，43页。

（4）服务质量测量（service quality measures）。

它是针对管理回应客户需求与期望，以价值为基础的评价。尽管回应性能够被客观地测量，但决定这样的回应是否达到质量标准则通常是一种主观判断。[①]主观因素的介入，要求在具体的评估过程中对这项指标进行科学的分析，以减少对公正评估的影响。

（5）公民满意度测量（citizen satisfaction measures）。

公民满意度测量是评价公民感觉项目满足他们的需要的程度。这项测量和前面的服务质量测量都要求公众的积极参与。这种测量的主观性较强，但它是公共部门绩效评估中一项重要的指标。

（6）综合测量（comprehensive measures）。

与项目测量单纯关注于同项目直接相关的投入、产出等方面不同的是，综合测量寻求一种对项目的全面评价。这些评价主要有：1）副作用测量（side-effect measures）。项目所带来的后果有的可以让人们所预见，而有的却是在人们的预料之外的。该项测量就在于测量非预想的结果。2）分配测量（distribution measures）。关注某个项目对该项目受益者以及该成本承担者所产生的差别影响。它可以用于评价公共部门某些项目或服务的公平性，以及是否存在歧视方面的问题。3）无形测量（intangible measures）。这是试图定性地而不是定量地报道项目的各种社会层面。

2. 标杆或最佳实践

随着标杆管理在私人部门中所取得的成功，美国的公共部门也开始将这种先进的管理方法引入公共管理过程，以提高部门的绩效。标杆是管理机构所确立的标准或绩效水准。在公共部门中使用标杆管理主要有三个理由：第一，“确定衡量绩效基础的标准”。没有标准就没有基础，没有基础就不能比较。没有基础所做的比较会缺乏有效性，因为绩效改善的目标是以这些比较为基础的。第二，“在各自的服务领域内确定问题之所在”。对最低水平的服务实行标杆管理仅仅是出于逻辑考虑，对最高水平的服务实行标杆管理不会推动整个机构向前发展，还可能促使二流水平的服务更加萎缩。应该采取程序类选法以确定哪些服务需要立即予以关注，哪些可以日后关注。第三，“通过引进最佳实践改进服务的提供”。通过与别人比较，从而能够发现自己所处的位置（以及为什么会是这种情况），这种做法本身就是一个极具意义的成就，但这还不够。如果新的知识和见识没有

---

① 参见［美］尼古拉斯·亨利：《公共行政与公共事务》（第八版），314页。

得到运用并带来效果，那就意味着浪费宝贵的金钱和时间。[①] 需要铭记的一点就是：标杆的数据是有时限的，它会很快过时。绩效评估中所收集的数据旨在弄清该机构如何按绩效评估标准生产产品和提供服务，以考虑该如何做得更好，并弄清哪些需要改进。因此，绩效评估方法可以确定以供努力改进的标杆。引进最佳实践的必要性自始至终均得到白宫的关注。1993 年，克林顿总统签署了 12862 号行政令，指示政府机构调查各自顾客的情况，查明他们需要什么，相应地设置服务标准，并且将自身的服务与商业领域的最佳组织进行比较。比如在邮政系统，为挽回长期以来低效率的坏名声，已规定了如下的邮递标准：寄至500 英里范围内的一级邮件的 95%将在一个营业日内送达；在 501 英里与 2 500 英里之间的邮件将在两日内送达；更长距离的邮件，三日内送达。在得到最终的调查结果——顾客认定这些做法是优良的——之后，邮政部门的官员制定了这些标准。这些标准适用于全国的所有邮递机构。[②]

3. 标准测量中的误区

评估指标固然在公共部门绩效评估中起着举足轻重的作用。可是，往往越是重要的因素，人们越经常在这方面出错。一般来说，公共部门在进行绩效评估测量时，会受到以下八种限制因素的影响。

（1）测量的偏差。

之所以会出现这种错误，主要是人们对于想要测量事物的不准确定义。由于公共部门和公众对于一项服务或产品的评判出发点存在着较多的差异，缺少二者之间的有效协调和沟通，就可能引起在测量中偏差的出现。

（2）使用无意义的测量。

准确地评估公共部门绩效的前提是准确的绩效信息的收集。作为形成绩效报告或做出具体评估结论的基础，绩效信息的可信度却受到多方面人为因素的干扰。价值取向和自利因素可能促使公共部门工作人员在绩效收集上只采用有利的信息，甚至采用“造假”的手段来取得相应的绩效数据。这样的做法所带来的只是无意义的测量，公共部门的绩效状况很难由此得到相应的提高。

（3）对“同样”概念的不同解释。

无论如何严格界定，概念（及其测量）的意义依赖使用者的不同将会有所改变。[③] 例如，一个机构如何界定谁是本部门的顾客？不同的界定所带来的测量结

---

① 参见［美］帕特里夏·基利：《公共部门标杆管理》，40 页，北京，中国人民大学出版社，2002。

② 参见上书，6 页。

③ 参见［美］尼古拉斯·亨利：《公共行政与公共事务》（第八版），315 页。

果是大不相同的，由此可能带来的其他方面的结果（财政、人事）也会出现较大的差异。

（4）置换目标。

这种情况的出现，主要的原因在于公共部门自身所具有的“经济人”特性在起作用。对于公共部门服务质量的评判可以从多个角度来进行。而当公共部门对标准的选择具有较大的主动权时，它们往往会选取有利于自身的评估标准。

（5）转嫁成本而不是节约成本。

因为机构项目经常单独测量，所以项目管理者可以声称他们节约了公共资金，而实际上却是将成本转移到其他项目。比如，一家医院承认将垂死的病人转移到疗养院。这样一来，不仅成本转移了，同时也降低了医院的死亡率。而这可能给人们带来该医院的服务质量提高的错误认识。

（6）利用总体指标掩盖的群体差异。

通过将关注的目光放在更加广阔的范围，绩效测量可以隐藏一些关键的信息。

（7）忽视客观测量的有限性。

正如前面所提到的，对于公共部门服务的测量具有较大的难度。这就可能导致这样一种局面的出现：只要确定了一个测量标准，那么公共部门管理者便会盲目地相信这个指标所反映出来的结果。其实，每项测量仍然存在其有限性的方面。应该看到：绩效测量对我们的帮助也只能达到一定的程度；行政人员应该认识到，绩效测量可能会不公平地低估了创新项目，而高估了常规项目，或者对项目及其变化环境的非预想效果视而不见。

（8）不能回答怎样与为什么的问题。

当绩效测量单独使用时，可能是无用的，或起反作用的。项目合理化的理论可能被误导，而且应该被替换，重要项目成果可能不被人们理解。不良的管理、资金不足或过剩以及独特的环境等，这些因素都将是单独采用绩效测量所无法确认的可能结果。

至少有六条预防措施可以用来防止绩效测量中所存在的种种潜在误区。这些措施包括：现实主义面对能够使用或不能够使用测量的政治与组织环境；确保测量处于合适的水平，不要把精力集中在那些影响最小的项目上；总要事先检验测量；经常评价、修订以及更新测量；在发展与评价项目测量时积极使利益相关者参与进来；使用多种项目测量，包括不只是结果的其他变量的测量。[①]

---

① 参见［美］尼古拉斯·亨利：《公共行政与公共事务》（第八版），317页。

8.3 美国公共部门绩效评估的问题与评价

绩效评估的兴起，很大程度上应归功于对公共部门责任的追求。来自社会各方面对公共部门效率低下的批评，促使公共部门寻求一种有效的激励机制，以提高公共服务的效率，同时满足广大公众的要求。绩效评估作为对公共部门生产力测评的一个工具，很快为各国政府所采用。美国国会在1993年通过《政府绩效与结果法》之后，在全国各层级政府之中掀起了一股评估公共部门绩效的浪潮。然而，在十几年的实施过程中，《政府绩效与结果法》是否真正推动了公共生产力的提高，不同学者对此持有的观点大相径庭。虽然大家对政府所开展的绩效运动持乐观态度，但已有信号显示这些期望并不易实现。

积极回应外界对公共部门官僚主义作风以及办事效率低下的批评，政府应该认真对内部的相关流程进行有效的变革，从而简化相关程序，以节约人力、物力和财力。可是，《政府绩效与结果法》的实施过程（战略规划、年度绩效计划、年度绩效报告）自启动以来已产生了大量的公文。在这个意义上说，这与过去的管理改革措施大体相同。不可估量的员工时间（staff time）已经耗费在起草文件，回应评估及答复美国会计总署、管理与预算办公室和国会各委员会的文件上。①

而且，已经有学者指出：沉溺于《政府绩效与结果法》是非常不切实际的，单单一系列文件就能服务于多元的利益和不同人员及功能的多重要求是非常不切实际的信念。② 需要认识到：国会、白宫、各部、机构及项目经理之间的看法是不同的，甚至已经有人提出《政府绩效与结果法》是否值得存在的问题。

8.3.1 约束

其实，国会通过《政府绩效与结果法》，旨在对公共部门（尤其是政府）绩效的持续改进。但事实上，该法案却面临着四种不同类型的约束：联邦政府的制度结构；政治过程的动力；政策领域之间的差别；计划、预算和管理职能之间的差别。任何一种类型在联邦管理改革的推出与实施过程中均设置了界限。③

①② 参见［美］凯瑟琳·纽科默等：《迎接业绩导向型政府的挑战》，47页。

③ 参见上书，48页。

1. 联邦政府的制度结构

和世界上其他的政治制度不同，美国的制度结构更加复杂化，更加分散化，并且限制了中央政府的权力范围。《政府绩效与结果法》直接面对着这些特性。

（1）分享的权力（shared powers）。

美国所实行的三权分立制衡的设计实际上是接受了政府中立法部门和行政部门之间的冲突。然而，《政府绩效与结果法》却又试图调和二者之间的矛盾，设计出一套文件以期能够满足两种制度利益的要求。

（2）议会分散制（congressional fragmentation）。

分散与冲突的设计原则同样体现在美国的国会结构上。由于授权（创设项目）与拨款（为项目提供资金）是两个相互分离的程序，因此造成了对同一项目或同一问题的不同看法。拨款程序按年度实施，而授权程序则有更长的时间，以便通过监督职能来检查项目实施的实质状况。①

（3）众议院和参议院的差别（difference between the house and the senate）。

美国宪法将国会分为众议院和参议院两部分，并规定了众议员和参议员在任期上的不同。任期上的差异带来的一个不同就是议员们对于问题或项目的看法出现差异。而习惯上《政府绩效与结果法》的支持者常常忽视众议院和参议院的不同，只是简单地把它们视为一个整体。

（4）政府运作委员会与具体委员会的区别（difference between government operations committees and substantive committees）。

《政府绩效与结果法》是在参、众两院的政府运作委员会内部产生的。这些委员会处理抽象意义上的管理改革，而避免讨论一些具体政策。从这种意义上说，关于改革的讨论不涉及实际的选民群体、一些具体的项目和政策。关于改革的讨论回避考虑或计算从不同管理改革努力中谁受益和谁受损的问题。②

（5）国内政府间关系（intergovernmental relations）。

在20世纪末，联邦政府在许多项目领域的职能被极大地削弱了。各州和各地方政府在支出联邦资金问题上更为自由。而这种政府间关系的新发展却没有在《政府绩效与结果法》的设计中得到足够的认识，在实际的实施中也是如此。因此，授权战略与《政府绩效与结果法》让联邦机构担负绩效责任相冲突，而这些联邦机构事实上都不具有花费资金的决策权。③ 另外，由于各州的政治文化存在较大的不同，统一处理各州事务的困难也逐渐增加。而且，许多州已经设计出它们认为满足自身目的的业绩测评系统，而不愿采用联邦绩效系统。

---

①②③ 参见［美］凯瑟琳·纽科默等：《迎接业绩导向型政府的挑战》，49页。

（6）无内阁政府（non-cabinet government）。

无内阁政府不像议会制那样，美国政府制度缺乏把整个联邦政府运作到某一方向的机制。虽然管理与预算办公室是行政部门中唯一把政府看作整体的角色，但它在整齐划一的运作方面的能力却是相当有限的。

2. 政治过程的动力

在美国的政治程序中，至少有五个方面影响着《政府绩效与结果法》的程序：

（1）选举周期（election cycles）。

特别是在参议院里，竞选的日程意味着被选出的官员总是在竞选公职。在总统选举年，这种周期则更加复杂。

（2）党派偏见（partisanship）。

这种偏见显然会使两个党派在选择有关项目或问题时带有片面性。国会议员们倾向于把《政府绩效与结果法》作为一颗棋子来攻击对方支持的项目，并且当他们青睐某些项目时又忽视它的存在。如果《政府绩效与结果法》只是沦为一种党派相互攻击的手段，那么这完全背离了设计它的初衷。

（3）时间框架（time frames）。

和国家公务员不同的是，政客们的任期是不确定的。所以，他们的思考便带有较多的短视倾向。这个很短的时限允许他们保持反应的灵活性，同时允许他们在处理紧急事件时又保持自由裁量权和能力。

（4）分立的政府（divided government）。

在过去的十年中，分立的政府这一事实限制了许多改革计划。这种三权分立往往是一党控制一个或两个立法机关，而另一党则控制白宫。因三权分立所产生的紧张与冲突加剧了权力分享的结构性问题。

（5）预算过程（the budget process）。

预算过程实际上是个政治过程。拨款委员会及其下属委员会参与者的注意力集中在各自选区选民所提出的问题上，也包括一些大的政策及项目上。过程本身进展很快。预算参数的讨论经常是概括的、晦涩的。任期的短时限几乎不能让参与者有机会深入讨论项目与政策。

3. 诸政策领域的差别

尽管试图追求一劳永逸的结果，但在《政府绩效与结果法》中阐述的政府范围内的管理改革途径并不易适用于政策设计的不同现实情况。面对组成联邦政府架构、非常折中的及五花八门的系列项目及政策形式，《政府绩效与结果法》并没有展示出概念上的敏感性。同时，由于政策和项目在工作上的任务与文化的差异，使得它们有着各自独特的文化和途径，以至于要采用单一的测评模式或方法给出单一的定义是较为困难的。

4. 各职能之间的差别

在《政府绩效与结果法》这把保护伞下，包括计划、预算与管理在内的多重职能无疑是围绕着不同的制度背景建立起来的，也反映出美国制度的分散性。虽然《政府绩效与结果法》力求把这三种职能统一起来，但是各种职能却是一个复杂的实体，与各职能间的冲突一样，自身也包含了相冲突的各种形式。因此，这些职能的特性也导致多元化与分割化，但《政府绩效与结果法》的措辞却有意回避了这些复杂性。①

8.3.2 联邦政府绩效活动中存在的问题

受到上述的各种约束以及各方面因素的影响，联邦政府的绩效活动在以下几个方面遇到了问题。

1. 分析问题层次

在实施过程中，一个主要问题集中在《政府绩效与结果法》的构建上。《政府绩效与结果法》作为一套政府范围内的要求规范，而不是一个讨论、设计具体方案的办法。当《政府绩效与结果法》用在政府范围内时，它是一个非常不精确的工具。② 也许，项目或服务性质的差异，需要设计一套不同的绩效评估体系来加以测评。然而，在美国公共部门绩效运动中，各级政府试图用一套固定的程序去衡量彼此各异的服务。考虑到美国政治系统的复杂性，尝试着找到包治百病的良方几乎是不可能的。

另外，面对当代的社会、经济、政治方面的变化，管理大师们都开始倡导在部门中实行分权（decentralization）、扁平化组织（flattered organization）以及机构中基层人员的参与。但《政府绩效与结果法》却朝着集权的方向发展。让所有部门对项目绩效的细节负责，使得在部门内部及政府范围内集权增加。

2. 信息与数据

（1）所需投资（investment required）。

绩效评估要求有可查的数据以判断项目是否有效运作。但在很多情况下，机构无法获得这种数据。同时，在联邦数据系统功能不全的背景下，出台《政府绩效与结果法》，要求联邦机构提供相关的绩效数据确实有些勉强。此外，

① 参见［美］凯瑟琳·纽科默等：《迎接业绩导向型政府的挑战》，52 页。

② 参见上书，53 页。

《文书工作减少法》要求机构替换25%的数据系统工作（即那些需要纸张的文件），这就使得联邦机构陷入了一种无所适从的困境，究竟需要服从哪个法案的要求。

让机构上报绩效数据需要投入大量的财力、时间和建立新的关系，同时在要求第三方提供资金时也产生了一些特殊的问题。这些问题包括很难为数据系统提供资金以及要求这些数据必须拥有的项目内构建权力。

目前能获得的大量数据不是集中在后果上，而是集中在投入与过程上，并偶尔涉及产出。发展第三方绩效测评方法的过程是一项费时的工程，需要在项目后果及适用的项目技术上所有人员达成高度的一致。①

（2）确认与有效性问题（problem of verification and validation）。

2002年是要求进行机构绩效报告的第一年，并把1999年财政年度绩效计划作为报告的起点。形成第一次绩效报告的经验表明，许多机构正在尽力定义报告中评估信息的标准。或许，在这两方面的改善有待于在今后持续评估中加以实现。信息应力求及时性。如果不能及时掌握反映公共服务状况的数据，就很难产生对绩效改善的实质推动。这一点似乎已成为当前联邦机构进行绩效评估时所面临的一个困境。哈特利在《联邦计划如何使用结果信息：联邦管理者的机会》中指出联邦项目评估在数据上遇到的一些问题：有些数据在传到管理者时已经过时了。而且，许多联邦项目需要经过其他层级政府的项目，在所期望的主要结果产生之前需要一段长时间。② 应该说，有效性在很大程度上包含着时效性。在有关绩效信息的收集之中，主要的时效问题就是过时或延时。这些方面的问题阻碍了评估主体做出评估的公正性。正如他们所认为的那样，及时地反馈对项目更加有用，并且能够给予项目人员更多的有能力影响结果的感觉。数据的有效性同时还表现在数据能够准确反映公共服务的现状。可是，许多公共部门在确定部门绩效评估标准之后，便很少对这个标准进行更换。其实，公众对于公共服务的看法和需求是不断变化的，因而，公共部门有必要及时更新自身的评估指标，以保证所收集的数据可以实在地发挥出评判的作用。

（3）该回答谁的问题（whose question are to be answered）。

《政府绩效与结果法》的执行者往往把信息设想为中立的并可满足各种各样的不同需要，《政府绩效与结果法》的语言及其通用办法实际上鼓励了这种行为，

---

① 参见［美］凯瑟琳·纽科默等：《迎接业绩导向型政府的挑战》，54页。

② Harry P. Hatry，*How Federal Program Use Outcome Information：Opportunities for Federal Managers*，p. 13.

避免了该回答谁的问题。由于报告需要同时提交给国会和总统，这就造成了谁是真正的监督者的问题。这样的困惑实际上并不能促使联邦机构更好地履行自己的责任。

3. 绩效测评中涉及的政治问题

（1）项目目标上的冲突（conflict in program goals）。

《政府绩效与结果法》假设项目的目标是很明确的，或者国会已经以某种方式弄清了目标。然而实际上，为了适应美国这样极度复杂社会中相互冲突的价值与利益的需要，许多联邦机构项目通过与实施的经常是多元化的且具有相互矛盾的目标。

（2）以后果为关注焦点的负面影响（negative impacts of the focus on outcomes）。

《政府绩效与结果法》强调对后果的重视，要求联邦机构承担必要的角色。这种倾向可能会引导部门片面地关注后果，而不去考察究竟是什么原因导致了后果的产生。对于公共部门来说，后果固然是重要的，可实际的程序同样也不能被忽视。

（3）信息的独立生活轨迹（the independence life of information）。

我们常常痛苦地意识到：每个信息都有一个自身产生的过程。我们无法控制信息的使用。那些使用信息的人忽视了附录于数据的防止错误的告诫，这不会令人感到惊讶。因此，绩效信息实际上有可能产生一系列新的政治、问题或争议。①

（4）政治博弈（gaming）。

一项针对联邦政府内部人员“为何需要参与《政府绩效与结果法》”的问卷调查发现：人们之所以参与，主要是由于国会的要求。由此导致了一种犬儒主义，并伴生这样一种消极的态度：必须去做一种无用的事情以满足《政府绩效与结果法》的要求。② 当一项旨在增加公共部门责任心的测评体系，并没有得到公共部门工作人员的主动积极参与，那么借此提高公共部门生产力的期望就不值得期待了。

4. 领导的局限

《政府绩效与结果法》的支持者强调绩效评估成功实施的一个重要条件是强有力的领导。确实，机构领导者的议程与《政府绩效与结果法》的进程有可能汇合。然而，领导者并非只关注这些方面。公共部门绩效评估的有效实施关键还在

①② 参见［美］凯瑟琳·纽科默等：《迎接业绩导向型政府的挑战》，55页。

于组织成员的主动支持，而领导者在这一点的作为是有限的。

5. 公民参与问题

尽管吸收公民参与能够通过让服务更多地响应公民的需要而最终改善公共部门提供服务的程度和水平，实际上这个目标常常难以实现。同时，积极的公民参与不时地被认为是负担沉重、成本昂贵和消耗时间的。其次，公民参与是基于自由（freedom）、平等（equality）和个人权利（individual rights）等价值观，然而这些价值观与政府官僚机构的功能传统上基于惯例化（routinization）、等级权威（hierarchical authority）、专长（expertise）和非个人化（impersonal）相矛盾。正是这种政府结构与公民参与的矛盾使得执行和保持有意义的公民参与很困难。① 传统的公共行政所具备的自上而下、金字塔形的等级制模式限制了公民参与在绩效评估中的作用。应该说，公民的参与通过将事实（硬件资料数据）与价值观（公民感觉如何）结合起来而增加了指标体系的社会相关性。② 但是一直以来，公共部门对于公民参与并非特别欢迎。

6. 认识问题

对于绩效评估作用和目的的认识，也影响到这项行为的有效开展。应该看到，绩效评估本身并不能产生出高水平的有效性、效率和质量，它们只是提高必要的数据以重新配置资源和重新设计战略目标，从而改善产品、过程和优先项目。也就是说，公共部门所进行的绩效评估并不是目的，而只是一种手段，作为一种可以促使公共部门更好地达到战略目标和提供更优秀服务的手段。但是，错误的认识往往会导致绩效评估偏离目标。需要注意的是，绩效评估是一个持续进行的过程，它并非包治百病的灵丹妙药，或者是即时成功的简单公式和方程。③ 缺乏这方面的清醒认识，公共部门绩效评估可能出现以下两种倾向：一种是为了评估而评估，进行评估纯粹是为了应付《政府绩效与结果法》的要求，将手段当作目的；另一种可能则是单纯进行绩效评估，而忽略对绩效问题的实际考察，从而难以真正起到推动绩效改善的作用，最终影响到部门及人员进行绩效评估的主动性和积极性。

公共部门中雇员对绩效评估认识上的偏差，也影响着绩效评估活动的顺利进行。在对于凤凰城绩效评估活动的调查中，研究者指出了这一问题：雇员们将绩效评估看作对他们监控的一种办法，于是对其产生了一种恐惧感。基于这样的考虑，雇员们在实际的测评当中便可能偏离公正的轨道，修改部分数据以给自己

---

① 参见［美］阿里·哈拉契米：《政府业绩与质量测评：问题与经验》，40页。

② 参见上书，41页。

③ Performance Measurement Team Department of Management and Budget，*Fairfax County Manages for Results—A Guide to Advanced Performance Measurement*（*preface*），p. Ⅰ.

加分。

7. 方法问题

结果法是衡量和评估组织绩效的一种基本方法，它在私营部门和公共部门中都得到了广泛的应用。结果法注重的是对目标管理以及一种工作或某一工作群体的可衡量性结果。在美国公共部门中进行的绩效评估，许多部门都采用了这种方法。尽管结果法具有诸如依赖客观量化数据减少主观性以及将雇员绩效结果同组织战略和目标有效结合的优点，但在实际运作中，人们还是发现了它的一些问题：首先，即使是客观绩效衡量也难免受到影响，因为并非工作绩效的所有方面都可以用客观性的手段来进行衡量；其次，组织自利性的存在，会驱使公共部门将主要精力集中在法律要求或者是公众关注的主要方面，同时忽略不会被评估的那些绩效方面；最后，虽然对结果的衡量能够提供一种比较客观的反馈，但是这种反馈很可能并不能够帮助雇员们理解为什么他们需要改变自己的行为，从而提高自己的绩效。

8.3.3 评价与启示

美国国会在 2004 年对《政府绩效与结果法》的实施情况进行了一项综合评估，最后得出的结论是：一方面，该法案的实施为以结果为导向的政府机构的建设提供了坚实的基础，它制定的绩效计划、绩效衡量以及绩效报告制度，在一定程度上实现了该法律当初颁布时希望达到的效果。另一方面，该法案的实施也仍然存在很多挑战。这主要表现在以下几个方面：第一，各机构包括美国管理和预算局的高层领导对达成结果的承诺以及持续重视都显得还不够。第二，管理和预算局通常还是从预算的角度来利用相关工具来对绩效信息进行审查和评估，因而未必能够达到法案所强调的各机构应实现的那些长期战略重点。第三，该法案的特点、时间、框架与总统和国会的任期并不一致，这就为绩效计划的制定、实施以及衡量带来了一定的困难。第四，由于现有的联邦政府绩效评价系统大都不是专门为实行绩效薪资而设计的，因此无法将机构、项目、单位以及个人的绩效与报酬系统联系在一起。第五，各级管理人员在该绩效管理体系中的作用至关重要，但是他们所获得的绩效管理方面的培训却严重不足。第六，在辨别由联邦政府项目带来的结果和外部因素或非政府因素所带来的结果方面出现了困难。

总的来说，美国公共部门绩效评估在 20 世纪的最后十年和 21 世纪的前十年向前迈出了一大步。虽然人们提出了一系列证据来论证《政府绩效与结果法》的失败，并指出了其中存在的问题。然而，需要看到世界上没有任何事物是十全十美的。因此，批评者或许是从反面帮助了公共部门绩效评估的改进。

回应性和责任是公众在 20 世纪末期那场声势浩大的公共管理运动中对公共

部门提出的一个强烈的呼唤。对于公共部门服务进行评估，从外部机制构建上以形成对公共部门责任性的促进。也许在一定时期内，这种督促可以获得短暂的成效。在加强外部制度建设的同时，内在行政文化变革仍然需要得到推动。这些我们都可以从公共部门工作人员消极参与政府绩效评估运动这一现象中认识到。法律的约束确实是不可替代的，但内在的文化道德因素也不可以全然忽视。

公众的参与真的会带来绩效活动的不便吗？有人认为民主只适用于决策程序。而在实行行政与决策相分离的制度下，引入公众参与是否必要成为人们争议的一个焦点。或许，与其继续传统的公众同执行相脱节的原则，不如从改善公共部门（政府）同公众的互动中找到实现有效治理的途径。

学习的理念是新近管理学术界认为未来组织生存所必须具备的一项重要能力。对于公共部门来说，学习的能力同样重要。缺乏充分的学习能力，公共部门无法有效地确认社会环境的变动，明确界定公众的需求，从而提供适应需求变化的服务。在政府再造的过程中，公共部门从企业界学习了许多现代管理发展的新理念和新方法，借鉴企业再造的模式进行了政府再造。在公共部门绩效评估中，联邦政府认真吸收地方政府的先进改革经验。同时成立政府再造全国伙伴联盟，以促进各级政府之间的经验交流。通过彼此间的相互学习，公共部门绩效改革运动从地方到联邦，再从联邦普及到全国各级政府，有力地推动了公共生产力的改善。

本章小结

本章在总结美国学者对公共部门绩效评估相关定义的基础上，介绍了美国公共部门绩效评估的主要阶段和新近发展情况。应该说，在克林顿政府和布什政府的推动下，美国公共部门绩效评估取得了长足的进展。

在《政府绩效与结果法》等法律的指导下，美国公共部门绩效评估形成了一个比较完整的评估体系。将公众纳入评估主体的范畴，不仅是适应新公共管理运动中顾客导向的需要，更促使了公共部门和公众之间的有效沟通，体现了民主化的要求。在吸取公众参与基础上形成的评估程序，无疑可以更好地实现进行绩效评估的根本目的。多元的评估标准，结合标杆管理的过程，也促进了绩效评估有效地起到改善公共部门总体绩效的目标。

当然，美国公共部门绩效评估在实际的运作中还存在一些问题。这些问题既表现在政治制度的约束上，也表现在诸如信息收集等方面。尽管存在着不足之处，但是，美国公共部门在绩效评估方面所取得的进展，还是可以成为各国公共部门绩效评估活动的有益借鉴和参考。

关键术语

公共部门　绩效评估　效率　有效性　生产力变化　绩效测量　公共项目评估　绩效预算　《政府绩效与结果法》　项目评估分级工具　项目测量　标杆　最佳实践　绩效报告　公民满意度　公民参与

复习思考题

1. 美国公共部门绩效评估主要经历了几个发展过程?
2. 美国公共部门绩效评估中的评估主体主要有哪些?它们在实际的评估中扮演何种角色?
3. 美国公共部门绩效评估的评估程序表现为几个过程?
4. 美国公共部门绩效评估的约束主要表现在哪些方面?
5. 美国公共部门绩效评估主要存在哪些问题?
6. 我们可以从美国公共部门绩效评估中获得哪些启示?

第 9 章

英国公共部门绩效评估

公共部门绩效评估在 20 世纪 80 年代受到极大的重视和青睐。公共部门绩效评估应用最持久、最广泛、技术上比较成熟的当属英国。自 20 世纪 70 年代以来，由于英国政府面临着严重的财政危机、管理危机和信任危机，1979 年撒切尔夫人上台后就开始大力推行行政改革。针对政府内部管理中的低效和浪费现象，撒切尔政府大胆引进私营部门的管理人员，借用私营部门的管理哲学以及管理理论、方法和技术来改进政府管理，以提高行政效率、实现资金的价值（value for money）。而绩效评估作为一种改进政府绩效的有效管理工具被引进公共部门，并得到了广泛的应用。鉴于撒切尔政府对组织绩效评估的推崇和组织绩效评估在其他国家的广泛应用，西方学者惊呼“评估国”（Evaluative State）正在出现。一位专栏作者也对此感叹道：“我们已经生活在这样一个时代：理性思辨（reasoning）不再受尊崇，信服（conviction）才是一切。”“你知道这个国家的社会科学家是什么样子：一个东西若不能被测定，那它就不存在。”[①] 也许以上关于组织绩效评估在公共部门中广泛应用的言论有点言过其实，但是，不可否认，绩效评估已成为英国管理主义运动的重要组成部分。

① Hennessey, Peter (1990), “the Political and Administrative Background”, in Martin Cave, Maurice Kogan and Robert Smith (eds.), *Output and Performance Measurement in Government: The State of the Art*, p. 18.

重点问题

- 公共部门绩效评估在英国兴起的历史背景
- 英国公共部门绩效评估发展的两个阶段
- 英国公共部门绩效评估的发展特点
- 英国公共部门绩效评估的主要内容
- 英国公共部门绩效评估实际操作中获得的有益经验以及所面临的主要问题

9.1 英国公共部门绩效评估的进程研究

9.1.1 公共部门绩效评估在英国兴起的历史背景

20世纪70年代末，英国政府面临着严重的财政危机、管理危机和信任危机。与此同时，理论界也出现了新右派体系，它相信市场力量，主张减少政府干预、采用管理私营部门的管理哲学和管理方法、用企业家精神重塑政府，并认为这是改革的捷径。新右派的代表撒切尔夫人一上台，就极力引进私营部门的管理哲学和管理方法来改善政府管理。绩效评估作为一种提高政府绩效的有效工具，就是在这种背景下被引入的。

1. 政府面临着严重的财政危机

在英国，第二次世界大战后经济发展模式是间歇的胀胀缩缩。每当英国经济出现一个较快的增长年份后，往往接着出现好几年的速度放慢，甚至下降，长期处于“走走停停”的局面。① 这种令人沮丧而又无法避免的“走走停停的综合征”击败了英国的每一届政府。进入20世纪70年代，由于1973年的石油危机，缓慢增长的英国经济陷入停滞状态。在1974年、1975年，英国经济增长率分别是－1.7%、－1.1%，而通货膨胀率分别为16.0%、24.2%。② 虽然1976年以后，英国经济状况有所回升，但仍增长缓慢。据统计，1970—1979年，英国经

① 参见于维霈：《当代英国经济——医治“英国病”的调整与改革》，6～7页，北京，中国社会科学出版社，1990。

② 参见上书，33页。

济平均年增长率仅为2.2%，在主要工业国家中最低，而同期内通货膨胀平均年增长率达12.4%，在主要工业国家中最高。英国经济的低增长率和高通货膨胀率致使英国政府财源枯竭，公共财政赤字越来越严重，而高失业、“福利国家”又使政府的财政负担日益加重。英国政府面临着严重的财政危机。为了摆脱财政困境，英国迫切需要进行改革。英国保守党在竞选宣言中就提出要“减少浪费和提高政府效率”的主张。这意味着执政的保守党政府为减少浪费、实现资金的价值，就必然会关注结果、衡量政府绩效。1979年撒切尔夫人上台后，就积极倡导行政改革。她除了大力推行国家私有化、鼓励私人资本投资、促进经济繁荣外，还对政府管理中的浪费、效率低下进行大讨伐。撒切尔夫人十分赞赏私营部门的管理方法和手段，她积极借用私营部门的管理理论、方法和技术来改革政府内部管理。绩效评估作为一种测量公共部门绩效、推动公共部门提高绩效的管理工具，立刻受到撒切尔政府的垂青。撒切尔夫人一上台，就任命马克·斯宾塞连锁店的主管雷纳爵士担任她的效率顾问，并在首相办公室设立了一个效率小组，负责对中央政府各部门的运作情况进行全面调查、分析，以提高政府机构的经济和效率水平，发现并消除组织中的无效率和浪费现象。

2. 政府管理模式发生变化

在20世纪70年代以前，英国的公共行政体制仍保持着传统行政模式的主要特征：议会主权、部长责任制和政治中立。[①] 从理论上讲，国家的重大决策由议院作出，政治责任的传递路线是“议会—内阁—部长”，而政府各个部由常务次官统领所有公务员，具体负责政策的执行。英国政府的内部结构呈韦伯式官僚体制的特征，公共责任体现在自上而下的严格等级制之中。韦伯式官僚制模式适应于大工业时代，然而，随着信息技术和知识经济的发展、经济和社会的全球化，官僚制模式的弊端日益暴露，具体体现在：（1）关注投入，忽视产出和结果。由于传统的官僚制模式以投入要素作为关注焦点，忽视产出和结果，从而导致政府部门预算与工作结果相脱节。正如戴维·奥斯本所说：“官僚主义的政府由于不衡量效果，也就很少取得效果。它们（政府）在公共教育上花的钱越来越多，但学生的考试分数差和退学率几乎没有改观。它们在警察和监狱上花的钱越来越多，但是犯罪率继续上升。”[②] （2）强调规则为本，过程取向控制。在传统的行政模式中，上级对下级的控制着眼于过程而不是结果，组织只按上级命令办事，严格遵守组织规章，而不对结果负责，也缺乏追求良好结果的动机。这种过分强

① 参见程祥国、韩艺：《国际新公共管理浪潮与行政改革》，111页，北京，人民出版社，2007。

② ［美］戴维·奥斯本、特德·盖布勒：《改革政府：企业精神如何改革着公营部门》，97页。

调规章、服从上级命令的管理模式必然导致政府效率低下，资源大量浪费。总之，在传统的行政模式中，人们笼统地讲政府管理的目的是“追求行政效率”，但却忽视产出和结果，也缺乏有效的工具和手段去衡量效率的高低。休斯认为：“我们过去或许曾经假设官僚制组织会自然而然地产生结果，故无须任何明确的测量。无论采用何种标准，在传统的行政管理模式中，绩效管理都是欠缺的，这种情况对个人绩效或是组织绩效都是如此。”①

然而，随着新公共管理运动的兴起，传统的行政模式受到了强烈的批评。在英国行政改革中，新管理主义思潮成为了英国行政改革的指导思想。安德鲁和马赛（Andrew and Massey）指出，1979 年至 1997 年的保守党政府提出的新公共管理范式的特征是，“更多关注结果或产出和政府官员或管理者的个人责任……清晰界定组织和个人的目标，并依据目标建立用以衡量产出的重要绩效指标；更多关注经济、效率、效益，这包括采取市场检验、义务性竞争投标方法”②。由此可见，绩效评估作为一种新型的评价技术，成为英国政府部门和其他公共部门的“管理工具箱”中的一个有力武器。（1）绩效评估为批判官僚制提供了有力的依据。绩效评估通过重新审视、评价政府部门绩效，能发现官僚制政府中存在的无效率、浪费现象，从而为撒切尔夫人抨击官僚制提供了依据。例如，通过开展“雷纳评审”，撒切尔夫人发现政府中存在着不经济、浪费、无效的工作，过时的机构和工作内容，组织设置和工作程序设置不合理等诸多问题。（2）绩效评估是分权化改革的技术保证。在传统行政模式下，过分集权和僵化的规章制度压抑了组织的积极性和创新意识，最终导致效率低下。公共管理新模式要求分权，鼓励下级参与和协作。而绩效评估恰恰能够为上级提供充分的信息和控制绩效的手段，从而为英国的分权化改革提供了保证。（3）绩效评估是引入市场竞争机制的保障。传统官僚模式强调政府对公共服务的垄断，而公共管理模式则强调市场价值的重新发现和利用。公共管理模式要求在公共部门引入竞争机制，而绩效评估则为英国政府在公共部门引入公私之间、公共部门之间的竞争提供了保证。一方面，绩效评估能提供各个公共服务提供者的绩效信息，引导公众作出正确的选择，从而对公共部门形成压力；另一方面，在公共部门推行绩效评估、基准比较，能在组织内形成一种竞争的气氛，从而促使公共部门提高工作效率和服务质量。

3. 公众日益关注政府运作状况

公共部门主要是从公共财政中获取资源，纳税人作为公共财政的最终支付

---

① ［澳］欧文·E·休斯：《公共管理导论》（第二版），213 页。

② Stephen P. Savage，Rob Atkinson（2001），*Public Policy under Blair*，New York，Palgrave，p. 19.

者，有权利也有义务关注资金支出的情况。“在民主启蒙时期，人民只要求取之于民的能有所限度，过此限度，人们有权拒绝。至于取之于民的如何花费，人民并不过问。随着社会的发展，民主意识的增强，人民逐渐要求一切取之于民的，必须用之于民，不按照人民意志来使用，人民就要求他负政治责任。随着社会的进一步发展，人民又进而要求，一切取之于民的，必须经济有效地用之于民。用之于民而不经济，用之于民而没有达到人民预期的效果，政府仍要负责任。”[①]从民主的角度而言，第二次世界大战后，英国资本主义民主的发展以及英国工党和工会力量的壮大，增强了英国公众的参与意识，英国公众逐渐有意识地利用各种途径去关注政府的运作状况，关注公共资金支出的有效性。再加之20世纪70年代以来，英国严峻的财政危机和公共支出快速增长的事实，更迫使公众日益关注政府的运作状况，同时也增加了政府关注其绩效的压力。（1）政府供给能力与公共服务需求的矛盾增加了政府绩效的压力。英国政府面临的严重财政危机导致政府的供给能力削弱；而高失业、福利国家又使公众对公共服务的需求持续高涨，再加上英国的公共行政文化传统所具有的偏好公共服务的取向，即“偏好公共服务，认为公共服务能够带来更多的‘公平’和‘社会效率’，对社会工程（social engineering）的本能的喜欢”[②]。这些都严重激化了政府供给能力削弱与公共服务需求高涨之间的矛盾。“当对政府的公共服务的需求持续高涨时，供给能力却削弱了，对公共组织来说，人们对政府的广泛不满增加了政府绩效和责任的压力。”[③]“据有关调查显示，1979年英国公众对政府管理的满意度仅达35%，不满意的达54%。”[④]（2）公共支出快速增长的现实促使公众关注公共资金的使用情况。在1965年，英国中央政府和地方政府的开支占国内生产总值的37%，到1970年已上升到41%，1975年又上升到50%。公共支出费用的快速增长使公众对公共资金与资源的使用情况和结果以及政府职能的履行情况更为关注。他们迫切希望通过某种手段获得关于政府绩效的相关信息。为了迎合公众关注政府运作状况的需要，也为了向公众显示公共资金与资源使用的有效性，公共部门迫切需要评估其绩效。而绩效评估恰恰适应了改革的需要。它既利于评估公共部门绩效状况，获取组织绩效信息，也有利于公共部门利用评估结果来改进管理。

---

① 文硕：《世界审计史》，序，北京，中国审计出版社，1990。

② ［英］温森特·怀特：《欧洲公共行政现代化：英国个案分析》，见国家行政学院国际合作交流部编译：《西方国家行政改革述评》，237页。

③ ［美］帕特里夏·英格拉姆：《公共管理体制改革的模式》，见国家行政学院国际合作交流部编译：《西方国家行政改革述评》，44页。

④ 张旭霞：《公共部门绩效评估》，40页，北京，对外经济贸易大学出版社，2007。

4. 撒切尔政府大力支持和推动绩效评估

20世纪60年代末70年代初，英国经济进入严重困难时期，滞胀困扰英国。在这个时期，西方国家普遍处于经济衰退之中，英国的病情尤为严重。“欧洲病夫”成为人们描述英国的常用语。巴茨克尔主义、凯恩斯主义和工党的“社会主义”面对严重的滞胀无能为力，于是一股新的变革要求兴起。保守党主张与凯恩斯主义、巴茨克尔主义和“共识政治”决裂的主张得以加强，被称为“新右派”的力量在保守党内崛起。撒切尔夫人是“新右派”思想的典型代表。她在“意识形态上坚持新右派的反国家主义观（anti-statism）。认为过度扩张的国家抹杀了个人、家庭和社会群体的创造性，毫无效率地生产和分配着公共产品”①。她“强调资本主义的价值上的合理性……主张在价值观上回归正统的‘经典的’资本主义”②。她坚持采用私营部门的管理工具和手段来重塑政府。绩效评估作为一种诊断和改进公共部门绩效的管理工具，在撒切尔政府中得到了大力的支持和推动。在撒切尔政府时期，英国政府为了改善政府内部管理体制，开展了一系列改革来推广和普及公共部门绩效评估。推行一揽子裁员25%的计划，各部财政预算每年削减2%，迫使各部门用提高效率来弥补损失，推动了公共部门积极参与评估活动。1979年的“雷纳评审”促使政府部门开始关注政府的产出和结果，树立了政府绩效和成本意识。1982年，英国财政部颁布的财务管理新方案标志着公共部门绩效评估正式推行。该方案明确提出各部门、各层级的负责人要“明确自己的目标和测定产出和绩效的标准与方法”③。1988年，英国政府推行的“下一步行动方案”使组织绩效评估广泛运用于各公共部门。总之，撒切尔政府所推行的上述行政改革，有力地推动了公共部门绩效评估在英国的持久、稳定发展。

此外，英国独特的政体也是一个重要的影响因素，它能够使撒切尔政府排除改革阻力，顺利推行公共部门绩效评估。英国没有成文法，更重要的是，它没有固定的、难以修改的立宪法律。议会拥有最高的权力，这就意味着议会可以用同样的程序通过任何法规来否决先前的法规；并且，英国是单一制国家，这就使撒切尔政府能够利用保守党对议会的控制，以立法形式集中推行公共部门绩效评估，迫使地方政府就范。

---

① ［英］温森特·怀特：《欧洲公共行政现代化：英国个案分析》，见国家行政学院国际合作交流部编译：《西方国家行政改革述评》，239页。

② 阮宗译：《第三条道路与新英国》，21页，北京，东方出版社，2001。

③ 周志忍：《当代国外行政改革比较研究》，86页。

9.1.2 英国公共部门绩效评估的发展历程

在英国，最早推行公共部门绩效评估是在 1968 年。当时，英国的王室土地监督局、国内税务局及就业部开始发布各自部门的整体生产率指数，并拟订各种绩效指标用以衡量下属部门的工作。“但是在 20 世纪 80 年代以前，绩效评估局限于输入和产出易于识别和调整的执行功能。”① 直至 20 世纪 80 年代以后，撒切尔政府及其后的梅杰政府、布莱尔政府为了提高行政效率、改进政府管理，才相继推行了一系列行政改革以推广和普及公共部门绩效评估，如表 9—1 所示的英国当代行政改革事件。这些改革措施都有力地推动了公共部门绩效评估在英国的持续、稳定发展。总的来说，根据评估侧重点的不同，英国公共部门绩效评估的发展过程可以分为两个阶段：效率优位阶段和质量优位阶段。在 1979 年至 1985 年，公共部门绩效评估的侧重点是经济和效率，追求的是投入产出比率的最大化。从 1986 年开始，随着效益和质量被重视，公共部门绩效评估的侧重点转向效益和顾客满意，质量逐渐被提到了重要的地位。

表 9—1　　英国当代行政改革事件

效率评审（efficiency scrutinies）亦称雷纳评审（Rayner scrutinies）	1979 年
部长管理信息系统（management information system for ministers）	1980 年
财务管理新方案（financial management initiative）	1982 年
下一步行动（the next steps）	1988 年
公民宪章运动（the citizen's charter）	1991 年
竞争求质量运动（competing for quality）	1991 年
基本支出评审（fundamental expenditure reviews）	1993 年
持续与变革（continuity and change）	1994 年
进一步持续与变革（taking forward continuity and change）	1995 年
全面支出评审（the comprehensive spending reviews ）	1997 年
现代化政府（the modernizing government programme）	1999 年

资料来源：Massey，Andrew（1999），*The State of Britain：A Guide to the UK Sector*（MPA），pp. 17－18。

1. 效率优位阶段

随着 20 世纪 80 年代以来英国新公共管理运动的兴起，对公共部门绩效的研究进入了一个全新的发展阶段，用全新的“绩效途径”取代传统的“效率途径”，

① Greenwood，John and David Wilson（1993），*Public Administration in Britain Today*，New York，Unwin Hyman，pp. 131－132.

成为英国实施"管理主义"行政改革方案的重要组成部分。在1979年，撒切尔夫人一上台，就任命雷纳爵士担任她的效率顾问，成立了一个效率小组，负责对政府各部门运作状况做全面、深入的调查。"雷纳评审"的重点是经济和效率，其目的在于通过评审来中止和避免那些不理想的东西（包括过时的、不合时宜的工作任务，无效率的工作程序和方法等），从而降低政府部门的开支和运营成本。在节省开支方面，"雷纳评审"取得了巨大的成就。据统计，从1979年至1985年的6年间，"雷纳评审"小组共进行了266项调查，发现并确定了6亿英镑的年度节支领域和6 700万英镑的一次性节支领域。[①] 继"雷纳评审"之后，1980年环境大臣赫塞尔廷在环境部建立了部长管理信息系统。部长管理信息系统是"整合目标管理、绩效评估等现代管理方法而设计的信息收集和处理系统"[②]。它通过实行目标责任制、依目标进行资源分配和调整的制度、目标实现程度与绩效的评估机制、全面信息的反馈机制等来向部长提供全面、规范的行为信息。部长管理信息系统提出"每个科的负责人要向部长交一份工作陈述，包括工作内容、所用人员、工作所要达到的目标等。如有可能，还要提出绩效指标，用以具体测定工作成就"。在部长管理信息系统的基础上，1982年5月英国财政部颁布了财务管理新方案。"据调查，在建立这一系统后的四年内，环境事务部在工作任务不减，工作质量有所提高的前提下实现裁员29%，远高于各部的平均值（1979年到1987年间英国公务员总人数减少幅度为18%）。"[③] 该方案明确提出了绩效评估，即要求把经济、效率、效益分化成大量的绩效指标，围绕绩效指标收集全面的信息，然后运用评估技术进行评估，并得出特定单位的总体绩效指数。并且，财务管理新方案还把绩效评估作为对中央政府各部门的普遍要求。它要求各部门不仅要关注和回答"钱花在什么地方"，而且还要回答"从中得到了什么"。

"雷纳评审"、部长管理信息系统和财务管理新方案都是在英国政府的"效率战略"下进行的。它们推动了绩效评估在英国各公共部门中的普及和应用。在这一时期，绩效评估的侧重点是经济和效率，追求节省行政开支。其中，"雷纳评审"采用的是传统问题诊断式的调查方法。这种方法有利于操作层面上的效率改进，但是它带有早期技术效率哲学的痕迹。与强调问题诊断和技术效率的"雷纳评审"相比，部长管理信息系统是一个更加完整和全面的改善公共部门绩效的管理方案。它通过将绩效评估与目标管理、管理信息系统相结合，使公共部门绩效

---

① Greenwood, John and David Wilson (1993), *Public Administration in Britain Today*, New York, Uwin Hyman, p. 124.

② 周志忍：《当代国外行政改革比较研究》，84页。

③ 黄文菊：《英国公共部门绩效评估实践述评》，载《南京市行政学院学报》，2004（1）。

评估更具战略性、持续性。而财务管理新方案则是部长管理信息系统的扩张、延伸和系统化。它推动了绩效评估在公共部门中的正式、规范的应用。在这一时期，公共部门绩效评估已获得初步的发展。相对于早期的绩效评估，它的评估内容、评估程序、普及度等都获得了很大的发展。具体来说，主要表现在：

（1）绩效评估广泛应用于公共部门。

早期的公共部门绩效评估是建立在自愿的基础上并具有试验的性质，因而它没有在各部门中普遍应用。随着撒切尔政府效率战略的推进，英国财政部在1982年颁布了财务管理新方案，普遍要求中央各部门都建立适当的评估机制，并让财政部负起督促和监督的责任。1982年，英国《地方政府法》明确规定，地方政府必须实行绩效评估制度。在非行政性公共部门中，诸如医院、科学、教育、技术、环境、监狱等各个服务领域也发生了“审计爆炸”现象。“1983年，英国卫生和社会保障部第一次提出较为系统的绩效评估方案，这一方案包括近140个绩效指标，应用于卫生管理系统和卫生服务系统的绩效评估。”①

（2）积极利用信息技术改进绩效评估。

绩效评估是以全面、客观的绩效信息为基础。如何建立畅通的信息渠道？如何将信息收集与政府日常工作相结合？如何收集、分析和正确利用信息？这些都是绩效评估所要面对的重要问题。自20世纪80年代以来，英国政府推行的部长管理信息系统、财务管理新方案就提出要建立管理信息系统，将绩效评估与管理信息系统相结合，以重点收集有关行政活动直接产出的信息。这为改进公共部门绩效评估提供了技术保证。

（3）绩效评估工作日益规范化。

由于早期绩效评估具有探索性质，各部门使用的术语不尽一致，评估的内容、侧重点及程序差别很大。自财务管理新方案颁布后，财政部开始对各层管理人员进行绩效评估培训、提供咨询等。在财务部的不懈努力下，绩效评估工作日益朝着统一、规范的轨道发展。在法律法规方面，1983年，英国制定了《国家审计法》，授权审计长检查任何部门使用资源的经济性、效率及效果。在绩效审计开展过程中，英国国家审计署先后发布了一系列绩效审计指南，如《绩效审计指南》、《绩效审计建议指南》等。这些都有利于绩效评估工作的规范化运行。

2. 质量优位阶段

20世纪80年代末，虽然改革在经济和效率方面取得了显著成就，但保守党政府的行政改革继续以经济和效率为重点，必然受到牺牲质量和公共服务追求开支节

① 刘学然：《中国电子政务建设与指导实务全书》，192页，北京，中国社会出版社，2007。

省的指责。英国推行的“下一步行动方案”、“公民宪章运动”和“竞争求质量运动”扭转了20世纪80年代以来“效率战略”的改革方向，开创了质量和顾客满意的新方向。1988年，英国开始实施“下一步行动方案”。该方案明确提出在部门内部设立“执行机构”，执行机构在中央各部制定的政策和资源框架文件下履行政府的政策执行和服务提供职能。而核心部主要负责制定政策，并对执行机构的运作进行监督、协调和“适距控制”，其方式包括设立绩效目标、配置资源、设计绩效指标并依此对执行机构的绩效状况进行准确的测定。同时，为了弥补执行机构责任机制上的漏洞，“下一步行动方案”还提出对执行机构的绩效状况进行定期评审并将结果公布于众的监督手段。从1990年开始，内阁办公厅几乎每年都对执行机构的发展、运行及其绩效状况进行总结和评价，并以《执行机构评论》（布莱尔政府改其名为《执行机构报告》）的形式将结果公布于众。其中，《执行机构评论》主要是介绍执行机构的绩效状况——包括确立的绩效指标、机构达标的情况、没有达标时负责人对此做的解释等。并且在“下一步行动方案”中，英国政府还认识到“部门内部的现有管理体制不是按照向公众提供服务的需要设计”的问题，并提出了改进原则，即“各个部门应该根据职能和任务来组织工作；其体制和内部结构必须有利于高效率地执行政策、提供服务”。继撒切尔政府之后，梅杰政府推行的“公民宪章运动”和“竞争求质量运动”又进一步强化了质量和顾客服务的改革思想。为推动“公民宪章运动”，英国政府成立了公民宪章领导小组，先后发表了《公民宪章指南》、《1992年公民宪章首次报告》等。在“公民宪章运动”中，梅杰政府要求各部门要用宪章形式把政府公共部门服务的内容、标准、责任等公之于众，接受公众监督，以提高服务水平和质量。各公共服务机构和部门在制定宪章时必须遵照六个指导原则：明确的服务标准、透明度、顾客选择、礼貌服务、完善的监督机制、资金的价值。在发动“公民宪章运动”仅四个月后，梅杰政府又发表了《竞争求质量》白皮书，希望通过把市场和竞争机制引入公共部门来提高质量和顾客满意度。行政改革的质量为本和顾客服务目标导致了政府绩效评估的侧重点由经济、效率转向效益、质量。在公共部门绩效评估中，质量、效益和顾客满意度方面的绩效指标大量增加。

在保守党政府之后，1997年布莱尔当选。布莱尔政府继续强调公共服务的效率、资金的价值和顾客导向。在1997年，新工党政府首次开展了“下一步行动方案”评审（next steps review），评审结果认为“下一步行动方案”的最初目标——用10年的时间在75%的政府机构中推行“下一步行动方案”——已经达到，政府的工作重点应该从设立执行机构转移到有效利用执行机构改进绩效上来。为此，新政府积极引进了基准比较技术，并鼓励执行机构与兄弟单位、政府部门以及组织外的公私部门进行基准比较。在 1998 年 6 月，新政府在经过广泛的咨询、调查后，将“公民宪章”更名为“服务第一”（service first），并且还成立了“公民评审小组”（people's panel）。公民评审小组由 5 000 名公民组成，其主要负责民意调查，以保证公民对政府服务质量反馈的信息公正、可靠和量化。1999 年，布莱尔政府又出台了《政府现代化》白皮书行政纲领，明确提出以公共服务的使用者而非提供者为中心，确保公共服务更符合公民的需要，确保公共服务提供的高效率和高质量。在地方政府层次上，布莱尔政府积极推行“最高价值”（best value，或译为最优价值）。所谓最高价值是指地方议会了解其施政优先与目标，并且逐年检讨每一项服务绩效的各个层面，并加以改进。而地方监察人也会监督地方议会，防止它们省略任何步骤。最高价值的核心是四种工具——四个 C。一是自我挑战：挑战每项政策的目的、目标、组织架构及成本。二是征询意见：征询公众的意见和服务提供者的意见 。三是相互比较：和其他团体比较服务绩效，利用各种服务绩效指标和标准去审视如何改进。四是强化竞争：和其他服务提供者竞争，以确保实现最佳成本效益。从最高价值绩效指标（2000 年）到全面绩效评估指标体系（2003 年）及其逐年完善，再到综合区域评估系统（2007 年），评估指标从以静态指标评估政府业绩本身优化为从动态角度评估政府的发展计划和战略、服务能力和质量、改进与创新能力等。随着绩效评估体系的不断优化和发展，目前已经形成较为完善的绩效评估体系。

综上所述，20 世纪 90 年代以来的英国改革主要围绕着质量和顾客服务的改革目标。绩效评估作为行政改革的重要组成部分，其评估内容也侧重于效益、质量和顾客满意度。在这一时期，绩效评估研究的主要特点是：

（1）评估的侧重点是效益、质量。

20 世纪 80 年代以来，绩效评估的侧重点是经济和效率。因为政府的角色被定义为商品和服务的提供者，政府自然也就把注意力集中于资源转化成商品和服务的过程上，因而绩效评估基本上是根据提供的服务来衡量，即衡量提供服务的经济性和效率，而不是根据顾客和消费者收到的服务来衡量，即忽视或缺少对效果、结果和影响的测评。进入 90 年代以来，质量为本和顾客满意日渐成为英国行政改革的主题。“顾客取向”、“接近顾客”、“服务第一”等改革思想导致公共部门日益重视对质量、效益和顾客满意度等的测评。“在对绩效的节约和效率方面关注十几年后，现在公众、政界、管理界和专业界人士开始关注服务质量所产生的结果。”① “根据一项统计，英国审计署开展的全部绩效审计工作中，约 1/3

① 于军编译：《英国地方政府行政改革研究》，129 页。

为对项目效果的审计；1/3 为对产出的审计；2/9为对工作程序的审计；其余为对工作效率和成本效益的分析。”①

（2）绩效指标的数量大幅度增加。

伴随着绩效评估在公共部门的广泛应用，绩效指标的数量也大幅度增加。如表 9—2 所示，1985 年，政府各部门为评估拟订的绩效指标数是 135 个，1986 年是 1 220 个，1989 年上升到 2 327 个，增长速度迅猛。特别是效益指标，到 1989 年增至 556 个。并且，绩效评估作为一种评估资金的价值的工具，不仅在政府而且在执行部门方案的、政府之外的组织（如半官方机构）中也被广泛应用。②

表 9—2　　绩效指标的数量与分类　　（单位：个）

指标种类	1983/1984 年	1985 年	1986 年	1989 年
经济	115	38	32	150
效率	440	58	132	265
效益	7	7	222	556
服务质量	15	19	63	10
其他	144	13	771	1 246
总计	721	135	1 220	2 327

资料来源：胡宁生主编：《中国政府形象战略》，1012 页，北京，中共中央党校出版社，1998。

（3）从公民的角度来测评绩效。

质量优位阶段绩效评估的主要特点之一就是其公民取向的绩效观，即评估绩效的参照系是公民而不是政府及其工作人员。换句话说，绩效评估是从公民的立场和角度来测评政府服务的经济性、效率、效益、服务质量和公民满意度等。这与政府中心、政府为本的观念截然不同。英国的“公民宪章运动”明确提出政府各部门要制定顾客服务标准，这意味着政府开始试图从使用者的视角来考察政府服务，而不只是从管理者的角度来评价政府服务。公民宪章标志着绩效评估的侧重点从内部取向转向了外部取向，即政府绩效测评的角度从政府要什么、政府怎样看待转向公众的要求和看法。随着顾客取向改革的深入开展，英国各公共部门正积极运用公众意见调查、市场调研、用户意见调查等方法来了解公众需要什么、公众衡量公共服务的标准、公众对公共服务的满意度等问题。布莱尔政府就曾明确提出，“要从顾客的角度来看待政府……为了实现现代化的政府，政府在服务提供过程中要积极引入公民参与、征求公民意见，并且要监督和严格执行服

① 厉国威：《西方国家开展政府绩效审计情况对我国的启示》，载《经济问题》，2006（8）。

② Greenwood，John and David Wilson（1993），*Public Administration in Britain Today*，New York，Unwin Hyman，p. 132.

务标准”[①]。

（4）将绩效评估与其他管理技术相结合，改进公共部门绩效。

绩效评估是绩效管理过程中内在的、不可或缺的一部分。为评估而评估是不可取的。奥斯本和普拉斯特里克写道：“我们没有将业绩评估列为一种方法，因为我们不认为评价本身会有足够的权力去促使公共机构发生实质性的变化。”[②]只有将绩效评估与其他管理技术相结合，有效使用绩效信息，才能促进公共部门绩效的持续性改进。20 世纪 90 年代以来，绩效评估已不再仅仅是显示绩效信息、赢得公众支持或作为上级部门控制下级部门的工具，它日益与其他管理技术相结合，成为改进公共部门绩效的有效工具。在英国政府中广泛应用的“地方政府改善计划”、“最佳实践”、“最高价值”、绩效审计、绩效工资制等一系列措施，都是将绩效评估与其他管理技术相结合的产物。

9.1.3 英国公共部门绩效评估的发展特点

从以上英国公共部门绩效评估的发展历程中，我们可以发现，经过 30 年的发展，公共部门绩效评估在很多方面都发生了巨大的变化。审视英国公共部门绩效评估变化发展的足迹，我们可以更深刻地理解公共部门绩效评估的内涵。

1. 评估的侧重点从经济、效率到效益、质量

绩效评估最初引入公共部门时，是以行政效率为核心课题，重视节约成本、提高效率。行政学的创始人威尔逊就曾明确提出：“行政学研究的目标在于……政府怎样才可能以尽可能高的效率和尽可能少的金钱或人力上的消耗来完成这些专门的任务。”[③] 一直以来，公共行政领域的专家、改革者一直致力于“效率”研究。提高效率被看作降低税收、减少官僚层级、使政府更负责任的一个有效途径。在英国，撒切尔夫人上台后就指出英国政府存在着规模太大、效率太低和大量浪费的问题。为此，撒切尔政府在“效率战略”指导下，推行了一系列改革措施来节省开支、提高办事效率。绩效评估作为审查公共部门绩效状况、促进公共部门改进管理的工具，在撒切尔政府中逐渐得到推广。在 1979 年至 1985 年间，绩效评估的侧重点是经济和效率。英国各公共部门的工作重点是通过审查其管理活动的经济性和效率来寻求节省开支、提高工作效率的途径，如“雷纳评审”。

---

① Sylvia Horton and David Farnham (1999), *Public Management in Britain*, Macmilian Press Ltd, p. 77.

② 转引自［美］马克·霍哲：《公共部门业绩评估与改善》，载《中国行政管理》，2000（3）。

③ ［美］伍德罗·威尔逊：《行政学之研究》，载《国外政治家》，1987（6）。

20世纪90年代以来，英国的"公民宪章运动"、"竞争求质量运动"等此起彼伏的质量运动导致公共部门绩效评估的侧重点转向了服务效果，公共部门绩效评估也由传统的效率优位阶段进入质量优位阶段。据1995年的调查，"每份执行机构年度报告中效益标准的数目从每份6.53个上升到每份7.86个，上升幅度是20%。另外，效益评估的关注点从非货币标准转向了以质量为基础的效益标准。据调查结果显示，以质量目标为基础的效益标准所占的比例从41%上升到51%"①。

2. 评估的价值标准从单一的效率取向转到多重价值标准

效率是行政管理学研究的核心课题之一。由于传统行政效率研究基本上移植普通管理学（以企业为研究对象）效率研究的概念、模式，而忽视公共部门的公共性，因此，早期的效率测量的价值标准是单一的效率取向，即追求投入产出最大化。然而，以单一的效率为取向的效率测量根本无法有效反映公共部门的成就和效果。20世纪80年代初，英国的效率小组建议要在财务管理新方案中设立"经济"、"效率"、"效益"的"3E"标准体系，以取代传统的效率标准（如财务、会计指标等）。不久，英国审计委员会（the Audit Commission）又将"3E"标准纳入绩效审计的框架中，并运用于地方政府以及国家健康服务（NHS）的管理实践中。② "3E"实际上是一种包含不同价值观点的标准体系，它能够充分反映公共部门的多元目标。用这种多元价值的标准体系来取代传统模式下的单一财务和预算指标，能够更好地体现"管理的责任"，使"被授权的管理者根据既定的绩效标准完成既定的任务"③。为了充分反映公共部门目标的多元化和复杂性，有些人甚至建议增加更多的"E"，如公正、卓越、企业家精神、专业技术等。可以说，公共部门的目标多元化和价值多样性促使绩效评估的价值标准正日趋多重化。

3. 评估的主题从评判到发展

在20世纪80年代初，英国公共部门绩效评估的功能主要是评判、控制。其中，评判功能是指通过对组织绩效的分析来指出促进或妨碍组织取得绩优的因素。例如，英国"雷纳评审"的目标是通过对政府部门活动的经济性和效率的评审来发现部门内存在的问题，并提出具体的改进措施。控制功能是指上级部门依据

---

① Hyndman, Noel and Anderson, Robert (March 1995), *Executive Agencies' Performance: what is being disclosed*, London, Management Accounting, Vol. 73.

② Henkel, Mary (1992), "The Audit Commission", in Pollitt, Christopher, and Stephen Harrison (eds.), *Handbook of Public Services Management*, Oxford, Blackwell Publisher.

③ Isaac-Henry, Kester, Chris Painter and Chris Barns (eds.) (1997), *Management in the Public Sector: Challenge and Change* (*second edition*), London, Thomson Business Press, p. 83.

绩效协议或绩效合同评估下级部门的绩效，并运用评估结果对下级部门实施有效控制。例如，英国的“下一步行动方案”要求核心部与执行机构间签订框架文件。实际上，框架文件是一种准契约性质的协议或工作合同，它明确规定了组织目标、工作任务、资源配置、绩效示标等内容。核心部就是依据绩效协议来评估执行机构的绩效，并根据评估结果进行奖惩。绩效评估的评判、控制功能主要围绕的是评判主题。

随着行政改革的不断推进，英国政府开始积极运用绩效评估来推进政府绩效的持续改进，实现组织的发展。“为了对组织有实际利益，绩效评估应该被视为一种重要的学习方法，并不只是为了评估而评估，也是为了评估者和作为整体的组织。”[①] 此时，绩效评估不仅是一个指导和控制的程序，更是一个学习的程序。公共部门必须通过各部门、各单位之间的横向比较、自身此时彼时的纵向比较、自身已达到的绩效水平与标准水平或理想水平的对比分析、各项评估内容的对比分析等来发现本部门与参照系之间的绩效差距与优势，找出本部门的薄弱环节与潜力，从而达到进一步提高组织绩效，实现本部门的发展的目的。1996 年 4 月，英国政府开始在执行机构的管理中引进“基准比较”技术，即“最佳实践基准比较”。实际上，基准比较就是运用绩效评估技术，将本部门的实际表现与参照对象的最佳水平相比较，以寻求组织绩效的持续性改进。

4. 评估主体从公共部门扩展到社会公众

绩效评估最初引入公共部门时，主要是作为上级部门评审、控制下级部门的工具。这一时期，公共部门绩效评估主要采用自上而下的单向反馈评估方式，评估主体主要是公共部门和专门的机构。在英国的“雷纳评审”、财务管理新方案和“下一步行动方案”中，公共部门绩效的评估主体主要是本部门、上级部门、效率小组、审计委员会等。20 世纪 90 年代以来，随着顾客导向、质量为本日渐成为英国行政改革的主题，公共部门绩效评估也由以政府为中心的测评转变为以服务对象为中心的测评，评估主体由公共部门扩展到了社会公众。英国的“公民宪章运动”就要求政府公共部门用宪章形式将服务的内容、标准、责任等公之于众。在首相办公室设立宪章运动领导小组外，同时还设立由商界、顾客代表和教育界人士组成的专家委员会，协同宪章运动领导小组推进服务承诺计划，并在其影响下，成立由 5 000 人组成的人民监督委员会。“长期以来，公共服务中服务提供者居主导地位”，“公民宪章为服务对象提供了审视公共服务的机会”[②]。在

① 于军编译：《英国地方政府行政改革研究》，202 页。

② *The Citizens' Charter First Report* (1992), London, HMSO, CM2101.

英国各公共服务系统颁布的乘客宪章、纳税者宪章、病人宪章等服务标准中都明确提出了顾客满意率。并且，布莱尔政府又进一步明确提出让公众参与测评。在公共部门，“顾客满意度”已成为衡量绩效的一大指标。公共部门或运用民意调查来直接测定公众对特定部门服务的满意度，或通过设定一些特定的标准、指标来间接测定顾客满意程度。在英国地方政府中，市场研究技巧（例如公众意见调查和用户调查）已经被大量的地方政府用来评估公众对议会服务满意与否的程度。

5. 评估被纳入绩效管理体系

简单地说，绩效评估是如何利用追踪与评估组织绩效的过程。相对于绩效管理，绩效评估侧重于研究如何确定绩效目标、设置绩效指标、收集绩效信息等来全面、客观地评估组织绩效状况。在 20 世纪 80 年代初，绩效评估常常单独使用。随着 80 年代后期绩效管理的诞生和推行，绩效评估逐渐被纳入绩效管理的框架中，并“被视为绩效管理概念中的中心因素”[①]。关于绩效管理的含义，美国国家绩效评估中心绩效衡量小组曾下了一个经典的定义，所谓绩效管理，是“利用绩效信息协助设定统一的绩效目标，进行资源配置与优先顺序的安排，以告知管理者维持或改变既定目标计划，并报告成功符合目标的过程。”[②] 由此可见，绩效管理是围绕提高绩效的目标，界定组织目标、确定绩效目标、监测和反馈组织绩效状况并对实现结果进行系统评估的过程。一般而言，绩效管理的程序包括制定绩效协议、制定绩效计划、持续性的绩效管理、组织改进绩效成就的阶段性评估。[③] 很显然，绩效评估是绩效管理中内在的、不可缺少的一部分。它反映了绩效目标与实现结果的有关信息，为以提高公共部门整体绩效水平的其他绩效管理技术的运用提供了依据。自 80 年代后期以来，英国中央、地方政府在管理实践中就不断推行绩效管理。英国的“下一步行动方案”就提出了在核心部与执行机构间签订框架文件，制定一年一度的业务计划，每年对执行机构的发展、运行及其绩效状况进行总结评价，从而达到提高公共部门绩效的目的等改革内容。在地方政府层次上，英国某些地方政府努力建立绩效管理体系，寻求用一种更协调、更整体的方式去管理绩效。此外，绩效评估、绩效预算、绩效审计、绩效目标规划、绩效工资制等正被英国公共部门广泛用来推进公共部门绩效的持续性的提高。

---

① Loree J. Griffith，Anna C. Orgera，“*Performance Management: Mapping out the Process*”，p. 27.

② Gore，*Creating a Government the Work Better and Cost Less*（U. S. Government Printing Office，1997）.

③ 参见胡宁生主编：《中国政府形象战略》，924～925 页。

6. 评估围绕英国行政改革不断推进

在欧洲，英国的行政改革无疑属于当代最激进的改革，并且还具有相当的连续性和持久性。从撒切尔夫人上台到1997年，保守党执政长达17年。在保守党政府之后，上台的新工党政府又基本上继承了保守党推行的改革方向。作为英国行政改革的重要组成部分，绩效评估围绕着英国行政改革不断推进。像英国的行政改革一样，英国政府推行的绩效评估措施既激进，同时又具有系统设计、稳步推进的特征。从"雷纳评审"、部长管理信息系统、财务管理新方案、"下一步行动方案"、"公民宪章运动"、"竞争求质量运动"一直到后来的《现代化政府》白皮书，在不同的阶段，随着行政改革的主题和目标的变化，评估的侧重点有所不同，追求的目标有所不同，主要形式也不同，但不同阶段间存在着有机的联系。[①] 例如，绩效评估方法由"雷纳评审"时期的经验型评估逐渐发展到财务管理新方案时期建立较为完善的评估系统，评估的侧重点由经济、效率转为效益、质量，评估过程也逐步规范化、系统化，绩效指标的确立和分析方法的选择由定性转向定性与定量相结合。

9.2 英国公共部门绩效评估的运作分析

9.2.1 绩效评估的内容

早在20世纪80年代初，英国效率小组就建议在财务管理新方案的改革中设立"经济"、"效率"、"效益"的"3E"标准体系。不久，英国审计委员会将"3E"标准纳入绩效审计的框架中，并运用于政府管理实践中。此后，"3E"逐渐成为公共部门绩效评估的主要内容。其中，对"3E"的界定如下[②]：

经济：指输入成本的降低程度。在实践中，它通常以低成本投入而获得的金钱节省为量度，如通过市场检验或使用较低等投入（如用二等邮票代替一等邮票）而获得的成本降低。

效率：一种活动或一个组织的产出与投入之间的关系。最常用的效率测定概念是劳动生产率及单位成本。

效益：指产出对最终目标所作贡献的大小。

---

① 参见中国行政管理赴英国考察团：《关于赴英国考察行政管理改革情况的报告》，见 http：//www. cpasonline. org. cn/cpas/xsolt/ygkc. htm。

② Lewis，Sue and Jess Jones（1990），"*The Use of Output and Performance Measures in Government Department*"，p. 42.

除“3E”标准外，公平也日益成为绩效评估的内容之一。自1997年新工党领袖布莱尔当选后，他就抛出了“第三条道路”。布莱尔认为第三条道路代表着现代化的社会民主、对社会正义的承诺与中间偏左路线的热情洋溢目标，但达成目标的手段却是灵活、创新且具有前瞻性的。布莱尔还提出第三条道路的一项重要诉求就在于赋税必须保持在控制下，而且所有的公共支出都是要求结果与改革的钱……我们要求地方层级之间的伙伴关系，其中投资应锁定标的并衡量成果，且要求国家级水平。由此可见，布莱尔继承了保守党政府对政府管理活动的经济、效率和效益进行评估的改革思想，同时，布莱尔的第三条道路明确提出要强调社会正义和社会民主。他认为正义社会必须具备四种基本价值：平等、机会、责任和社区。对平等、机会、责任等价值标准的追求导致公平上升为公共部门绩效评估的内容之一。然而，由于公平是针对接受公共服务的团体或个人所质疑的公正性而言，它通常无法在市场机制中加以界定，因而公平指标是难以衡量的。在英国的管理实践中，虽然许多学者和行政工作者都认为绩效评估内容应该包括经济、效率、效益和公平四个方面，但是由于公平难以衡量，英国公共部门绩效评估实践目前主要还是围绕经济测定、效率测定和效益测定三个方面来开展。

1. 经济测定

经济测定是英国政府在面临财政危机的情况下所采取的重要改革措施。其目的是促使公共部门树立成本意识，降低成本，节约开支，实现“资金的价值”。在管理实践中，经济测定往往采取以下形式：

（1）成本与投入的比率。

行政机关从事管理活动时直接付出的并不是资金，而是由资金转化而来的人力、物力等。成本与投入的比率即资金向投入的转化率。不经济可表现为获得某一投入时花了高于市场价格的资金，也表现为超量投入，如盲目追求高学历而导致雇员素质远远超过工作需求、办公条件过于豪华、设备闲置等。

（2）行政开支与业务开支的比率。

对公共服务机构而言，直接用于服务对象的开支为业务开支，服务机构的运营开支为行政开支。两种开支之间的比率是可以衡量经济水平的。例如，20世纪80年代初，英国效率小组对森林保护专项资金的使用状况进行评审后发现，专款中实际用于树木修复的每100英镑支出中有相应的行政开支90英镑。这是不经济的一个典型案例。

（3）人均开支测定。

这里的人均开支是指社区所有成员在特定领域的人均开支。例如，英国警察工作绩效指标中有“警察工作中的居民的人均净投入”的内容并采取分项计算的方式。

通过人均开支测定，既能为公民提供一个监督公共机构的有效工具，也能比较不同警察局在不同方面的净投入，以实现资源的合理有效配置。

（4）单位成本测定。

单位成本这一概念涉及投入和产出，因而它既是一个经济水平的展示，又是一个效率水平的展示。传统行政管理存在关注投入而不计成本的矛盾。"关注投入"体现在开支方面的烦琐规章和严格的审批制度，"不计成本"则表现为忽视对单位成本的科学测定。例如，英国的"雷纳评审"发现，农业部设在莱丁的实验室养一只小白鼠的平均成本是 30 英镑，但相距不远的私立实验室养一只小白鼠的平均成本仅为 2 英镑。①

（5）经济改进余地测定。

经济改进余地测定主要是指测定节支可能性或寻求节支领域的方法。例如，英国政府 20 世纪 80 年代中期对福利部门的失业救济发放工作进行了评审，评审结果表明程序复杂和不科学导致了很大的浪费。为此，评审者提出了程序改进的具体建议，并对建议付诸实施后可能带来的资金节省进行了测算。资金节省测算结果表明，仅工作程序重新设计和科学化一项所减少的工作重复就相当于2 300人一年的工作量，或相当于每年节约 1 400 万英镑，约占行政开支的 1/10。②

（6）资源浪费测定。

资源浪费测定是指计算各种形式的失误（如工作程序设计不当、个人工作方面的细小失误）所带来的经济代价。它不同于上述成本与投入比率、人均开支测定等从正面提供相关方面的客观信息，它是直接测定资源的浪费状况。例如，英国 90 年代开展了一项"为失误计价"研究。研究者通过对某公立医院一个小病房工作方面的细小失误进行计价，发现内部失误成本高达 56 720 英镑，约占该病房总开支的 10%～12%，其中还不包括外部单位造成的损失、给病人带来的痛苦以及一些失误造成的没有计价的损失。③

2. 效率测定

效率测定涉及的是投入与产出的比率。在日常生活中我们经常使用效率这一概念。一个案件从发生到侦破用了很短的时间，我们就说侦破单位的效率很高。但这不是严格意义上的效率测定。效率测定对效率的描述至少应具有两个特征：

---

①② Metcalfe, Les and Sue Richards (1987), *Improving Public Sector Management*, London, SAGE, pp. 99-111.

③ Richard Joss (1995), "Costing Non-conformance at an NHS Hospital: a Pilot Study", in Christopher and Geert Bouckaet (eds.), *Quality Improvement in European Public Services: Concept, Case and Commentary*, London, SAGE, pp. 101-120.

定量而非定性，反映的是整体而非个别的情况。[1] 传统的效率测定主要采用主观印象式的经验方法，缺乏客观性和科学性。而现代公共部门效率测定的方法和技术较为成熟，它既包括效率指标，又充分运用了许多复杂的量化分析技术。

在英国，公共部门和社会科学界在长期的管理实践中，不仅建立了简单效率指标，而且发展了一套复杂的效率测定技术方法。效率测定技术涉及一些专门概念如技术效率、配置效率，包括不同的分析技术如回归分析、数据包络分析、参照系与非参照系比较技术等。

（1）应用效率指标。

一般通用的效率指标包括单位成本、平均个案处理时间、反应速度等，它们是组织效率的量化显示。对于具体的公共部门而言，它们在进行绩效评估时需要设计针对性的效率指标。例如，在英国警察局绩效指标中就包括一系列效率指标：反映速度的效率指标有"在规定时间内应答紧急电话占总数的比率、在规定时间内作出反应的事故占总数的比率"，衡量破案率的效率指标有"所有刑事案件的破案率、暴力刑事案件的破案率、入室盗窃案件的破案率、警员人均破案数"。[2]

（2）采用不同的效率测定方法。

效率可以简单地理解为投入与产出的比率。从投入与产出的角度看，公共部门由于投入资源未得到充分利用或多种投入未调整到最佳比例，都可能导致无效率现象。而由投入的资源未充分利用引起的无效率称技术无效率，由投入比例不当引起的无效率称配置无效率。为了分析组织是否有效率，政府部门在长期实践中大量采用数学、统计学中的量化分析技术来进行分析。通常采用的效率测定方法包括参照系与非参照系法、回归分析、数据包络分析等。在效率测定中，不同方法可能导致测量结果的差异。因此，当使用几种方法对同一部门进行测量时，对出现的测量结果的差异要认真分析，选择适合这一部门效率测定的最佳方法。

除了以上可以从技术无效率和配置无效率方面来考虑外，效率还可以用多种方法来测量。例如，英国地方政府研究协会提出效率评估有三个方面："一是转化效率，即输入转化为产出的效率；二是分配效率，即使顾客利益最大化的产出分配的效率；三是调整效率，即调整生产来满足顾客偏好的效率。"[3]

3. 效益测定

效益测定关注组织产出的质和社会效果，通过效益测定，能够促使公共部门

---

① 参见周志忍：《公共组织绩效评估——英国的实践及其对我们的启示》，载《新视野》，1995（5）。

② *The Audit Commission*（*UK*），The Indicators for 1994/1995.

③ Ghobadian，Abby and Ashworth，John（1994），Performance measurement in Local Government-Concept and Practice，Braford，*International Journal of Operations & Production Management*，Vol. 14.

树立服务意识。在结果为本、顾客取向的英国改革中，效益测定成为了公共部门绩效评估中最重要的内容。一般而言，效益测定具体包括对产出的质量、公共部门活动的社会效果、公民的满意度等一系列要素的测定。

（1）质量测定。

质量测定是指设计一系列指标来衡量各个部门的产出质量。由于经济或技术上的原因，用于质量测定的指标可以分为直接的质量指标和间接的替代指标。其中，一般性质量指标如失误率、合格率、准时率等几乎可以应用于所有公共部门中。然而，对于特定的公共部门，往往需要根据工作性质和特点设计针对性的指标。例如，英国医疗和社会保障部在为医疗系统制定的绩效评估方案中，就曾提出衡量医院服务质量的指标，如手术前后死亡的人数、非计划重新入院人数、病人在院感染率等。除直接的质量指标外，由于某些工作质量难以直接量化显示，公共部门还需要使用替代指标来间接显示服务质量。英国许多地方政府在衡量它们所提供的社区服务的质量时，通常采用替代指标，例如，利用服务设施的利用率来侧面反映公共娱乐场所的服务质量状况。另外，由于考虑外界环境因素对产出质量的影响，英国政府最近特别提出了增值指标（value added indicators）。增值指标是用来评估组织增加的价值，如英国教育与技术部由于考虑入校学生的质量对学校考试结果的影响，因而引入了“增值”一览表，以显示学校的改进程度，而不是粗略的评估结果。

（2）社会效果测定。

一般而言，对产出的社会效果的测定可以从两个方面着手：一是看管理活动的产出是否满足了社会或公众的需求；二是看这一活动的产出对既定目标的实现作出多大贡献。[①] 在实际的社会效果测定中，由于产出的社会效果与直接产出相比较具有明显的时间上的滞后性，因此，社会效果测定除采用直接测定外，还需要运用中间指标来间接测定。公共部门通常需要运用中间指标，利用产出的中间效果来预测或推断最终社会效果。例如，交通安全宣传教育的最终社会效果是交通事故率的降低，在社会效果未展示之前，可以用公众对交通安全的了解程度、司机系安全带的比率等来测定宣传效果。

（3）顾客满意度测定。

公民是公共部门提供的公共物品或服务的购买者，是顾客。对顾客满意度进行测定是顾客导向政府用来检验公共部门效益的主要标准。一般而言，顾客满意度可以直接测定，也可以间接测定。直接测定是指公共部门通过民意调查直接了

---

① 参见周志忍：《公共组织绩效评估——英国的实践及其对我们的启示》，载《新视野》，1995（5）。

解公民对特定的公共物品和服务的感受和评价。常用的指标有顾客满意率、顾客抱怨率和顾客投诉率等。例如，在最高价值绩效指标 2001—2002 年度报告中，测量警察服务的顾客满意度指标就包括“公众对警察接听 999 报警电话的满意度、受害人对警察处理暴力犯罪事件的最初回应的满意度、受害人对警察处理入室盗窃事件的满意度及受害人对警察在交通事故现场服务的满意度等”。英国北爱尔兰驾驶员考核与车辆检测局的 1993/1994 年的主要绩效指标中就包括“预约安排方面的顾客抱怨率、驾驶员考核方面的顾客抱怨率、预约方面的顾客满意率、检测和考核程序上的顾客满意率”等。除直接测定外，公共部门还可以设计一些标准和使用特定的方法来间接测定顾客满意的程度。常用的指标包括可得性、公众知晓度、公共服务的便利程度等。

总之，公共部门绩效评估基本上是围绕上述三个方面，即经济测定、效率测定、效益测定来开展的。然而，在实践中，不同公共部门绩效评估内容的侧重点有所不同。据对英国三个地方政府——伦敦伯克斯利自治市、约克市议会、斯蒂夫尼奇自治市——的绩效评估系统的调查后发现，它们采用的绩效评估方法不尽相同。[①] 伯克斯利自治市的评估方法具有定量化的“硬”特点；约克市的评估方法“更加软性”、代表性更广泛；而斯蒂夫尼奇自治市的评估方法又不同于伯克斯利自治市和约克市，它将绩效评估当作组织管理系统不可或缺的一部分。在伯克斯利自治市，绩效标准侧重于效率和不太重要的、广泛的愿景方面，而缺乏明确的效益标准。在约克市，绩效评估在强调服务效率的同时，也强调顾客满意度、质量和社区/市场的影响。在斯蒂夫尼奇自治市，“绩效评估与评审”被认为是两个相互独立但又相互联系的过程。其中，斯蒂夫尼奇自治市也特别强调效益评估。由此可见，由于每个政府机构引入绩效评估的原因、组织管理方式和组织文化等不同，它们开展的绩效评估的内容侧重点及其评估方法也有所不同。在实际操作中，公共部门应该选择适当的评估内容和评估方法。

9.2.2 绩效评估实际操作中的有益经验

绩效评估可以作为一个衡量程序的过程或系统来看。作为一个设计良好的系统，绩效评估系统应当清楚地表明目的和目标、定义服务的产出和结果，并详细说明这些产出和结果的质量水准。而作为一个衡量程序的过程，绩效评估包括鉴别评估项目、确立绩效目标、选择绩效标准或指标、监督结果、测评绩效、使用

① Ghobadian, Abby and Ashworth, John (1994), Performance measurement in Local Government-Concept and Practice, Braford, *International Journal of Operations & Production Management*, Vol. 14.

评估结果信息等基本步骤。英国政府推行绩效评估已经有30年。绩效评估实践从最初的中央政府部门已扩展到地方政府部门和非营利组织中。据统计，在地方政府层次上，1986年1/3的地方当局没有进行这项工作，而现在几乎所有地方当局都有某种形式的绩效评估委员会和小委员会。在长期的实践中，英国各公共部门形成了一整套实施绩效评估的做法。

1. 管理评估途径

根据管理评估途径的要求，评估应该用来衡量目标实现的程度、测量缺陷的原因及缺陷的程序，使管理通向成功的补救措施。① 在英国，对管理评估途径的强调是由1982年的“财务管理新方案”提出的。其目的是在中央各部门引进一种系统，使之负责：(1) 对其制定的目标有清晰的概念，如果可能，对与这些目标相关的产出或工作绩效进行评估。(2) 对最有效使用资源制定明确的责任，包括严格审查产出和经费。(3) 有效地行使职责所需的信息（特别是费用）、训练及得到专家咨询。这种管理观点在1988年的“下一步行动方案”报告中继续得到了支持和强调。该报告指出，每一个政府部门都有其不同的职能，建议每一个部门的组织方式都要有利于工作的完成；制度和结构要有利于有效地服务和政策的执行，每一个部门对其主要行政职能要设置相应的机构，由执行机构负责在限定的预算经费内和根据工作实施的明确标准。可见，在实践中，英国各公共部门强调管理评估途径，要求将绩效评估与部门管理工作相结合。其中综合支出评估（CSR）和“公共服务协议”（PSAs）是最重要的制度化考评方案。公共服务协议体系包括以下目标层次：方向（aim）、目标（objective）、具体目标（target）、关于如何对具体目标进行测量的技术解释（technical note）、实施计划（delivery Plan）等。目的是建立一种现代的公共支出和绩效管理框架，为制定审慎、有效的中长期支出计划服务。自2002年开始，通过部门春秋两季提交的《公共服务协议报告》，对政府部门的公共服务协议完成情况也即绩效目标完成情况的监督，并通过财政部设定的唯一窗口进行公开。

2. 发挥公务员的积极性

一个政府的全体职员是其最昂贵及最重要的资源，同时也正是他们的活动、态度及举止，构成了作为一个整体的政府绩效的主要决定性因素。在实施绩效评估时，政府应该充分发挥其雇员的积极性。英国在这方面的经验是：“起始阶段注意绩效评估的自愿性——政府高层鼓励进行绩效评估，但没有选择试点强制实行，也没有规定这方面的指标和时间表，而是由各部视自己的情况安排，部内试

① 参见［英］约翰·鲍恩：《如何评估中央政府的工作绩效》，载《中国行政管理》，1994(3)。

点单位的选择也以自愿为基础；绩效评估主要采用自我评估的方式——财政部、首相效率小组及有关方面的专家主要起政策协调和技术指导作用，而不是以居高临下的姿态检查下属的工作。”[①] 在地方政府层次上，随着分权化改革和地方政府自主权的扩大，新工党政府在实施绩效评估时继续强调公务员的积极性。例如，新工党政府只提出最优价值方法的基本原则，而对于最优价值的具体含义、如何着手测定最优价值以及如何向其利益相关者证明最优价值等问题则留给各个地方政府自行决定。目前，地方政府推行最优价值的水平已经有了很大的提高，而且其创新水平也达到了一个新的高度。但是，如果英国中央政府与审计委员会试图从全国角度非常精确地规定最优价值的含义以及最优价值应该向当地人民证明其作用的精确程度，那么就很可能导致地方政府中那些有权有势的“活跃分子”围绕着最优价值体制寻找办法，而不是像现在这样创造性地运用它。[②] 另外，在绩效考核激励和责任机制方面，英国政府采取星级评定的方法对地方政府进行考核和评定，对表现好的地方给予更多的自主权；专门任命负责绩效的高级官员，将高级官员的薪酬或部门预算与部门绩效实现情况联系起来，提高公共部门及雇员的积极性。因此，充分发挥公共部门及其雇员的积极性，让他们自愿、创造性地实施绩效评估是良好地实施绩效评估的重要保证。

3. 建立管理信息系统

绩效评估实施具有阶段性特征，而评估信息需要及时、持续地收集，以保持信息的完整性。因此，要成功地实施绩效评估就需要一个完善的信息系统。在英国，1982 年财务管理新方案要求中央各部普遍建立管理信息系统，它“不仅能向最高层提供评估和控制所需的全面信息，而且能为下面各层主管提供做好工作所需的信息”[③]。换言之，就是围绕部内的层级结构建立全方位的信息网络。这种部内的全方位信息网络能够弥补传统的依靠现成的统计资料或专门的渠道收集信息的缺陷，从而保证评估信息被及时、完整地收集。继保守党政府之后，新工党政府继续强调管理信息系统建设。1999 年 3 月英国出版的《现代化政府》白皮书的目标之一就是打造合作与有效的信息时代的政府。新工党政府在部门管理信息系统的基础上，运用现代信息技术建立起跨部门的信息网络。而布莱尔政府的电子政务运动为评估和改善政府绩效评估活动提供了更加便利的信息。2010 年 3 月，“宽带传播英国”（BDUK）计划开始运行；2010 年 5 月，政府数据向

---

① 胡宁生主编：《中国政府形象战略》，1085 页。

② 参见［美］阿里·哈拉契米：《政府业绩与质量测评：问题与经验》，100 页。

③ Greenwood，J. and Wilson D.（1989），*Public Administration in Britain Today*，pp. 128 - 134.

公众开放。总之，建立管理信息系统，既满足了绩效评估的信息需求，又满足了日常管理与合作或整合政府的信息需求。

4. 引入公民参与

虽然将公民或其代表吸收进政府绩效评估项目中既花钱又耗费时间，但是最终建立的绩效评估体系将会更有用，并更有意义。因为测评政府的目的在于改进服务，让政府对公民的需要更负责任，所以，绩效评估系统不应当只关注管理者的成就和管理成果，而应当侧重于服务质量的改变和顾客的满意度。英国在"公民宪章运动"中就明确提出要用宪章的形式将政府公共部门服务的内容、标准、责任等公之于众。例如，在英国各公共部门颁布的服务标准承诺中，就清楚地提出了服务质量水平和顾客满意度指标。在继承前任政府的公民宪章所提出的顾客服务方法和绩效标准的基础上，布莱尔政府又创造性地提出让公民参与测评、咨询公众意见、整体评估等评估思想。从梅杰政府的顾客选择、礼貌服务、顾客满意率到布莱尔政府的公民参与测评、征求公众意见、合作项目的整体评估，公民在公共部门绩效评估中不再仅仅充当顾客，而且还扮演着服务质量的评估者、独立的结果跟踪者的角色。公共部门通过引入公民参与绩效测评过程，积极发挥公民的顾客、服务质量评估者和独立的结果跟踪者的多重角色，能够鼓励公共部门超越传统的产出指标，集中关注服务质量、公众需求，同时也有益于将公民意见与公共部门绩效目标相协调，客观、合理地评价公共部门绩效。

5. 公共部门绩效的评估与改进的有效整合

为评估而评估是不可取的。绩效评估体系中的一个重要步骤就是使用结果和绩效信息。只有充分运用评估结果与绩效信息来改进政策与程序，评估才有意义。在长期的实践中，英国公共部门不再局限于绩效评估的控制作用，而积极寻求公共部门绩效的评估与改进的有效整合，以改进政府管理。其中，英国各公共部门采取的主要做法是：（1）将评估作为决策工具。根据公民联盟小组（Citizens League Team）提出的有效治理模式，业绩测评、政府政策与执行、公民参与是有效治理模式的三个核心要素，而业绩测评和政府政策与执行在政府管理活动中是部分重叠的。[①] 在实践中，许多政府都试图将绩效测评与发展和制定包括预算在内的政策过程相连接。例如，基于业绩的预算是将业绩与预算过程相挂钩，在各级政府的预算过程中引入更多的业绩信息。英国的财务管理新方案就提出将绩效评估与部门财政预算相挂钩，以控制成本、提高公共部门效率。（2）运用质量管理。公共部门通常可以采用质量保证体系等质量管理方法来代替质量测

① 参见［美］凯瑟琳·纽科默等：《迎接业绩导向型政府的挑战》，130～133页。

定，以促进服务质量的测评与改进。在英国，由于受新工党的出版物“质量街”的刺激，几个地方政府已率先为某些服务制定了消费者合同。这些消费者合同在一定程度上成功地取得了对质量更加精确的阐明和更加精确的矫正程序。（3）标杆管理。标杆管理（或称基准比较）是指“对实现卓越绩效的最佳实践的追求”[①]。公共部门通过标杆分析将本组织的绩效评估结果与其他组织的结果进行比较，能够找出差距，并提出改正措施。一般而言，如果公共部门依照别的组织来对其过程进行比较的话，那么标杆管理就会依靠绩效指标。如果绩效标准是标杆的话，那么公共部门就可能依照质量模型来对其过程进行比较或依照绩效标准来对其结果进行比较。英国政府最早是在1996年4月开始在执行机构的管理中引进标杆管理技术。此后的布莱尔政府继续积极推动政府机构与兄弟单位、其他政府机构、中介组织、私营部门、甚至其他国家的公共部门等进行绩效比较，开展标杆管理。

9.2.3 实施绩效评估时所面临的主要问题

绩效评估是关键性的。只有对公共部门绩效进行评估，公众才能知道各公共部门的生产力如何，政府才能真正了解自己到底做得如何。然而，由于公共部门产出的特殊性、公共部门目标的多重性和弹性、公共部门的垄断性、信息材料获取的难度以及个人的认知等因素，对公共部门绩效的评估实属不易。质量管理专家戴明甚至把绩效评估称为管理的七大致命疾病之一，并主张完全放弃绩效评估。因噎废食自然不可取，但是不可否认，无论对个人还是组织，要完全客观并精确地评估实际绩效几乎不可能。在实际操作中，实施绩效评估还存在种种困难。如同吉尔特·鲍查特所指出的那样，在实施绩效测量中存在着种种弊病，包括潘格斯病、不可能病、疑病症、污染病和膨胀病。[②] 这些弊病都有碍于绩效评估的实施。温森特·怀特在对英国20世纪80年代以来的行政改革的个案分析中指出：“评估很关键但是问题颇多。”“设立客观的绩效指标日益成为技术官僚的理想，但这些指标难以在政治上或意识形态上保持中立。此外，公共部门的目标经常是故意模糊不清，因为它们力图调和相互矛盾的要求。”[③] 总之，英国各公共部门在开展绩效评估时面临着一系列问题。

1. 绩效描述的差异

为了测评绩效，有必要界定什么是绩效。然而，由于政府行为，即便是一种

---

① Bouckaet Geert, “Improving Performance Measurement”, in Halachmi, Arie and Bouckaet Geert, *The Enduring Challenge in Public Management*, Jossey-Bass, San Francisco, 1995, pp. 379 - 412.

② 参见［美］阿里·哈拉契米：《政府业绩与质量测评：问题与经验》，100页。

③ ［英］温森特·怀特：《欧洲公共行政现代化：英国的个案分析》，见国家行政学院国际合作交流部编译：《西方国家行政改革述评》，247页。

简单的服务，也是一个复杂、多面的概念，因此，要准确、合理地描述绩效就成为开展公共部门绩效评估的主要障碍。英国审计委员会通过定义并倡导 3E 来描述：绩效经济、效率和效果。在多数情况下，尽管“经济”、“效率”和“效果”这些词语在日常语言中经常使用，但事实上对三个“E”本身的定义就较为混乱。在管理实践中，即便是把英国审计委员会的定义告诉评估者，并加以解释和讨论，由于不同的评估者站在不同的评估立场、选择不同的评估参照体系和评估视阈，他们对同一个词也会有着不同的理解。例如，在削减政府成本的管理活动中，“经济”、“效率”、“效益”概念更多地被看作会计标准。如果评估所使用的用以界定标准指标的词语和概念既不明晰又易产生歧义，那么就会使组织绩效描述带有主观臆断色彩，也会使绩效评估实际操作更加困难。可见，在实施绩效评估时，由于公共部门绩效存在着多向维度、不同的群体有不同的绩效要求、不同的测量方法有不同的权重，因此，绩效描述就容易陷入困境。

2. 组织目标难以表述与量化

在实践中，绩效评估特别是效益评估在许多情况下是以组织目标为基础或依据的。实施绩效评估通常要求组织目标明确，有多重目标时要对不同目标的重要性进行排序。然而，公共部门目标具有多重性和弹性。一些目标与政治统治相关，一些目标与人事管理和行政效率相关，另一些则与财政和政治责任相关。对于这些多重目标的选择和权重的排序往往受到价值观的左右和权力因素的干扰而难以取得共识。并且，公共部门所设定的目标往往还具有抽象性和模糊性，表现在其追求的目标常是一些笼统、定性和不易量化的软目标。如提高人口素质、实现社会平等。公共部门目标的多重性、模糊性和抽象性导致了目标表述、多重目标排序以及对目标的量化变得十分困难。如就业和养老部以“解决贫困和促进以后的生活有更大的独立性和福利性”为目标；外交和英联邦办公室以“通过加强英联邦和国际努力减少冲突”。英国财政部和审计委员会在有关绩效评估的总结报告中曾多次提出这一问题。相比 2002 年公共协议数据系统，2007 年公共协议数据系统的质量和透明度都有很大提高，数据系统的 57%是符合目标的，33%基本满意但还需要加强，10%是不符合目标的。2010 年 3 月，“宽带传播英国”计划开始运作；2010 年 5 月，政府数据向公众开放，电子政务运动的扩展将进一步推动绩效评估的信息化和公开化。此外，公共部门产出的非市场性、无形性也进一步加重了公共部门目标量化的难度。例如，咨询、监督和审查活动的产出往往难以测定。

3. 绩效指标的难以确定

绩效指标是对管理功效的量的显示。对公共部门而言，绩效指标的难确定性也是评估中的一大难题。由于大多数公共部门的产出是无形的服务，而非有形的可量化的物质产品，因此，它的质和量缺乏确定性和可度量性。并且，大多数公共部门提供的产出是一些中间产品的非市场产出，“同市场产出的成本—收益描述相比，非市场产出总的来说没有一个评价成绩的标准”。“公共管理具有垄断性和非营利性，其产品和服务进入市场的交易体系，不可能形成一个反映其生产机会成本的货币价格，这就带来对其数量进行正确测量的技术上的难度。”① 例如，在对教育部门的绩效进行评估时，如果纯粹以“分数”作衡量标准显然不恰当；如果以“综合素质”作评估指标，面临的问题是该指标是个模糊不清、难以度量的概念；如果用学生的“就业状况”作指标，却又忽视了外部环境因素对学生就业的影响。可见，对公共部门而言，确立全面、合理的绩效指标是一件十分困难的事情。在实践中，我们经常会发现有一些绩效指标是起误导作用的，或受到管理者的人为操纵。

另外，由于政府和公共部门工作性质多样化、公共管理活动涉及面广，绩效指标必须多样化，以覆盖工作任务和主要责任的所有重要方面和所有关键结果领域。片面、不合理的绩效指标有时候会使政策目标变得模糊，甚至是暗中损害政策目标。例如，英国有关部门在对高校绩效评估状况考察后发现几个问题：对科研的重视超过了对教学的重视；重视那些成果可以用著作、文章数量来测定的科研项目，忽视其他重要的科学课题；对教师施加了快出成果的压力，忽视成果的实际价值等。实际上，上述问题在一定程度上都是由绩效指标设计缺陷导致的。

4. 政治文化因素的干扰

任何组织和个人都不可避免地受到政治文化因素的影响。在公共部门，政治性因素的巨大影响自不待言。波立特认为，绩效评估“在根源上是一个……政治问题”。绩效标准通常是带有价值性的。② 例如，随着政治领导人的更迭，绩效的侧重点随之转移，原定目标可能就要重新排序。又如，内阁大臣为了实现政党方案和赢得下次选举，可能会对政府官员的绩效评估活动施加政策性暗示。除了政治因素的干扰外，文化因素也会影响绩效评估的实施。“一项绩效评估方案必须体现地方政府现存或预料过的文化。为了采纳一项绩效评估的战略性步骤，对于高级管理来说当然有必要对地方政府实际的或预料中的哲学及文化有一种明确的、表达详尽的意见。”③ 公共部门都有着自己的管理哲学及文化，而它们将影响组织绩效评估的实施。例如，在服务质量测评方面，英美国家中质量的关键要素是顾客导向，但是在法国、德国和西班牙等行政法传统很强的国家，更为重要

---

① 周志忍：《公共性与行政效率研究》，载《中国行政管理》，2000（4）。

② Greenwood，John and David Wilson（1993），*Public Administration in Britain Today*，New York，Unwin Hyman，p. 134.

③ 于军编译：《英国地方政府行政改革研究》，204 页。

的质量特征则通常是管理导向和透明度。[①] 又如，在英国的绩效评估中，对顾客调查方法的使用远比对雇员调查方法的使用广泛得多，而在德国和美国的绩效评估中，雇员的意见和顾客的意见差不多受到同等程度的重视。[②] 产生上述现象的原因之一就在于英国独特的政府文化。

本章小结

20 世纪 70 年代末，由于英国政府面临的严重财政危机、管理危机和信任危机，以及公众对政府运作状况日益关注等因素，撒切尔夫人上台伊始就大力倡导行政改革，极力引进私营部门的管理哲学、管理理论、方法和技术来改善政府管理。绩效评估作为改进政府管理的有效工具，就在此背景下被引入英国各公共部门，并在撒切尔政府的大力支持和推动下得到了广泛的应用。根据绩效评估侧重点的不同，英国公共部门绩效评估的发展过程可以分为两个阶段：效率优位阶段和质量优位阶段。在效率优位阶段，撒切尔政府推行的“雷纳评审”、部长管理信息系统和财务管理新方案等改革措施导致公共部门绩效评估在评估内容、评估程序、普及度等方面都获得了较大的发展。而在质量优位阶段，英国政府推行的“下一步行动方案”、“公民宪章运动”、“竞争求质量运动”以及《现代化政府》白皮书等改革措施又进一步促进了公共部门绩效评估的纵向深入发展。纵观英国公共部门绩效评估的整个发展过程，我们可以发现，英国公共部门绩效评估整个发展过程所呈现的主要特点是：评估的侧重点从经济、效率到效益、质量；评估的价值标准从单一的效率取向到多重价值标准；评估的主题从评判到发展；评估主体从公共部门扩展到社会公众；评估被纳入绩效管理体系；评估围绕英国行政改革不断推进。

另外，就绩效评估内容而言，早在 20 世纪 80 年代初，英国效率小组就建议在财务管理新方案的改革中设立“经济”、“效率”和“效益”的“3E”标准体系，此后，“3E”逐渐成为了公共部门绩效评估的主要内容。在布莱尔上台后，布莱尔政府又特别提出要强调社会民主和社会正义。一些学者和行政工作者也提出公平应该成为绩效评估的内容之一。然而，由于公平的难以衡量，目前英国公共部门绩效评估实践主要还是围绕经济测定、效率测定和效益测定三个方面来开展。虽然经过

---

① 参见［美］阿里·哈拉契米：《政府业绩与质量测评：问题与经验》，195 页。

② 参见上书，122 页。

30 年的发展，英国各公共部门积累了丰富的实施绩效评估的经验，如管理评估途径、发挥公务员的积极性、引入公民参与、建立管理信息系统等。但是，由于各种原因，在实施绩效评估过程中，公共部门也遇到了一系列的问题，如，绩效描述的差异、组织目标的难以量化、绩效指标的难以确定和政治文化因素的干扰等。

关键术语

组织绩效　　绩效评估　　绩效管理　　经济　　效率　　效益　　公平　　成本　　投入　　结果　　社会效果　　质量　　顾客满意度　　公民参与　　绩效指标

复习思考题

1. 公共部门绩效评估在英国兴起的历史背景是怎样的？

2. 20 世纪 80 年代以来，英国政府推行的行政改革导致公共部门绩效评估发生了哪些变化？

3. 在英国公共部门绩效评估发展过程中，效率优位阶段的主要特点是什么？质量优位阶段的主要特点是什么？

4. 英国公共部门绩效评估的主要内容是什么？它是如何测定的？

5. 在长期的实践中，英国各公共部门积累的实施绩效评估的有益经验是什么？

6. 英国各公共部门在实施绩效评估时所面临的主要问题是什么？

第 10 章

若干发达国家公共部门绩效评估

除了英、美两国外，其他许多西方发达国家的公共部门绩效评估机制也颇具特色。本章选取经济合作与发展组织（OECD）中较有代表性的新西兰、澳大利亚、荷兰及加拿大四国，对这些国家公共部门绩效评估机制的发展进程、绩效评估体系的大致构成及其主要特点等进行简要的分析阐述。其中，新西兰、澳大利亚及加拿大三国属于典型的盎格鲁-撒克逊传统（侧重于效益、效率与质量）的国家；而荷兰除了受到该传统的影响外，也深受欧洲"大陆法系"或中央集权制传统（如德、法等国）的影响，属于两种传统相结合的国家，以至于被认为是当代新公共管理的先驱（Peter B. Boorsma，1999）。这四个国家公共部门绩效评估机制的发展、完善过程与各自国家的时代背景及由 OECD 国家于 20 世纪 80 年代所发起的新公共管理运动有着密切的关系。

重点问题

- 新西兰公共部门绩效评估的主要指标
- 新西兰公共部门绩效评估的主要步骤
- 澳大利亚公共部门绩效评估的主要手段

● 荷兰公共部门绩效评估的主要工具
● 加拿大公共部门绩效评估的主要特点
● 上述四个国家公共部门绩效评估机制的时代背景

10.1 新西兰公共部门绩效评估

作为前英殖民地（现仍为英联邦的成员国），新西兰公共部门绩效评估体系的构建、演进过程受到盎格鲁-撒克逊传统的深刻影响。同时，新西兰公共部门绩效评估体系也受益于20世纪80年代以来工党政府大刀阔斧的“新公共管理”改革而独具特色，其彻底“执行局”化的公共部门绩效评估机制、完善的绩效评估手段开各国公共部门绩效评估体系构建之先河。

10.1.1 基本概念

在新西兰，公共部门的概念内涵与我们国内一般意义所指有所不同。为了方便后面的理解，避免引起混淆，先将本节所涉及的若干基本概念作一简单阐释。

1. 公共部门（public sector）

在新西兰，“公共部门”特指该国中央政府的“国家部门”（state sector）和各个地方政府。而所谓“国家部门”又包括了“公共服务部门”（New Zealand Public Service，NZPS）和以下一些机构：新西兰国家储备银行、国会办公室、各个皇家实体(Crown Entities)以及非竞争性的国有公共企业(state-owned enterprises)等公共机构。[①]

2. 公共服务部门

按照公共服务的性质及公共服务的决策与执行、监督与检查相分离的原则，根据1988年国会通过的《国家部门法》（*State Sector Act*），新西兰中央政府将原有的各个政府部门进行了重新划分。划分后中央政府公共服务部门的具体组成如下：共有17个部、11个局，3个综合性机构（在新西兰，政策制定咨询部门一般称为“部”，即ministry，执行管理部门一般称“局”，即department），以及首相与内阁、内阁办公室、国家公共服务委员会（Public Service Commission，SSC）等，共计35个机构。此后20多年，新西兰一直沿用1988年的划分框架，随着社会现实需要的变化，通过增添修正案，不断改进和完善机构的设置。2010

① 见http：//www.ssc.govt.nz/display/document.asp? DocID=7790。

年7月1日，食品安全局并入农业和林业部后，新西兰仍有34个公共服务机构。

3. 部门首席执行官（the Chief Executives）

根据1988年《国家部门法》第35条的规定，中央政府各个国家部门均得设立一名所谓的“首席执行官”，实行任期制或合同制（一般任期最长5年，期满可续聘），由该部门的责任部长（responsible minister）授予具体职责，负责执行内阁和责任部长大臣的决策，输出“产品”即公共服务；其受聘的责任基础是“绩效协议”（performance agreements，或称为“绩效契约”），由国家服务委员会根据对各部门首席执行官年度绩效评估的结果决定予以继续任命或者罢免（这点不同于以往的部门常务首脑）。

10.1.2 公共部门绩效评估体系的发展进程

1. 第一阶段（1840—1912年）：责任大臣负责部门绩效评估

1840年英国在新西兰岛港口城市奥克兰建立殖民地政府。到了1840年末殖民地政府的公共部门就增加到14个。当时这些公共部门的运作直接受制于它们的部长大臣：各部部长有权任命本部门的公务员，决定这些雇员的薪资水平和具体的任职资格条件，并负责监督国家政策的运行及预算的执行情况等（基本上沿用了英国惯例）。也就是说，政府部门的工作绩效是由该部门的责任部长直接进行主观考核和评估。

2. 第二阶段（1912—1984年）：绩效评估主体的建立

1912年，新西兰议会通过了《公共服务法》（*Public Service Act*），改革公共部门绩效管理体制，建立了直属于首相的国家服务委员会，代表皇家全权负责聘用、考核政府的全部公务员及各部委的首席执行官；统一负责有关公共部门的绩效评估事务，初步改变了以往由各部部长自行评估的做法。1962年的《国家服务法》（*State Service Act*）又对国家服务委员会、部门责任大臣的职责作了补充和改进，进一步贯彻了责任大臣与其负责部门的人事管理相分离、政治和执行相分离的原则。在新的绩效框架下，责任大臣不得随意干预本部门的绩效评估工作；各个部门的工作业绩由国家公共服务委员会主导进行独立客观的评估，以此促使公共部门及其公务员将服务的重心转向社会公众，切实改善公共部门的服务绩效。

3. 第三阶段（1984—1999年）：绩效评估工具的创制、完善

1984年，工党兰格政府上台后开始推动新公共管理改革。1986年，国会通过了《国有企业法》，在原来九个政府部门的基础上建立了九大国有企业，并分别设立董事会。董事会与部长们协商公司的发展方向，它们挑选首席执行官并与之签约；这些执行官不受政府雇用、预算、采购制度的影响。[①] 由首席执行官独立提供公共服务，但由董事会评估其绩效，并由持股部长（Shareholding Minister）负总体责任。1987年，建立了由财政部管理的独立机构——皇家企业监督和咨询司（Crown Company Monitoring and Advisory Unit，CCMAU），专门负责监督、评估国有企业工作绩效。由此开始，国有公共服务企业的绩效由财政部的CCMAU与负责部长即持股部长共同考核。

改革政府部门为商业企业引发了新西兰公共服务部门的全面革新运动。内阁领导小组考虑以结果为导向重新设计公共服务部门，这也就催生了1988年《国家部门法》和1989年《公共服务法》的出台。1988年的《国家部门法》设立了国家服务专员（State Service Commissioner）。专员作为国家服务委员会首长，专门负责各公共服务部门（执行局）的绩效评估工作。一个重要改变是，各执行局首席行政官将根据绩效合同而获聘用，受聘后拥有本部门人事管理和财务管理等广泛的权限。该法加强了责任管理，注重管理效能和效率。

1989年的《公共财政法案》及其修正案、1991年的《雇佣合同法》（*Employment Contracts Act*）和1994年的《财政责任法》（*Fiscal Responsibility Act*）强化了中央政府各部、执行局的财政责任、考核关系及绩效评估。在这一彻底"执行局"化的体制下，部长负责"结果"，而部门首席执行官负责"产出"。部长为了特定的公共服务目标即"结果"，可以通过竞标[②]的形式选定某一执行局；然后与该执行局的首席执行官签订"绩效协议"（年度绩效评估的依据）、确定灵活绩效框架[③]，以特定的价格、数量和质量来购买某一执行局的产出；部长负责"掌舵"——确定方向和"核心结果目标"（Strategic Result Areas，SRAs）或"关键结果域"（Key Result Areas，KRAs），而部门执行官则负责"划桨"（即提供产出以达到部长要求的目标）。

此外，在公共预算执行过程中，新西兰通过绩效预算、多年期滚动预算，

---

① 参见［美］戴维·奥斯本、彼德·普拉斯特里克：《摒弃官僚制：政府再造的五项战略》，82页。

② 一种将每种划桨职能通过竞争招标形式实现、把职能分离推向纵深的元工具。参见［美］戴维·奥斯本、彼德·普拉斯特里克：《摒弃官僚制：政府再造的五项战略》，102页。

③ 一种将相关的职能分离，使之分属不同的组织，并通过绩效合同清楚说明组织目标、预期结果、绩效后果及管理灵活性的元工具。参见［美］戴维·奥斯本、彼德·普拉斯特里克：《摒弃官僚制：政府再造的五项战略》，103页。

即建立各种量化产出指标与成果指标来评估预算的绩效。绩效预算的理论基础是：公共机构不仅应就其公共资源的使用承担责任，同时也应就这些资源所产生的结果（即产出和成果）承担责任。[①] 预算绩效管理的有关机构是财政部、国库局、内阁支出控制委员会以及国会、国会控制下的审计署。各部的首席执行官负责其部门的日常财务业绩，在本部门的资金管理及处置上几乎有完全的权力，但要受到以下情况的限制：本部门必须提供的产出及部长在这些产出上的开支、需要完成的财务业绩指标（performance indicators，PI）。作为内部业绩评估手段，各部必须向其负责部长和国库局提供月度报告（包括产出量等3～4项指标）；政府外部方面，各部均需向国会提交年度财务报告（包括服务业绩等 11 项指标），而国会审计署作为政府外部的评估机构，可以对它所选定的政府部门的年度财务报告及预算执行情况进行业绩审计，审计的结果直接向国会报告。[②]

4. 2000 年以后：绩效评估走向规范化

1999 年新西兰大选后，政界不再垂青于公共服务重新设计领域更进一步的市场化改革，从而使海外对新西兰的兴趣衰减。这一变化主要源于新西兰国内对自由化管理、完全依赖产出导向的绩效控制体制产生质疑。质疑主要包括三个方面：一是对结果导向的质疑。新西兰国内出现了许多政府部门为了结果、产出而不顾及影响，采取影响公众信任的手段，扭曲了其服务目的的现象。二是对委托授权代理的质疑。全盘授权使中央政府机构的职责权限变得模糊，缺乏必要的评估和协助，致使公共服务供给变形。三是对依靠单个公共组织提供公共服务能力的质疑。随着社会经济的发展与变迁，越来越多的公共事务需要多层面的机构联合处理，合作机制更加有效。针对这些问题与争议，新西兰政府在 2000 年以后不断完善政府公共服务提供机制，合理划分公共部门职能，促进绩效评估体系不断优化。2000 年新西兰国会通过《雇佣关系法》（*Employment Relations Act*），取代了 1991 年的《雇佣合同法》，在执行官工作业绩与其雇佣条件之间建立了紧密的关系，并为双方都提供了灵活选择权，有利于客观评估公务员绩效。同年议会还通过了《检举保护法》（*Protected Disclosures Act*），鼓励为了公共利益而对公共部门的严重违法行为进行检举和调查。

表 10—1 列出了自 20 世纪 80 年代以来，绩效评估体系发展的有关事件。

---

① 参见王雍君：《公共预算管理》，36 页，北京，经济科学出版社，2002。

② 参见经济合作与发展组织：《比较预算》，263～265 页，北京，人民出版社，2001。

表 10—1

时间	总体情况	组织	人事	财务
1981—1985年	开始重组部门机构（1985）		开创“平等雇佣”（1985），加强公务员绩效评估	将“用者付费”原则应用至许多国家服务部门（1985）
1986—1990年	国有企业法（SOEA） 改革地方政府制度的意图（1987） 国家部门法（SSA，1988）：自主、责任、为社区服务、整合（1988） SSA修正案（1989） 公共财政法（PFA，1989）	重组政府部门：政策咨询/执行功能的分离 使政策咨询与监管、检查、监督的分离（1987） 重组地方政府（1989）	SSA：把人事管理权下放给首席执行官 设立高级行政官SES（1988） 责任部长与首席执行官的年度业绩协议（1988） SSC：对其重组以关注于更多部门（1989） SSC：制定公共部门行为准则（1990）	宣布新的预算周期、业绩协议（1988） SSA：把财务管理权下放给首席执行官（1988） PFA：产出/结果、所有者/购买者、拨款方式；全面方案：改革资源管理、分配的实施责任（1989） 所有核心公共服务实体：改用新财政制度、详细规定和认同的产出、实行应计利润会计制、现金管理制度、新财务报告制（1990）
1991—1995年	洛根回顾：责任/集体利益、部门业绩、成本/利润、高层管理质量 强化集体利益：政府的战略结果域（1994） SRAs在部门中的反映：关键结果域（1994） 关于公共部门的原则/常规/实践的指南（1995）	总理与内阁：调整合作政策和公共政策目标团队 新的渔业部：政策与管理分离、皇家实体的研究 重组司法部：政策同实施分离、分清组织的目的	通过雇佣合同法（ECA，1991）	“采购”从绩效协议中分离（1993） 财政责任法：负责的财务管理、加强皇家实体的报告要求；用评估报告取代部门预测报告（DFR）：反映生产者/资本用户导向、年度报告前瞻，以投资部长的购买预期取代“部长个人兴趣”（1994） 财务评估：财政部的责任（1994）

续前表

时间	总体情况	组织	人事	财务
1996—2000年	“改革的精神”(1996) 管理框架的要点评估：结构、组织能力、公共资金管理、对结果的说明 新的战略结果域(1997—2000)		管理发展中心：迎合公共部门管理者的需求(1996) 在雇主、雇员和工会间确立一种相互信任、合作、尊重的雇佣关系(2000)	按成本核算的成本报表、依据绩效框架和按成本进行核算的评估报告(1996) 新的绩效协议的财务责任必须按该法确定

资料来源：Christopher Pollitt and Geert Bouckaert，“*Public Management Reform—— A Comparative Analysis*”，Oxford University Press，2000，pp. 258 - 260。

10.1.3 公共部门绩效评估体系的构成

面向“结果”的公共预算拨款制度、阐明部门绩效目标及其中间效果（intermediate outcomes）的灵活绩效框架、部门首席执行官与责任部长（及专员）之间的绩效协议是新西兰公共部门绩效评估体系的重要特点。

1. 评估主体与评估对象

（1）评估主体包括两个方面的机构。

第一，政府内部方面，各个国家部门的年度绩效评估主要由国家服务委员会牵头开展（财政部、国库局主要负责评估预算绩效），责任大臣予以配合；评估结果直接向内阁和内阁支出控制委员会报告。第二，在政府外部，主要由国会相关委员会和直属国会的审计署来进行业绩评估。审计署可对任何在财政预算内运作的部门或皇家实体进行预算业绩审计（即OECD国家所称的“货币价值审核”）。审计结果直接向国会报告，作为国会审批该机构下一财年财政拨款的重要依据。

（2）评估对象。

包括新西兰公共服务部门所有的34个机构（其中国家公共服务委员会由内阁负责评估考核），以及其他由国家财政预算拨款的“国家部门”（包括一些皇家实体和国有企业），都是上述主体进行业绩评估的对象。而非由国家财政拨款的国有企业则由两个持股部长（责任部长和财政部长）根据年度绩效合同和其他业绩报告文件及有关法律的规定，对其进行绩效评估。国家公共服务委员会、财政部（及所属的国家国库局）、内阁支出控制委员会及国会的审计署分别在各自专业领域内对公共部门进行侧重点不同的业绩评估。国会可以汇总掌握所有由财政拨款的公共机构的业绩评估信息。

2. 评估指标及评估手段

（1）月度和季度报告。

各执行部门必须向其负责部长和国库局提供月度监督报告，针对各项目计划，报告必须包括以下四项财务指标：拨款类型、运行状况（自然增长的收支情况）、现金流量和资产负债表、净财政影响（即净盈利或净亏损）；同时，在每一季度，各部还必须提交“产出状况”的季度报告，以供责任部长和财政部及时进行业绩评估。[①] 这些工作是在政府内部各有关部门之间展开的。绩效合同、预算文件是进行评估的主要依据。

（2）年度财务报告。

这是由国会主导进行的绩效评估。各部和政府需向国会提供年度财务报告（政府另需提交半年一次的财务报告）供国会审计署进行业绩审计。1992 年 7 月 1 日起，政府的财务报告根据“总会计准则”，以自然增长为基础编制；除了政府的半年报告外，所有年度财务报告的审计项目包括：财务状况（资产负债表与现金流）、运行状况（自然增长的收支情况）、业绩目标（即在事先估算中给出的产出和财务目标，政府不必报告此项）、服务业绩（即实际产出，政府不必报告此项）、借债需求（各部除外）、承诺支出、或然负债、不在预算内的支出、紧急支出（法律规定的紧急情况下的支出）、会计政策及信托基金（各部除外）等十余项指标。[②] 评估结果作为国会拨付预算的参考。

（3）绩效协议。

通过该协议定义了产出指标和结果指标。产出是组织所提供的产品；结果则是指提供产品和服务所产生的后果。通过部长与执行官（由公共服务专员联名签署）签订绩效协议，除了规定产出量外，在一开始就确定了责任基础，明确定义“结果”，以加强对产出实际效果的测评。

（4）战略结果域（SRA）和关键结果域（KRA）。

通过与国家公共服务委员会和高层管理者一道，政府制定了一整套 3～5 年的结果目标即战略结果域；然后为各部门制定出较为详细的关键结果域。对于每

---

① 参见经济合作与发展组织：《比较预算》，263 页。

② 参见上书，264 页。

个 KRA，都要确定其“里程碑”（或称“靶点”），用于进行任务执行过程的绩效评估。1995 年，政府共运用了约 40 个 SRA、约 200 个 KRA，还有数百个“靶点”来评价其具体的进展情况。①

（5）业绩声明报告（Statement of Intent，SOI）。

SOI 指各部（包括《公共财政法》中所列的皇家实体）提交的，关于在未来财年里按中等条件预计所能实现的产出量和绩效以及所运用策略的新型格式评估报告；各部门的年度 SOI 文件经内阁审核定稿后，即报国会备案。自 1994 年开始，按国会和内阁的统一部署，各部门开始报送 SOI 文件，用以替代之前各部门的预测报告（Departmental Forecast Reports，DFRs）。这个业绩声明报告文件将提供本财年结束后有关评估机构对该部门进行业绩评估的参考之用。

（6）服务绩效报告（Statement of Service Performance，SSP）。

按法律规定，中央政府的各个部，及那些向政府提供重要产品和服务的皇家实体，都必须提供年度的 SSP 报告和目标说明书（Statement of Objectives）。评估主体通过这些文件的审计，可以就过去一年里这些机构的工作绩效进行评估，以确认其是否实现了预定的业绩目标。

（7）企业业绩报告（Statement of corporate Intent，SCI）。

按《国有企业法》的规定，每个国有企业都必须提交年度 SCI 文件，报告该企业近三年来的原定业绩目标、重要经营活动、实际实现的财务业绩以及其他各项必要的信息。经过审计定稿后，SCI 文件报送国会备案。

（8）权责发生制预算制度。

新西兰是世界上最早实施权责预算制的国家；目前只有新西兰、澳大利亚及英国实行完全的权责预算制度。② 在 1988 年《国家部门法》和 1989 年《公共财政法》的框架下，新西兰彻底改变了传统的现金收付制预算制度，引入企业中普遍使用的权责发生制会计制度。通过这一制度，财政部和国库局、国会审计署可以清楚掌握各个部门的财务信息，从而为评估其绩效提供了有力的工具。

3. 主要评估过程（步骤）

（1）首先是由部门的负责部长提出绩效目标。

按当前的评估机制，由责任部长根据政府拟订的 SRAs 或内阁的指示，确定一些公共服务项目，并根据其特点和未来发展需要，拟订若干该项目实施后所应

---

① 参见［美］戴维·奥斯本、彼德·普拉斯特里克：《摒弃官僚制：政府再造的五项战略》，89 页。

② 参见张康之、凌岚等：《公共管理导论》，309 页，北京，经济科学出版社，2002。

达到的绩效目标。根据任务的实际情况，拟订若干 KRAs（系 SRAs 的细化目标）、“靶点”和“中间效果”，作为任务实施过程中业绩评估管理的重点。

（2）按照预定的程序，根据上述绩效目标进行公开招标。

经过投标竞标后，确定执行任务的部门。根据上述目标、KRAs 和中间效果，由责任部长和国家公共服务专员联名和该部门的首席执行官签订该项目的绩效协议（Chief Executive Performance Agreements，CEPA）及 SOI 文件。通过联名签署 CEPA、SOI，一方面国家服务专员可进行监控，确保责任部长的授权承诺得以实现；另一方面，也为首席执行官提供了一种“责任机制”和一个灵活的施展空间去实施任务，从而建立灵活的绩效框架。

（3）执行官在绩效框架内灵活运用所获权限，遵照有关法律和相关解释，提供高质量产出。

执行部门按上述框架执行绩效合同过程中，责任部长根据预定的 KRAs 及其“靶点”进行动态、实时的绩效评估。评估意见及时反馈给执行官，供其改进产出。财政部和国库局则通过每月度和每季度各部门提交的业绩报告进行动态评估。

（4）在任务结束后，责任部长根据 CEPA 对首席执行官的产出进行验收，确认产出是否达到了“中间效果”、符合 CEPA 的要求，并形成初步评估意见，供国家公共服务专员进行绩效评估时参考。每一年度，专员根据有关法律、绩效框架、责任、产出的数量和质量等信息，责任部长的评估意见以及 DFR（从 2003 年开始，改为 SOI）文件，对执行官的业绩做客观的评估。审计署则就其选定的部门进行年度业绩审计后，将结果报送国会。

（5）形成绩效评估结果，反馈给内阁首相，作为政府进一步调整、改进国家公共管理模式的依据；审计署的审计结果则直接反馈到国会，供下一财年国会进行预算拨款审核时参考。

上述绩效评估的各个步骤可归结为以下四个主要的环节：“发出指示”（setting direction）、“分权化管理”（decentralized management）、“责任体系”（accountability）及“反思及调整”（reflective adaptation）。它们之间是一种紧密相关、循环往复的关系，具体见图 10—1。通过这四个环节的分析，可以了解公共部门的工作绩效。分析过程中，以下三个至关重要的法律必须被充分考虑：1989 年《公共财政法》、1988 年《国家部门法》、1982 年《官方信息法》（*Official Information Act*）；同时，从组织要素维度划分，在进一步评估公共部门的管理运作情况时，还必须关注九个特别重要的具体因素（即所谓的“管理框架大检查”）：领导力、战略、财政、人力、资讯、营运方式、风险管理、完成的业绩及整合度。上述绩效评估框架、绩效评估的原则和方法在地方政府中也得到广泛运用。

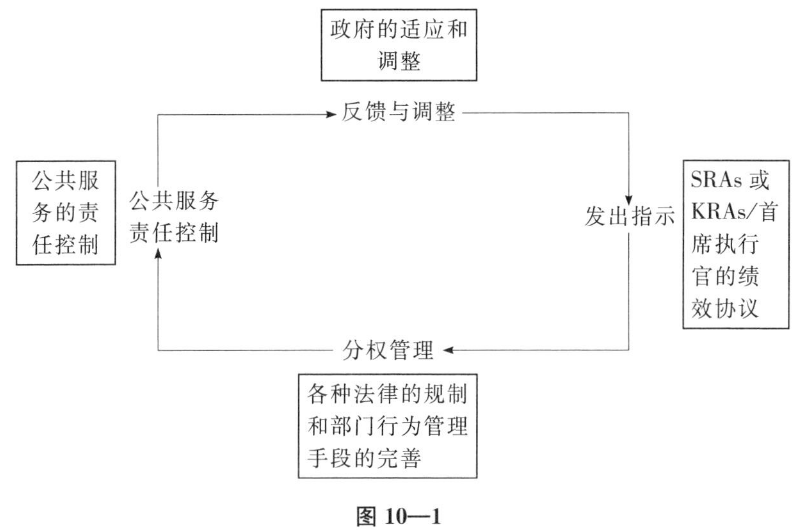

图 10—1

资料来源：http：//www.ssc.govt.nz/display/document.asp? navid=118&docid=2921&pageno=1。

10.1.4 公共部门绩效评估机制的总体分析

1. 评估体系沿革的指导思想和基本原则

（1）主要动因（主导思想）。

新西兰国家公共部门绩效评估制度历次创设及改进的演进过程中，始终贯穿着一条主线：产出和结果导向——提高公共部门的整体服务绩效、改善国家财政状况，以应对社会公众对政府提高行政效率、加速本国经济发展和提高本国综合竞争力的强烈诉求。这是新西兰政府建立和改进公共部门绩效评估体系的主要动因。

（2）基本指导理论（理论渊源）。

新西兰国家公共部门绩效评估体系的构建及重构过程与新西兰国家的新公共管理运动是密不可分的。新西兰的政府再造运动有较为全面的管理理论作为依据，"很多文献资料都对新公共管理改革作出了贡献……理论来源包括公共选择理论、管理主义、交易成本经济学、公共政策、公共部门财务管理和会计理论"[①]（Ball，1993）。这些理论也自然成为了该国公共部门绩效评估的理论渊源，

① Christopher Pollitt and Geert Bouckaert，"*Public Management Reform— A Comparative Analysis*"，Oxford University Press，2000，p. 253.

对其绩效评估体系的设计、发展乃至完善发挥了重要作用。

（3）主要指导原则。

从其沿革发展过程中，我们可以看到绩效评估体系建构的三条基本原则：第一，分权制衡。所设立的各个业绩评估主体如国家服务委员会、审计总署等机构，均是独立于被评估的公共部门。第二，法制先行。绩效评估制度、评估机构的创设和发展均依照既定的法律而执行，绩效评估是在法律的基本框架下进行的，做到依法客观评估。第三，政治中立。在绩效评估过程中，始终强调评估主体的政治中立性，使其不受民选行政首长政治偏见的影响，以进行公正的业绩评估。

2. 取得的成效及存在的问题

1993年，新西兰克赖斯特彻奇市曾与美国亚利桑那州菲尼克斯市一并被提名为“世界上管理最佳的两个城市”[①] 之一。1987年，公共服务部门的公务员约有72 400人；到了1997年6月30日，各部门首席执行官所聘用的公务员仅有31 662人，公共部门服务效率明显提高；人员得到精减的同时，国家的财政状况也有了明显的改善：部分公共组织的服务成本降低了20%以上；而且成功地将占国民生产总值9%的预算赤字扭亏为盈。[②] 在全球“透明国际”组织（Transparency International，TI）一年一度的国际“腐败印象指数”（其满分为10分）考评中，新西兰历年在100多个被考评国家里成绩优秀，排名十分靠前：2010年，以9.3分的成绩与新加坡、丹麦并列第一。由此可以看到，在实施灵活的绩效框架的同时，通过建立严密的财政管理手段、客观的业绩考核机制，新西兰公共部门人员得到精减，施政透明度得到提高，服务绩效得以改善。

然而，新西兰公共部门绩效评估机制还存在一些问题。例如，各执行部门绩效目标的模糊性：部长们难以确定首席执行官的绩效目标；中央机构的角色模棱两可，缺乏监控，得不到各执行局的信任。最重要的是，部长们在为国家这条大船掌舵中遇到了困难：他们没有设计出明确的程序来界定长远的政策目标。各部门都被严格要求对产出负责，却没有赋予其很大的管理自治权，因此管理者没有致力于超越这些产出目标的动机。总体上说，绩效评估模式的改变使公共服务部门在“效率”方面取得了很大的成绩，但在真正的“效益”和实现政府政策目标的方面，成效还不很明显。还有，因为绩效目标的模糊性，也导致了公共部门的“产出”和实

① ［美］戴维·奥斯本、彼德·普拉斯特里克：《摒弃官僚制：政府再造的五项战略》，115页。

② 参见张康之、凌岚等：《公共管理导论》，309页。

际“结果”难以衡量，特别是在社会公共服务领域。因此，新西兰公共部门现行的绩效评估机制也不是完美无缺的，还有待于未来进一步完善和发展。

10.2 澳大利亚公共部门绩效评估

澳大利亚属于联邦制国家，由联邦下属的6个州和2个特区（直属于联邦的澳北特区和首府特区，在法律上享有与州同等的权力）及地方政府三级政府组成。目前联邦政府由17个部组成，政府由国会下院占多数席位的政党组成。作为英联邦成员国，澳大利亚同样是具有盎格鲁-撒克逊传统的国家。然而，澳大利亚公共部门绩效评估体系构建过程遵循务实主义的原则和实践，采取集权性质的管理技术，这与理论驱动、注重分权制衡和内在一致性的新西兰公共部门绩效评估机制的发展有所不同。

10.2.1 公共部门绩效评估机制的发展进程

1. 绩效评估主体初步创立

受英国影响，澳大利亚是世界上最早将公共服务供给作为政府主要工作内容的国家之一。澳联邦议会早在1902年、1922年、1999年就通过了三部《公共服务法》确立了公共服务体系。其中1992年的《公共服务法》设立了政治中立的公共服务理事会（public service board，PSB），该理事会下设管理体系与工作效率部，专门负责公共部门及其公务员的绩效评估。由此，澳大利亚的公共部门绩效评估初见端倪。

政府外部，绩效审计机构也在不断增多。1951年，国会通过了《公共会计和审计委员会法》（*Public Accounts and Audit Committee Act*），设立了独立于联邦政府的两院公共会计和审计联合委员会（Joint Committee of Public Accounts and Audit，JCPAA），负责审查、评估所有接受国会拨款联邦机构的资金运作绩效，以确保联邦的财政资金得到有效的运用。

为了便于考察政府行政，了解公共部门提供公共服务的水平，1974年惠特拉姆政府成立了皇家管理委员会，对澳大利亚的全体公共部门进行了独立和广泛的调查。之后，澳政府组织专家对公共部门进行评估，形成了《国家功能评估报告》和《国家行政评估报告》。

2. 财务责任和公务员业绩评估的逐渐强化

1984 年，由工党总理霍克推动的《财务管理改进法》（*Financial Management Improvement Programme*，*FMIP*）和《预算改革》白皮书（*White Paper*：*Budget Reform*）正式施行。这两个法案通过“程序管理与预算方案”加强了公共服务部门的财务责任管理和预算项目的绩效评估，并成为后来实施绩效奖励制度的财政基础。同时，工党政府还改革了公务员制度，以在公共机构的基础上全面改善政府的工作绩效：1984 年，澳大利亚公务员的第二序列被正式命名为“高级公务员”（Senior Executive Service，SES）。新体制改变了人和职位之间的关系，强调通才技能和流动原则，但由于改革结果并不尽如人意，对公务员个人的“业绩评估”（performance evaluation）开始得到了大力推动。“业绩奖励”制度作为公务员绩效评估结果的激励手段，在 1992 年正式实施。总体上，这次改革加速了向“结果为本”的公务员制度的转化，促进了该国公共部门整体绩效的提高。

3. 绩效评估体系逐步形成

根据 1984 年通过的《功绩保护法》（*Merit Protection Act*），1985 年联邦政府成立了直属内阁的业绩保护和评估局（Merit Protection and Review Agency，MPRA），以进一步完善对公共部门及其公务员的绩效考核评估并建立相应的奖励、处罚机制。

1987 年，澳政府成立了效率审查司（Efficiency Scrutiny Unit）和管理顾问委员会（Management Advisory Board，MAB）①。其主要职责是为政府管理公共服务有关事务提供建议。同年，联邦政府将公共服务理事会更名为公共服务委员会，强调责任和财务绩效，增加了绩效评估、人事管理等公共事务的政策建议权；并重组政府部门，将 28 个部裁减为 17 个，在此基础上成立一些建立在绩效合同基础上的执行机构，其绩效由 APSC 根据绩效合同及其年度报告考核。1989 年，MAB 成立了管理改进顾问委员会（Management Improvement Advisory Committee，MIAC），为 MAB 提供改善公共部门绩效管理的政策建议。

1994 年《公共服务法修正案》将公共服务委员会与业绩保护和评估局合并为公共服务和业绩保护委员会（Public Service and Merit Protection Commission，PSMPC），并设立公共服务专员和功绩保护专员，以协调公共部门绩效评估与绩效评估结果的奖罚工作，加强绩效评估有关工作的统一管理。目前，该委

① 1999 年，按新版《公共服务法》第 8 条规定，MAB 更名为 Management Advisory Committee，即 MAC。

员会的主要职责是："提升以价值为基础的澳大利亚公共服务，促进组织机构改善绩效，评估公共服务部门业绩。"

在联邦政府外部方面，根据《审计长法》(*Auditor-General Act*)，设立了直属于国会的澳大利亚国家审计署（Australian National Audit Office，ANAO），以负责联邦各部、局、实体和附属机构的财务业绩审计；并可在财政部部长、有关责任大臣或国会 JCPAA 的要求下，负责对特定全资国有商业企业（Government Business Enterprises，GBEs）进行业绩审计。

4. 绩效评估体系不断完善

1996 年，自由党总理霍华德开始新一轮财政绩效改革。在霍华德政府的推动下，1997 年议会通过了《公共服务法》(*Public Service Bill*)、《财务管理与责任法》（*Financial Management and Accountability Act*）和《审计长法》等法律，进一步完善了公共部门业绩的责任管理，使结果导向的公共部门业绩评估机制进一步健全。此外，1997 年，霍华德总理还发布了《联邦政府服务宪章》(*Commonwealth Government Service Charters*)，根据公众的需要为联邦政府各部门制定了"服务标准"，作为绩效评估的重要依据。

为了鼓励公共部门进一步改进绩效并增加运行透明度，澳大利亚 20 世纪 90 年代初提出了针对公共服务的绩效评估，并于 1994 年成立了评估筹划指导委员会（Steering Committee for the Review of Government Service Provision）专门负责指导和监督政府服务绩效的评估工作。从 1995 年开始，该委员会每年对政府服务绩效进行一次评估，撰写、公布《政府服务状况报告》。

随着绩效管理的深入，澳政府对公务员制度进行了重大调整。1999 年新颁布的《公务员法》只将政府核心职能机构的雇员作为公务员，引入企业管理制度，实行全员聘用制。此外第 7 项规定，联邦各部均得设立秘书长办公室，由内阁总理直接任命各部的"部门秘书长（Secretary of Department)"，是各部的最高文官即所谓的"常务首脑"；部门秘书长有协助部长大臣为国会提供准确绩效信息的责任。在加强执行机构首脑权力和灵活性的同时，更加强调对他们其责任的重要性。更为重要的是，新法尤其提倡一种保证公共服务供给公正、公平和全面有效的新理念，规定了 15 条澳大利亚"公共服务价值观"。

5. 绩效管理网络化、电子化

1998 年，绩效与行动网络由行动与低效管理网络和绩效管理网络合并而成，致力于改善绩效。绩效与行动网络由 76 个联邦服务机构的职员组成。成立以后，绩效与行动网络积极展开合作，就《公共服务法》的实施、澳大利亚公共服务绩效评估的改革以及公共部门职员的服务伦理导向等焦点问题不断展开讨论与研究。随着部门之间合作的深入以及互联网技术的高速发展，自 2001 年开始，澳大利亚所有适当的联邦政府服务通过互联网传送。由此，澳公共部门绩效管理呈现网络化合作、电子化管理的新特征。

表 10—2 列出了 20 世纪 80 年代以来，澳大利亚公共部门绩效评估体系发展的有关事件。

表 10—2

时间	总体情况	组织	人事	财务
1981—1985 年	1983 年“公共部门改革”和《公共服务法》修改	成立绩效保护和评估局（MPRA）（1985）	上任和公平录用程序	公共预算改革（1984）：《预算改革》白皮书/《财务管理改进法》（FMIP）（1984）
1986—1990 年	“澳大利亚公共服务 2000”（APS2000，1989）	成立绩效审查处（1987） 成立管理咨询委员会（1987） 成立管理改进咨询委员会（MIAC，1989）	重组公共服务委员会：分权予各部（1987） 框架效率原则下的工资协议（1988） 高级公务员业绩评估程序（1989）/高级行政官业绩评估指引（1990）	第二次评估 FMIP（1988） 项目管理和预算（1988） 第三次评估 FMIP（不只限于金额检查）（1990）
1991—1995 年	MAB/MIAC 出版物系列（1991） 国家标准制定和规制的原则及指引（澳大利亚政府委员会，1994） 《公共服务法》报告的评估（1995）	MAB：推动“管理改进评估” 行业委员会：基准测试（1992） 公共服务委员会与绩效保护和评估局合并为公共服务和业绩保护委员会（1994）	人事管理框架（1992） 公共部门生产率、工作和报酬机制的改进（1992） 联邦公务员行为准则（1993） 《公共服务法》修正案（1994） 《联邦公务员行为准则》修正案（1995）	公布自然增长会计制（1992） 部门年度报告的修改 促进总体绩效评估（1993） 1994 审计法：《财务管理和责任法》；《联邦机构和公司法》；《总审计长法》 将 8 月提供联邦预算提前至 5 月 签署财产来源协议后的效率分红安排（1%）（1994）

续前表

时间	总体情况	组织	人事	财务
1996—1998年	MAB/MIAC 关于成本、风险、道德、基准测试等若干项目（1996） 《审计长法》（1997—1998）	小企业放松规制工作小组（1996） 竞争性的投标和合同承包机制（1997）	《工作岗位关系法》（1996） 《公共服务法》（1997）：政治中立的公共服务；新的法定雇佣框架；权利和义务	资源管理的财务信息（FIRM，1996） 预算诚实宪章（1997） 《财务管理和责任法》（FMA，1997） 累计预算项目：从现金到累计；绩效测量体系的扩展（1997—2000） 累计信息管理体系（AIMS，1998）

资料来源：Christopher Pollitt，Geert Bouckaert，“*Public Management Reform—A Comparative Analysis*”，Oxford University Press，2000，pp. 205 - 207。

10.2.2 联邦公共部门绩效评估体系

1. 公共部门的范围划分

澳大利亚联邦政府的公共部门大致被划分成四个部分，至 2010 年 10 月的具体情况如下：

（1）部。目前联邦有 20 个部。根据 1997 年的《财务管理和责任法》或《联邦机构和公司法》，各部设立若干相对独立的附属机构来负责一些专门事务或特定职能。如外交通商部下设的国际发展局。目前共有 16 个此类由部管理的机构。

（2）法定服务机构。雇员的聘用完全受《公共服务法》约束，提供核心公共服务事务（the core public service）的部门一般称为联邦公共服务部门。例如联邦法院、审计署、海关、公共服务委员会等，共有 63 个。

（3）其他法定机构。这些机构基于其他专门法律授权而成立，除薪金和工作条件需受《公共服务法》约束外，可自主雇用部门人员。如统计局、电影局等，共 14 个。

（4）其他一般执行机构。如澳大利亚联邦气象局、海洋管理局等，共有 6 个。[①]

2. 评估主体和评估对象

上述公共部门都是绩效评估的对象。但根据不同的法律规定，各个评估机构都有自己的主要评估对象、评估内容和特定的评估方式，评估结果产生的效力也有所不同。

① 见 www.apsc.gov.au/apsprofile/agency.htm。

（1）政府内部评估主体。

1）内阁支出委员会。在编制年度预算时，由总理、财政部长、国库部长及其他五名负责支出的内阁部长组成支出审核委员会。该委员会根据预算目标，对所有预算内的政府机构进行评估，评估结果供“预算内阁”决定预算最终方案时参考。2）公共服务委员会。该委员会由公共服务专员领导，直接向内阁总理负责。它负责拟订公共部门服务准则、公务员行为手册，此作为部门绩效评估的基本依据。所有受《公共服务法》约束的机构及其公务员都是其评估对象。该委员会另设有一名绩效申诉专员（the merit protection commissioner），专门负责公务员绩效申诉事宜。此外，澳大利亚标准公司（Standards Australia Ltd.）也设在该委员会，负责评估政府机构执行“服务宪章”的情况。3）管理咨询理事会与管理改进顾问委员会。MAC 的主席由总理府秘书长担任，向总理负责；常务执行官则由公共服务专员兼任；组成委员则由各部的秘书长担任。MAC 主要是对公共部门的管理绩效进行分析、讨论和核实，形成改进管理、提高绩效的政策建议。MAC 的建议没有法定的约束力，但由于其成员都是公共部门高级官员，因此可对政府决策、拨款发挥重要影响。4）提升评审委员会（promotion review committee，PRC）。该委员会主要是评估除了第一级外的各级公务员的工作绩效，并据此决定公务员是否晋升。5）财政部和国库部。这两个部门主要是通过公共预算的执行评估、财政资金的收支动态等方面对各联邦预算内单位进行财务业绩的评估监控。

（2）外部评估机构。

1）国会参众两院及参议院（上院）的“财政委员会”。审批政府的预算是国会的主要职责之一。国会两院分别在各自程序上行使预算和决算审批权力。参院财政委员会下设五个预算委员会，分别在各自专业分管范围内协助参议院审查预算及评估上一财年预算绩效。2）公共账目和审计联合委员会（JCPAA）。该委员会于 1951 年由两院共同设立，负责审查所有联邦机构使用国会拨付资金的业绩，并根据《公共服务法》批准各部年度绩效报告，以加强联邦各机构使用公共预算资金的责任。3）联邦审计署（ANAO）。ANAO 直接向国会负责，下设管理执行理事会（executive board of management，EBOM），作为审计署的核心领导机构，共有审计长、副审计长等七名理事成员；其中有两名小组执行理事（group executive director），专门提供业绩审计服务（performance audit services）[①]，可对联邦政府各部、两个联邦直辖区预算资金使用情况进行审计，审计

① 见 www.anao.gov.au/annual_reports/02_03/management_accountability/01_corporate.html。

结果直接向议会报告。

3. 评估手段、评估指标和评估维度

(1) 评估手段或依据。

1)“联邦政府服务宪章”。1997 年 3 月，霍华德政府首次发布服务宪章，宪章指出了政府服务所应依照的为公众所接受的系列标准；它是一种关注于公共部门为公众服务结果的服务指标文件，是进行绩效测量和责任管理的有力工具。联邦政府的部及附属机构也被要求提交部门服务宪章。宪章的贯彻情况由附属于公共服务委员会的澳大利亚标准公司负责评估；对于通过模范贯彻执行服务宪章明显改善服务质量和效率的部、其他机构或公务员，联邦政府将给予一定奖励。2) 行为手册 (code of conduct)。行为手册由公共服务委员会制定，并由国家服务专员和绩效申诉专员共同签署后发布。它是对联邦公务员进行工作绩效评估的基本依据。3) 绩效合同。1987 年的改革将许多部合并，产生了一些超级大部，将一些原来的部级机构改制成为专门的以绩效为基础的执行机构，由部和它们签订绩效合同；机构首脑拥有人事和财务管理的较大权限，但必须达到合同规定的产出和后果。4) 基准测试，由产业委员会 (industrial committee) 推动。它是指管理者在有关机构中寻找一个业绩最佳的组织，研究该组织的成功经验 (作为基准)，并据此调整自己的管理方式以获取同等或更高的业绩。[①] 基准涉及每一个机构，根据服务的成本和质量在机构内部找出需改进的范围，再依据有关标准确定业绩指标，并寻求最佳的实施办法。作为不断改进和创新的一部分，联邦政府在 1993—1994 财年的预算中宣布，在劳工部、教育培训部、社会保障部、退伍军人事务部和海关等部门必须进行基准复核[②]；在决算评估中，国会依据市场测试、外部采办 (outsourcing)、买卖方调查等方式进行基准评估。5) 程序管理和预算方案。它是《财务管理改进法》的主要特征，注重政府活动的目的和效果与效率的评估，强调资金价值。目前已经有较完善的项目预算程序，绩效预算方法已经贯彻到所有预算内机构。6) 部长预算措施报告 (portfolio budget measures statements, PBMs)。在新财年开始前各部均需向国会提交该报告。报告必须说明新预算执行的具体措施，包括预计将达到的社会效果；报告要区别已完成的结果信息和将会产生的绩效信息，还要解释正常支出项目年度之间的变化[③]，以供国会进行评估及审核预算。7) 部长评估计划 (portfolio evaluation plans, PEPs)。1987 年，应执行“计划管理

---

① David Corbett, "*Australian Public Sector Management* (*2nd Edition*)", Allen & Unwin Pty Ltd., NSW, Australia, 1996, p. 186.

② 参见经济合作与发展组织：《比较预算》，117 页。

③ 参见上书，111 页。

和预算（PMB）”之需，各部首次被要求提交此计划。该计划要求对3～5年内的所有项目进行评估，评估结果向财政部报告。8）部门年度报告。报告对过去年度预算绩效（将PBMs和PEPSs与实际执行情况对比）进行评估，并据此提出新政策动议，供内阁参考。评估结果通常都要求公开发布。其中，公共服务委员会每两年都会撰写《公共服务状况报告》以及《公共服务年度报告》，将各部门提供公共服务的评估结果等详细情况公开发布。9）滚动预算。目前实行4年期滚动预算。通过每年滚动编制，这种预算预测逐渐成为部长和各部门预测的基础，同时也成为衡量财政部工作绩效的标准：一般要求预算预测同实际结果相差不应超过0.5%。① 10）审计长报告（audit report）。每年6月30日财政年度结束时，财政部协助审计署进行各机构的预算绩效审计，并向国会提交审计长报告。虽然不能审计所有的绩效指标和信息，但可选择单个机构或项目或者是交叉部门的类似功能进行审计。②

（2）评估指标和评估维度（dimensions）。

绩效评估指标主要可归为投入、产出（数量、质量）以及结果（实际效果）三大类指标。而衡量维度主要有以下四种：1）一致性（appropriateness）。一致性指“规划目标或预期成果”符合政府政策优先性和公众需要的程序。项目适合性由部长或内阁评估确定。2）效率（efficiency）。效率评估要求对规划项目的投入和产出进行比较，可在项目规划的各个阶段进行。3）效果（effectiveness）或质量。其评估涉及的是取得的成果对政策目标的实现程度。这一环节通常在项目执行后期或项目完成之后进行，是评估的重点。在许多情况下政策目标的实现并不完全归功于政策本身，因此效果评估要求区分内外因素对成果的影响。4）成本—收益分析（cost-effectiveness analysis）。绩效评估的另一个重点主要分析取得实际成果所花费的成本及是否用较少的投入生产成果，即“成本—收益之比”，也就是货币形态的“投入”与“结果”之间的对比关系。这里的结果不是指产出的数量，而是指实际效果，不能直接转换成数量。这个分析也可以通过不同代理机构执行类似项目的成本与结果之间的差异来间接衡量（类似于试验组与控制组的试验）。

对各政府机构进行四个衡量指标的系统化、程序化的评估，即所谓的“计划评估”（program evaluation）的基本框架如图10—2所示。在澳大利亚，“计划评估”被认为是用来评估政府部门项目绩效的“关键性工具”。

---

① 参见财政部预算司：《预算管理国际经验透视》，251页。

② 参见上书，270页。

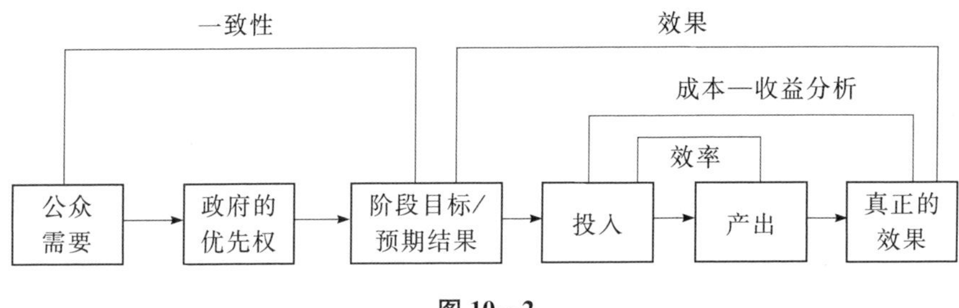

图 10—2

资料来源：Peter Bridgman，Glyn Davis，*The Australian Policy Handbook*（2nd Edition），Allen & Unwin Press，NSW，Australia，2000，p. 129。

10.2.3 各州对地方政府的绩效评估

澳大利亚政府框架包括联邦、州、地方政府三级，地方政府的规模小，职能有限，因此州政府承担着主要的行政管理和社会服务功能。由于澳大利亚地方政府没有独立的绩效评估标准，因此其绩效评估工作需要在州政府的指导下进行。而州对地方政府的绩效评估也基本上参照了联邦政府的做法。

在评估指标体系的构建上，州与地方政府比较注重建立与社区、家庭公共服务事务密切相关的指标，例如服务质量、城镇建设、市政卫生和公园管理、图书馆管理、环境健康等。这些指标有的是效率指标，有的是效益指标，有的则是二者综合的指标。除了维多利亚州，各州政府均制定了指引计划来为其地方政府建立一套绩效评估指标。例如，新南威尔士州自 1995 年成立了政府部门财政支出和服务质量评议，以 11 个领域的 26 个关键绩效指标对地方政府进行专门评估（该州主要通过基准测试来评估这些指标）；昆士兰州则为其地方政府建立了 5 个领域 28 个结合效率和效益的关键指标；南澳大利亚州则建立了 24 个职能领域内多达 150 项的测量指标（这些指标分为效率和效益两组）。大体上，这些指标可分为四类：（1）资源指标，即提供服务的支出水平和支出去向。（2）服务指标，即服务的产出种类和产出总量，以及实现政府各个政策领域内目标的成果。（3）满意指标，即顾客对政府服务满意度的个人评价。（4）关联性指标，即测量在社会、经济、环境方面实现政府各个政策领域内目标的趋势，它反映了政府施政的潜在影响，通常需要较长时间才会有明显的体现，测量难度也较大。

澳大利亚联邦政府曾经考虑建立一整套评估标准体系，作为各州对地方政府绩效考评的统一标准，便于横向比较；但由于各州发展绩效评估指标的过程、方法各异，州情差别较大，加上各州立法各不相同，因而难度极大。目前只是在州这一层级尽量统一对地方政府的绩效评估标准。

10.2.4 公共部门绩效评估机制的总体分析

1. 基本指导思想和价值取向

“与其他西方国家一样，澳大利亚受到了‘理查德主义’或理性选择微观经济思想的影响……例如全面质量管理、基准测试、再造重组等等。”[①] 由此可见，20 世纪 80 年代全球兴起的新公共管理运动对澳大利亚公共部门绩效评估体系的发展和完善有着重要影响；或者说，澳大利亚公共部门绩效评估机制的变革过程可以看作该国新公共管理运动的重要组成部分。此外，“小政府哲学”也对该国绩效评估机制的形成有着重要的影响。绩效评估结果为政府机构和公务员的精减、重组提供了重要的决策依据。

起初实行绩效考评的直接目的只是减少国库支出，控制成本；后来发展到追求政府管理的质量、效果和责任，追求管理的效率性[②]，“结果”、“绩效”、“顾客服务”成了公共部门绩效评估的基本价值导向；经营理念、责任理念和成本效益理念代替了以往的官僚理念。

所不同的是澳大利亚通过选择集权性质的管理技术（如结果管理、项目评估、改进计划和组建大部等）来加强行政绩效。此外，对不同层级公务员采取不同的绩效评估方式[③]，注重加强公务员的绩效评估（设有专门负责公务员考核的功绩保护委员会、提升评估委员会等机构）、注重对过去改革经验的整体评估（如管理咨询委员会进行的“十年管理改革评估”）也是澳大利亚公共部门绩效评估体系有别于他国的特色之处。

2. 运作成效的简要回顾

通过建立绩效评估机制，公共部门文化得到了转变；对用户负责、外包、基准测试等技术被广泛采用；成本意识和财务管理技巧大大强化和改善。经过 1987 年的重组和 20 世纪 90 年代后期霍华德政府缩小规模与对外承包——以便把注意力集中到“关键工作”上的变革后，在 OECD 国家中，它的政府规模最小[④]；澳大利亚公共部门的人员总数从 1986 年的 180 893 人下降到 2009 年 6 月

---

① Christopher Pollitt，Geert Bouckaert，“*Public Management Reform— A Comparative Analysis*”，Oxford University Press，U. K.，2000，p. 200.

② 参见财政部预算司：《预算管理国际经验透视》，263 页。

③ 澳大利亚联邦政府公务员一般分四级。第一级为各部的秘书长；第二级为副秘书长、正副司长、处长等；第三级包括专业人员、行政和秘书人员等；第四级为秘书助理、文员、工人及其他杂役人员。参见金太军：《当代各国政治体制：澳大利亚》，183 页，兰州，兰州大学出版社，1998。

④ 参见国家行政学院国际合作交流部编译：《西方国家行政改革述评》，112 页。

的162 009人。人员得到精减的同时，联邦政府的财政绩效也大为改善，80 年代初财政预算赤字的状况得到了改变，开始出现预算盈余。

成效虽然显著，问题同样明显。例如，在议员们审核部门预算时，部长们所设定的绩效目标往往都是非常普遍的、相互交织的，难以衡量；甚至部长们会列出一大堆可能实现的目标，这样在未来施政过程中总能达到其中的若干目标，或者对这些目标根据自己的需要进行取舍；而且部长们还会以存在合理的误差为由，使目标变得不够清晰。[①] 而且，绩效评估无法同预算形成过程有机结合，因为预算并非按目标来编制，政府就无法根据各部门基于预算评估提供分散化信息来分配资源，这种制度性的障碍降低了评估的效率性。[②] 由于政府部门产出和绩效指标过多，导致重要报告的拖延也是评估中遇到的一大管理瓶颈。此外，公共部门绩效和成本的不可测量性和不可计算性都是开展公共部门绩效评估过程中遇到的困难；在许多时候用单纯的数量来衡量公共部门绩效具有很大的局限性。

10.3　荷兰公共部门绩效评估

随着工业文明的进一步发展，20 世纪 70 年代后，时代的变化和发展对政府提出了新的要求，从而使西方国家中传统的行政模式遭受了巨大的冲击和严峻的挑战，财政危机、信任危机不断困扰着西方国家政府。为了应对危机、谋求发展，70 年代开始，英国、美国、新西兰、澳大利亚等西方发达国家掀起了影响巨大的新公共管理运动。新公共管理运动提倡将私营部门的管理方法和技术引入公共部门中，尤其是引入各种各样的市场竞争机制；注重顾客导向、结果导向；重视公共服务的效率和质量以及公共部门的绩效问题等。新公共管理运动成为席卷西方工业化国家一股不可阻挡的浪潮。在这一大背景下，荷兰在 70 年代以后也对政府等公共部门进行了以自主化为核心的改革。在荷兰、加拿大、法国、瑞典、芬兰等国的政府改革中，“这种改变一般包括趋向某种形式的结果预算或业绩预算的预算改革，强调评估的重要性”[③]。虽然荷兰公共部门绩效评估的影响远没有英、美、新西兰等国家大，但是对荷兰公共部门的绩效评估进行研究，同样也能给我们一些

---

① David Corbett, “*Australian Public Sector Management* (*2nd Edition*)”, Allen & Unwin Pty Ltd. NSW, Australia, 1996, p. 189.

② 参见财政部预算司:《预算管理国际经验透视》, 260 页。

③ ［英］克里斯托弗·波利特、［比］海尔特·鲍克尔特:《公共管理改革——比较分析》, 85～86 页, 上海, 上海译文出版社, 2003。

有益的启示和借鉴，有助于推动我国公共部门绩效评估的发展。

10.3.1 荷兰公共部门绩效评估的进程分析

荷兰公共部门绩效评估始于20世纪70年代，从《1976年政府会计法》(*the Government Accounts Act of* 1976) 开始到现在的“21世纪项目预算”活动，都不同程度地涉及了公共部门绩效及对绩效的评估。其绩效评估不断深入和发展，但更趋向通过公共部门预算改革的过程推行绩效评估。

1. 20世纪70年代：公共部门引入绩效预算

荷兰早在20世纪70年代就开始了绩效评估活动，而绩效预算是荷兰中央政府进行绩效评估的早期表现之一。《1976年政府会计法》正式引入了绩效预算这一工具后，中央各部门在它们的预算中提供了日益增多的年度绩效数据。这项法案规定，每项开支估计应当包括附录的信息——对那些可能和拨款的开支——使用开支后活动的结果以及与这些结果相关的资源。① 业绩预算的目的主要是让议会对预算估计有更进一步的了解，在决策制定中对资金拨款进行改进以及促使政策项目提高效率。

2. 20世纪80年代：绩效契约

到了20世纪80年代以后，其他发达国家如英国、新西兰、美国等在公共部门绩效评估方面取得了不同程度的成绩，这些国家公共部门的生产力和质量也有了不同程度的提高和改进。而这些改进和提高又要求更新的绩效评估工具及技术的出现。为了响应这种需求，荷兰财政部自身从事、也鼓励他人对业绩测评执行战略中的方法论进行研究。② 例如，1989年荷兰社会和文化计划办公室出版了《有效率的服务》(*Efficient Services*)，这一出版物描述了荷兰老年人住房、警察部门、公共图书馆等的生产力和效率研究项目的结果。从那以后，社会和文化计划办公室又出版了若干其他公共部门如法院、监狱、医院等的生产力和效率研究项目的结果。③ 而相对于国家规模来说，荷兰的公共管理学术团体在西欧国家是最大的，同时荷兰的行政文化是一种较为开放的文化，从而使得各种专家和群体都能参与到向政府提供政策建议甚至参与到政策制定过程中去。荷兰政府自身及政府外其他人的研究形成了许多研究报告或其他类型的发表物，“这些发表物导致了荷兰中央政府各部门评估与业绩测评数量及质量的多方面改善”④。

---

① 参见［美］阿里·哈拉契米：《政府业绩与质量测评：问题与经验》，4页。

② 参见上书，3页。

③ Jos L. T. Blank, “*Public Provision And Performance*”, Elsevier Science B. V., The Netherlands, 2000, Perface, p. v.

④ ［美］阿里·哈拉契米：《政府业绩与质量测评：问题与经验》，3页。

荷兰政府 1983 年开始进行了“自主管理的改革”，这一改革通过各部部长与其下属各司的领导之间签订契约来进行。契约内容之一就是明确该组织需要完成的任务和需要提供的服务。在管理契约的约束下，中央政府将部分公共事务与资源使用的权力下放给部门组织，而通过对组织执行契约的情况进行监督和评估。这一改革使得荷兰公共部门绩效评估得以发展。但是各个组织的管理契约是自主制定的，并没有统一的标准，也就是说这一时期公共部门绩效评估的标准是多种多样而非统一的。

3. 20 世纪 90 年代：绩效评估与预算逐渐结合

进入 20 世纪 90 年代以后，荷兰公共部门绩效评估的发展比以前更为迅速和深入，主要有由荷兰财政部负责的小规模试验工程、发布了《政府会计法第四修正案》、不断发展预算中的绩效指标等。总的来说，这一时期所呈现的特点是：“荷兰在 90 年代追求使业绩衡量逐渐地同预算过程结合起来的战略。”①

（1）小规模试验工程。

小规模试验工程分为两个阶段。第一阶段始于 1990 年，主要是对部之间的绩效进行测评，由荷兰财政部负责协调。在这一阶段中，对一些部门进行绩效评估做了具体的研究和分析。如对司法部管辖的罪犯教养所的资源分配中如何分解投入和产出的可行备选方案进行了探索；对国防部一些单位的绩效测评进行了研究；对福利、公共卫生与文化部健康保护国家检查署的效率进行了研究等。对这些案例的研究表明，对不同的部应根据各个部门不同的情况使用不同的绩效评估途径。小规模试验工程的第一阶段在 1990 年完成了，并得出了以下的经验教训②：1）业绩测评的发展要求在统一的基础上收集数据，这需要很多时间；2）信息反馈到下一级主管是在这些级别上业绩测评系统被接受的必要条件；3）一些机构的条件可能会提升指标与比率的成功发展。

1991 年春，小规模试验工程的第二阶段开始了。这一阶段的目的是：扩大感兴趣的领域（所有的部都参与），进一步阐述正在进行的工程（强调业绩指标的运用），促使业绩测评的政治运用，在解释性备忘录中改善测评与指标。这一阶段中最为重要的工程是对住房、规划与环境部中不同部门住房、教育和计算机化开支的规划与控制。③ 在这一时期，“尽管一个综合的途径还没有制定出来，发展业绩测评系统的过程却已经达成共识”。以下这些问题已经得到了关注和重视：1）为什么和为谁从事指标测评？2）测评了什么？3）测评是怎么进行的？使用哪些方法？4）定性测评方法是怎样进行的？5）数据如何判断？采纳什么标

① ［英］克里斯托弗·波利特、［比］海尔特·鲍克尔特：《公共管理改革——比较分析》，80 页。

② 参见［美］阿里·哈拉契米：《政府业绩与质量测评：问题与经验》，11 页。

③ 参见上书，11 页。

准？6）测评系统运作的组织环境是什么？7）哪些指标和比率适合于政治层面（部长、议会或部门管理理事会）？[①]

（2）《政府会计法第四修正案》。

继《1976年政府会计法》后，1992年1月1日生效的《政府会计法案第四修正》进一步强调绩效预算的相关性。这个修正案要求各部门通过解释性的备忘录来提供本部门预算估计及产出的有关数据信息，如果可能的话，提供各个政策项目效果的相关信息，并且要求至少提供上一个财政年度、当前财政年度和下一个财政年度的信息。但是实际上，使用解释性的预算备忘录这一途径在1989年已经开始实施，比修正案的生效时间早了3年。

1992年春，财政部对1991年和1992年各部门预算的解释性备忘录进行了一次内部研究，包括对各部门预算条款的投入、所进行的活动及产出、效果进行分析。这一内部研究发现绩效数据解释了50%的预算支出，然而《政府会计法第四修正案》的要求并没有达到。1992年冬，又进行了第二次绩效预算评估研究。同时，为了使各部门提供更有效的绩效数据，1993年的预算备忘录规定了以下原则：1）为预算中的每一项目作出明确的目标；2）为每一预算项目（预算估计的见解、效率和效益的见解）提供业绩数据制定明确的目标；3）报告相关发展的结论；4）明确指出涉及的支出。[②]

20世纪90年代，荷兰公共部门的绩效评估逐渐与预算过程结合起来还表现在预算中的绩效指标向更深、更多层次的方向发展。荷兰公共部门预算中的绩效指标发展分为三个阶段。第一阶段始于1990年，主要是发展了对“投入”进行评估的绩效指标；1997年是预算中绩效指标发展的第二阶段，开始关注公共部门预算中“产出”的绩效指标；1998年是其第三阶段，这一阶段的绩效指标注重把“成本”和“支出”、“产出”联系起来，用“成本/支出、产出”即效率作为衡量公共部门的指标。在公共部门预算中的绩效指标不断发展期间，财政部在1994还发布了《绩效指标手册》。1998年开展了“部际管理审计”等评估活动。“荷兰政府已经着手改变预算文件格式，并且展示比通常的20年或10年前更多的业绩信息”，而且“业绩审计按各自的程序和人员在澳大利亚、加拿大、荷兰得到完全建立”[③]。2000年以后，公共部门绩效问题在荷兰各界讨论得异常激烈，民意测验和统计数据显示公众对提高公共服务质量尚有较多期待。

---

① 参见［美］阿里·哈拉契米：《政府业绩与质量测评：问题与经验》，12页。

② 参见上书，7页。

③ 参见［英］克里斯托弗·波利特、［比］海尔特·鲍克尔特：《公共管理改革——比较分析》，60、63页。

表 10—3 列出了荷兰自 20 世纪 80 年代以来，公共部门绩效评估活动发展的有关事件。

表 10—3

时间	总体情况	组织	人事	财务
1981—1985 年	重大行动：放松规制、私有化、重新思考（1981）	包括权力下放的重组（1882） 把权力下放给基层管理者（1984）	为专门工作发放奖金（1984）	
1986—1990 年	裁员目标（1988） “高效率行动”行政委员会（减少要求、改进组织、削减成本）（1990）		拉开工资档次制度（1986） “小范围效率运作”：提高劳动生产率（1990）	预算的绩效指标（PI）（评价、效率、效益）：第一阶段：（投入）评价
1991—1992 年	“核心企业”行动：中心任务；减少人员（1991） “通向更多成果导向的管理”政府报告（1992） “高效率行动”（内务部）：私有化和人员裁减（1992） “专项建议”：审查咨询机构（1993） “针对核心部门”：小型行政管理中心（1993） 有关市场改进、放松规制和法规质量的部级委员会（1994）	文职人员中心：试验（1991） 中央和地方职能转移协议（1992） 开始对 253 个自主管理实体进行检查（1995）	“规范”政府职员地位的重大举措（1991） 评估绩效与工资相联系的方案（1991） 增加“临时任命”的流动性（1992） “文职部门人员和管理”：人事管理第一次年度报告（1994）	财政部：检测的质量和数量提高：评估、计划和控制制度、资源配置（1991） 完成“财政责任行动”：每个部对会计制度负责、独立办事机构、预算程序合理化、重新评估财务和人事管理规则（1992） 各部有义务在年度预算解释中报告政策评价计划（1992） 强化 1976 年《会计法》：更强调绩效指标（1992） 制定政策评估计划：预算要注意当前的、计划的、完成的评价（1993） 项目：实施管制的费用指标（1993） 财政部：绩效指标手册（1994） 办事机构：五项双重簿记（1995）

续前表

时间	总体情况	组织	人事	财务
1996年至今	办事机构评估（1997）		在大多数公共服务部门引进36小时周工作制（1997）	议会：财务委员会审计绩效指标（1996） 预算中的绩效指标：第二阶段：产出（1997） 预算中的绩效指标：第三阶段：联系成本/支出-产出（效率）（1998） “部际管理审计” 21世纪项目预算

资料来源：Christopher Pollitt，Geert Bouckaert，“*Public Management Reform— A Comparative Analysis*”，Oxford University Press，2000，pp. 249－251。

10.3.2 荷兰公共部门绩效评估的特点分析

虽然荷兰公共部门绩效评估所取得的成绩及产生的影响都不及英国、美国和新西兰等国家，但是在开展公共部门绩效评估的整个过程中，也体现出了自己的特点。

1. 荷兰公共部门绩效评估与预算改革结合比较紧密

这有着深刻的社会经济及政治背景。首先，许多西方国家20世纪70年代在国内经济不景气的情况下，政府出现了财政危机、管理危机和信任危机。荷兰当时也面临着同样的问题。第二次世界大战以后，荷兰公共部门的数量及人员在不断地增加，这一状况一直持续到70年代国内经济出现衰退为止。公共部门数量及规模的不断扩大，使政府的财政负担越来越沉重。1974—1982年间，政府预算从盈余向巨大的赤字转化。但是政府规模扩大的同时行政效率却日益低下，导致公众对政府的不满日益增多，并且对政府的信任度逐渐下降。在这样的困境下，削减政府财政预算并进行政府行政改革势在必行。“解决财政经济问题无疑是荷兰政府改革的主要动因。”① 80年代，荷兰政府推行改革的目标主要是削减政府财政预算，减轻财政负担。因此，荷兰公共部门绩效评估便在这样的背景下展开了。例如，1981年范·阿格特（Van Agt）政府发起的“重新思考运动”（reconsideration）中，政府要削减财政预算，而由于涉及多方面的利益且分析难度较大，就必须对大量政府的政策或项目进行评价、审查。由此可见，从荷兰政

① ［荷］瓦尔特·基克特：《荷兰的行政改革与公共部门管理》，见国家行政学院国际合作交流部编译：《西方国家行政改革述评》，177页。

府行政改革开始，对公共部门的绩效评估就与政府财政预算改革联系在一起了。其次，荷兰政治精英对预算改革较为重视。“精英们的主要注意力都集中在预算问题上。制定业绩指标、承包和结果预算都被认为值得追求。”① 因此，90 年代这一时期，制定预算绩效指标被提到政府的改革日程上来。1990 年、1997 年和 1998 年预算绩效指标发展的三个阶段中，荷兰建立了越来越多的绩效指标来衡量公共部门的预算效果。

2. 高级管理者及公共部门对绩效评估的重视都不够

高级管理者及公共部门对绩效评估的重视程度，是绩效评估得以顺利进行并取得良好效果的重要因素之一。缺少高级管理者的支持或高级管理者的关注不够，都会使绩效评估的效果大打折扣，同时还会影响绩效评估的被使用程度。英国和美国公共部门绩效评估都得到了中央政府高层领导者不同程度的重视和支持。英国是绩效评估应用最广泛、最持久的国家。撒切尔政府所进行的新公共管理改革中，绩效管理是其中的一个重要方面，同时绩效评估也是英国进行改革的重要手段之一。因此，中央政府对绩效评估较为重视。绩效评估贯穿于改革的整个过程，只是不同的阶段有不同的侧重点。而美国在克林顿政府时期，成立了由副总统戈尔领导的国家绩效评估委员会，并且国会在 1993 年还通过了《政府绩效与结果法》，以保证绩效评估的顺利开展。虽然荷兰制定了《市政管理法》，要求对地方当局的工作绩效进行评估以提高效率和服务质量，但是荷兰的政治精英和高级官员对进行何种管理改革有较大的分歧。“精英们的主要注意力都集中在预算问题上。制定业绩指标、承包和结果预算都被认为值得追求……但高级官员却对管理改革的可能性本身热情更高。”② 因此，相对来说，荷兰的高级官员对管理改革和绩效评估的关注程度是不如英、美、新西兰等国家的，而且荷兰国家审计法庭 1995 年度报告中指出，“受调查的自主管理实体中只有 22%为其上级主管部门提供了业绩指标数据”③。这从另一个侧面说明了荷兰公共部门对绩效评估的重视程度也是不够的。

3. 不断发展和完善公共部门绩效评估的指标

绩效指标是对公共部门绩效进行评估的依据和标准。因此，建立完整、科学、合理、有效的绩效指标体系是公共部门绩效评估的首要条件和重要环节。英国、美国等在公共部门绩效评估方面取得较大成功的国家无不是建立了较为完

①②③ ［英］克里斯托弗·波利特、［比］海尔特·鲍克尔特：《公共管理改革——比较分析》，240 页。

整、合理的绩效指标体系。例如，1986 年英国政府各部门为评估拟出的绩效指标总数为 1 220 个，1987 年这一数字上升到 1 810，1989 年绩效指标总数达到 2 327个。[①] 虽然各国绩效评估的具体标准可能不一样，但是对绩效评估的基本指标达成了共识，即“3E”标准。绩效评估指标体系是不可能一步到位的，荷兰公共部门绩效评估的指标也在不断地发展和逐步地完善。“在整个（政府行政）改革的时期，荷兰有一种倾向，要为更多公共部门制定和完善业绩指标。”[②] 1990 年，荷兰公共部门预算绩效指标的第一阶段，关注的是对投入进行评估。因此，1992 年财政部第一次对各部绩效信息现状进行内部研究中发现，“一个显著的特点是业绩数据通常局限于投入方面；有一些产出指标，如效果指标几乎不存在”[③]。到 1997 年预算绩效指标的第二阶段时，已经对产出的评估给予了重视。仅是对投入或产出做单方面评估都是不完整的，因此 1998 年第三阶段时，注重将成本和产出联系起来进行比较，即对公共部门效率进行评估。虽然荷兰公共部门绩效评估的指标正在不断地完善，但是其步伐远没有英、美等国家快，对公共部门效益及生产力等方面的评估指标尚未建立。

4. 为公共部门进行绩效评估提供指南和培训

仅仅制定公共部门绩效评估的有关制度、指标体系等不一定能保证绩效评估取得预期的效果。公共部门绩效评估受到多种因素的影响和制约。诚然，相关的制度及评估的指标体系是重要的客观影响因素。但是各个层次的评估者特别是公共部门内部的评估者是否能够忠实、准确地使用评估指标，同样也是影响公共部门绩效评估效果的重要因素。很多时候，绩效评估制度已经较为完善，绩效指标制定出来了，但由于评估者不够重视或不能够完全准确地使用这些指标，而影响了绩效评估的效果。因此，对公共部门开展绩效评估给予相应的咨询和培训也是十分重要的。而在荷兰，为各部门提供指南和培训项目被认为是实现绩效评估的途径之一。例如，1992 年荷兰财政部在第一次对各部门的绩效信息现状进行内部研究中，发现《政府会计法第四修正案》的要求并没有达到。为了改进公共部门绩效预算效果，第一次评估结束后，财政部决定通过咨询和培训激励中央各部门改善绩效预算的数量和质量。1992 年冬，又进行了第二次绩效预算评估研究，各部门提供的数据信息数量略有增加并且质量也有所提高。

① 参见中国行政管理学会联合课题组：《关于政府机关工作效率标准的研究报告》，载《中国行政管理》，2003 (3)。

② ［英］克里斯托弗·波利特、［比］海尔特·鲍克尔特：《公共管理改革——比较分析》，239 页。

③ ［美］阿里·哈拉契米：《政府业绩与质量测评：问题与经验》，6 页。

5. 荷兰学术界及专家学者广泛参与公共部门绩效评估

与英、美、新西兰等国家的绩效评估相比，荷兰的学术界及专家学者与其公共部门绩效评估的联系更为紧密，并且对荷兰公共部门绩效评估的发展产生了重要影响。这主要表现在以下两个方面：首先，专家学者们经常作为各种咨询团体和顾问委员会的成员，甚至是作为公共部门的成员、领导者参与到绩效评估的不同过程中，因为荷兰相对开放的行政文化以及顾问和咨询委员会制度为大量专家学者参与政府部门的各种政策活动提供了方便和途径。其次，专家学者们的研究成果有力地推动了荷兰公共部门绩效评估的发展。例如，荷兰政策分析评估绩效测评小组由公共部门与私营部门的专家组成，1989 年该小组发展了一项关于公共部门绩效测评的总体途径。专家学者们的研究成果，使荷兰中央政府各部的绩效评估研究及绩效评估的数量、质量都得到了改善。

10.4 加拿大公共部门绩效评估

20 世纪 90 年代，加拿大政府面临的挑战是减少支出的同时改进服务。1989 年 12 月，加拿大政府公布了《公共部门 2000》动议，中央政府的改革正式开始了。改革主要集中在改革政府的管理，提高公共服务的质量和效率等方面。在加拿大公共服务改革过程中，对公共部门是否为加拿大公民提供了高效、优质服务的关注，使公共部门绩效以及绩效评估得到了重视，并且公共部门绩效评估在更大范围、更多部门中开展起来了。政府公共服务改革中“提高公共服务质量的动议都直接导致了业绩衡量更大范围内的使用”①。可以说，这一时期加拿大公共部门绩效评估是与政府的公共服务改革及政府所公布的公共服务动议紧密联系在一起的。

10.4.1 加拿大公共部门绩效评估的体系

公共部门绩效评估体系是顺利进行绩效评估的首要环节。公共部门绩效评估体系涉及的方面很多，包括评估原则、评估指标、评估标准、评估模型、评估规则、评估者等一系列要素。这里，我们主要介绍加拿大公共部门绩效评估中的绩效评估指标和评估者。

---

① ［英］克里斯托弗·波利特、［比］海尔特·鲍克尔特：《公共管理改革——比较分析》，80 页。

1. 绩效评估指标

很多西方工业国家在公共部门绩效评估实践中形成了"3E"标准，即经济、效率、效益的基本绩效指标。加拿大公共部门在进行绩效评估时同样也采用了"3E"指标。同时，加拿大政府各种提高服务质量的动议，鼓励或要求公共部门提出各自的服务标准，这些服务成为评估公共部门绩效特别是公共部门效率和生产力的重要指标。下面以加拿大雇佣保险收入救济金项目（employment insurance income benefits program）为例说明。

雇佣保险收入救济金项目是由人力发展资源部（human resources development canada，HRDC）部长负责，由加拿大雇佣保险委员会（canada employment insurance commission）协助开展的为那些非自愿失去工作的加拿大人提供暂时收入支持的项目。在过去的60年里，雇佣保险收入救济金项目已经成为加拿大工作者的收入保证项目。

雇佣保险收入救济金项目对呼叫中心接听问询电话、处理雇佣保险申请、处理雇佣保险申请中的上诉以及对《雇佣保险法案》和规章制度的执行四个不同的操作能力方面制定了服务标准，这些服务标准同时也是评估其效率和生产力的指标[①]：

（1）对于呼叫中心接听问询电话的效率，加拿大人力发展资源部认为，为打进电话的人提供良好的服务意味着呼叫者能够相当快地获得他们所需要的信息。HRDC评估呼叫中心的关键绩效指标是呼叫者需要等待多长时间才能与服务代表通话。而HRDC设定的目标是95%的呼叫者三分钟内能与服务代表通话。

（2）在处理雇佣保险申请过程中，良好的服务意味着为合格的申请人快捷支付正确数额的救济金。HRDC对处理救济金（支付速度）的关键评估指标是当申请者符合雇佣保险规定时，能够在28天内第一次支付的百分率。

（3）对于处理雇佣保险申请过程中的上诉，良好的服务意味着提供适时的服务和准确的信息。HRDC对上诉服务的关键评估指标是上诉申请被归档后30天内与仲裁委员会排定听证会的百分率。

（4）雇佣保险收入救济金项目通过调查和控制来确保申请人和雇主遵守《雇佣保险法案》和其他规章制度。对调查和控制的良好的服务意味着雇佣保险账户

---

① Measuring and Reporting Performance of the Employment Insurance Income Benefits Program, www. tbs-sct. gc. ca.

免遭欺骗和滥用，以及申请人和雇主能够得到公平、适时和专业的处理。HRDC对调查和控制的关键评估是救济金总额，包括由在雇佣保险账户上直接和间接的救济金。此外，HRDC对调查和控制活动还有其他大量的评估指标，如调查的数量、参加信息会议申请人的人数等。

2. 评估者

在加拿大，对公共部门绩效进行评估的主要是公共部门自身和政府部门。加拿大公共部门对工作绩效进行自我评估是公共部门的基本责任。加拿大财务委员会秘书处2001年公布的评估政策中指出："关于结果可得到的、精确的报告是公共服务机构管理者的基本责任；准确、客观地评估是帮助管理者处理结果的重要工具；各部门有加拿大财务委员会秘书处的支持，有责任确保评估的正确和评估纪律在它们的部门内得到充分的部署。"① 而且"为加拿大人的结果：加拿大政府的管理框架"也要求公共服务管理者持续地关注结果的取得，并有规律地、客观地评估绩效。②因为公共部门进行自我评估，有助于其更清楚地了解本部门一定时期的工作效率和效果，发现不足和差距，从而促使公共部门更合理、有效地使用资金、分配资源和确定目标，更好地为公众提供高效、优质的服务。同时，公共部门的自我绩效评估所获得的资料，也是政府部门对其进行评估的资料来源之一。

对加拿大公共部门进行绩效评估的政府部门主要有两个，财务委员会和加拿大审计长公署。加拿大财务委员会是审查、评价公共部门绩效的重要机构。财务委员会是加拿大枢密院的一个内阁委员会，成立于1867年，1869年被授予法定的权力。该委员会由一名总理任命的内阁部长担任主席，另外还包括5名其他内阁部长，其中有一名是财政部长。财政委员会有两项功能：审议政府开支和人事管理。③ 财务委员会审核和评估所有的资金要求，检查和同意政府部门建议的支出计划，并且审查、评价所同意项目的进展情况。财务委员会在秘书处（TBS）协助下开展工作。秘书处是1966年从财政部分离出来的一个法定机构，为财务委员会在政策、命令、规章制度及项目支出计划等方面提供建议和意见，并且负责政府的审计功能。④

加拿大审计长公署主要是在公共部门中进行综合审计（comprehensive au-

①② Treasury Board of Secretariat：Evaluation Policy，http：//www. tbs-sct. gc. ca.

③ 参见储建国：《当代各国政治体制（加拿大）》，108页，兰州，兰州大学出版社，1998。

④ Treasury Board Secretariat：About us，http：//www. tbs-sct. gc. ca.

dit)。综合审计对以下两个方面进行检查，并进行客观、建设性的评价：(1) 公共部门的经济性、效率和效果进行客观的评价，即“3E”审计。例如，对公共部门效率审计的目标就包括对以下某一方面或所有方面作评估：被审单位为保证良好效率和服务质量所运用的管理控制和系统的适当性；被审单位用于测定和报告工作绩效系统或程序的适当性及可靠性；被审单位目前的效率水平；被审单位为提高效率所采取的措施和达到的结果等。[①] 审计长公署对每一个政府雇员，要求他们的工作达到100%的效率水平，而对组织和整个单位一年的工作则要求达到80%的效率水平。但这只是审计长公署可以接受的下限，因此，它往往要求公共部门管理人员制定更高的效率目标，并编制具体的计划。(2) 公共部门责任关系的确定及其履行是否合理。综合审计不仅对公共部门绩效进行评估，还确定公共部门管理系统的弱点和缺陷，更为重要的是它针对这些缺陷为公共部门提出建设性改进意见。因此，加拿大审计长公署对公共部门进行综合审计，让公共部门了解本部门的绩效现状、取得的成绩和存在的缺陷，所提出的改进意见让公共部门更好地履行职责，确定了应在哪些方面改进行政工作和管理活动。这可以使公共部门更有效、更合理地使用资金、分配资源、提高效率，从而更好地改进绩效。审计长公署对公共部门的审计周期是不固定的。因为审计长公署认为“每年对同一单位同一方面进行详细检查很可能是徒劳无益的。审计周期的长短取决于受审单位的规模和复杂程度，审计对象的多少、受审单位情况的变化及控制系统注重效益的程度”[②]。最后，综合审计的结果要告知被审的公共部门，最终形成审计报告提交给议员、审计委员会或审计理事会。

此外，现在加拿大政府也开始重视公众在公共部门绩效评估中的作用。如1998年加拿大政府曾对2 900名加拿大公民进行了一次信件调查，试图对挑选出的公共部门和私人部门进行比较性判断，即公众分别给挑选出来的公共部门和私人部门的服务质量打分。[③] 公众是公共服务的接受者和使用者，对公共服务的质量最有发言权。因此，通过各种方式了解公众对公共部门提供服务的满意程度，也是衡量公共部门绩效的一种途径和方法。

---

① 参见邢俊芳等：《最新国外绩效审计》，177页，北京，中国审计出版社，2001。

② 邢俊芳等：《最新国外绩效审计》，198页。

③ 参见［英］克里斯托弗·波利特、［比］海尔特·鲍克尔特：《公共管理改革——比较分析》，106页。

10.4.2 加拿大公共部门绩效评估的特点分析

从20世纪70年代初期以来，加拿大政府就要求各部门对绩效进行度量并提供绩效报告。加拿大公共部门绩效评估活动的开展，是与加拿大的政治经济情况相联系的。因此，与其他国家相比，加拿大有自己的特色之处。

1. 在政府公共服务改革过程中，绩效评估在更大范围内得到了运用

表10—4是加拿大自20世纪80年代以来，公共部门绩效评估活动发展的主要事件。

表10—4

时间	总体情况	组织	人事	财务
1981—1985年	聚焦于减少公共开支（1984） 增加部的权威和责任(IMAA)(1986)			政策和支出管理系统(PEMS)：多年收入支出计划，多年运作计划（MYOP）(带有行动的项目)
1986—1990年	《公共部门2000》动议（1989） 《公共部门2000：加拿大公共服务的更新》白皮书（1990） 服务标准和顾客调查（1990）		《人事管理手册：改进版》（1989） 人力资源发展部（HRDC）（1990）	谅解备忘录（MOU）（三年：绩效指标、目标、期望、责任）（1988）
1991—1995年	预算度量（1991） 《公共部门2000：进展报告》(1992) 相关联邦政府部门重新配置（1992） 削减预算（1994） 《公共部门第二次年度报告》 《联邦政府效率》动议（1994） 《服务质量宣言》（1994） 《第三次报告》（1995） 《服务质量》动议（1995）	组织绩效的状况评估项目对财务部和财务委员会秘书处（TBS）行使职权（1991）	《公共部门改革法案：修正案》(1992)：公共部门雇佣；公共部门员工关系法	12种动作预算（1991） 《公共部门改革法案：修正案》(1992)：财务管理法案；皇家盈余财产法案 《支出管理法案》（EMS）(1994)：改进向议会报告项目（IRPP）：绩效报告和计划、优先事项的报告 企业计划取代多年操作计划 政府广泛绩效报告 审查（1994）：计划审查、办事机构审查、主要部门和横向活动审查、内部审计 所需的主要企业服务标准（1995）

续前表

时间	总体情况	组织	人事	财务
1996—1998年	"使政府正确"(1996，1997) 向总理作第五次加拿大公共部门年度报告（1998）			继续支出管理系统（1996） 财务委员会主席关于审查的第二次年度报告（1996） 所有联邦的部和机构：绩效报告（1997） 财务委员会主席第三次年度报告：成果核算（1997） 计划报告责任结构（PRAS）：按企业方式去做的部门 80个联邦部门和办事机构：计划和重点报告（1998）

资料来源：Christopher Pollitt，Geert Bouckaert，"*Public Management Reform—A Comparative Analysis*"，Oxford University Press，2000，pp. 215-217。

在公共服务改革的过程中，公共部门绩效评估在更大范围内得到运用，是20世纪80年代以来加拿大公共部门绩效评估活动最显著的特点。加拿大政府进行改革的起因也是政府财政危机的问题。“相对而言，加拿大联邦政府拥有西方世界中人员最多的中央机构。”① 而80年代，加拿大“政府日益被赤字和债务问题困扰，但却无法解决……净公债从1984年的1 680亿加元上升到1993年的5 080亿加元”。“老百姓中普遍存在对不断增长的公债和政府破产被夸大的担心。”② 为了应付财政危机，加拿大政府通过两个方面的措施来削减公共支出，其中之一是削减针对运作的费用、缩减公共部门人员的规模和冻结工资等方面的变革。在这种背景下，加拿大政府提出了《公共部门2000》动议并进行公共服务改革。但是与许多西方工业化国家由于公共部门效率低下而引起公众对政府信任危机、最终信任危机成为政府改革的动因之一不同的是，加拿大进行公共服务改革，并不是由于公众对公共部门服务不满意。相反，在加拿大，“用户对很多公共部门服务的满意程度并不亚于私营部门”。“很多公共部门的服务，比如警察、垃圾收集、天气预报、消防队的服务得到公众评价都远远高于许多私人部门的服务。”③ 因此，可以说加拿大政府对公共部门提出服务质量的各种动议，以此来提高公共部门的效率而缓解政府的财政压力是其重要的原因。但是不管怎

① ［加］唐纳德·萨维：《对行政机构的改革》，见国家行政学院国际合作交流部编译：《西方国家行政改革述评》，120～121页。

② ［英］克里斯托弗·波利特、［比］海尔特·鲍克尔特：《公共管理改革——比较分析》，203、198页。

③ 同上书，199、134页。

样，公共部门如何在减少运作费用的同时改善服务、提高服务的效率和质量，是加拿大政府和公共部门面临的严峻挑战。

在《公共部门2000》动议后，加拿大政府相继出台了《加拿大公共服务的更新》白皮书以及1994年的《服务质量宣言》、1995年的《服务质量动议》等提高公共部门服务质量的动议，这些政策、法案鼓励或要求公共部门制定和出台一些服务标准，“服务标准提供了一条在财政抑制时代管理绩效的可行方法”①。同时这些动议也对公共部门的绩效给予了高度的重视，要求各部门进行绩效评估并提交报告。因此，在20世纪90年代，加拿大公共部门的绩效评估活动开展得较为广泛。在加拿大财务委员会秘书处的官方网站上，可以看到加拿大政府几乎所有的部门从1995年至今所提交的部门绩效报告。

通过服务标准来提高公共部门绩效的不仅是加拿大。英国1991年开始实施“公民宪章运动”，该运动在提高英国公共部门绩效方面起到了积极的作用，而且在国际上产生了巨大的反响，许多国家纷纷仿效。据统计，1996年全世界共有15个国家推行了与英国“公民宪章运动”类似的服务承诺制度。② 而美国政府1994年9月颁布了《把顾客放在首位：服务美国人民的标准》。截至1997年，美国联邦政府为570个组织和项目发布了4 000多条服务标准。此外，经济合作与发展组织1994年还主办了一个关于服务标准和相关服务质量创议的重要会议。而且OECD许多成员国也正在发展服务标准创议。③ 可见，通过服务标准或服务承诺来提高公共部门的绩效，已经得到越来越多西方国家的重视和运用。

2. 政府的一系列动议和创议，为公共部门开展绩效评估提供了法律上的支持和保障

20世纪80年代后，加拿大政府出台了一系列提高公共部门服务质量的创议和动议。这些政府的政策法案，一些是明确要求公共部门进行绩效评估，一些是在要求公共部门制定服务标准、提高服务质量的过程中涉及绩效评估。总之，这些创议和动议为加拿大公共部门进行绩效评估活动提供了法律上的支持，使绩效评估活动有了法律上的保障。

加拿大政府在1985年提出了《加强部的权威和责任》动议。该动议是一种初步的灵活绩效框架文件，除了在财政部与各部门之间签订协议之外，还号召逐

① Treasury Board Secretariat：Service Standards-a Guide to the Initiative，http：//www.tbs-sct.gc.ca.

② 参见陈振明：《政府再造——西方“新公共管理运动”述评》，57页，北京，中国人民大学出版社，2003。

③ Treasury Board Secretariat：Service Standards：a Guide to the Initiative，http：//www.tbs-sct.gc.ca.

步减少中央的规则和控制，以给各部门更多的灵活性，来换取各部门具体的绩效承诺、指标和目标。[①] 参加加强部的权威和责任改革的每个部门要提交一份年度管理报告，并且在年度管理报告之后还会有相应的绩效评估。1988 年，后“IMAA”方案，要求各部门与财政部建立为期三年的正式谅解备忘录，使各部在与财务委员会谈判时有更大的自由。在谅解备忘录中，各部门要提供业绩指标、部门目标、期望以及应该承担的责任。

1989 年 12 月以后，加拿大政府出台了一系列提高公共部门服务质量的动议。1989 年 12 月，加拿大政府公布了《公共部门 2000》动议，其目的是通过适当地授权给公务员，减少繁文缛节，并使其对结果承担更为明确的责任。同时通过发展提高效率和改善项目供给的新方法来改善公共服务，公共部门绩效评估受到了重视。1990 年，加拿大政府发表了《公共部门 2000：加拿大公共服务的更新》白皮书，提出了在公共部门中注重绩效的改革方案。

1994 年，政府提出《联邦政府效率》动议和《服务质量宣言》，1995 年 6 月，加拿大内阁批准了《服务质量》动议。这些提高公共部门服务质量的动议，促使公共部门广泛进行了绩效评估和绩效报告。如，有 84 个中央政府部门和机构提交了 2000 年财政年度的绩效报告。

3. 公开公共部门绩效评估信息

让公民了解公共部门的绩效信息，有助于公众更好地了解公共部门正在做些什么、如何做以及取得了什么样的结果，使公众可以对公共部门进行监督，并且增强公众对公共部门的信任度。根据加拿大的《使用信息法》，加拿大市民、个人以及加拿大团体在某些原则下有获取、使用联邦政府资源档案的正式权力。因此，公共部门特别是政府部门的有关信息包括绩效信息，加拿大公民都有权知晓。而且加拿大政府进行绩效报告正是基于这样的前提，即加拿大人有权知道政府正努力做什么（what）、为什么政府相信这些活动对它们的目标有贡献（why）以及政府计划如何评估它们是否达到目标（how）。为了回答“什么”、“为什么”、“如何”这几个问题，从 1977 年开始，每年政府都提交两份报告给国会。春天，各部门和机构为即将到来的财政年度制定计划和优先事项报告。到了秋天，则给国会提供部门绩效报告说明上一个财政年度所取得的成绩。[②] 加拿大公共部门的绩效报告，一部分可以在财务委员会秘书处的官方网站上看到，而且可免费下载，公民可以通过信件、电子邮件的方式索取或者在各种官方网站上看到。

---

① 参见［美］戴维·奥斯本、彼德·普拉斯特里克：《摒弃官僚制：政府再造的五项战略》，319 页。

② President of the Treasury Board：Canada's Performance 2001，http：//www. tbs-sct. gc. ca.

本章小结

当今世界正处于变革的浪潮之中，不管是西方工业化国家还是发展中国家，都不可避免地受到这股变革浪潮的冲击和影响。提高公共部门的效率、改善公共部门的服务已经是许多西方工业化国家的共识，也是这些国家政府改革的重要组成部分。在这些国家中，公共部门的绩效以及绩效评估得到了重视和广泛的运用。本章所介绍的四个国家的公共部门进行绩效评估共同的背景，都是政府严峻的财政危机导致了公共部门不得不在减少公共支出的同时提高绩效，因此对公共部门进行绩效评估就显得尤为重要。但是这四个国家开展公共部门绩效评估都各有特点，评估的具体方式或形式也各有特色，这是与各个国家不同的历史背景和政治经济情况相联系的。总之，虽然这四个国家公共部门绩效评估的进展程度以及所取得的效果不一样，但是公共部门绩效评估已经成为这几个国家政府改革的一部分，将随着政府改革的发展而发展。

关键术语

战略结果域　绩效目标　中间效果　权责制预算　基准测试　绩效框架　申诉专员　货币价值审核　政府服务宪章　计划评估　绩效预算　服务标准　绩效契约

复习思考题

1. 新西兰公共部门绩效评估发展的主要历程是什么？
2. 澳大利亚开展公共部门绩效评估的手段和工具有哪些？
3. 新西兰和澳大利亚两国公共部门的绩效评估机制有什么相同点和不同点？
4. 荷兰进行绩效评估的时代背景是什么？
5. 荷兰公共部门绩效评估的特点是什么？
6. 加拿大公共部门提高服务质量的动议对其进行绩效评估起什么作用？
7. 加拿大公共部门进行绩效评估的特点是什么？

8. 新西兰、澳大利亚、荷兰、加拿大四个国家开展公共部门绩效评估的背景有什么异同?

9. 作为一种重要的评估手段，绩效预算在各国公共部门绩效评估过程中发挥着怎样的作用?对于绩效预算，你有哪些进一步的认识?

第 11 章

“思明模式”:公共部门绩效评估的实践探索

在效能建设的基础上，厦门市思明区初步创立了政府绩效评估的“思明模式”，在理论与实践方面产生了积极的作用，形成了一定的影响。本章以思明区政府的绩效评估实践为例，对公共部门绩效评估的“思明模式”创立的背景、过程、内涵、内容以及影响和作用等内容进行了系统的归纳总结。

重点问题

- “思明模式”创立的理论和实践背景
- “思明模式”的内涵及主要内容
- “思明模式”的公共部门绩效评估指标设计
- “思明模式”的评估实施步骤
- “思明模式”的影响和作用

11.1 “思明模式”创立的基本过程

行政管理体制的变革往往源于社会环境变化的现实需要。福建省的效能建设、效能监察因其对于政府部门弊病的洞悉并对症下药，使得政府效能大幅度提升，并得到国家相关部门的关注和肯定。然而，作为效能建设的推动者厦门市思明区政府绩效评估项目组，在考察了澳大利亚、美国等部分 OECD 国家的公共管理改革之后，发现了效能建设的一些不足，即效能建设仍然没有完全脱离“效率”的窠臼，仍未脱离传统的视人为物的“古典科学管理”模式。在现代社会向后现代转型，工业社会向后工业社会、信息社会转型的 21 世纪，传统的“古典科学管理”行政方式已经不能适应政府管理的需要，效能建设也出现了与行政发展不相容的方面，在广泛调研的基础上，思明市决定以行政发展为逻辑，将行政效能建设提升为在发达国家大力推广的政府绩效评估。

11.1.1 思明模式的前奏：福建省的效能建设

自 2000 年开始，鉴于效能建设在漳州取得的巨大成就，福建省为了转变机关作风、提高服务质量、规范行政行为，决定在全国率先推广机关效能建设，在全省各级、各部门普遍建立了岗位责任制、服务承诺制、限时办结制、否定报备制、首问责任制、效能评估制、失职追究制、一次性告知制八项机关工作制度。机关效能建设从理顺政府与社会、公民的关系中寻求行政发展，以提高服务质量为核心，以公民满意为宗旨，以构建服务型政府为基本导向。从这一角度上看，机关效能建设实际上就是公共绩效管理的前兆，如果用演化的眼光来看，也可以说是早期的“公共部门绩效管理”，是富有中国特色的新公共管理运动。

机关效能建设是指在党委、政府统一领导下，强化各级机关的效能意识，以提高工作效率、管理效益和社会效果为目标，以加强思想、作风、制度、业务和廉政建设为内容，科学配置机关管理资源，优化机关管理要素，改善机关运作方式，改进机关工作作风，按照廉洁、勤政、务实、高效的要求，构筑机关效能保障体系的综合性工作。①

机关效能是公共部门及其人员按照科学化、法制化的规范要求，通过积极、

---

① 参见尚虎平：《我国地方政府绩效评估悖论》，载《管理世界》，2008 (4)。

忠实地履行工作职责而体现出来的一种行为效应。机关效能以实现最佳的公共效益为追求目标，社会、公民是最终的评判主体。机关效能是一个与行政效率、勤政建设、效能监督以及廉政建设密切联系却又有所区别的范畴。机关效能与行政效率一样，讲求公共组织和人员在公共活动中所获得的各种直接的和间接的、有形的和无形的、定性的和定量的公共效果同所消耗的人力、物力、财力、时间等因素之间的比率关系，力求以最少的公共消耗获得最大的公共效果。但机关效能又不能简单地等同于通常所说的行政效率。行政效率讲求的比率关系多是针对具体的行政行为的，比较侧重于行政内部关系，主要依靠办事制度、岗位责任制度等刚性规范作为促进机制，效率的高低程度主要通过行政后果来显示；而机关效能涉及的主体行为既有具体的公共行为，亦有抽象的公共行为。机关效能当然要讲求内部公共关系，但它更注重外部的行政与社会、行政与公民的关系；机关效能的有效运作不仅要依靠办事制度、岗位责任制度等刚性机制，而且还十分重视工作作风、工作态度等柔性机制。可以说，机关效能是一个影响因素、测评机制等诸多方面都比行政效率更复杂化的范畴；在整个行政管理过程中，是一个比行政效率更为核心的焦点。①

机关效能是一个系统工程，是一项长期的建设。机关效能建设可以促进行政公平，深化公共伦理建设，帮助营造良性的外向型的行政环境，并为机构改革、人员分流的顺利进行提供保障机制。在机关效能建设中，福建省注重加强制度建设、规范行政行为，做到以岗位责任制来明确工作职责，以承诺制来明确管理和服务要求。福州市台江区、鼓楼区，南安市，南靖县等市县区设立了行政或市民服务中心，把经济发展以及与市民生活、生产相关的行政服务部门集中在一起办公。政务公开也是机关效能建设的一项重要内容。福建省委、省政府在全省县乡（镇）大力推行政务公开，并向市级厅局延伸，促进依法行政。省政府颁发了《福建省政务公开暂行办法》，对政务公开进行了统一规范。安溪县推行“点题公开”，把过去“政府公开什么，群众知道什么”，转变为“群众想知道什么，政府就公开什么”。②

效能建设具有三个特点：首先，它着眼于组织效能客观、准确的评价，而不像效能监察那样以发现组织中存在的违纪、违规行为和浪费、低效、低质量等为落脚点。其次，效能建设的覆盖面比较宽，而不像效能监察那样选择中心

① 参见中国行政管理学会课题组：《政府部门绩效评估研究报告》，载《中国行政管理》，2006（5）。

② 参见郑云峰、卓越：《21世纪行政发展的新亮点——福建省厦门市思明区开展公共部门绩效评估的探索》，载《中国行政管理》，2003（2）。

工作、热点问题和问题比较多的领域和环节立项。最后，效能建设的主体多元化，即“在党委统一领导下，党政齐抓共管，纪检监察组织协调，部门各负其责，群众广泛参与”，而不像效能监察那样基本上是由纪检监察机关一家主管。①

作为一种综合性的管理机制，效能建设的领域广阔，内容丰富。第一，各单位、各部门根据各自的工作职责加强制度建设：以岗位责任制来明确工作职责，以服务承诺制来规范管理和服务要求，以公示制来推行政务公开，以评议制来强化民主监督，以失职追究制来严肃工作纪律。第二，强化内部管理规范，严格依法行政，同时优化管理要素，简化工作程序，提高办事效率。第三，牢固树立服务意识，努力提高服务水平，具体措施包括首问责任制、否定报备制、一次性告知制、限时办结制等。第四，强化监督机制，严肃行政纪律。第五，科学规范绩效评估，并将评估结果与奖惩相结合，与干部使用相联系，增强组织及其工作人员的责任感和紧迫感。

11.1.2 效能建设面临的挑战

尽管福建省的效能建设取得了一定的成就，引起了国家相关部委的重视，但是在 OECD 国家新公共管理运动的深入开展过程中，效能建设已经不能完全满足行政发展的需要，除了传统上强调的经济和效率以及效能建设过程中所增添的新内容效果之外，还需要注重公平（equity）问题以及回应性（respond）问题，也就是国际上所流行的公共部门绩效评估中的“4E+1R”模式。随着我国行政实践的发展，效能建设不得不面临许多挑战。

第一，效能建设缺乏对公平性的强调。众所周知，公共部门存在的“天职”在于维护并增进公共利益，而所有公共利益中，维护公平是首要的价值追求，否则公共部门就失去了存在的基本合法性。不维护公平的公共部门，终究要被利益集团、企业甚至有巨大影响力的个人“俘虏”，失去其公共代表性。在效能建设中，尽管各种做法也没有完全忽视公平问题，但在所有的考核指标中，却没有设置“公平”指标，这就犯了“目标管理的痼疾”②。

第二，效能建设忽视了“顾客”问题。在我们推进效能建设的同时，美国正掀起运用平衡计分卡进行公共部门绩效评估的热潮，而平衡计分卡的精髓在于强调财务、顾客、内部流程和学习成长四个方面的平衡与协调，它一

① 参见吴江：《基于价值管理的政府绩效评价体系研究》，吉林大学博士学位论文，2007。

② 尚虎平：《我国地方政府绩效评估》，载《管理世界》，2008（4）。

反传统上只评估强调内部过程和财务的做法，指出员工成长、顾客满意也是组织绩效提升的根本环节。因为平衡的思想能很好地解决公共部门管理中角色冲突、价值目标冲突的矛盾，做到各方面协调发展，所以在国际公共部门绩效评估中很快就推广开来。即使那些没有运用平衡计分卡的公共部门绩效评估，也在很大程度上借鉴了平衡计分卡“财务与非财务的平衡”、“长远与短期的平衡”、“管理与服务的平衡”[①] 等平衡和协调思想，尤其重视对“顾客”即公共部门所服务的公民、企业、社会等的回应性。较之于这种更新模式的公共部门绩效评估，效能建设在回应性、平衡性上就日显不足。

11.1.3 效能建设的发展：思明区推出公共部门绩效评估

福建省的机关效能建设是一个系统工程。改革本身要向纵深发展，改革的成效究竟如何，需要有一个客观的反映机制，需要有一个承上启下的推动机制，效能建设正好扮演了这样一个角色。

为进一步加强机关效能建设，深化行政管理体制改革，改进机关作风，提高办事效率，提高为人民服务的质量，适应加入 WTO 后对政府部门提出的挑战，从 2001 年开始，厦门市思明区政府和厦门大学法学院卓越教授率领的课题组合作，在思明区人民政府成立公共部门绩效评估项目领导小组，由区长黄强担任项目顾问，区委副书记、常务副区长郑云峰任组长，吴朱海、左慧敏、廖晓东为成员，课题组由厦门大学法学院卓越教授担任组长，在国内率先推出公共部门绩效评估研究项目。

经过几年的实践探索，厦门市思明区公共部门绩效评估已经成功地从个别试点单位推广到了全区各个职能部门，并且取得了良好的运行效果。2002 年，厦门市政府对开元区、思明区、贸发局和地税局进行试点评估，评估以该项目研究成果作为基础，受到各方的好评。2002 年 11 月 28 日，公共部门绩效评估软件演示会在厦门召开，福建东南新闻网、易路通网、《厦门日报》、《厦门晚报》、《厦门商报》等各界新闻媒体纷纷给予了热情的关注并进行了详细的报道。省内外一些政府部门、单位也纷纷来电、来函，了解公共部门绩效评估的相关情况，并积极联系思明区实地调研取经的具体事宜。福建省政府也对该项目的成果给予了高度的肯定，并将其列入了最新年度的政府工作报告中。

---

① 尚虎平、李景平、杜晓燕：《解决制度性腐败的新途径——把平衡计分卡引入公共管理部门》，载《上海行政学院学报》，2005 (2)。

11.1.4 思明模式创立的过程

厦门市思明区政府绩效评估的项目研究工作从2001年11月开始到2002年5月结题，历时半年多，历经前期准备、实地调研、指标体系构建、试点评估和评估系统软件开发五个阶段。①

1. 前期准备

绩效评估项目开始前的准备工作主要包括课题研究的理论准备和试点评估的组织准备工作。从理论准备看，课题组发挥自身的科研优势，认真分析已有的文献资料，对项目进行了较为充分的可行性研究；查阅了大量国内外相关领域的研究资料，参考国外的先进评估理论和技术，对其进行认真的分析提炼，形成了一个初步评估框架模型。从组织准备看，思明区人民政府公共部门绩效评估项目领导小组在项目开始前召开了全区机关干部的组织动员大会，强调了此项工作的重要性和意义，经过领导小组研究，选择了思明区的计生局、民政局、建设局、司法局和厦港街道办作为第一轮试点评估对象。

2. 实地调研

在绩效评估项目的准备工作基本完成之后，课题组对思明区计生局、民政局、建设局、司法局和厦港街道办进行了为期两个月的实地调研。在调研过程中，课题组通过召开座谈会、调查问卷、个别访谈等多种形式，掌握了大量的第一手材料，获取了这些评估对象至少三年以上传统评估的历史数据，对这些单位的主要业绩进行了梳理，同时对完成这些业绩的主要影响要素进行了分类和分析。以思明区计生局为例，除了获取已有的书面资料外，课题组还陆续召开了三次包括局领导和有关业务人员参加的座谈会，深入到文安、思明、中华、厦港、滨海五个街道办事处，对一线计生工作人员逐一进行访谈。通过对这一系列实地调研获取的资料和已有的评估资料进行比较分析，厘清区一级计生局工作的主要方面、工作重点及难点。此后，课题组又与计生局有关领导、有关人员进行了多次沟通反馈、深入采样，顺利完成了实地调研任务。

3. 指标体系构建

对调研获得的第一手资料进行初步的分析整理后，立即按照多重维度、多种主体原则建构和选择试点评估对象的评估指标体系。首先，根据评估准备阶段形成的指标体系框架，按照三个维度、四种主体的研究思路，筛选和确定通用部分

---

① 参见郑云峰：《厦门市思明区政府管理创新的实践》，载《东南学术》，2007（2）。

的评估指标，即基本建设、运作机制维度中的大部分指标。通用部分指标的来源包括以往评估中所采用的符合绩效评估指标体系原则和要求的传统指标，根据肯定性指标与否定性指标相结合的原则设定的一票否决指标和其他一些负向指标，通过广泛的群众调查得到的群众满意度指标，以及从区政府对机关单位的共性要求中提炼出来的其他通用指标。其次，根据试点评估对象的不同职能和具体情况，设计其各自的业务实绩指标。业务实绩指标要求尽可能地数量化，所以这部分指标大多数是通过数学建模的方法系统设计的。

4. 试点评估

试点评估开始前，思明区机关效能建设领导小组以文件形式下发了《思明区公共部门绩效评估办法（试行）》和《思明区公共部门绩效评估实施细则（试行）》，在试行办法和细则中对绩效评估的组织领导、范围和对象、评估主体、评估原则、方法和标准、评估步骤、评估责任、评估结果的运用等问题做出了详细的说明。同时，为了评估过程的简便化和结果的可比较性，在试点评估中采用了百分制的计分原则，即所有的评估指标结果，包括等级评价指标的评判登记、否定指标的二项性评估结果和业务实绩指标的原始结果等，都经过事先设定的指标权重转化为百分制的数值等分。根据这一计分原则绘制了绩效评估的执行表格和等分转成表格，对五个试点评估单位进行了评估和计分。在评估结果统计后，思明区绩效评估实施机构撰写了评估报告，对评估结果和评估中出现的问题进行了说明和进一步分析。

5. 评估系统软件开发

公共绩效评估体系的一个特点是多层次的评估指标体系和多重指标标准值，多层次评估层层递进，逐级修正；评估指标较多，计算复杂，指标标准值随时间和工作环境动态变化，如果用手工计算，需要花费很大的工作量，而且出错率较高。另外，在试点评估的准备阶段，课题组发现人为评估计分并不能完全排除主观性影响，造成评估结果的科学性和客观性程度下降。根据以上所述的评估体系特点和评估需要，课题组决定开发一套公共部门绩效评估体系软件，应用于试点评估和以后的评估中，以利用现代化的计算机手段协助评估人员完成比较繁重的评估计算甚至是一些基础性的评估工作，提高工作效率，减轻工作量，同时在最大程度上排除人为因素在绩效评估中的干扰。

在系统软件开发过程中，课题组对绩效评估理论转化为评估系统软件进行了探索性研究，通过对评估模式的分析完成了软件开发需求分析报告、数据库设计和源程序写作，并通过反复调试与验证最终完成了评估系统软件的研制开发。同时把绩效评估体系和绩效评估系统软件的相关内容制成演示动画，制作演示光盘和宣传材料。至此，基本完成公共部门绩效评估项目课题。

11.2 “思明模式”的内容

所谓“思明模式”不过是后来学术界和实务界对思明区公共部门绩效评估一系列做法所贴的一个“标签”。实际上，当时项目组的任何一个人，思明区政府的任何一位领导、工作人员都没有对自己所正在进行的政府改革与创新冠以“模式”、“模型”、“范式”等称呼。当时无论是政府领导、工作人员还是项目组的各位专家学者所想的就是把这项具有创新意义的改革做好、做细、做实，这样既实践了自己的理论研究，也从某种程度上解决了“公共悖论”问题。

不过，究竟什么是“思明模式”、“思明模式”究竟由哪些内容构成，恐怕就不是每个知晓“思明模式”这个称谓的人都能够了解的了。概括来说，“思明模式”包括绩效战略分解、高层领导保证、基本评估规章、通用与业绩指标开发、编制软件、评估实施、结果评议与运用等环节。实际上，“思明模式”是一套完整的绩效管理质量控制过程，绩效评估只是其中的一个环节（具体流程模型如图11—1所示）。

11.2.1 绩效战略分解，形成思明区“创建绩效型政府”的绩效战略

党的十六大提出，要进一步转变政府职能，改进管理方式，推行电子政务，提高行政效率，降低行政成本，形成行为规范、运转协调、公正透明、廉洁高效的行政管理体制。思明区将此作为国家层面的政府绩效战略的最基本要求，在理解国家层面公共部门绩效战略的同时，思明区认真研读了福建省、厦门市的十一五规划、政府体制改革计划和人大、政协等部门的各种规划、计划等，厘清了福建省和厦门市的公共部门绩效战略。在廓清了国家层面、省市层面的公共部门绩效战略之后，思明区在此基础上提出了“创建绩效型政府”[①] 的公共部门绩效战略。

“创建绩效型政府”与我国工业社会与信息社会同时到来对政府提出的要求正相吻合。作为一种新的政府治理理念、新的政府绩效战略，它强调效率，注重

---

① 这里的“政府”指广义上的政府，即国家机关，包括政府部门、人大、政协、武装机关、党团组织等。

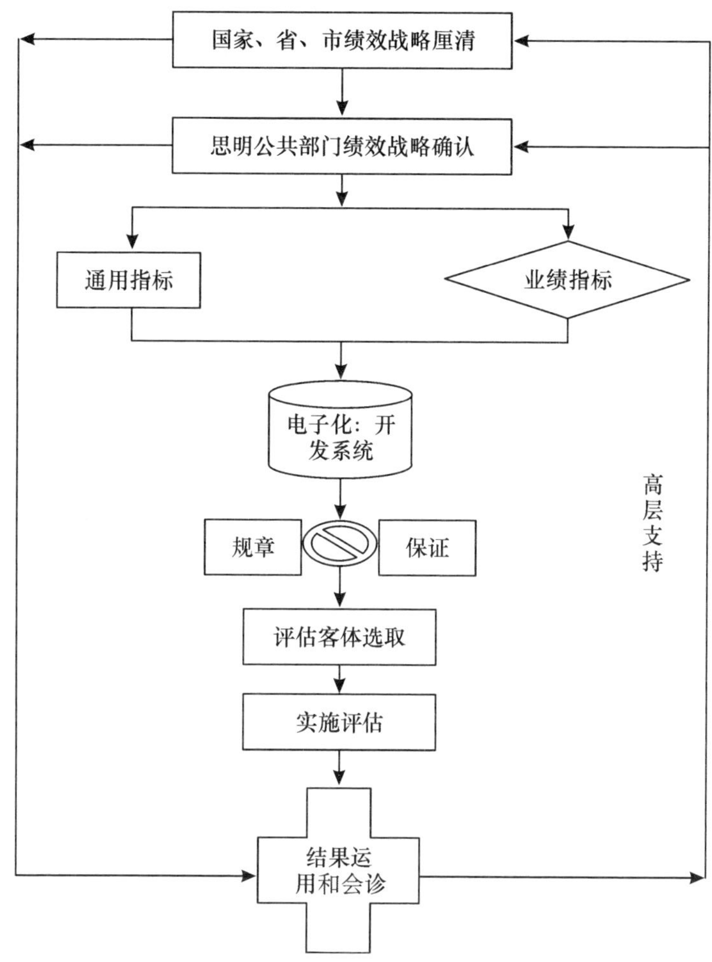

图 11—1 “思明模式”的流程模型

责任，将公平摆在重要的位置，力求提升公共服务质量；它是对服务型政府、责任型政府、公平型政府等理念的综合，更是对这些政府治理理念的延伸与深化。

创建绩效型政府，是贯彻“三个代表”重要思想要求、实现执政为民、树立正确的绩效观，以及落实科学发展观的题中应有之义。“创建绩效型政府”的绩效战略也是思明区顺应国内外社会体制变革、建立现代公共管理体制的必由之路，是发展社会主义市场经济的内在要求，是提升政府生产力的根本途径。同时，作为一种世界性的政府改革趋势，可以断定，绩效型政府将成为中国政府新一轮行政改革的目标定位或价值取向，绩效型政府的建立将是一场深刻的变革。

正是在这个意义上，“思明模式”才“惊动了联合国”。[①]

11.2.2 领导支持

从国际上比较成功的公共部门绩效评估来看，有效的评估有赖于高层的支持，最典型的就是克林顿任命副总统戈尔成立绩效评估小组（NPR）全面负责政府绩效评估。由于思明区不属于国家层面，仅仅是一个区域性政府部门，在这里，只要区委、区政府全力支持就可以有效开展公共部门绩效评估。从图 11—1 我们可以看出，思明区的高层支持贯穿在除了国家层面、省、市层面的绩效战略确认外的整个绩效评估流程之中，它有效保证了每一个评估环节的落实。具体来说，这些高层保证有：区政府领导高度重视，具有超前意识和开创精神；项目开发组搭建一个融合多学科人才的平台；职能部门积极配合，开展实地调研工作。

1. 区政府领导高度重视，具有超前意识和开创精神

为了启动、推行这个项目，思明区政府于 2001 年 11 月成立公共部门绩效评估项目领导小组，由区长黄强担任项目顾问，区委副书记、常务副区长郑云峰任组长，纪委书记、组织部长、监察局长、人事劳动局长为成员。领导小组组长实质性介入项目全过程，多次主持召开项目协调会、项目鉴定会和项目推进会。黄强区长亲自参加了项目可行性论证会、绩效评估动员等会议，在人事部行政科学研究所和中国行政管理学会等部门有关专家领导主持的项目鉴定会上，黄强区长均直接到场，介绍情况。

2. 项目开发组搭建一个融合多学科人才的平台

受项目领导小组委托，厦门大学法学院卓越教授组建了公共部门绩效评估课题开发组，课题组汇集了管理学、经济学、数学、统计学和计算机等多学科的人才。课题组负责公共部门绩效评估项目的可行性论证，实地开展项目调研，绘制项目所需图表，撰写项目研究报告，构建评估指标体系，制作项目课件。最终，课题组负责设计开发项目系统软件。在可行性论证阶段，课题组与项目领导小组进行了多次的意向洽谈，认真分析已有的文献资料，对项目进行较为充分的可行性论证，拟订了调研提纲。在撰写项目研究报告阶段，课题组发挥自身的科研优势，借鉴国外先进的评估技术，运用数学方法、统计方法，对调研材料进行认真的分析提炼，按照三个维度、四种主体的研究思路，绘制了公共部门绩效评估执行表格和转成表格。项目研究报告阐述了公共部门绩效评估的意义作用，重点揭示公共部门绩效评估与其他部门的不同特征，以五个

---

① 见 http://www.qzwb.com/gb/content/2004-04/02/content_1190195.htm。

试点单位作为研究对象，构建了公共部门绩效评估的模式，并对影响公共部门绩效评估的环境因素进行了分析。在课件制作阶段，课题组对前阶段累积的调研材料和研究材料进行梳理整合，在整体评估模式下形成了具体评估维度，特别是顾客满意评估和业绩评估的具体评估方法和计分方法，完成了绩效评估体系个案。在此基础上，以课件演示为形式，对项目研究的阶段性成果进行总结汇报。在系统软件开发阶段，课题组对绩效评估理论模式转化为评估系统软件进行了探索性研究，通过对评估模式的分析，完成了软件开发需求分析报告、数据库设计和源程序写作，并通过反复调试与验证最终完成了评估系统软件的研制开发。同时把绩效评估体系和绩效评估系统软件的相关内容制成演示动画、演示光盘和宣传材料。

3. 职能部门积极配合，开展实地调研工作

经项目领导小组研究确定，课题组第一轮选择思明区的计生局、民政局、建设局、司法局和厦港街道办作为试点评估对象。课题组在为期两个月的实地调研过程中，通过多种形式，掌握了大量的第一手材料，初步对五个单位的主要业绩指标、影响要素进行了分类分析。此后，课题组与试点单位有关领导、人员进行了多次沟通反馈、深入采样，顺利完成实地调研任务。在整个调研过程中，各个试点单位的部门首长积极配合，亲自介绍情况，尽可能提供详细的资料，一些试点单位在课题组实地调研之前，主动做好准备，预先进行资料分类。绩效评估指标出台之后，一些单位为尽快进入实施阶段，在很短时间内制定出较为完整的相对人构成和产生办法。区政府人事劳动局是项目的具体协调单位，也是项目领导小组下设的考评办的承接运作单位，负责项目各方的沟通协调、资源匹配和实施运作。可以说，这个部门在整个项目开展过程中，起到了一种中枢融通的作用。

11.2.3 指标确定①

在经过课题组行政学、统计学、应用数学、人类工效学、管理科学、政治学专家的前期多次合作研究、讨论形成指标草集的基础上，课题组组织了60人分4个小组实施了前测、后测，并用SPSS8.0统计软件对各种指标进行了筛选、内外部一致性检验、重要度检验、赋权、试用、实务界人事反复检验之后，思明区开发出了一套指标系统，主要包括通用指标、业绩指标、一票否决指标等。具体见表11—1、表11—2、表11—3。

① 见 http://www.siming.gov.cn/smgov/zfxxgk/gkml/zfwj/zfbwj/t20050224_10320.htm。

表 11—1　　　　思明区公共部门绩效评估通用指标

评估维度	一级指标	指标要素	权重（%）	评估责任单位
基本建设24分	思想建设	学习教育 精神文明 职业道德 进取意识	6.492	"基本建设"评估小组成员
	组织建设	班子团结 结构合理 素质标准 管理规范	6.61	
	政风建设	遵纪守法 廉洁奉公 勤政为民 作风民主 诚实守信	5.97	
	制度建设	岗位责任制 承诺公开制	4.928	
	计划生育一票否决	被评估部门是否存在违反国家人口与计划生育政策的情况	(—20)	计生局
	社会治安综合治理一票否决	被评估部门是否存在社会治安综合治理方面的突出问题	(—20)	综治办
	重大责任事故一票否决	被评估部门是否出现重大安全生产责任事故	(—20)	安监局
运作机制36分	依法行政	公平合理 公正无私 公开透明 执法水平高	4.126	"公众评议"评估小组负责组织，由上网群众和行政相对人评估
	举止文明	仪表端庄 态度和蔼 语言规范 作风民主	4.011	
	环境优化	便民设施 服务到位	3.462	
	程序简明	简明便捷 明了知晓	4.066	
	务实实效	时限 结果	4.335	
	班子素质	团结协调 廉洁自律 民主决策	4.23	区政府分管领导
	工作质量	维护稳定 化解难题 应付突发 上级表彰	4.105	
	政令畅通	执行计划 完成临时任务 汇报反馈部门协调	4.03	
	整体形象	改革创新 调查研究	3.635	
	投诉成立情况	被效能投诉成立一次扣 1 分，扣满 5 分为止	(—5)	区效能办
	投诉整改情况	效能投诉整改情况，如整改不到位累进扣分，扣满 5 分为止	(—5)	

续前表

评估维度	一级指标	指标要素	权重%	评估责任单位
业务实绩40分	工作协调程度	同级部门工作协调、配合程度，完成协调工作质量	2.5	区直部门由各街道办事处评估，街道办事处由各区直部门评估
	工作效率	同级部门协调、配合工作实效、效率，是否存在推诿、扯皮现象	2.5	
	人员编制比率	在编在岗人员比部门编制数	1.5	区人劳局
	建议、提案及督办件办理情况	人大建议、政协提案满意率，督办件办理速度、质量	3.5	区委办、政府办
	（其他业务实绩指标见表11—2）	业绩评估	30	“业务实绩”评估工作小组

表11—2　思明区公共部门绩效评估业绩指标①

项目	一级指标	二级指标	指标权重（%）
思明区街道办事处业务实绩	经济发展	1. 本级财政收入 2. 财政收入比生产总值 3. 第三产业比重 4. 实际利用外资额	7.5
	社会管理	5. 辖区治安案件 6. 创安覆盖率 7. 计划生育达标率 8. 科普宣传经费 9. 学龄儿童入学率 10. 九年义务教育阶段学生辍学率 11. 辖区社区在市区市容卫生抽检合格率 12. 除“四害”巩固率	5
	民生保障	13. 优抚安置工作完成任务率 14. 低保人员应保尽保率 15. 失业人口数量 16. 再就业任务分解指标完成率 17. “4050”人员再就业率	5

① 由于知识产权原因，此处只能涉及这些指标体系。

续前表

项目	一级指标	二级指标	指标权重（%）
思明区街道办事处业务实绩	社区建设	18. 基层社区机构人员配备健全社区所占比例 19. 基层社区基本健身设施的配备率 20. 辖区大型（一定人次以上）文体活动 21. 举办社区志愿者活动次数 22. 志愿者参加社区大型活动的人数 23. 辖内达到省定“示范社区”标准的社区比率 24. 社区医疗网络建设覆盖率	5
	内部行政管理	25. 制度的完备性及可操作性 26. 政策的稳定性 27. 行政管理经费支出效益 28. 公务员及三站人员占人口比重 29. 为民办实事办结情况	5
	获奖创新	30. 获得国家、省、市级示范、嘉奖或表彰 31. 有受到区级以上推广创新项目	2.5

表 11—3　　思明区政府区直部门绩效评估业绩指标

项目	一级指标	二级指标	评分标准	指标权重（%）
区直部门绩效评估业绩指标	一、贯彻落实区委、区政府重大决策部署情况	由被评估部门负责设置二级指标（内容包括项目带动、促进社会就业、建设“平安思明”、争创全国强区等）并报区效能办，经审核后实施	由区效能办根据被评估单位贯彻落实区委、区政府重大决策部署的工作量确定单项工作的具体分值和评分标准	30
	二、履行职责和年度工作计划的完成情况	由被评估部门负责设置二级指标并报区效能办，经审核后实施	由区效能办根据审核后的二级指标，确定单项二级指标的分值和评分标准	
	三、区委、区政府交办重要任务和重点项目的完成情况	由被评估部门负责设置二级指标（内容包括区政府工作报告分解任务、区领导交办件、区委、区委办、政府办交办件）并报区效能办，经审核后实施	由区效能办根据审核后的二级指标，确定单项二级指标的分值和评分标准	

续前表

项目	一级指标	二级指标	评分标准	指标权重（%）
区直部门绩效评估业绩指标	四、服务发展、服务群众、服务基层的情况	由被评估部门负责设置二级指标（内容包括承办为民办实事项目；群众信访办理情况等）并报区效能办，经审核后实施	由区效能办根据审核后的二级指标，确定单项二级指标的分值和评分标准	30

11.2.4 电子化：开发公共部门绩效评估系统

电子化是指将指标体系编织成为评估软件，同时开发一套电子化评估系统，包括读卡器、个人记录卡、组织记录卡、在线评估系统等，实现评估与思明区电子政府系统的整合，以评估系统完善电子政务系统，以评估系统带动电子政府系统的发展，甚至在将来实现评估软件带动下的自组织化虚拟思明区政府的形成（具体开发过程从略）。

11.2.5 规章保证①

从国际上看，有效的公共部门绩效评估实施有赖于法律、法规、规章以及国家政策的权威保证。众所周知，美国的《政府绩效与结果法》是保证美国在世界上率先推出公共部门绩效评估的权威保证，日本、德国、澳大利亚、韩国等国也在2000年前后出台了类似的法律。由于我国暂时尚无该类法律，思明区便在推进公共部门绩效评估的过程中，摸索出了一套行之有效的做法，即在国家、福建省、厦门市尚未出台相关规定的情况下，思明区依照地方规章、政策制定与颁行的各种程序，制定了一系列公共部门绩效评估的保证规章。尽管这些规章并非国家法律、法规，也非地方法规，但在绩效评估过程中，可以起到保障作用，在思明区范围内，具有权威性。评估规章主要是《厦门市思明区机关单位绩效评估暂行办法》，它主要包含九章内容。

一、总则

第一条　为促进经济和社会发展，改进机关工作作风，进一步提高机关单位绩效评估效率，规范绩效评估行为，客观、公正、准确地评价机关工作目标完成情况，不断完善奖惩激励机制，发挥绩效评估监督检查作用，提高行政运行质量，改善投资环境。根据福建省委、省政府《关于开展机关效能

① 见 http://www.siming.gov.cn/smgov/zfxxgk/gkml/zfwj/zfbwj/t20050224_10320.htm。

建设工作的决定》及厦门市委、市政府《厦门市机关单位绩效评估暂行办法》文件精神，结合本区实际，特制定本办法。

二、绩效评估组织领导

第二条　为确保客观、公正地开展绩效评估工作，树立评估的权威性和严肃性，决定在区机关效能建设领导小组下设绩效评估工作小组，由区人劳局局长任组长，区统计局局长、区监察局局长、区组织部副部长任副组长，计生、建设、民政、司法、厦港街道等有关试点评估部门领导担任成员，在区效能领导小组统一领导下开展工作。工作小组成立办事机构，有人事、监察、统计等部门人员组成工作班子，具体负责绩效评估的日常工作。

三、绩效评估范围和对象

第三条　根据省委、省政府《关于开展机关效能建设的决定》的精神，全省乡镇以上各级机关和有行政管理职能的单位都应列入机关单位绩效评估的范围。机关单位绩效评估是一项探索性工作，本着稳妥推进，分步实施的原则，目前先在部分机关单位进行评估试点，待条件成熟时再在其他机关和单位全面开展。

第四条　根据分类分级的管理原则，将本区各个评估对象大体分为五种类型，有下划线的为试点评估部门。

1. 第一类单位。有执法权、审批权的政府部门：计划统计局、教育局、人事劳动和社会保障局、文化体育局、民政局、计划生育局、建设局、外商投资局、市政园林局、旅游局、卫生局、安全生产监督管理局。

2. 第二类单位。有审批权、无执法权的政府部门：监察局、经济贸易发展局、司法局、财政局、审计局、外事侨务办公室、人民防空办公室、科学技术局。

3. 第三类单位。无审批权、执法权的党政群部门：组织部、宣传部、统战部、政法委、台办、编办、机关党工委、信访局、老干局、文明办、工会、团区委、妇联。

4. 第四类单位。无审批权、执法权的公共服务部门：区委办公室、区政府办公室、人大常委会办公室、政协办公室、纪委办公室。

5. 第五类单位。街道办事处：厦港、思明、文安、中华、滨海。

四、绩效评估主体

第五条　为保证绩效评估的客观、平等、公正，根据评估内容的性质和特点，对被评估部门的不同考核指标实行多元评估主体原则。评估主体分为六类。

1. A类评估主体：对“基本建设”有关内容进行评估的主体，由综合评估组织担任，由纪委（监察局）、效能办、党委办、政府办、组织部、人劳局、文明办组成。

2. B类评估主体：对“评优否决”有关内容进行评估的主体，由综治办、计生局等担任。

3. C类评估主体：对“群众满意”有关内容进行评估的主体，由相对人、社会评议代表等担任。

4. D类评估主体：对“分管领导”有关内容进行评估的主体，由各单位分管领导担任。

5. E类评估主体：对“行政投诉”有关内容进行评估的主体，由投诉中心担任。

6. F类评估主体：对“业务实绩”有关内容进行评估的主体，由被评估单位担任。

五、绩效评估内容和指标

该部分的规定与上文的指标选取基本相同，区别在于以规定的方式确定了指标的构成、权重（见表11—1、表11—2、表11 3）。

六、绩效评估原则、方法及标准

第六条　绩效评估原则。绩效评估工作，以“三个代表”要求为指导，坚持“公正平等、系统全面、连续稳定、可靠客观、制度规范、操作简便、适用广泛”的原则，接受群众监督。

第七条　绩效评估方法。部门指标与通用指标相结合；定性指标与定量指标相结合；传统指标与现代指标相结合；正数指标与负数指标相结合；基本指标与修正指标相结合。

第八条　绩效评估标准。评估内容的每项正数指标均分成优、良、中、合格、不合格五个等级，由计算机自动转换生成相应分值。评优否决和行政投诉两项指标分为有和无两个等级，亦由计算机自动转换生成相应分值。绩效评估结果以百分制表示。

七、绩效评估步骤

第九条　机关绩效评估是一项系统性、复杂性的工作，涉及面广，要稳步推进，分步实施，先行试点，逐步铺开。区机关单位评估工作分为四个阶段进行。

1. 宣传发动阶段。（时间10月上旬）

召开五个试点单位全体工作人员参加的动员大会，对绩效评估工作进行宣传发动部署，成立绩效评估领导小组和绩效评估课题研究小组。制定绩效评估工作方案，构建机关单位绩效评估体系模型。

2. 制定方案实施阶段。（时间10月中旬）

（1）成立区绩效评估工作小组和绩效评估办公室（以下简称评估办）。

（2）绩效评估课题组深入五个试点单位进行重点调研，了解掌握各个部门的职能和工作程序，便于分类指导，提高评估的科学性。五个试点单位制定具体实施方案。

3. 绩效评估阶段。（时间10月中旬—11月中旬）

由区绩效评估办组织对试点参评单位分别进行绩效评估。绩效评估的分数及排序情况，经由绩效评估办统计汇总之后，向区机关效能建设领导小组和绩效评估工作小组汇报。

4. 评估整改阶段。（时间11月中旬—11月下旬）

根据组织评估和绩效评估办复查所发现的问题，经汇总和分类，反馈有关单位进行整改，整改情况要报送区机关效能建设领导小组和绩效评估工作小组。企业和群众对整改不满意的，整改单位要做出合理的解释。

5. 总结评比阶段。（时间11月下旬—12月上旬）

（1）公布绩效评估成绩。根据本办法第九章之规定进行奖惩。

（2）评估结果的使用。机关单位绩效评估的评估结果，作为评估单位评先评优和单位领导干部选拔任用的重要依据。

（3）建立评估档案。评估办要及时整理评估资料，报送区机关效能办汇总装订成册。

（4）召开总结表彰大会。由区委、区政府联合召开区机关单位绩效评估总结大会，对各单位的绩效评估工作做全面总结，新闻媒体进行系列报道，进一步推动机关效能建设的深入开展。

八、绩效评估责任

第十条　A类、B类、D类、E类评估主体的责任。评估人员要坚持评估原则，不准凭感情和印象评分，评估扣分要有依据；不准接受被评估单位的宴请和礼品；在未公布之前，不得向外界泄露评估单位分数。凡经举报查实的，将取消其评估资格，并给予告诫处理。

第十一条　C类评估主体的责任。相对人和群众评估代表参加评估要坚持评估原则，不准随意评议打分；凡举报经查实的，将取消其评估主体资格，评估表作无效处理。

第十二条　F类评估主体的责任。被评估单位不得编造或提供虚假的自评绩效数据；不准拉票和投虚假的民主评议票；不准打击报复投反对票的单位和个人。凡举报经查属实的，将按规定追究当事人责任。

九、绩效评估结果运用

第十三条　建立有效的奖惩机制是顺利开展机关单位绩效评估工作的重要措施。绩效评估工作小组将根据评估得分值，对评估对象进行排序，分别对居前和居后的若干单位进行奖惩。具体激励约束规定如下：

第十四条　奖励办法

1. 绩效评估总分达 90 分以上或者在当次评估排序中位于前 20%的单位，报区机关效能建设领导小组会议研究决定，为绩效评估优秀单位；由区委、区政府通报嘉奖，授予奖牌。

2. 单项评估总分达 90 分以上的单位，由区机关效能建设领导小组颁发单项先进荣誉证书，并以资鼓励。

3. 评估结果作为单位评先评优和领导选拔任用的重要依据。

第十五条　惩戒办法

1. 绩效评估总分在 60 分以下的单位，绩效评估工作小组复查确定后，报区机关效能建设领导小组会议研究决定，由区委、区政府通报批评。

2. 单位主要领导要向区委、区政府上报书面检讨，并向区机关效能建设领导小组上报整改方案。

3. 区机关效能办按照《厦门市机关工作人员诫勉、告诫暂行办法》，对其单位主要领导做出效能告诫处理，其领导班子当年不参加评先评优和晋级。

4. 单项评估总分 60 分以下的单位，经区绩效评估工作小组复查确定后，报区机关效能建设领导小组会议研究决定，由市机关效能办根据《厦门市机关工作人员诫勉、告诫暂行办法》，对其单位分管领导进行效能告诫处理。

11.2.6　评估客体选取

在评估学中，“评估客体”有两重含义，其一是指被评估的人；其二指被评估的物，包括抽象的物如流程、价值量、供应链、组织氛围等。思明区公共部门绩效评估中的“评估客体”指的是被评估的组织和个人，即指人及其组成的公共组织，这里不涉及物的因素，思明区将其称为“绩效评估相对人”。[①] 思明区在评估课题选取上主要采取了比例代表制的方式，具体做法如下所述。

① 实际上，组织绩效评估，也离不开物的因素，但为了严谨起见，权作此界定。

1. 相对人产生办法①

(1) 区直机关代表由绩效评估小组指定。

(2) 下属单位：隶属单位各推荐1名，街道办事处民政干部各1～2名，每个居（村）委会各推荐1名。

(3) 共建部队由民政局特邀。

(4) 直接相对人采取不确定对象，由来办事的群众用征求意见的形式反映。

2. 各局构成②

(1) 民政局。相对人的构成共100人，其中：区直部门代表10人；下属单位（隶属单位、街道民政干部、社区居、村委会干部）30人；直接相对人50人；共建部队10人。

(2) 计生局。相对人的构成共100人，其中：区直机关部门10人；下属单位（隶属单位、街道计生干部、社区居、村委会干部）30人；辖区单位10人；直接相对人50人。

(3) 司法局。相对人的构成共100人，其中：区直机关部门10人；下属单位（隶属单位、街道司法助理、社区居、村委会干部）40人；直接相对人50人。

(4) 建设局。相对人的构成共100人，其中：区直机关部门10人；下属单位（隶属单位、街道民政干部、社区居、村委会干部）40人；直接相对人50人。

(5) 厦港街道办事处。相对人的构成共100人，其中：区机关各业务主管部门10人；社区居委会干部30人；辖区单位代表10人；直接相对人50人。

11.2.7 评估实施③

再美好的评估系统，如果不投入评估实施，也只能是水中花、镜中月，美而无用，华而不实。思明区公共部门绩效评估实施在具体做法上采取了编制实施大纲、制定实施细则和投入实施几个步骤。

1. 思明区公共部门绩效评估实施办法（大纲）

按照“三个代表”重要思想的要求，为进一步加强机关效能建设，深化公共部门绩效管理体制改革，改进机关作风，提高办事效率，提高为人民服务的质量，

---

① 这是原则做法，具体局、处在选取上可能并不完全按照这些精确数字操作。

② 因为涉及知识产权，在此仅以五个单位为例。

③ 见 http://www.siming.gov.cn/smgov/zfxxgk/gkml/zfwj/zfbwj/t20050224_10320.htm。

适应加入 WTO 后对政府部门提出的挑战，思明区人民政府成立公共部门绩效评估项目领导小组，由区长黄强担任项目顾问，区委副书记、常务副区长郑云峰任组长，吴朱海、左慧敏、薛宗辉、吴碧惠、廖晓东为成员。公共部门绩效评估是绩效管理的基础工程、是推动管理的约束机制，可以调适形成新的目标导向。当然，公共部门管理目标复杂、产品形态特殊、产品标准多维，是一项比较困难的工作，为此，领导小组委托厦门大学法学院卓越教授组建公共部门绩效评估课题组，课题组负责公共部门绩效评估项目的可行性论证，实地开展项目调研，构建评估模型，撰写项目研究报告，制作项目课件。最终，课题组负责设计开发项目系统软件。

（1）评估主体。评估主体主要包括：总体评估主体，即思明区公共部门绩效评估领导小组；具体评估主体，包括综合评估组织、一票否决的相关单位、直管领导、相对人（类型、人数）、投诉中心、评估对象。

（2）评估对象。根据分类分级原则，将各个评估对象大体分成五种类型，主要包括有执法权、审批权的政府部门；有审批权、无执法权的政府部门；无审批权、执法权的党政群部门；无审批权、执法权的公共服务部门；街道办事处。

（3）评估原则。思明区公共部门绩效评估的基本原则为公正平等、系统全面、连续稳定、可靠客观、制度规范、操作简便、适用广泛。

（4）评估方法。思明区公共部门绩效评估所用的方法主要有：部门指标与通用指标相结合；定性指标与定量指标相结合；传统指标与现代指标相结合；正数指标与负数指标相结合；基本指标与修正指标相结合。

（5）评估内容。评估内容包括基本建设、运作机制和主要业绩三个方面。

（6）评估步骤。评估步骤按照评估操作系统执行。

（7）评估责任。评估责任包含两层意思，其一是指评估者的责任，即评估者以公平、公正、客观、负责任的态度对被评估者进行评估的责任，这是一种行政责任；其二是指被评估者的责任，即被评估者有责任参加公共部门绩效评估，这也是一种公共行政责任，此外，被评估者还有义务提供自身从事日常行政管理工作的各种真实绩效信息，这也是一种评估责任。

（8）评估奖惩。根据评估基本规章的规定，对综合、单项方面达到要求的组织、个人进行精神与物质奖励，从而实现绩效激励的根本目的。绩效评估只是实现激励的手段，而不是目的。

2. 思明区机关单位绩效评估实施细则

为完善机关绩效评估机制，规范机关单位绩效评估组织和实施机构行为，保证绩效评估结果的科学、客观和公正，根据《厦门市思明区机关单位绩效评估暂行办法》（简称《暂行办法》），制定下列实施细则。

（1）评估工作的步骤和要求。

机关单位绩效评估工作依据《暂行办法》规定的统一指标体系、工作方法、工作标准和工作程序，认真做好各项准备，在已经确定评价对象后，按以下工作步骤和要求进行组织实施。

1）制定评估工作方案，由评估办根据《暂行办法》的有关规定，制定详细的《评估工作方案》，报经机关效能建设领导小组和绩效评估工作小组批准后实施。

2）准备评估基础资料和基础数据，根据《暂行办法》的要求和评估计分的需要，做好基础资料和基础数据的收集、核实与整理工作。这有两个步骤，第一，根据业绩评估指标的要求和被评估单位所在系统或相近职能系统各层级单位工作完成情况的历年数据，确定相应的评估标准值；第二，利用被评估单位连续三年该指标评估数据，对评估标准值进行核实整理。

3）发放和回收群众满意度指标调查表。根据《暂行办法》所规定的相对应的相对人构成、规模、比例，印制和发放《群众满意度调查表》，并及时回收，对有效表格进行统计、整理。

4）进行评价计分。运用计算机软件（或手工）计算评估指标的实际分数，是机关单位绩效评估的关键步骤。在这一步，还包含四个子步骤：第一，根据已经核实准确的被评估单位工作完成情况汇报和统计数据计算计量指标的实际值，对评估指标进行打分；第二，根据选定的评估标准值，计算出各项基本指标的原始得分，生成《机关单位绩效评估评分表》；第三，依据指标权数设置，对评估原始分进行加权转化计算，生成《机关单位绩效评估转化得分表》；第四，对评估分数和计分过程进行复核，必要时进行手工计算校验，以确保计分准确无误。

5）形成评估结论，撰写评估报告。

（2）评估指标内容。

机关单位绩效评估体系由基本建设、运作机制和业务实绩三个维度六个评估主体共22～24项指标构成，各项指标的具体内容如下：

1）基本建设维度。基本建设维度包括综合评估组织和一票否决两个评估主体，其中，综合评估组织主体的基本指标有思想建设、组织建设、政风建设和制度建设。在指标下均设置了相应的指标要素。思想建设指标下设置了学习教育、精神文明、职业道德、进取意识四个指标要素；组织建设指标下设置了班子团结、结构合理、素质标准、管理规范四个指标要素；政风建设指标下设置了遵纪守法、廉洁奉公、勤政为民、作风民主、诚实守信五个指标要素；制度建设指标下设置了岗位责任制、承诺公开制两个指标要素。

2）一票否决评估主体的基本指标。具体包含计划生育一票否决、社会治安综合治理一票否决、重大责任事故一票否决三个指标要素。

3）运作机制维度。运作机制维度包括相对人、直管领导、投诉中心三个评估主体。相对人评估主体的基本指标有依法行政、举止文明、环境优化、务实高效、程序简明。在依法行政下设置了公平合理、公正无私、公开透明、执法水平高五个指标要素；在举止文明下设置了仪表端庄、态度和蔼、语言规范、作风民主四个指标要素；在环境优化下设置了便民设施、服务到位两个指标要素；在务实高效下设置了时限和结果两个指标要素；在程序简明下设置了简单便捷、明了知晓两个指标要素。直管领导评估主体的基本指标有班子素质、工作质量、政令畅通、整体形象。在班子素质下设置了团结协调、廉洁自律、民主决策三个指标要素；在工作质量下设置了维护稳定、化解难题、应对突发、上级表彰；在政令畅通下设置了执行计划、完成临时任务、汇报反馈、部门协调四个指标要素；在整体形象下设置了改革创新、调查研究两个指标要素。行政投诉评估主体的基本指标有投诉成立情况、投诉整改情况，各单位具体的业务实绩指标不一。

（3）评估计分标准。

评估计分标准主要包括分值匹配、评估等级和评估标准三部分。

1）分值匹配。评估内容各项正数指标合计 100 分，其中，综合评估组织主体的基本指标 24 分，相对人评估主体的基本指标 20 分，直管领导评估主体的基本指标 16 分，业务实绩评估主体的基本指标 40 分。一票否决和投诉中心两项评估主体的基本指标作为负数分值，以倒扣方式体现，不占百分制指标权数，如否决指标成立，则直接在其单位评估总分中扣除。一票否决的每项基本指标－20 分，投诉中心的每项基本指标－5 分。

2）评估等级。评估内容的每项正数指标均分成优、良、中、合格、不合格五个等级，由计算机自动转换生成相应分值。一票否决和行政投诉两项指标分为有和无两个等级，亦由计算机自动转换生成相应分值。绩效评估结果以百分制表示。

3）评估标准。评估标准的客观准确性和可操作性是评估工作顺利进行的一个关键环节，与通常的倒扣分值方法相区别，除却事先确定的两项负数指标，本评估体系各项指标较为严格、较为规范地按照定性和定量相结合的方法，按照评估等级进行。基本建设和运作机制维度主要依据定性的评估标准，针对不同的评估主体的特点，通过特定的评估方法设计，来保证评分的客观准确性和可操作性。

3. 投入实施

投入实施主要由确立评估标准、填写评估表、输入绩效评估系统、产生评估结果几个步骤构成。

（1）确定评估标准。

评估指标的落实，即将评估指标投入评估实践，需要将其转化成为绩效标准。绩效标准包括了综合评估组织主体的评估标准、相对人评估主体的评估标准、直管领导评估主体的评估标准和业务实绩评估标准。

1）综合评估组织主体的评估标准。本指标属于一元评估指标，由相应评估主体依据评价参考标准判定实际指标达到的等级，计算评估指标得分。

第一，通过听取汇报、阅读分析材料、实地考察、座谈会等多样性的评估方法来保证评分的客观准确性。

第二，合理匹配评估人员的综合构成，组成一定的评估人员规模来保证评分的客观准确性。评议指标原始得分 $=\sum$（每位评估人员选定的等级参数）/ 评估人员总数。

第三，采用专家印象打分法和问卷调查统计法确定每项指标的合理权重评议。指标最后得分＝评议指标原始得分×指标权数。

2）相对人评估主体的评估标准。本指标属于多元评估指标，采用模糊矩阵法计算指标得分，包括合理匹配评估人员的综合构成、组成相对广泛的评估人员规模，采用专家印象打分法和问卷调查统计法确定每项指标的合理权重。

3）直管领导评估主体的评估标准。本指标属于一元评估指标，由相应评估主体，依据评价参考标准判定实际指标达到的等级，计算评估指标得分。

在工作质量和整体形象等基本指标中，要有一定量的硬件标准作为依据。例如，当年获得的不同层级、不同类型的奖项，被评估部门的一些重要指标在全市、全省同一类型部门的排列位置。

4）业务实绩评估标准。本指标计分方法采用功效系数法，辅助综合分析判断法和模糊矩阵法。

第一，将指标实际值对照相应的评价标准值，计算各项原始实际得分。计算公式为：

$$基本指标原始得分=本档基础分+调整分$$

$$本档基础分=本档标准系数\times 100$$

$$调整分=\frac{(实际值-本档标准值)}{(上档标准值-本档标准值)}\times(上档基础分-本档基础分)$$

第二，依据指标权数设置，对评估原始分进行加权转化计算，形成指标最后得分。计算公式为：

$$指标最后得分=指标原始得分\times 指标权数$$

（2）填写评估表。

评估表主要有机关单位绩效评估评分表、机关单位绩效评估得分转化表、机关单位绩效评估得分总表（由计算机生成）、群众满意度调查表和计生局业绩评估表。机关单位绩效评估得分总表由计算机生成，此处从略，其他表见表11—4、表11—5、表11—6和表11—7。

表11—4　　机关单位绩效评估评分表

年　　　　县（市、区）　　　　单位

<table>
<tr><th rowspan="2">评估维度</th><th rowspan="2">评估主体</th><th rowspan="2">基本指标</th><th colspan="5">评估等级</th></tr>
<tr><th>优</th><th>良</th><th>中</th><th>及格</th><th>不及格</th></tr>
<tr><td rowspan="7">基本建设24分</td><td rowspan="4">综合评估组织</td><td>思想建设</td><td></td><td></td><td></td><td></td><td></td></tr>
<tr><td>组织建设</td><td></td><td></td><td></td><td></td><td></td></tr>
<tr><td>政风建设</td><td></td><td></td><td></td><td></td><td></td></tr>
<tr><td>制度建设</td><td></td><td></td><td></td><td></td><td></td></tr>
<tr><td rowspan="3">一票否决</td><td>计划生育一票否决（－20）</td><td colspan="3">有</td><td colspan="2">无</td></tr>
<tr><td>社会治安综合治理一票否决（－20）</td><td colspan="3">有</td><td colspan="2">无</td></tr>
<tr><td>重大责任事故一票否决（－20）</td><td colspan="3">有</td><td colspan="2">无</td></tr>
<tr><td rowspan="11">运作机制36分</td><td rowspan="5">行政相对人</td><td>依法行政</td><td></td><td></td><td></td><td></td><td></td></tr>
<tr><td>举止文明</td><td></td><td></td><td></td><td></td><td></td></tr>
<tr><td>环境优化</td><td></td><td></td><td></td><td></td><td></td></tr>
<tr><td>务实高效</td><td></td><td></td><td></td><td></td><td></td></tr>
<tr><td>程序简明</td><td></td><td></td><td></td><td></td><td></td></tr>
<tr><td rowspan="4">直管领导</td><td>班子素质</td><td></td><td></td><td></td><td></td><td></td></tr>
<tr><td>工作质量</td><td></td><td></td><td></td><td></td><td></td></tr>
<tr><td>政令畅通</td><td></td><td></td><td></td><td></td><td></td></tr>
<tr><td>整体形象</td><td></td><td></td><td></td><td></td><td></td></tr>
<tr><td rowspan="2">投诉中心</td><td>投诉成立情况（－5）</td><td colspan="3">有</td><td colspan="2">无</td></tr>
<tr><td>投诉整改情况（－5）</td><td colspan="3">无</td><td colspan="2">有</td></tr>
<tr><td rowspan="5">业务实绩40分</td><td rowspan="5">被评估对象</td><td>（不同单位指标不一）</td><td></td><td></td><td></td><td></td><td></td></tr>
<tr><td></td><td></td><td></td><td></td><td></td><td></td></tr>
<tr><td></td><td></td><td></td><td></td><td></td><td></td></tr>
<tr><td></td><td></td><td></td><td></td><td></td><td></td></tr>
<tr><td></td><td></td><td></td><td></td><td></td><td></td></tr>
</table>

表 11—5 **机关单位绩效评估得分转化表**

年　　　　　　　　县（市、区）　　　　　　　　单位

评估维度	评估主体	基本指标	权重	转化得分	
基本建设 24 分	综合评估组织	思想建设			
		组织建设			
		政风建设			
		制度建设			
	一票否决	计划生育一票否决（—20）			
		社会治安综合治理一票否决（—20）			
		重大责任事故一票否决（—20）			
运作机制 36 分	行政相对人	依法行政			
		举止文明			
		环境优化			
		务实高效			
		程序简明			
	直管领导	班子素质			
		工作质量			
		政令畅通			
		整体形象			
	投诉中心	投诉成立情况（—5）			
		投诉整改情况（—5）			
业务实绩 40 分	被评估对象	（不同单位指标不一）			

表 11—6 **群众满意度调查表**（打√表示）

指标内容	指标要素	满意程度				
		非常满意	相当满意	满意	一般	不满意
依法行政	公平合理、公正无私、公开透明、执法水平高					
举止文明	仪表端庄、态度和蔼、语言规范、作风民主					

续前表

指标内容	指标要素	满意程度				
		非常满意	相当满意	满意	一般	不满意
环境规范	便民设施、服务到位					
务实高效	时限、结果					
程序简明	简明便捷、明了知晓					

表 11—7　　计生局业绩评估表

基本业绩指标	指标公式
符合政策生育率	符合政策生育率＝符合政策新出生人口数/新出生人口总数×100％
再生育审批误差率	再生育审批误差率＝再生育审批误差数量/再生育审批总数×100％
计生宣传入户率	（报表）
计生政策知晓率	（报表）
社会抚养费征收到位率	已征收的社会抚养费/应征收社会抚养费×100％

（3）输入绩效评估系统。

将填好的各种评估表依照计算机语言输入绩效评估系统。（具体操作步骤略）

（4）产生评估结果。

在输入系统后，会产生评估结果。（从略）

11.2.8　结果运用和会诊

“思明模式”中最具特色的要数结果运用和会诊这一环节了。由于公共部门绩效评估的结果产生于电子系统，尽管这样可以保证客观性，避免人为主观因素的干扰，保证评估的客观、公正。但毕竟电子系统是物，是一种人工智能，人工智能的最大缺陷是容易犯系统错误，这种错误会使得绩效评估的结果跟真实情况差之千里。鉴于此，需要对结果进行诊断和应用。

如图 11—1 所示，会诊需要返回头来察看绩效评估的结果是否与国家绩效战略、省、市绩效战略有违背之处，若有，即使绩效评估得分很高，也不能认为取得了良好的结果，因为这种“高绩效”并非国家、省、市所需要，是一种“伪绩效”或者说“非绩效行为”。[①] 实际上，这种绩效评估结果前面是要加上“一”

① 参见尚虎平：《“绩效”晋升下我国地方政府“非绩效行为”诱因：一个博弈论的解释》，载《财经研究》，2007（12）。

的，得分越高，危害越大。当诊断表明绩效评估的结果与国家、省、市的绩效战略没有冲突，且是在绩效战略指导下取得成绩的话，就需要对绩效评估结果进行应用。

对结果运用包含两层含义，其一是对良好结果取得者（组织、个人）进行绩效奖励，激励他们将来取得更好的绩效；其二是对那些绩效评估结果糟糕，又没有正常理由的个人和组织进行绩效负激励，即通过扣发绩效工资、绩效奖金的方式，用一种负向的强制措施，保证他们将来在正确战略指导下取得良好的绩效。

11.3 “思明模式”的反响与作用

“思明模式”在探索解决厦门市思明区公共部门绩效评估的过程中，既有效解决了思明区的诸多问题，也为我国省、市公共部门绩效评估提供了可资借鉴的经验和启示，在学术界、实务界、新闻界都引起了一定的反响。

11.3.1 “思明模式”引起的反响

厦门市思明区公共部门绩效评估已经成功地从个别试点单位推广到了全区各个职能部门，并且取得了良好的运行效果。在此过程中，社会各界对“思明模式”的反响越来越强烈。

1. 学术界的反响

思明区政府的公共部门绩效评估项目开展以后，特别是试点评估和评估系统软件开发完成以后，“经过了中国行政管理学会、人事部行政管理研究所、福建省效能办、厦门市效能办的有关专家、领导的评审和鉴定。评审专家、领导对项目成果给予高度评价，认为此项目研究在国内具有创新意义，为解决公共部门管理的瓶颈问题探索了新的途径，项目成果对推行政府职能转变，促进管理机制更新，提高政府服务质量有实质性的应用价值”①。

在项目验收评估会上，我国著名公共管理专家、中国人民大学公共管理学院副院长张成福教授指出：“公共部门绩效评估是一项国际性难题，思明区人民政府在这方面做了成功、有益的尝试，率先开发出‘公共部门绩效评估系统’，它不仅是管理方式的转变，更是政府实现为民服务理念的具体举措，在制度创新上

① 郑云峰、卓越：《21世纪行政发展的新亮点：福建省厦门市思明区开展公共部门绩效评估的探索》，载《中国行政管理》，2003（2）。

走在了全国前列。”

中国行政管理学会常务副会长龚禄根研究员认为：“对政府部门进行评估是一个世界性难题，西方国家研究比我们国家早，而在这个问题上起步最早的美国，有20多年，这项研究还在继续进行。而我们国家对绩效管理研究起步比较晚……据我所知，我国还没有对政府部门的整体评估，思明区做了创新工作。”“评估体系的维度和具体的指标设计科学、合理，六个评估主题涵盖全面，突出群众满意评估体系的政府发展的趋势。评估系统适用面比较宽泛，公共部门每个部门都可以使用通用指标，不同业务部门也可以根据不同情况进行设计业绩指标。”

还有其他专家如中国行政管理学会副秘书长、《中国行政管理》杂志社社长鲍静指出，“评估没有通例，思明区公共部门绩效评估采用模块、标准是我看到的比较全面的；标准适应社会需求不断发展的需要”。“这一项目的基础研究所产生的一些成果如模块设计等一些通用的东西，可以大力对外推广、宣传。”“思明区公共部门绩效评估系统，评估指标是开放的，并可以不断升级，符合绩效评估动态发展的规律。将西方的评估理念和地方政府自身的要求结合起来，立足于自身的实际，是探索符合我国特点的绩效评估模式的有效途径。”

2. 实务界的反响

厦门市副市长徐模在评审会上指出：“你区高瞻远瞩，因时而动，开拓创新，公共绩效评估体系的开发和运用，改变了以政府传统评估思想陈旧、方法落伍、耗时费力的局面，构筑了科学、公正、全面的绩效评估理论、方法和指标体系，评估结果真正体现了公共部门的工作业绩，具有改革意义深、效益程度高、参与程度强、可适用性广、影响面大的特点，加快了国民经济社会发展信息化进程，对推进政府职能转变，促进管理机制更新、提升政府服务质量具有实质性的应用价值，在全国具有首创意义。”“热烈祝贺你区研发的‘公共部门绩效评估系统’获得中央编译局、中央党校和北京大学共同主持评审的2003—2004年度‘中国地方政府创新奖’题名，并入围20个候选优胜奖项目。这是你区贯彻中央关于经济特区‘要在结构调整、产业升级和扩大大开放方面走在前面，发挥对全国的示范、辐射和带动作用’的具体体现，是从计划经济管理体制向市场经济管理体制、从‘全能政府’向‘服务政府’迈出的重要一步，也是高等学校与地方政府良性互动、友好合作的成功范例，必将有力地推动你区国民经济和社会事业的发展，必将有力地推动厦门海湾型城市和我国东南沿海重要中心城市建设。”

厦门大学校长朱崇实认为：“进入20世纪90年代，绩效评估已成为各国行政发展的最新主题，在公共部门进行绩效评估顺应了国际公共部门改革的发展潮流。思明区人民政府‘公共部门绩效评估系统’最大的优点在于它可以将公共部门绩效评估与电子政务有机地结合起来，利用计算机协助完成繁重的评估计算，提高了工作效率，减轻了工作量，在最大程度上排除了人为因素在绩效评估中的干扰。同时可以利用电子政府基础数据库，实现政务信息的实时分析、评价，实现由政务信息录入（或导入）到公共部门绩效评估结果的瞬时完成并动态更新。”“它的开发与应用为解决公共部门管理的瓶颈问题探索出新路径，对推进政府职能转变，促进管理机制更新，提升政府服务质量具有实质性的应用价值。”“我国加入 WTO 以后，要求政府从计划经济条件下以管制为主的‘全能政府’、‘无限政府’向市场经济条件下的‘法治政府’、‘服务政府’转变。思明区的领导具有超前意识和创新理念，及时转变观念，开拓创新，充分发挥高校的人才优势，积极探索共公关部本绩效管理体制改革。2001 年年底，思明区人民政府委托我们学校法学院的卓越教授组建课题开发组，汇集了管理学、经济学、数学、统计学和计算机等多学科人才，专门为政府机关单位工作情况而量身定制了一套计算机系统软件，并在五个试点单位试行成功，规范了公共部门绩效评估行为，提高了绩效考评的效率，体现了思明区人民政府打造服务型政府的信心和魄力。”

3. 新闻界的反响

《厦门日报》总编李泉佃发表长论，对“思明模式”进行了评价，他认为：“思明区政府通过对公共绩效评估系统的应用，切实把竞争机制引入机关工作中，形成了有效的奖勤罚懒和择优汰劣的激励机制，这将进一步推动我市公共服务型政府的建设。”“思明区对公共绩效评估体系的开发和运用，改变了政府机关绩效传统评估体系上思想陈旧、方法落伍、耗时费力的局面，为构筑科学、公正、全面的绩效评估理论、方法和指标体系作了有益的尝试。”“当前，绩效评估已成为世界各国行政发展的最新主题。公共绩效评估体系的建立是政府自身改革的基础和依据，也是机关效能建设成果的巩固。厦门特区正在逐步推进海湾型城市发展战略，这不仅仅是地理空间范围的拓展，更是管理理念的更新。思明区政府通过公共绩效评估系统的应用，切实把竞争机制引入机关工作中，形成有效的奖勤罚懒和择优汰劣的激励机制，这将进一步推动我市公共服务型政府的建设。”

《厦门晚报》总编辑、社会学博士朱家麟先生认为：“思明区‘公共部门绩效评估系统’的开发，是国内电子政府的又一个成功突破，对公共部门服务质量实现高效、公平、有序评估具有重大意义，是适应我国政治体制改革，适应我国加入 WTO 之后政府职能变化的前瞻性创新。”“政府公共部门因其与公众的密切关系，其绩效是影响政府形象、决定社会进步的主要因素之一，因而是我国当前行政改革的突出部分。思明区这一系统的开发，有助于改变政务评价长期以来操作手段落后、处理速率低下、量化依据不足和规范性较差的状况，对推进政府职能转变，促进管理机制更新，提高政府服务质量具有实质性的应用价值。”“同时，这一软件的投用，将为市民、企事业单位和其他社会部门了解政务、利用资讯、参与管理、监督政府，提供一个新的机会、新的操作平台，有利于提高行政的透明度、民主化，从而推动阳光政府的建设。”①

还有其他的专家学者、政府领导和社会显达、新闻媒体等也给出了很高的评价。之前，“思明区公共部门绩效评估系统”项目获得了由中共中央编译局、中央党校、北京大学共同主持评审的第二届（2003—2004年度）“中国地方政府创新奖”。自此之后，学术界和实务界都将“思明区公共部门绩效评估项目”一套做法冠名为“思明模式”。

11.3.2 “思明模式”的作用②

厦门市思明区政府和厦门大学法学院卓越教授课题组共同推出的公共部门绩效评估研究项目的最终成果是构建一套公共部门绩效评估的指标体系，开发一套公共部门绩效评估的系统软件。经中国行政管理学会、人事部行政管理研究所、省效能办、市效能办等有关专家、领导评审、鉴定通过，项目顺利结题。评审专家、领导对项目成果给予高度评价，一致认为项目研究在国内具有创新意义，为解决公共部门管理的瓶颈问题探索了新的路径，项目成果对推进政府职能转变，促进管理机制更新，提升政府服务质量有实质性的作用。

1. “思明模式”促进了政府行政管理的有效进行

首先，思明区开展绩效评估工作，是有效落实科学发展的重要途径。绩效评估建立的一套科学的评价标准和考评体系，不仅形成了正确的决策导向和工作导向，把科学发展观和海峡两岸经济区建设等经济、社会、文化、政治战略目标落到了实处，转化为各部门工作的指导思想和实际行动，而且促进了街道、镇政府、各政府部门明确任务、落实责任，促进了科学观的贯彻落实发展。

其次，思明区开展绩效评估工作，是有效提高政府管理水平的切入点。绩效评估是一种行之有效的检查与监督手段，也是提高政府管理水平的有效切入点，通过绩效评估使思明区广大人民群众直接参与评价政府工作人员和政府工作，将政府和公务员的工作都置于人民群众的监督之下，促使公务员提高能力、改进作

---

① 以上引言全部来自“思明区公共部门绩效评估系统”评审会各位专家、领导的发言，以上所有引言仅仅是他们许多发言中的一部分，因篇幅所限，只摘其中个别观点。

② 郑云峰、卓越：《21世纪行政发展的新亮点——福建省厦门市思明区开展公共部门绩效评估的探索》，载《中国行政管理》，2003（2）。

风，绩效评估从定量的角度对各级政府的绩效情况进行综合测评，以发现薄弱环节，引导与监督政府合理配置行政资源，提高决策和管理水平。

最后，思明区开展绩效评估工作是提高工作效率的有效手段。绩效评估工作克服了以往行政管理过程中干与不干一个样、干好干坏一个样的痼疾，建立了与绩效挂钩的公务员考核、奖惩、职务升降、辞职辞退机制，督导各镇、街道等政府公务员勤奋工作，依法行政，促进工作效率的提高。

2. “思明模式”推进了政府职能转变

深化行政管理体制改革的核心是转变政府职能，而思明区通过绩效评估的一系列做法无疑起到了转变政府职能的作用。

转变政府职能很重要的一个方面就是要明确政府的职能定位，切实解决政府职能缺位、越位和错位问题，把政府职能转变到社会管理和公共服务上来，实现从“管制政府”向“服务政府”转变。

思明区在公共部门绩效评估活动中，以执政为民为宗旨，从提高“行政相对人的满意度”为切入点，改进工作作风，努力发挥基层的服务职能。其中一个突出的做法是针对思明区旧城改造任务重、矛盾多、调处难的问题，把服务工作岗位前移，主动介入旧城改造工作，把“现场办公室”建到重点工程项目现场，以服务为前导，疏通和解决了拆迁工作中诸多的矛盾和困难，维护拆迁户的合法利益，保证了重点项目建设的顺利进行。①

3. “思明模式”促进了行政管理方式创新②

公共部门绩效评估的开展要求改变传统的管理观念和方式，从这个意义上说它是实现政府管理方式创新的催化剂。

（1）促进了管理理念创新。

“思明模式”促进了思明区以绩效评估为杠杆，树立了“治理城区、经营资产”的理念，克服了传统“统治”理念中“主体单一、手段简单”的缺点，提倡政府及公民之间的平等合作，建立了多元城区治理结构，培育和谐的施政环境，将市场机制和平等参与渗入思明区的经济建设和社会事务工作中。

在经济管理方面，利用绩效评估的“结果导向”理念，强调“经营与治理并重”，体现政府与企业间的良性互动。首先，通过多元运作，创新投融资方式，实现投资主体由单一到多元、资金渠道由封闭到开放、投资管理由直接到间接的

---

① 参见朱荣声、林金铿：《公共部门绩效评估对深化行政管理体制改革的作用——以厦门市思明区司法局绩效评估活动为例》，载《中国行政管理》，2004（5）。

② 参见郑云峰：《厦门市思明区政府管理创新的实践》，载《东南学术》，2007（2）。

全面转变，形成“政府引导、社会参与、市场运作”的崭新投资格局。其次，注重城区建设中无形资产的价值评估和经营，探索运用市场化的方法，盘活城区有限的土地资源，并注重照顾各方利益，形成“拍卖出让、自求平衡、税收属地”的旧城改造运作机制。

在社会事务方面，注重治理，借鉴国外绩效评估中“顾客导向”的做法，引入“多方参与”。在社区建设中，把政府的功能定位在宏观控制设计“游戏规则”与微观服务工作，而将具体运作实施的角色让给社会力量，充分调动各种市场力量为社区建设提供各种所需资源，按照区域推进、重点突破、典型引路、形成特色的思路，以“管理智能化、队伍专业化、服务系列化、建设特色化、指导科学化”为目标，深化社区建设、创树各具特色的社区。率先创办“爱心超市”——由于一直坚持、完善、扩大，这个项目2006年获得了“第三届中国地方政府创新奖”；推行“十代五帮”；试行政府“购买服务”；探索“公办民营”；创建“数字社区”管理模式，全方位地开展社区服务，有效地提升了社区建设水平。

(2) 促进了管理模式创新。

在行政决策上，利用绩效评估的绩效战略理念，凡事三思而后行，推行透明、科学、民主决策。几年来，“思明模式”促进了思明区坚持政务公开为原则、不公开为例外，全面推行政务公开制度。区政府通过网上公开、点题公开、政情通报、政府全体成员会邀请新闻媒体参加等政务公开的多种形式，不断创新政务公开形式，提高政务公开层次质量。聘请法律、科技、招商、经济等方面的顾问来强化决策的民主化、科学化。坚持重大决策咨询听证，同时根据对政府决策“信息充分、咨询有效、监控有力、决断民主”的要求，与厦门大学公共管理事务学院合作，组建成立全省第一家民间政策研究组织“思明发展研究院”，作为区政府的“外脑”，形成强大的决策参谋、顾问咨询后盾，提高了思明区公共政策制定与执行的质量。

在区街管理上，在绩效评估的促动下，思明区深入实施了简政放权。明确区政府与街道之间的职责分工，是维系区政府有效运行的前提和基础。同时，进一步把服务性的管理权下放街道，充分发挥街道的公共管理职能。

在行政能力上，在绩效评估的促进下，思明区各级政府、各政府部门多途径提高管理水平。按照科学发展观和“五个统筹”要求，在政府管理中导入ISO 14000环境标准认证体系和ISO 9000质量标准认证体系，专门会同环保等部门，依据认证标准，结合区情，制定了目标、指标及管理方案，并明细标准，制定翔实的配套措施，责任分解落实到各有关部门，使绿色行政与质量行政融汇于政府管理之中，有效地提高了行政效率和执政水平。

(3) 促进了管理手段创新。

经过“思明模式”的洗礼，思明区大力进行行政管理手段创新，实现了“三个转变”，即从按权力管理向法制和服务管理转变、从主观管理向客观管理转变、从直接管理向间接管理转变。

一方面，“思明模式”的顾客导向促进了思明区各政府单位想群众之所想、以群众满意为政府施政目标，坚持贯彻“便民、廉洁、规范、高效”的服务宗旨，实行“开放式办公、一个窗口受理、一次性收费”的管理体制。建立了以科学管理为内涵、电子平台为基础、三级网络格局的运作机制。另一方面，急客商之所急，不断提高服务企业质量。几年来，思明区成立了“三支专门队伍”，“思明模式”的服务导向促进了思明区各政府机关为投资的客商提供投资咨询、项目报批、项目建设等一条龙配套服务，积极推行“一站式”办理和“一条龙”服务，改善投资环境，有力地提高了招商引资的水平。经济部门及各街道办事处也主动帮助企业解决生产、经营过程中可能遇到的诸如资金筹措、贷款担保等困难。

4. “思明模式”显著降低了行政成本

在“思明模式”下，所有政府机关行为都以结果为导向，以服务、便民为宗旨，通过推进资源配置市场化改革、严格管理、阳光操作，在增收节支、降低行政成本方面大胆改革、推陈出新。具体做法上，认真落实绩效管理中“4E+1R”原则中的E（economy）原则，注意降低行政成本，推行了行政资源和社会公共资源的市场改革，以招标、拍卖、挂牌或其他竞争方式进行市场化配置。

(1) 有额度控制的行政资源通过市场竞争机制实现公平配置。在公园管理、公车维修保养、政府经营场所和政府融资等原由政府有额度控制的领域，引入市场化改革机制。

(2) 政府或社会公众需要的产品及服务通过招标向社会采购。政府采购、绿地养护、道路保洁、房屋拆除等项目一律通过公开招投标选择供应商或服务单位。

(3) 向社会公平开放原由政府控制的投资市场和经营市场。通过公开招投标出让产权或特许经营权的方式，吸收社会资本进入公用事业（如环卫体制改革）和公益事业（如学前教育办学体制改革、中山路夜间步行街改造等）投资领域。

规范预算管理，延伸了招标内容。探索实施部门预算，增强预算编制的科学性、执行的计划性、管理的规范性，结合电子政务和“金财”工程，逐步推行预算管理电算化和网络化，节约人力、简便快捷、提高质量，为在公共部门中全面试行绩效预算打下了良好的基础。创造性地把政府采购触角延伸到旧城旧村改造融资贷款招标、教育系统存款招标、财政投融资议标领域，盘活财政资金，节约了财政成本；通过企业贷款担保招标，搭起银企合作的桥梁，扶持了纳税大户发展，有力地促进了财源建设；通过公务车辆定点维修招标，园林绿化养护、环卫保洁招标，极大地节约了行政成本，从源头上促进了廉政建设。

本章小结

1. “效能建设”是“思明模式”推出的前奏。在公共部门绩效评估的实践中，它不能解决效果、公平、回应性等公共部门所面临的挑战。正是在这样的背景下，厦门市思明区政府在“效能建设”的基础上改进评估模式，逐渐形成了公共部门绩效评估的“思明模式”。

2. “思明模式”的创立经历了前期准备、实地调研、指标体系构建、试点评估和评估系统软件开发五个阶段。

3. “思明模式”是一套完整的绩效管埋质量控制过程，包括绩效战略分解、高层领导保证、基本评估规章、通用与业绩指标开发、编制软件、评估实施、结果评议与运用五环节。

4. “思明模式”的成功是与领导的高度重视、有关部门的积极配合；科研与实践相结合的项目研究途径、试点评估，逐步推开的工作方法的采用；多学科人才组成的课题小组以及先进的评估手段的运用分不开的。

5. 公共部门绩效评估的“思明模式”对于国内公共绩效评估的理论和实践发展具有开创性意义。同时，它对于促进政府和其他公共部门转变职能、创新管理方式、降低行政成本等具有重要意义。

关键术语

“思明模式”　效能建设　绩效战略　评估系统　评估指标　评估主体　评估客体　评估实施　前期准备　实地调研　指标构建　试点评估　软件开发

复习思考题

1. “思明模式”推出的理论和现实背景是什么?
2. “思明模式”创立的过程及每个阶段的主要内容是什么?
3. “思明模式”的内涵及主要内容是什么?
4. “思明模式”的绩效评估指标设计思路和特点是什么?
5. “思明模式”的创立对于促进公共部门绩效评估发展的开创意义何在?
6. “思明模式”对于公共部门管理的作用是什么?
7. “思明模式”的公共部门绩效评估实践取得了哪些成功经验?
8. 从“思明模式”的公共部门绩效评估实践中，我们可以获得哪些启示?

人大版公共管理类教材

公共管理类专业教材——学科基础课教材

书名	作者
现代管理学原理（第三版）（“十一五”国家级规划教材）	娄成武　魏淑艳
一般管理学原理（第四版）	张康之　周　军
管理学基础（第三版）	方振邦
管理学教程	方振邦
政治学原理（第三版）	景跃进　张小劲
现代政治学原理（第四版）	石永义　刘玉萼　张　璋
政治学教程	舒　放　刘琼莲
公共管理学（第二版）	陈振明
公共管理学——一种不同于传统行政学的研究途径（第二版）	陈振明
公共管理学（第二版）（“十二五”国家级规划教材）	蔡立辉　王乐夫
公共管理学（精编版）	王乐夫　蔡立辉
公共管理学（第二版）	张康之　郑家昊
公共管理概论（第二版）	朱立言　谢　明
公共管理学概论	曹现强　王佃利
公共管理学导引与案例（第二版）	王丛虎
公共管理案例	中国人民大学公共管理学院
公共政策导论（第四版）（数字教材版）	谢　明
公共政策概论（第二版）	谢　明
公共政策学——政策分析的理论、方法和技术（“十一五”国家级规划教材）	陈振明
政策科学——公共政策分析导论（第二版）	陈振明
公共政策学导引与案例	陈季修
公共政策案例	中国人民大学公共管理学院
公共经济学（第三版）（“十二五”国家级规划教材）	高培勇
公共经济学教程	秦立建
政府经济学（第四版）（“十一五”国家级规划教材）	郭小聪
政府经济学（第四版）	潘明星　韩丽华

公共管理类专业教材——方法课教材

书名	作者
管理定量分析：方法与技术（第二版）	刘兰剑　李　玲
公共管理的方法与技术（第二版）	魏　娜
公共管理实用分析方法	汪明生　胡象明

公共管理类专业教材——行政管理、公共事业管理专业教材

书名	作者
行政法学导论	姜晓萍
行政法学	朱新立　唐明良　李春燕
公共部门人力资源管理（第四版）	孙柏瑛　祁凡骅
公共部门人力资源开发与管理（第四版）（“十二五”国家级规划教材）	孙柏瑛　祁凡骅
公共部门人力资源开发与管理（第三版）	孙柏瑛
公共部门人力资源管理（第三版）	滕玉成　于　萍
公共部门人力资源管理	方振邦
公共部门人力资源管理概论	方振邦

书名	作者
公共部门人力资源管理案例	周均旭
公共人事制度	刘俊生
行政管理学（第四版）	郭小聪
公共行政学（第五版）	彭和平
公共行政学	张康之　张乾友
行政学导论（第三版）	齐明山
行政管理学导引与案例	陈季修
管理心理学（第二版）	范逢春
公共组织行为学（第三版）（“十一五”国家级规划教材）	孙　萍　张　平
公共组织学（第三版）	李传军
行政组织学（第二版）	张　昕　李　泉
公共事业管理概论（第三版）	朱仁显
公共事业管理概论（“十一五”国家级规划教材）	娄成武　李　坚
公共组织财务管理（第三版）（“十一五”国家级规划教材）	王为民
国家公务员制度（第三版）（数字教材版）（“十二五”国家级规划教材）	舒　放　王克良
国家公务员制度概论	郗永勤　刘碧强
公务员制度概论	李如海
公务员制度导论	孙德超
行政领导学（第三版）	朱立言　李国梁
领导学（第四版）	邱霈恩
领导学	王自亮
领导学：理念、行为与艺术	祁凡骅
领导学	孙　健
现代市政学（第四版）（数字教材版）	王佃利　张莉萍　高　原
市政管理学（第四版）（“十一五”国家级规划教材）	杨宏山
市政学导引与案例（第二版）	李燕凌
社区管理（第三版）	汪大海　魏　娜　郇建立
社区管理原理与案例	魏　娜
电子政务教程（第三版）（“十一五”国家级规划教材）	赵国俊
电子政府与电子政务（第二版）（“十一五”国家级规划教材）	张锐昕
电子政府概论（第二版）	张锐昕
管理信息系统	张维明　黄金才
行政伦理学教程（第三版）（“十二五”国家级规划教材）	张康之　李传军
公共危机管理导论（“十一五”国家级规划教材）	肖鹏军
公共危机管理概论	王宏伟
公共危机与应急管理：原理与案例	王宏伟
应急管理导论	王宏伟
行政决策学	许文惠　张成福　孙柏瑛
非营利组织管理	吴东民　等
非营利组织管理	康晓光
非营利组织管理导引与案例	崔向华　张　婷
当代中国政府与政治	景跃进　陈明明　肖　滨
当代中国政府与行政（第三版）	魏　娜　吴爱明
当代中国政府（第二版）（“十一五”国家级规划教材）	吴爱明
地方政府学概论（第二版）	方　雷
地方政府管理（第二版）	陈瑞莲　张紧跟
管理秘书实务（第三版）	赵锁龙
行政秘书学	唐　钧
公文写作与处理	赵国俊
机关管理的原理与方法（第三版）	赵国俊　陈幽泓
公共部门绩效管理	方振邦
政府绩效管理	方振邦　葛蕾蕾

书名	作者
政府绩效评估	蔡立辉
公共关系概论（第二版）	邹正方
政府公共关系（第二版）（“十一五”国家级规划教材）	廖为建　张　宁
社会管理	汪大海
社会管理——理论、实践与案例	陈振明
西方行政学理论概要（第二版）（“十一五”国家级规划教材）	丁　煌
公共行政学史	何艳玲
公共行政学经典理论导引与案例	付小均
西方公共管理名著导读	汪大海
管理思想史教程	方振邦　葛蕾蕾
文化管理学（第三版）（“十二五”国家级规划教材）	孙　萍
文化创意产业导论	魏鹏举
卫生事业管理（第二版）（“十一五”国家级规划教材）	李　鲁
教育经济与管理（第二版）（“十一五”国家级规划教材）	娄成武　史万兵
现代公用事业管理	崔运武

公共管理类专业教材——劳动与社会保障专业教材

书名	作者
社会保障概论（第六版）（教育部推荐教材）	孙光德　董克用
社会保障管理（“十一五”国家级规划教材）	邓大松　刘昌平
劳动经济学（“十一五”国家级规划教材）	董克用　刘　昕
劳动法与社会保障法	黎建飞　李　静
人力资源管理	彭剑锋
社会保险学（第三版）	孙树菡　朱丽敏
社会保障基金管理	李春根
社会保险精算原理与实务	王晓军
社会保障国际比较	仇雨临
国际社会保障制度教程	穆怀中
员工福利概论（第二版）（“十一五”国家级规划教材）	仇雨临
医疗保障	王虎峰

公共管理类专业教材——土地资源管理专业教材

书名	作者
土地经济学（第七版）（“十一五”国家级规划教材）	毕宝德
土地法学	王守智　吴春岐
土地科学导论	叶剑平
土地资源管理学	张正峰
土地利用规划学	张占录　张正峰
不动产估价（第二版）（“十一五”国家级规划教材）	叶剑平　曲卫东
土地信息系统	曲卫东　韩　琼
地籍管理（第五版）（“十一五”国家级规划教材）	谭　峻　林增杰

公共管理类专业教材——城市管理专业教材

书名	作者
城市管理学（第三版）	杨宏山
城市管理法	王丛虎
城市总体规划原理	郤艳丽　田　莉

公共管理硕士（MPA）教材——核心课教材

书名	作者
全国公共管理硕士（MPA）核心课程教学指导纲要	全国公共管理专业学位研究生教育指导委员会
社会主义建设理论与实践（第三版）	李景治　蒲国良
公共管理英语（修订版）	顾建光
公共管理学（修订版）	张成福　党秀云
公共管理学原理（修订版）	陈振明
公共管理导论	竺乾威　朱春奎　李瑞昌
公共政策分析	陈振明
公共政策分析导论	陈振明
公共政策分析概论（修订版）	谢　明
政治学：基本理论与中国视角	任剑涛
公共部门经济学（第三版）	高培勇　崔　军
公共经济学	唐任伍
行政法学（修订版）	皮纯协　张成福
行政法学概论（第三版）	胡锦光
非营利组织管理概论（修订版）	王　名
非营利组织管理	王　名　王　超
公共管理伦理学（修订版）	张康之
社会研究方法	陈振明
定量分析方法（第三版）	谭跃进
电子政务理论与方法（第四版）	金江军
电子政务	吴爱明　何　滨
信息技术及其应用（第三版）	张维明

公共管理硕士（MPA）教材——专业方向必修课、选修课教材

书名	作者
公务员制度教程（第五版）	舒　放　王克良
比较政府与政治（修订版）	卓　越
当代中国政府与政治（第三版）	吴爱明　朱国斌　林　震
公共部门人力资源管理及案例教程（第三版）	陈天祥
领导学	祁凡骅　刘　颖
领导学教程	常　健
领导理论与实践	邱霈恩
西方公共行政管理理论精要	丁　煌
社会管理概论	唐　钧
公共部门绩效评估（修订版）	卓　越
公共危机管理（修订版）	王宏伟
公共部门危机管理（第三版）	张小明
公共部门战略管理（修订版）	陈振明
城市管理理论与实务	杨宏山
公共冲突管理	常　健
MPA 学位论文写作指南	汪大海

教学支持说明

（教学课件）

中国人民大学出版社政治与公共管理出版分社秉承“出教材学术精品，育人文社科英才”的出版宗旨，多年来，出版了大批高质量的公共管理、教育学、政治学、政治理论公共课教材和学术著作。

我们为本教材制作了相应的 PPT 教学课件，任何一位采用本书作为授课教材的教师均可免费获得该课件。为了确保该课件仅为授课教师获得，烦请您填写如下材料，并将相关信息通过 E-mail 发送给我们，我们将在收到相关信息后通过 E-mail 给您发送该课件。欢迎您加入我们的 QQ 群（全国政管教师交流群，群号为 236159213），或登录我社官方网站（www.crup.com.cn），注册并认证成为教师会员，以获得更好的服务。

我们的联系方式：

地址：（100872）北京市中关村大街甲 59 号文化大厦 1202 室

中国人民大学出版社政治与公共管理出版分社

电话：（010）82502724　62514775（传真）

E-mail：ggglcbfs@vip.163.com

QQ 群：236159213

兹证明________________大学/学院________________院/系______________专业____________学年第____________学期开设的__________________课程，采用中国人民大学出版社出版的____（书名、作者）作为本课程教材。授课教师为____________________，授课班级共________个、学生________人。授课教师需要与本书配套的教学课件。

联 系 人：______________________________

通信地址：______________________________

邮　　编：______________________________

电　　话：______________________________

E-mail：________________________________

系/院主任：____________（签字）

（系/院办公室章）

________年______月______日

图书在版编目（CIP）数据

公共部门绩效评估（修订版）/卓越主编．—北京：中国人民大学出版社，2011.2
公共管理硕士（MPA）系列教材
ISBN 978-7-300-13331-7

Ⅰ.①公…　Ⅱ.①卓…　Ⅲ.①国家行政机关-行政管理-研究生-教材　Ⅳ.①D035.1

中国版本图书馆 CIP 数据核字（2011）第 019890 号

公共管理硕士（MPA）系列教材
公共部门绩效评估（修订版）
卓　越　主编
Gonggong Bumen Jixiao Pinggu

出版发行	中国人民大学出版社		
社　　址	北京中关村大街 31 号	**邮政编码**	100080
电　　话	010－62511242（总编室）		010－62511770（质管部）
	010－82501766（邮购部）		010－62514148（门市部）
	010－62515195（发行公司）		010－62515275（盗版举报）
网　　址	http：//www. crup. com. cn		
经　　销	新华书店		
印　　刷	北京昌联印刷有限公司	**版　　次**	2004 年 11 月第 1 版
规　　格	170 mm×228 mm　16 开本		2011 年 3 月第 2 版
印　　张	24	**印　　次**	2019 年 12 月第 7 次印刷
字　　数	431 000	**定　　价**	39.80 元